体育教師の学びと成長

―信念と経験の相互影響関係に関する実証研究―

朝倉 雅史

Physical education teacher learning
and professional development

学文社

化する足枷となって自由を奪う．信念が思い込みや固執・執着となって，深刻な問題を引き起こしてしまうことさえあり得る．だからこそ，信念がどのようにつくられていくのか，あるいは変わっていくのかは，教師の成長にとって重要な関心事である．

　人が何かを信じようとするのは，ある出来事と経験が，なんとなく信じていたことを確信させるきっかけになるからである．信じていたことが180度変わるときには，信じていたことを疑わせる衝撃的な経験がそこにある．また，強く執着し固執するような思い込みを持っている場合，自分が信じていたことと合致しない経験を否定したり退けたりもする．こうして経験によってつくられた信念は，新たに遭遇する経験を左右する要因になる．つまり，信念と経験は相互に影響を与え合っている．本書はこの点に主眼を置いた研究書である．

　ところで体育教師を対象とした研究は，古くから体育学諸領域において数多く蓄積されてきた．だが，これまでの体育教師研究はしばしば批判の対象として体育教師を扱ってきた．日本における運動やスポーツ，身体文化の発展は，これまでの経緯からみても，現在の政策的動向からみても学校体育に負うところが大きく，専門家である体育教師への期待もまた大きくなっている．本書では，これまでの批判的見解を踏まえて問題現象を冷静に捉え，改善に向けた実践的な示唆を体育教師の学びの在り方として提示することを目指した．

　本書は，信念と経験を鍵概念として体育教師の学びと成長を検討した学術研究書であるが，体育教師研究としてのみならず，教科に限定されない一般的な教師研究に資することを念頭に置いている．そのため，体育学と教育学を中心とする関連研究を幅広く渉猟して分析枠組みをつくり，多角的な実証分析と考察を展開している．その意味で，本書が対象とする研究領域が曖昧な印象は免れないかもしれない．だが一方で，幅広い読者からご批判いただける期待を含んでいる．教育の質を保証するために「教師の学び」が問われて久しい．ぜひ本書が，関係する研究領域における議論と発展に少しでも役に立つことができればうれしい．

著　者

まえがき

　本書は，体育教師が信じていることを「信念」という概念で捉え，信念〔…〕のように形づくられ維持・強化されるのか，そして，どのように揺らぎ〔…〕るのかを「経験」との関係に着目して明らかにしたものである。その目〔…〕信念の形成・維持・変容が教師の成長における重要な局面であることを〔…〕信念のダイナミズムに影響を与える学習経験を突き止めることによって，〔…〕教師の成長を支え促す学習・研修環境の構築に資することにある。最終〔…〕学校体育と教育活動の充実によって，子どもたちの学習成果を保障する〔…〕なることを目指している。

　読者は「強い信念を持つ教師」と聞いて，どのような教師を思い浮か〔…〕ろうか。「信念を貫く教育」とは，どのような営みを指すのだろうか。〔…〕に信念という言葉は，好ましさや望ましさを伴う文脈の中で使われる。〔…〕や「教育」という言葉と組み合わさると尚更かもしれない。だが本書は，〔…〕が無条件に優れた教師や教育を表すわけではないことを前提にしている〔…〕

　教師が良かれと思っていること，そう信じて行ったことが，意図せざ〔…〕を導き直接・間接的に問題を生じさせることもあり得る。本書の主題で〔…〕育教師や学校体育に目を向けてみると，今日，指導として正当化する〔…〕る暴力や一方に「教育的価値」をのせた天秤にかけられる「過熱化」「多〔…〕スク」などが社会的問題になっているが，その根底には関係する人々の〔…〕願いが存在していたはずである。本書では個々の問題について議論す〔…〕しないけれども，これらの問題の背景に教師の信念が関わっていると考え〔…〕

　信念あるいは信じるという行為は，先が見通せない不安がつきまとう〔…〕の中で心の支えになる。すぐに成果が出るわけではなく，長期的な視点〔…〕どもの成長を捉えようとする教育という営みの中で，教師の信念は実践〔…〕る大切な役割を果たしている。けれども，あまりにも過剰な支えは実践〔…〕

目　次

まえがき

図表一覧

序論部　本研究の目的・先行研究の検討・研究方法　　1

序　章　研究目的 ───────────────── 2

第1節　研究の背景 ………………………………………… 2
1. 学校体育の成果を規定する経営課題—体育教師の専門性向上　2
2. 教師の成長・発達と新たな教師像　3
3. 教師の実践と成長を支える信念　4
4. 社会的要請と信念の矛盾をやり繰りする教師の専門性　5

第2節　問　題 ……………………………………………… 7
1. 学校体育の変遷における体育教師の意識変革の必要性と「負の遺産」　7
2. 学校体育の経営成果に関わる信念の問い直し　9
3. 体育教師が信念を問い直す難しさと支援体制の必要性　12

第3節　研究の目的と問い ────────────── 14
第4節　研究の構成 ──────────────── 18
1. 研究方法論　18
2. 研究のデザインと本書の構成　20

第1章　先行研究の整理と検討 ──────────── 26

第1節　体育経営学および学校体育経営研究における体育教師を対象とした研究 … 26
1. 学校体育経営組織の革新と改善に関する研究—マクロレベルの組織研究　26
2. 組織行動論，管理者行動論に関する研究—メゾレベルの組織研究　28
3. 体育教師の個人特性にせまる研究—ミクロレベルの組織研究　31
4. 学校体育経営における人材マネジメント論と本研究の位置づけ　33

第2節　教師の認識・思考・行為に関する研究から教師の信念研究への展開 … 35
1. 教師の行為を規定する認識的側面への着目と研究の展開　36
2. 教師の思考と知識に関する研究から信念に関する研究への展開　39
3. 教師の信念に関する研究の意義と展開　41

iii

第3節　教師の信念に関する実証的研究 …………………………………… 42
1　教師の信念と指導スタイル・指導行動に関する研究　42
2　教師自身に対する信念としての効力感に関する研究　44
3　信念の構造と機能に関する研究　45
4　信念の働きに関する研究と教師の信念研究の課題　47

第4節　教師の成長・発達過程に関する研究 ……………………………… 50
1　教師の職業的社会化研究と体育教師の特殊性　50
2　教師の成長過程に関する研究―職能成長研究と自己形成史的研究に着目して　53
3　教師の生涯発達研究　58
4　教師の成長・発達研究における信念の形成・変容の位置づけ　61

第5節　教師の学習を支えるシステムに関する研究 ……………………… 64
1　教師の学習過程に関する研究―教師の省察に関する研究　65
2　教師の学習過程を支えるシステムに関する研究―教員研修に関する研究　68

第6節　小　括―先行研究のまとめと本研究の課題 …………………… 72

第2章　研究方法 ───────────────────────── 81

第1節　信念概念の検討 ……………………………………………………… 81
1　「教師の信念」概念の検討　81
2　信念概念の規定　83
3　類似概念および用語の整理　90

第2節　学習と経験の分析視角 ……………………………………………… 93
1　組織学習論　94
2　組織における個人の学習　95
3　学習観と境界に基づく経験学習の分類　97

第3節　分析枠組みの構築 ………………………………………………… 102
1　学習の対象としての信念　102
2　体育教師の信念の分類と分析対象の明確化　102
3　学習をもたらす経験の分類と分析対象の明確化　103
4　本研究の分析枠組みと実証研究の視点　105

第4節　本研究の意義 ……………………………………………………… 108
1　信念の内部構造および信念と経験の相互影響関係の検討　108
2　体育教師の成長と学びをもたらす経験の分析視角　109
3　体育教師の「信念の問い直し」「変容」に着目する社会的・実践的意義　110
4　大学における現職研修についての実践的示唆　111

第Ⅰ部　体育教師による信念の問い直しと変容の難しさ　115

第3章　体育教師の学びと学習環境の実態 ── 116

第1節　本章の目的 …… 116
第2節　方　法 …… 116
1　調査項目の設定　116
2　分析の枠組み　122
3　データの収集　123

第3節　調査分析結果 …… 123
1　授業観の変容に関する分析結果（分析1）　123
2　体育教師の省察に関する分析結果（分析2）　125
3　体育教師の研修機会に関する分析結果（分析3）　128
4　体育教師の研修態度に関する分析結果（分析4）　132
5　体育教師の研修観の分析結果（分析5）　133
6　項目間の関連分析　135

第4節　考　察 …… 139
1　体育教師の信念変容の難しさ　139
2　体育教師の省察と研修態度の低調化　140
3　体育教師の研修参加と意識からみた限定的な学習環境　141
4　短期的・即効的・自己完結的な研修観の存在　143

第5節　小　括 …… 144

第4章　実践において表出する信念の形成過程と維持要因 ── 147

第1節　本章の目的 …… 147
第2節　方　法 …… 147
1　エスノグラフィーによる信念の記述　147
2　ライフヒストリー分析　149
3　事例研究の方法　149
4　事例の選定とデータの収集　151
5　分析と解釈の方法　155

第3節　事例対象教師の中心的信念とその形成・強化要因 …… 157
1　中心的信念が表出する指導行為場面　157
2　A教師の中心的信念　159
3　B教師の中心的信念　165

第4節　実践現場における信念の表出と強化・維持要因 …… 169

1　2つの異なる信念　169
　　　2　体育教師の信念と職場内の相互行為　171
　　　3　実践現場における信念の共有とその影響　174
　第5節　小　括 …………………………………………………………… 176

第5章　体育教師による信念の問い直しの難しさとその要因
　　　　　──フェーズⅠのまとめ ───────────── 178
　第1節　信念変容の難しさと学びの消極化傾向 ………………………… 178
　第2節　価値や理想に関わる信念を問い直すことの難しさ
　　　　　──問題解決を志向する信念共有のジレンマ ……………… 179
　第3節　体育教師の信念変容を妨げる職務環境および入職前の
　　　　　スポーツ環境 ……………………………………………………… 181

第Ⅱ部　体育教師による信念の問い直しと変容の実相　185

第6章　信念の内実と変容の様相──授業観に着目して ─────── 186
　第1節　目　的 …………………………………………………………… 186
　第2節　方　法 …………………………………………………………… 187
　　　1　体育教師にとってのよい授業を明らかにする方法　187
　　　2　教師の授業イメージに影響を与える経験　188
　　　3　分析技術としてのテキストマイニング　189
　　　4　調査および分析の方法　190
　第3節　結　果 …………………………………………………………… 194
　　　1　体育教師にとってのよい授業イメージの全体的傾向　194
　　　2　よい授業イメージの構造と類型的把握　195
　　　3　授業観クラスターと経験年数および授業観の変容との関連　198
　　　4　授業イメージに影響を与える経験　199
　第4節　考　察 …………………………………………………………… 204
　　　1　体育教師が有する授業観の内実　204
　　　2　体育教師の授業観の変容とその難しさ　206
　　　3　授業観の変容における入職前後の経験の影響　208
　第5節　小　括 …………………………………………………………… 209

第7章　経験の受け入れと変容に影響を及ぼす信念 ──────── 215

第1節　目　的 ………………………………………………………………… 215
第2節　方　法 ………………………………………………………………… 216
　1　体育教師が保有する信念の対象と操作化　217
　2　体育教師による経験の受け入れと成長の操作化　219
　3　調査および分析の方法　221
第3節　結　果 ………………………………………………………………… 222
　1　体育教師が保有する信念の構造（分析1）　222
　2　体育教師の経験と成長（分析2）　228
　3　体育教師が保有する信念の機能（分析3）　230
第4節　考　察 ………………………………………………………………… 233
　1　信念の構造と体育教師の類型にみられる特徴　233
　2　体育教師の成長に関する一般的傾向　234
　3　成長経験の受容に対する信念の機能　236
第5節　小　括 ………………………………………………………………… 237

第8章　信念に影響を及ぼす経験と教訓の抽出と検討 ── 240

第1節　目　的 ………………………………………………………………… 240
第2節　信念の問い直しや変容を促す学習の抽出（研究1） ……………… 241
　1　研究1の目的　241
　2　方法─経験と教訓の分析視角　241
　3　結果と考察─体育教師の経験と教訓の対応関係　245
第3節　研究1のまとめ ……………………………………………………… 267
第4節　信念の問い直しや変容を促す学習のプロセスと
　　　　文脈の検討（研究2） ……………………………………………… 269
　1　研究2の目的　269
　2　方法─大学における長期研修に参加した体育教師への着目　269
　3　結果─体育教師の認識変容プロセス　274
　4　考察─長期研修を通じた体育教師の認識変容・ジレンマ・経験　292

第9章　体育教師による信念の問い直しと変容の実相
　　　　　─フェーズⅡのまとめ ── 304

第1節　授業観の内実と変容における入職後経験の重要性 ……………… 304
第2節　入職後の経験を成長へと結びつける仕事の信念の構造と機能 …… 305
第3節　経験と教訓の抽出と事例研究からみた越境学習経験の有効性 …… 307

第 4 節　体育教師の信念変容を促す越境経験と学習の特徴 ………………… 308

第Ⅲ部　体育教師による信念の問い直しと変容に有効な学習環境　311

第 10 章　信念の問い直しと変容を促す学習環境—総合考察 ——— 312
第 1 節　体育教師の信念と経験の相互影響関係 ………………………………… 312
　1　信念の構造　312
　2　信念の機能および経験との相互影響関係　312
第 2 節　体育教師の信念の問い直しを促す学びの在り方
　　　　—越境経験による自己決定型学習 ……………………………………… 314
　1　「越境経験」の意味と内実　315
　2　「越境経験」の有効性と信念の問い直しを促すプロセス　316
　3　ジレンマを誘発する越境経験の有効性と教師の学びからみた必要性　318
　4　越境経験によって生じる体育教師の学びとは—自己決定型学習の経験　319
第 3 節　体育教師の信念の問い直しに有効な学習環境 ………………………… 321
　1　体育教師の一般的な研修環境の限界と大学における研修の有効性　321
　2　成長と学びを促す学習環境としての長期研修の意義と課題　323
　3　日常的な研修・学習環境の中に越境経験を生み出す方策　324

終　章　本研究のまとめ ——————————————————— 326
第 1 節　本書の要約と新たな知見 ………………………………………………… 326
第 2 節　今後の研究課題と展望 …………………………………………………… 329

文　献 ………………………………………………………………………………… 331

あとがき ……………………………………………………………………………… 353

索　引 ………………………………………………………………………………… 357

図表一覧

序　章
- 図 序-1　信念と経験の相互影響関係と信念の変容および硬直
- 図 序-2　混合研究法の研究デザイン
- 図 序-3　本書の構成

第1章
- 図 1-1　学校体育経営における組織行動の記述モデル
- 表 1-1　学校と企業体における人的資源の差異と共通点
- 表 1-2　教師の信念の発達段階
- 図 1-2　信念体系
- 表 1-3　教師の力量形成の契機
- 表 1-4　力量形成の契機
- 表 1-5　教師の生涯発達研究の主なモデル

第2章
- 表 2-1　教師の信念に関する研究成果
- 図 2-1　信念の要素
- 図 2-2　信念の内容別分類
- 表 2-2　信念の価値の心理的要因
- 表 2-3　信念の連結性
- 表 2-4　信念のタイプ
- 表 2-5　信念の価値性・現実性
- 図 2-3　学習が生起する場
- 表 2-6　体育教師の信念の対象と分類
- 図 2-4　分析の枠組み

第3章
- 表 3-1　省察の水準と質問項目
- 図 3-1　研修機会の重層性
- 表 3-2　研修観を把握する軸
- 図 3-2　分析の枠組み
- 表 3-3　授業観の変容
- 図 3-4　授業観の変容（2011年度調査①）
- 図 3-5　授業観が変容した回数（2011年度調査②）
- 表 3-3　授業観の変容と経験年数の関連
- 表 3-4　省察の因子分析結果
- 表 3-5　体育教師の省察と経験年数の関連
- 表 3-6　研修機会への参加頻度
- 図 3-6　研修機会への参加頻度（割合）
- 表 3-7　重視する研修
- 図 3-7　重視する研修
- 表 3-8　研修態度の因子分析結果
- 表 3-9　研修態度と経験年数の関連
- 図 3-8　研修観の分類（自分自身）と割合
- 表 3-10　研修観の分類と度数分布
- 表 3-11　省察・研修参加・研修態度の関連（相関分析）
- 表 3-12　研修観による参加頻度の違い
- 表 3-13　研修観による研修態度の違い

第4章
- 表 4-1　調査日程一覧
- 表 4-2　A教師の信念対象
- 表 4-3　B教師の信念対象
- 図 4-1　分析の枠組み

第6章
- 表 6-1　同義語と表記ゆれの処理
- 表 6-2　よい授業のイメージを構成する単語の分類結果
- 図 6-1　特徴語とクラスターの対応分析結果
- 表 6-3　Fischerの正確確立に基づく抽出語と出現率
- 表 6-4　授業イメージクラスターの特徴語と具体例
- 表 6-5　授業イメージクラスターと経験年数の関連
- 表 6-6　授業観クラスターと授業観の変容のクロス表
- 表 6-7　授業観クラスター別の経験年数グループと授業観の変容のクラス表
- 表 6-8　過去のよい授業イメージの抽出単語と出現率
- 図 6-2　授業観クラスター別にみた経験項目の選択率
- 図 6-3　授業観クラスターによる入職後経験の比較
- 表 6-9　授業観クラスターによる入職後経験の比較
- 表 6-5　授業観の変容の道筋
- 表 6-10　カテゴリーごとの特徴語分析結果

第7章
- 表 7-1　教師イメージの因子分析結果
- 表 7-2　仕事の信念の因子分析結果

表 7-3	教師イメージクラスター比較分析結果		表 8-5	経験カテゴリー（縦軸）と認識変容／体育の価値／教師観概念（横軸）のクロス表
表 7-4	仕事の信念クラスターの分散分析結果			
表 7-5	信念クラスターのクロス表		表 8-6	研修経験概念（縦軸）と認識変容／体育の価値／教師観概念（横軸）のクロス表
表 7-6	成長経験の受容の因子分析結果			
表 7-7	経験年数グループによる成長経験の受容の比較分析結果		表 8-7	事例対象教師の概要
図 7-1	経験年数グループ別にみた成長経験の受容		図 8-2	長期研修における研究活動の概要
			表 8-8	事例教師の認識変容（研修前後の対比）
表 7-8	理想像の変容有無による成長経験の受容の比較分析結果		表 8-9	ジレンマの具体例
			図 8-3	認識変容をもたらした3つの経験
図 7-2	仕事の信念クラスターによる成長経験の受容の分散分析結果		表 8-10	理論的知識や客観的情報に触れる経験の具体例
表 7-9	成長経験の受容に対する仕事の信念と教職経験年数の重回帰分析結果		表 8-11	知識の生産プロセスに携わる学び方の学習経験の具体例
第 8 章			表 8-12	物理的・時間的・日常的な境界を越境する経験に具体例
表 8-1	分析ワークシート（サンプル）			
図 8-1	経験と教訓のカテゴリーと概念の割合		**第 10 章**	
表 8-2	経験カテゴリーと概念		図 10-1	体育教師の信念と経験の相互影響関係
表 8-3	経験カテゴリーと概念		図 10-2	越境経験によって信念が問い直されるプロセス
表 8-4	経験カテゴリー（縦軸）と教訓カテゴリー（横軸）のクロス表			

序論部

本研究の目的・先行研究の検討・研究方法

| 序　章 | 研究目的 |

第1節　研究の背景
1　学校体育の成果を規定する経営課題—体育教師の専門性向上

　我が国の公教育制度に組み込まれた学校体育は，全ての子どもたちに運動・スポーツとの関わり方に関する学習機会を提供している。戦後スポーツ振興・推進施策の展開はもとより，公共・民間セクターの別を問わずスポーツの供給を事業として営む経営体の隆盛が，人々と運動・スポーツとの関わりを学校外に拡大させたとはいえ，国民に対し運動・スポーツの場や機会を等しく保障できるのは，学校をおいて他にない。特に2000年代以降，深刻な子どもの体力低下・格差問題の解決から我が国のスポーツ振興にまで渡る，時代的・社会的要請への対応が学校体育に求められている[1]。故に，学校体育は子どもの運動・スポーツに関わる機会保障にとどまらず，それらの広範な期待に学習成果の実現をもって応えなければならない状況に置かれている。

　しかし，学校体育は常にその成果として，子どもたちと運動・スポーツとの望ましい関わりを保障してきただろうか。1980年代以降，とりわけ教科体育の存在意義が世界的に厳しく問われ，体育の正当性確保に向けた多元的な「体育の便益（benefit）」[2]（友添，2011）や子どもの心理的・身体的な発達への貢献（Talbot, 1999＝2002）が主張された。だが，体育の価値や便益，子どもの発達への貢献がどんなに主張され，その根拠が示されようとも，それらの価値は子どもと運動・スポーツとの適切な関わりが生まれなければ享受されることはない。むしろ学校体育における経験如何によっては，子どもたちに運動やスポーツに対する嫌悪感を抱かせ，生涯にわたるスポーツへの消極的態度を形成させることにもなりかねない（植村・上杉，1986；立木，1997；金崎，1998；浪越ほか，2003）。場合によっては運動・スポーツからの逃避行動を助長する契機

にもなってしまう。つまり，学校体育で等しく保障されているのは，事実上，体育的活動に関わる物理的・空間的な条件であり，学校体育を通じた学習成果は，その活動の質によって大きく左右される。

この学校体育活動は，経営体としての学校において保健体育科教員（以下，体育教師）[3]が中心となり，資源を調達・運用し各種のスポーツサービス（体育授業，運動部活動，体育的行事など）を学習者に提供する事業過程である。故に，学校体育に対する批判や広範な社会的・時代的要請は，具体的には各学校におけるよりよいスポーツサービスの構想と実現を目指す組織的活動に向けられてきたといえる[4]。ただしその過程において，専門性を有する体育教師は，各資源の運用主体として体育授業や運動部活動を構想・計画し，学習指導にも携わる点で事業の質を直接的に規定する[5]。そのため，良質の体育的活動は高い専門性を有する優れた体育教師が中心となって生み出される，ということができよう。それゆえ体育教師の専門性向上は，子どもたちが運動やスポーツの価値や便益を最大限に享受できる，望ましい関わりを実現する上で，重要な経営課題として位置づいている。

2 教師の成長・発達と新たな教師像

もっとも，ヒトが職務に就いた時点で十全な資質や能力を備えているのは極めて稀である。まして教職は一般的な専門職に比すると，教師になる訓練を受けている学生から子どもたちを指導する教師への移行が突然起こる（Lortie, 1975）。故に，教職についた後の専門家（professional）としての成長や発達，すなわち「教師としての育ち」（澤本, 1998, p.256）が，他の職業以上に大きな意味を持つ。そのため，教師の専門性や質的向上については，個別経営体としての学校におけるマネジメント課題かつ教育施策上の恒常的課題とされ，特に教職の専門性とは何か，優れた教師が具備すべき条件とは何なのかが議論されてきた。

しかし，教師の職務は高い不確実性[6]の中で展開されている。教師と児童生徒との間に生じる教授・学習関係は，多様かつ複数の人格との相互行為であり，その成果を確たる基準を用いて評価すること自体が難しい。それゆえ，「優

れた実践」は定型的な技術や能力によって保障できるものではないし、「優れた教師」も画一的な基準によって示されるものでもない。故に、教師でなければならない職務や実践とは何か、換言すれば教職専門性とは何かを規定することは極めて難しく（佐藤，1993；澤本，1996）、教師の成長や発達の道筋を明確に示すことも容易ではない。

そこで、教師の仕事におけるこの「不確実性（uncertainty）」をあえて積極的に受け入れることで示されたのが「反省的実践家（reflective practitioner）」としての教師像である。「反省的実践家」とは1980年代にSchönが提唱した新たな専門家像であり[7]、佐藤（1994）はSchönに依拠した反省的実践家としての教師像について「教職を高度の専門職として規定するが、その根拠を科学的な知識や技術に求めるのではなく、実践場面における省察と反省を通して形成され機能する実践的な知見や見識に求めている」（p.31）と述べ、「技術的熟達者」としての教師像に対置されるものとしてこれを示した[8]。そして、専門職としての教師の成長を、実践的な知見や見識の発達として捉えようとしたのである。

新たな教師像は、教師の成長や発達に関する研究に多大な影響を及ぼし、反省や省察によって教師が構成していく実践的な知見や見識に迫ろうとする研究を飛躍的に進展させた。そして、実践を通じた省察や熟考を通じて、個々の教師が固有の知識や認識枠組みを形成していく姿を描き出してきた。教師自身が実践の中で形成していく知見は「実践的知識（practical knowledge）」と呼ばれ、教師教育改革の方向性を「技術訓練モデル」から「専門家開発モデル」へ転換させる端緒となった（佐藤，1992）。

3 教師の実践と成長を支える信念

教師の実践的知識については、すでに1970年代後半以降、行動主義的アプローチから認知科学的アプローチにむけた授業パラダイムの転換を背景として、その存在が指摘され、内容や性格についての検討が進められている（Elbaz, 1983；Clandinin, 1986；Clark and Peterson, 1986；吉崎, 1988；佐藤ほか, 1993）。そして実践的知識には、教師個人の経験に由来し、教師の思考を深部で統括す

る主題や命題のようなものが含み込まれており，教師の行為を恒常的に規定していることが明らかにされてきた。つまり実践的知識が，教師個人の信念や価値，原理と深く関連していることが明らかにされてきたのである（島田，2009）。

したがって，教師が成長していく過程では，実践的知識と深く関わる個人的な信念や価値観の形成・変容が大きな意味を持つと同時に，教師には適切な信念を形成していくことが期待される（Guskey, 1986；吉崎，1997；Clarke and Hollingsworth, 2002；秋田，2009）。教師の信念（Teacher belief）に関する調査・研究は国内外で蓄積されており（Green, 1971；梶田ほか，1984；Nesper, 1987；Kagan, 1992；Pajares, 1992，黒羽，1999a；2005；OECD, 2012 など），日本では「信念を持った教師」や「信念の教師」という言葉が，一般的に望ましい教師を指し示す文脈で使われる。

同様の単元や教材を用いた授業でも，教師によって授業の姿はまったく異なるが，それは，学習者の状況もさることながら，授業者としての教師が抱く願いや思い，価値観，こだわりが自覚されるか否かにかかわらず実践に反映されるからである。故に，教師の実践は教師の主観的な認識と切り離して捉えることは出来ない。教師は，個人的な経験や来歴に由来する信念を持つことで，複雑な実践の中に一定の方向性を見出している。たとえば体育教師が，教職に就く前から多くの時間を費やしてきた運動やスポーツの在り方や指導方法について，個人的なこだわりを持っていることは決して珍しいことではない。その意味で，教師の実践は教師が「知っていること」のみならず，あるいはそれ以上に教師自身が「信じていること」に強く影響を受ける。

4 社会的要請と信念の矛盾をやり繰りする教師の専門性

しかし，学校教育活動はすぐれて社会的な営みである。教師の実践が個人的な経験をもとに形成される信念に支えられているとしても，その実践は学校教育に対する時代的・社会的な要請を背景として変遷していく，公教育の在り方にも規定されている。Apple（1986）によれば，学校で扱われる知識は「この社会の有力な部分の世界観・信念を反映している文化資本の一形態」(p.16) であると共に「学校の外のどこかから発している一連の原理や価値，すなわち正

常と逸脱・善と悪・そして〈善良な人々はどのようにふるまうものか〉といった点に関して特定の観点をとる一連の原理や価値をもとに選択・編成されている」(p.121)とされるように，公教育制度下で扱われる教育内容は，常に社会文化的な価値志向性に規定される。我が国でも，学習指導要領をはじめとする公的な教育課程基準の変遷から，その背後にある教育観の移ろいを見て取ることができよう[9]。

　教育が公共的な営みである以上，学校における教育活動は私事ではなく，教育内容や方法は恣意的に決定されるものではない。だが，実践的知識の存在から教師の専門性を見出そうとすると，とりわけ信念や価値といった個人的な認識を無視することはできない[10]。さらに，教師には職務における教育裁量[11]が認められることで専門職としての自律性が担保されており，個別的な認識を等閑視した教育内容や方法の過度な画一化は，教職の専門的自律性を否定することになりかねない。

　教師は，個別的な状況の中で個人的な信念を形成し，それを抱きながらも，社会的かつ共通に変遷していく知識観や教育観に従って実践を展開している。教師は，時代的・社会的な価値志向や政治的判断をも動因として移り行く要請に，どのように対峙しているのだろうか。まして教師に対する要請は，学校，家庭，地域といった身近な場にも存在する。これらの要請は，教師が個人的に形成してきた信念や価値と必ずしも整合するわけではないと考えられるため，多くの教師は常に矛盾や葛藤を抱えざるをえない。学校体育に向けられた広範な期待もまた体育教師に矛盾や迷いをもたらすことになろう。その矛盾や迷いに体育教師がいかに対峙するかは，学校の体育経営を左右する環境変化への適応と子どもたちの学習成果の実現によって，学校体育が社会的・時代的要請に応える上で重要な契機となる。

　ただし，ここで生じる矛盾は教師の専門性を妨げるものではなく，むしろ，この矛盾を積極的に受け入れることで描かれる教職の特質と専門性がある。たとえば，野平（2008）は学校教育に関わる国家や保護者，地域住民，子どもとの対話を通じて，学校教育における個別性・多様性と共通性・一律性の適切な

調和を図る点に教職専門性の根拠を見出している。このような視点に立つと，ある価値志向を内包した社会的要請と自らの経験に裏打ちされた個人的な信念や価値観との間で「ジレンマをやり繰りしていく教師」（Lampert, 1985；高木, 1995；藤原・萩原, 2012）の姿が浮かび上がってくる。その姿は，教職という仕事が社会的要請と教師の経験知との綱引きの上に成り立っている「アンビバレントな社会的特質」（金子, 2010）を有する教師の現実を照射している。つまり，社会文化的な営みの中で矛盾を抱え続ける営みによって，教職が特徴づけられる。このことは，教師自ら信じていることを問い続け，思い悩みながら実践に携わっていかなければならないことを意味する一方，矛盾を抱えやり繰りしていくこのような営為に，教師の専門性の一端が見出されることを示唆している。したがって，体育教師を含めた教師の成長を企図したとき，教師が自らの信念を問い直し続けていく中で，矛盾をやりくりしていく専門性をいかに支え向上させるかが重要な課題となろう。

第2節 問 題
1 学校体育の変遷における体育教師の意識変革の必要性と「負の遺産」

教職の専門性を社会的・文化的な要請と教師自らが信じていることとの間に生じる矛盾のやり繰りとして捉えてみると，現代の教育改革がこの専門性を過剰に要求している状況がうかがえる。たとえば，2000年以降の教育改革は教師を改革の「担い手」としてのみならず「対象」として，二重性をはらんだ位置に置き，特に後者の位置づけを強調した「意識変革」を強く教師に求め，負担を生じさせている（久冨, 2008；金子, 2006）。教師の立場が教育成果を「評価する者」から「評価される者」へと転換し，教員評価制度が全国的に展開される中で（榊原, 2012），「生きる力」や「確かな学力」をキーワードとするカリキュラム改革が進展していく状況に，その具体を看取することができる。

学校体育に着目して教育改革が具体化された教育内容の変遷をみても，教科体育のカリキュラムが社会的に構成されており，体育授業の目的・目標をはじめ，その在り方が変遷してきたことが論証されている（竹之下, 1972；高橋,

1997 ; Kirk et al., 2006 ; 菊, 2011)[12]。体育授業が学校教育活動に位置づけられる以上，そのカリキュラムは教育全体の変遷と重なって振り子のように移ろう（池田, 2007, 2010）。実際の教育活動を担う体育教師にしてみれば，体育授業実践に関わる劇的な変化が断続的に押し寄せてくる。特に今日，子どもの体力や学力に関わる問題が標準化された数値によって可視化されたことで，学校教育のアカウンタビリティ（説明責任）に対する要求と共に，体育で身につけさせるべき力を明示することが求められている[13]。社会的要請と制度的変遷への対応は全ての体育教師にとって不可避の課題であり，上述した大きな意識変革の要求が体育教師にも例外なく向けられている。ただし，このような状況の中では，変化に適応していくことが目的化し，自らの信念を深く問い直す機会自体を逸してしまう，逆説的な状況に陥りかねない。時代的・社会的変化に対応するための単なる迎合は，体育教師の有する信念の存在と自律性を否定し，ひいては専門性の喪失につながってしまう。より重要なことは，時代的・社会的な変化や要請を受けとめながら自らの信念を問い直しつづけていくことであり，必要であれば主体的かつ柔軟に変容させていくことと言えるだろう。

　だが，体育教師に関する研究や報告からは，体育教師が自らの信念を深く問い直すことが出来ていない状況や体育教師の資質能力に向けられた不信が推察される。これまでも，体育教師や彼らの実践に対しては「体育教師が何をすればよいかわからない状況にある」といった批判的見解が提起されてきた[14]。学術団体のシンポジウムにおいても，実践現場の体育教師が学習指導要領に基づいた指導内容だけでなく，体育・保健体育の価値を理解していることの重要性が指摘されており（日本体育科教育学会, 2010, p.49.)，個々の教師の信念とも関わる「体育の価値」を顧みることが求められている。この他にも，体育科教育関係の商業雑誌やシンポジウム等において同様の指摘は散見されるが，これらは一様に，体育教師が時代的・社会的要請に対して十分に対応できていない（考えていない／理解できていない）現状批判を含んでいる。

　体育教師が時代と共に変化していく教育観や社会的要請に適応することが出来ていないことは，体育教師の職務態度や振る舞いに対する恒常的な批判とも

結びつく。たとえば，啓蒙的・規範的・実証的に研究が積み重ねられてきた体育教師像（イメージ）に関する研究（井上，1969；西垣，1970；賀川，1985；中井ほか，1996，中井，1997など）は，体育教師にみられる情熱や親しみやすさと共に，克服すべき負の側面—権威主義的な性格，知性のなさ，単純さ，体罰などを一般的・社会的なイメージとして描き出してきた。実際に体育教師の職務観や職務態度を検討してみると，体育教師が自らの運動経験の延長として教職を選んでいる傾向（Lawson，1983a，1983b；深沢，1982）や，運動部活動指導と生徒指導に対して積極的な態度を示す一方，授業や教材研究に対しては消極的な態度を示すこと（西垣，1976；杉本，1989；小泉，1997；徳永・山下，2000；谷口，2003；山西，2006）などが明らかにされた。さらに，そのような態度のみならず，授業における消極的な教授行動や理不尽な言動をとる体育教師が，一定程度いることも報告されている（横山，2014）[15]。

　このような実態は，主に体育科の「周辺性（marginality）」や体育教師特有の社会的・文化的な再生産システムにその要因が求められてきた。特に欧米では，体育教師の職務態度や地位の低さが体育科の「周辺性」[16]と結びつけられ，体育授業の質を規定している要因が構造的に検討されている（Siedentop and O'Sullivan，1992；Sparks et al，1993；Smyth，1995）。体育科の周辺性は，教師自身の被教育体験期における運動部活動経験が，部活動指導や生徒指導における体育教師特有の思考・行動様式や価値観を生み出し，それらが学校における役割期待と相まって再生産されていく（Curtner-Smith，2001；沢田，2001；須甲・四方田，2013，坂本，2013）。このようにして再生産されるものについては，我が国において古くから体育教師や体育授業の「負の遺産」（森川1989，沢田，2001；阿部，2011）と呼ばれ，脱却が求められて久しい。

2　学校体育の経営成果に関わる信念の問い直し

　体育教師に対する批判や資質能力に対する疑いを導いている再生産の仕組みが，体育教師自身の被教育体験によって維持されているならば，それは体育教師の実践がある時代や社会に要請された教育観にとどまり続けることを意味し，新たな要請への適応は自ずと停滞する。さらに，ある時代において有効と見な

された過去の教育パラダイムに基づく授業は，その諸問題を抱えたまま再生産される危険性を孕む[17)]（シーデントップ，1972＝1981；鈴木，1995）。その意味で，時代にそぐわない価値志向に基づく実践は，単に「時代遅れ」であるばかりか，子どもたちにとって好ましくない学習成果を生み出し，学校体育経営の成果実現を阻害することになりかねない。

　学校体育の中でもとりわけ体育授業の方向性は，1950年から60年代の「体力づくり」を重視した目標に基づく体育を脱し，「楽しさ」を重視した目標に基づく体育へと変遷してきた（友添，2009）。そして現在，生徒が生涯にわたって運動に親しむことのできる資質や能力の育成を目指す，長期的展望に立った体育が求められている。特に，ほとんど運動をしない子どもの存在や運動をする生徒としない生徒の二極化，女子の運動・スポーツ習慣の乏しさといった問題を鑑みると[18)]，学校体育には子どもたちが抱える今日的な問題の解決と未来を見据えた成果の実現が要請されていることが指摘できる。このような変遷の只中において，仮に体力の向上に終始するような体育授業が行われるとすれば，それは過去の体育授業の再生産であるばかりか，子どもたちの現在と将来にわたる運動・スポーツとの関係構築を阻むことになってしまう。

　ところが，子どもたちの体育学習に関する状況を見てみると，学校体育が十分な成果を上げているとは言いがたい。ベネッセによる継続的な調査[19)]によれば，常に体育は中高生の好きな教科の最上位に挙げられているものの，「頑張って勉強したい教科」として体育を選ぶ生徒はわずかであった。同様に，生徒は体育授業に対して気晴らしやストレス解消を期待しており，生涯にわたる運動・スポーツや健康についての態度形成の場とは捉えておらず，知的理解の必要性を感じていないことも報告されている（伊藤，1999）。つまり体育授業が，子どもたち自身にとって生涯を見据えた学びの場と認知されていない，あるいは体育教師がそう認知させることが出来ていない現状がうかがえる。

　学校体育における経験は，児童生徒の生涯にわたる運動やスポーツとの関わり方に影響を及ぼす（金崎，1998；浪越ほか，2003）。特に，生涯にわたる運動・スポーツからの逃避行動を助長する「運動嫌い」「体育嫌い」が，生涯にわた

って運動やスポーツに親しむ態度を育成するはずの体育授業において生成される問題状況も明らかにされている（波多野・中村，1981；植村・上杉，1986；兵頭・河野，1992；立木，1997；渋倉ほか，1998など）[20]。そして「運動嫌い」「体育嫌い」の生起には，教師の技術中心的な指導や支配的態度をはじめとした指導行動が関わっている（兵頭・河野，1992；立木，1997）。これらの指導行動は，体育教師批判を導いている職務態度や振る舞い，そして過去のパラダイムに基づく体育授業の在り方と密接な関係にある。故に，体育教師によって再生産される「負の遺産」からの脱却は，子どもたちの学習成果の実現に向けた緊要の課題であり，体育教師は被教育体験の相対化とその中で形成されてきた信念を問い直す必要がある。

　なお，学校における教師の職務は，学習者に対する指導を中心とする個業と教師同士の協業によって成立している（平井，2008）。さらに，体育授業を含めた学校体育活動は，教師間の協働を通じて資源を結合し，スポーツサービス（運動の場や機会）へと結実させる組織の活動によって産み出される。故に学校体育の成果は，個々の教師による授業実践の成果のみならず，事業過程に関わる教師の協働を核とした学校体育経営の成果といえる。

　体育教師による特定の価値観への固執は，学校体育経営全体の硬直化やマンネリズム（野崎，1988，1991）を引き起こす。故に，遅滞を打破する革新（イノベーション）の採用や定着には，教師同士の形式的な情報伝達や知識の共有を越え，信念や価値に関わる「意味の共有」（清水，2001；横山，2005）が必要とされる。また，学習成果の格差をもたらすような体育授業の教師間差異を縮減するためにも，個々の教師が抱いている信念や価値が問われている（高岡，2010）。したがって，教師の協働を核とした学校体育経営実践においても，暗黙に再生産される固定的な信念や価値観が問われ続けなければならない。

　子どもたちと運動・スポーツとの望ましい関わりの実現には，時代的・社会的要請を始めとした外部環境の変化への適応と教師集団が構築する動態的な内部環境のマネジメントが不可欠であり，そして学校体育の成果実現とその条件の両面から，体育教師による信念の問い直しが求められる。

3 体育教師が信念を問い直す難しさと支援体制の必要性

ただし信念の問い直しは,必ずしも体育教師の個人的努力だけでまかなえるものではない。菊(2005)は,制度としての学校体育が「制度」であるが故に安定した供給体制を築いてきたことから学校体育の堅固な制度的性格と保守性を論じる中で「人々が体育に何を期待し,何を求めているのかを考えなくとも体育教師はそこ(学校)に体育が存在するから教師になれる」(p.93)と指摘している。また,体育教師自身が意図しなくとも,体育教師に向けられた役割期待が体育教師特有の偏った管理志向を生み出し,彼ら自身を拘束する文化は醸成されていく(O'sullivan, 1989;Schempp et al, 1993;沢田, 2001)。さらに,体育教師らしさを象徴する振る舞いは,体育教師の共通経験である運動部活動を通じて教師から生徒へ暗黙的に伝承される(沢田, 2001;坂本, 2012;坂本, 2013)。つまり,体育教師は無意識的に「負の遺産」を再生産しがちであることがわかる。

なお,無意識であることは信念や価値観を有していないことを意味するわけではない。シーデントップ(1972＝1981)は「たとえ特別な立場に基づいたプログラムを生み出そうとする意識的な企てがなかったとしても,それぞれのプログラムは,暗黙のうちになんらかの体育の信念や思想を反映しているものである」と述べている。また,体育教師に限らず全ての人々は学習や指導に関するものの見方・考え方を信念として持っている(梶田, 1986)。そのような信念は,多くの場合自らが教わった経験を通じて形成され,時に教えることに関する誤概念として機能し,有効でない実践への固執を生み出す(ダーリン＝ハモンド・バラッツ＝スノーデン, 2009, p.49)。問題は,体育教師が社会的・時代的要請を十分に吟味することができていない状況やその再生産システムが暗黙的に維持されていること,換言すれば体育教師自身が自らの信念に無自覚なまま固執するあまり,社会的・時代的な価値志向と個人的な信念とのやり繰りが生じていない点に見出される。

以上を踏まえると,学校体育に向けられた社会的・制度的要請と教師の個人的な信念との調和を図ることが,体育教師の専門性として重要であり,そのた

めには教師自身が自らの信念を問い続けること，そして時には，それらを柔軟に変容させていくことが必要である。しかし，人間が自らの信念を自覚し，矛盾を受け入れ，柔軟に変容させていくのは一般的に困難である。認知心理学や社会心理学の知見に基づけば，ヒトは自分の信じていることや意見に合致する情報を選択的に収集するし（Lord, Ross and Lepper, 1979；Markovits and Nantel, 1989；平山・楠見，2004），矛盾に伴う認知的不協和を低減するため人物や情況・情報を選択して接触する（Festinger, 1957）。また，直接目にしたものや接したものを優先的に信じ込む（Lepper, Ross & Lau, 1986）。つまり，人間は前提的な認識に従って行動する上に，その認識に固執する心的傾向を有している（西田，1990）。

　教師の成長・発達研究からも，教師が経験を積むにしたがって安定していく反面，実践が硬直化していくジレンマが指摘され（梶田，1986；西，1990；高井良，1994；小山ほか，1994；Stroot & Ko, 2006），成長の停滞も起こり得ることが示唆されてきた。また，多くの教師は教育改革が加算的・加速度的に進んでいくことに対して批判的な態度を示している（金子，2005, 2009；油布，2009）。久冨（2003）の調査によれば，およそ半数近くの教師は，日々の教職生活の中で自分の持っている教育観や教育的信念に混乱が生じていることもわかっている。これらの調査が示唆するのは，教師が時代的・社会的な教育観の変化や教育内容の変遷に追いついていくことの困難や取り残されていく教師の存在である。

　なお，教育活動をつかさどる教師の専門性向上は，これまでも教員研修の推進・開発・整備によって目指されてきた。現在では，授業研究を中心とした校内研修と経験年次に基づく体系化された行政研修をはじめ多様な研修機会が教師には用意されており，一見すると自らの信念を問い直す機会も保障されているように思える。しかし，現状では少数事例の画期的な研修が取り上げられその意義が強調される反面，一般的な傾向としては，校内研修の停滞や行政研修に対する低い評価が継続的に報告されている（たとえば，山崎，1987, 1988；吉田，2004；千々布，2005；秋田，2006など）。また，教員研修については，教師の主

体性と対立する受動的，強制的な研修の在り方が常に問題視され，研修を「受ける」という言葉に代表される受動的な研修観が根強いことが指摘されている（西，1982，2002；久保，2008）。つまり，教師が自らの信念を問い直す機会は，研修の在り方からも，また教師自身の主体性や積極性の面からも問題を抱えている。

なお，体育教師教育研究の分野では，研究者によって生産された研究成果を実践に応用する存在として体育教師を捉えてきたことへの批判や学術的な立場から進められる研究の限界が指摘され（高橋，1992；カン，2003）[21]，体育教師を知の生産主体として捉える視座が強調されている。そして，教師の思考や知識に関する研究の展開により，実践に対する信念の影響が示され，体育教師教育プログラムの模索と開発が進められているが，そのほとんどは教員養成課程の学生を対象としたものである。つまり，現職体育教師による信念の問い直しを支える仕組みを持たないまま，体育教師に対する批判と大きな意識変革の要請は進んでいる。

教師の実践を支えている個人的な信念と社会からの要請との間に生じる矛盾をやり繰りしていくこと，特に，一般的には自覚されがたく変容しがたい信念を問い直し，柔軟に変容させていくことは容易ではないが，そのような困難な営みであるからこそ，その中に職業としての専門性は見いだされる。体育教師を取り巻く問題状況を鑑みると，その専門性の保障と向上は喫緊の課題といえよう。本研究は，体育教師が信念を問い直し，必要ならば柔軟に変容させていくことを可能にするためには，どのような支援体制の構築が求められるかに迫ろうとするものである。

第3節　研究の目的と問い

人間は，認知する複数の対象について信念を持っている。信念は，自らが信じていることを正当化したり，その現実性を高めたりするような「もっともらしい」と感じる経験によって形成・強化され，その人の認識や行動，感情に影響を及ぼす（Rokeach，1968；Abelson，1979；西田，1988）。つまり，信念は疑

いが確信に変わるような経験を積むことで形成され，さらに，その確信に基づく行為によって，遭遇する新たな経験を取捨選択するフィルターになる。

ただし，信念の中には理不尽な思い込みや強迫的・非合理的なものが含まれており（河村，2000；竹下，1996a，1996b，1996c），「世界観を屈折させるレンズ」（レナード・スワップ，2005, p.139）としても機能する。そのため，教師の成長や発達，専門性向上にとって信念や経験が重要な役割を果たす一方，信念が経験に対する偏ったものの見方や考え方を導き，成長の停滞や硬直をもたらすこともある。信念が，信念自体の形成要因となる経験をフィルタリング（選別・濾過）するとすれば，素朴な状態の信念は，経験との相互作用によって強化や硬直化の過程を辿る可能性が高い。体育教師が信念を問い直すことの難しさや変わり難さも，信念と経験の循環的な相互作用の結果生じている，自然な現象とも考えられる。

しかしながら，すべての体育教師が信念の問い直しや変容を経験せず，硬直化の一途をたどるわけではないし，教職生活を通じて新たな信念を形成していく教師もいる。目指す教師像や授業像が異なれば，その教師による行為の選択も，そこから得られる経験の意味も異なるため（安藤，2000；山﨑，2012），長期的な視点に立つと，信念の内実や動態の差異は成長と停滞の違いとして現れる。それは信念が「経験から学ぶ力」（楠見，1999；Moon，2004；松尾，2006）になることを表している。信念は，見過ごしてしまったり，捨象してしまったりする経験を成長の糧にすること，あるいは信念を問い直し続け変容させていく行為や経験との遭遇を支える要因になると考えられる。

つまり，体育教師が自らの信念を問い続け柔軟に変容させることができるか，あるいは自らの信念に固執し硬直化していくかということ自体が，体育教師の有する信念によって規定されている，ということができる（図 序-1）。故に，体育教師による信念の問い直しや形成・変容はどのような信念と経験の相互作用によって生じるのか，また，そのプロセスに影響を及ぼす信念がどのような構造と機能を有しているのかを明らかにすることが肝要である。

ところで，体育教師の専門性向上は教師の個人的努力だけで成しうるもので

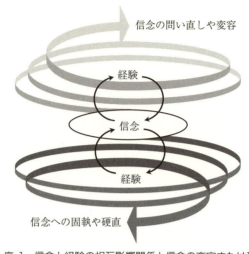

図 序-1 信念と経験の相互影響関係と信念の変容または硬直

はないため，体育教師の内面的，個人的要因の解明だけでは不十分である。上述の通り，素朴なままの信念が硬直化の過程を辿るとすれば，いかなる操作可能な要因が信念の問い直しや形成に影響を及ぼすかに着目する必要がある。教師の成長や発達は，教職生活を通じて経験から学んでいくプロセスとされており（稲垣ほか，1988；佐藤，1996），具体的には，教師自身の意識的な省察によって，自らのものの見方や考え方を選択し変容させていく学習過程（Guskey，2002；秋田，2009；山﨑，2012）が重視されている。一般的にも，経験が成長に繋がるのは，そこに熟慮や内省，省察といったリフレクティブな行為が介在した学習が生起する場合である（デューイ，1975；Kolb，1984；ショーン，2001）。本研究も，省察を原理とした反省的実践家として教師を捉える視座を背景としていることから，省察を中心とした学習経験が重要と考える。しかし，「教師が生涯にわたり専門家として学び変化する過程とその過程を支えるシステムデザイン」（秋田，2009，p.46）に関する研究は蓄積が少ない。殊に体育教師に関しては，近年になって成長過程を明らかにしていく必要性が指摘されたばかりである（木原，2011）。そこで本研究では，体育教師の成長に資する学習経験を

明らかにしたうえで，その経験を支えるシステムとしての学習・研修環境について示唆を提示することを目指す。

以上を踏まえて，本研究は信念と経験にみられる相互影響関係の検討を通じて，体育教師の信念の構造と機能を明らかにし，体育教師が自らの信念を問い続けていくために有効な学習や研修の在り方を批判的に検討することを目的とする。そこで，以下の3つの問いを課題として検討を進めていく。

・体育教師の信念は問われがたく，変容しがたいのか？　それはなぜか？
・体育教師の信念はどのように問い直され，変容するのか？
・体育教師の信念の問い直しや変容には，どのような学習環境が有効か？

第一に，本研究が問題とする現象を理解，把握するために体育教師の信念は問われがたいのか，そうであるとしたらなぜかを検討する。教師が信念を問い直すことを求める社会的要請の強まりと共に体育教師に向けられる批判は，体育教師の再生産システムと信念の変わり難さを示唆してきた。しかし，その問題状況を批判し，指摘する研究は存在するものの，問題となる現象の把握と理解に資する実証的研究はほとんどない。そこで，体育教師の学習と学習環境の実態を把握しつつ，体育教師の信念に関する問題状況の現実に接近していく。

第二に，体育教師の信念が問われがたく変容しがたい中で，それらはいかに生じ得るのかを検討する。体育教師の信念が教師自身によって顧みられず，変容しがたい状況の中でも，自らの信念を問い直し柔軟に変容させ，継続的な刷新に向かう体育教師は存在するはずである。そのような教師は何が異なるのかを問うのが，ここでの中心的課題である。そこで特に，体育教師の信念の構造と機能に着目し，信念自体が変容する様相とその要因を検討していく。

第三に，信念の問い直しが生じるには，どのような学習環境が有効かを総合的に考察する。信念の問い直しや変容が生じる要因についての知見から実践的示唆を導出するためには，具体的な学習環境や研修システムの改善方策を提示することが不可欠である。ここでは，信念の問い直しや変容が実際の体育教師の学習においてどのように生じるのか，そして信念の問い直しや変容の要因は

どのような文脈によって支えられているかを考察し，信念が問い直される学習や研修の在り方を提示する。

第4節　研究の構成
1　研究方法論

本研究では，先に挙げた3つの問いに迫るため，量的研究および質的研究を組み合わせた混合研究法（Mixed Method）による多角的分析と解釈を進め，問題現象の理解とその解決に向けた知見を示していくことを目指す。そこで本節では，知見の導出に向けて本研究が依拠する研究方法論について検討する。

研究方法と研究方法論は区別して捉えられるものであり，Silverman（2001，p.3）によれば，方法論が「研究主題を研究するための全般的なアプローチ」を指すのに対して，方法は「個々の技法」を指す。また，研究者の認識論的立場を明確にすることを強調するWillig（2001）によれば，研究の方法論が方法に比べ認識論的立場をより鮮明に浮き彫りにするとされ，全ての方法が全ての方法論と矛盾せずに用いられることはないが，研究者がどの認識論，方法論にコミットするかによって方法が決まってくる（Willig, 2001, pp.10-11）。

本研究において混合研究法を用いようとする認識論的立場は「プラグマティズム（実用主義）」（クレスウェル，2007）に依拠している。プラグマティズムの認識論とは，その世界的視野（Worldview）として「行為の結果として引き起こるもの」「問題中心性」「多元論的」「現実世界での実用性重視の方向性」という4点の特徴を持つ（クレスウェル，2007, p.7；クレスウェル・プラノクラーク，2010, p.25）。クレスウェル・プラノクラーク（2010）は，特に理論の検証を志向する「ポスト実証主義」，社会的・歴史的に構成された現象の理解を志向する「構成主義」，政治性を踏まえマイノリティの能力強化（エンパワーメント）を重視する「アドボカシーおよび参加型」の世界的視野との対比から「プラグマティズム（実用主義）」を説明する。すなわち，プラグマティズムは研究の方法よりも研究問題とその解決に焦点を絞り，研究問題を論じる多元的手法を認める点に大きな特徴がある。本研究の基本的な問題意識は，体育教師には大

きな社会的期待や困難な課題が突きつけられる一方で，教師としての資質に対する批判が向けられてきたことを踏まえ，この問題状況の解決には，どのような方策が考えられるかを究明しようとするものであり，基本的な視座はプラグマティズムの認識論に立脚している。

　既述の通り，体育教師を取り巻く現実の問題状況や現状を明確に描き出した知見はほとんどない。そのため本研究は，問題現象の多角的検討を端緒にして現象理解を進め，最終的に問題解決に向けた知見を導出しようとする探索的な研究として位置づけられる。混合研究法は，このように未だ現象の記述・説明が進んでいない複雑な現象を理解する可能性を高めることができる（川口，2011）。混合研究法の中心的前提は，量的・質的アプローチとデータを「混合する」ことでどちらか一方だけを用いるよりも，さらなる研究課題の理解を生

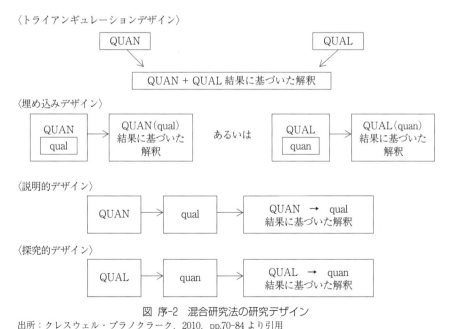

図 序-2　混合研究法の研究デザイン
出所：クレスウェル・プラノクラーク，2010, pp.70-84 より引用
注：大文字（QUAL, QUAN）は強調や重みの優先を示し，小文字（qual, quan）は比較的弱い強調や優先の低さを示す

むことにある(クレスウェル・プラノクラーク,2010)。

なおクレスウェル・プラノクラーク(2010)によると,混合研究法の全体的アプローチを表すデザインにはトライアンギュレーション(Triangulation Design),埋め込みデザイン(Embedded Design),説明的デザイン(Explanatory Design),探究的デザイン(Exploratory Design)の4つがあるが(図 序-2),とりわけ本研究は説明的デザインに依拠している。説明的デザインは,フェーズⅠで量的データの収集と分析を行い,その結果から引き続くように(あるいはその結果につながるように)質的データの収集と分析を行うフェーズⅡが設計される。たとえば,量的なアプローチによって信念の問い直しが起きた/起こらない体育教師がどの程度存在し,一般的に体育教師は,どのような環境に身を置いているのかを分析したとすれば,その後の質的なアプローチでは,信念の問い直しと学習環境に関する典型性・特異性を踏まえた事例の選定やより深い考察が可能になる[22]。

2 研究のデザインと本書の構成

本研究は,研究目的から導出した3つの問いと課題に迫るため,混合研究法の説明的デザインを基礎として,5つの実証研究を含む3つのフェーズを中心に構成されている(図 序-3)。

(1) フェーズⅠ:体育教師の信念は問われがたく,変容しがたいのか? それはなぜか?

フェーズⅠでは,体育教師による信念の問い直しと学びの実態を明らかにするため,2つの研究を展開する。第一に,体育教師の学びと学習環境の実態を明らかにするため,特に,信念の問い直しと一般的な研修環境の実態を量的なアプローチによって掴む(第3章)。第二に,体育教師が信念を問い直すことの難しさを体育教師の実践に即して理解するため,体育教師の信念がいかに形成・維持されるのかを質的に検討する(第4章)。つまりフェーズⅠでは,信念の問い直しの難しさとその要因を検討することで,体育教師の成長と学びに関わる問題状況を捉えていく。以上を踏まえて,第5章ではフェーズⅠのまとめを行う。

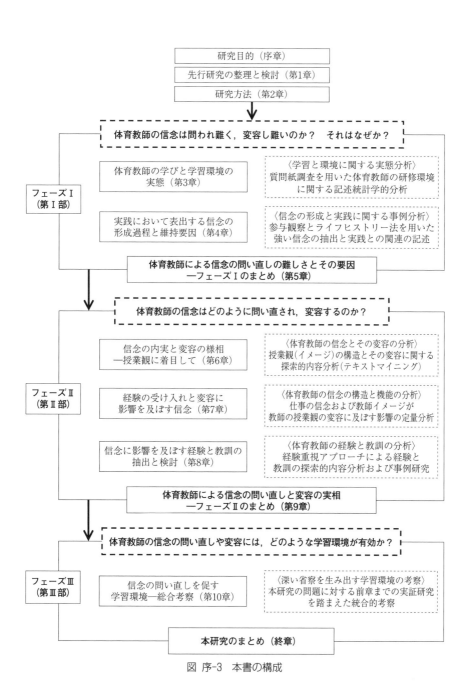

図 序-3 本書の構成

(2) フェーズⅡ：体育教師の信念はどのように問い直され，変容するのか？

フェーズⅡでは，体育教師の成長と学びに関わる問題状況を踏まえた上で，信念の問い直しはいかにして生じるのかを明らかにするため，3つの研究を展開する。第一に，体育教師にとっての中心的な信念といえる授業観に着目して，授業観の内実と変容および変容に関わる経験を明らかにすることで，信念の問い直しや変容を促す要因を検討する（第6章）。第二に，信念と経験の相互影響関係を踏まえて，経験を通じた信念の問い直し自体は，どのような信念によって規定されているかを検討していく（第7章）。第三に，体育教師の職務を通じた経験とそこから得た教訓を明らかにすることから，信念の問い直しをもたらす学びの在り方を詳細に検討していく（第8章）。つまり，フェーズⅡでは信念の問い直しを促す要因を信念と経験の両面から探究していく。以上の実証研究の成果を振り返って，第9章ではフェーズⅡのまとめを行う。

(3) フェーズⅢ：体育教師の信念の問い直しにはどのような学習環境が有効か？

フェーズⅢでは，体育教師が信念を問い直すために有効な学習環境を明らかにするために，以上の実証研究の成果を総合的に考察する。特に，信念と経験の相互影響関係の視点から体育教師の成長を促す学びのプロセスを示し，既存の学習環境に対比される有効な学習環境を示す（第10章）。

最後に結論（終章）として，体育教師による信念の問い直しや変容を支える学習環境の在り方に関する実践的示唆と，今後の研究課題を提示する。

以上の3つのフェーズは，問題の把握と理解，問題解決に向けた探究，実践的示唆から成り立っており，問題解決を志向する実用主義の認識論に立脚する混合研究法の説明的デザインを応用した枠組みである。

以上の実証的研究と考察を展開するための具体的な分析枠組みを構築するため，次章では，関連する先行研究の知見を整理することで課題を明確化し，第2章では詳細な信念概念の規定および経験と学習を分析していくための枠組みを構築する。

注
1) 2000年以降,「スポーツ振興基本計画」(2000年,2006年改定),「スポーツ立国戦略」(2010年),「スポーツ基本法」(2011年),「スポーツ基本計画」(2012年)では一貫して学校体育の充実と教員の資質向上が示されている。
2) 友添(2011, p.23.)は,体育の便益を「身体的便益」「技能に関わる便益」「認識に関わる便益」「社会的便益」「情意に関わる便益」に整理している。
3) 本研究の対象は,中学校・高等学校(中等教育段階)の教科専門性を有する保健体育教師である。また,ここで体育教師という呼称を用いる理由は,単なる略称としてではなく,我が国に膨大に蓄積されてきた「体育教師」研究との関連や接続を意識しているからである。
4) この組織的活動と事業過程については,体育学・スポーツ科学の一領域を構成している体育・スポーツ経営学によって理論的貢献が蓄積されており,特に学校体育を具体的なフィールドとする学校体育経営研究の主要な研究対象である。
5) 国際スポーツ科学体育学会連合会(ICSSPE)が1999年に開催した世界体育サミットでは,体育に関わる深刻な状況を受けて各国政府の文部大臣に実行を要請する「ベルリンアジェンダ」を採択し,良質な体育は,良質な教師とカリキュラム上の時間保障によって可能であると共に,両者は他の資源が不足している場合でも提供可能であることが指摘された。(ICSSPE, 1999=2002, p.179)
6) ここでいう不確実性は,Lortieが述べた教師の労働過程に根源的に存在する「風土病的不確実性(endemic uncertainties)」(Lortie, 1975)を意味しており,教職の困難性を表す否定的な契機として記述している。
7)「反省的実践家」とは1980年代にショーンが提唱した新たな専門家像であり,所与の問題に対して科学的な理論や技術を合理的に適用する「技術的合理性」に基づく実践認識から,複雑かつ不確実な状況の中で実践者自身が問題を設定し,行為の中の省察によって知を構成していくという実践認識への転換を背景としている。
8) ただし,佐藤(1993)は反省的実践家と技術的熟達者を両極とする,二項対立的な図式として教職を捉えているわけではなく,両者の合理性を認め教職専門性のアポリアとして提示している
9) 志水(2005)は,およそ10年ごとに改訂される学習指導要領の変遷に沿って,学校教育におけるカリキュラム改革の変遷を二つの極―「態度重視の極」と「知識重視の極」を行き来する「振り子」として表現している。なお,「態度重視の極」は進歩主義や子ども中心主義の教育を表し,「知識重視の極」は伝統的な教育を表すものとされている。
10) 安藤(2011)は,教師を一職業人と捉え〈仕事〉としての教職に焦点化し,教育改革のインパクトを教師の目線に立って探ろうとすると,教師たちがどのような〈観〉や〈像〉をもって教師という仕事に従事しているかを除いて議論することは出来ないと述べる。
11) 教育裁量とは「子どもの教育に直接関係している人たちが,教育を行うに当たって必要な(要求する)職務上の自由,権限のこと」(小島, 2002, p.185)であり,専門職としての自律性を制度的に具体化したものである。

12) 一般的に我が国では，戦前における体操中心の「身体の教育」からスポーツ中心の「運動による教育」へ，そして生涯スポーツ概念と共に登場した「スポーツの中の教育」あるいは「運動の教育」へと変遷してきた（岡澤・高橋，1994）。さらにその目標については，戦後，民主的態度の育成が目指された「新体育の目標」から，経験主義批判と国際競技における成績不振を背景とした「体力づくりを重視した目標」，そして脱工業化社会における生活構造の変化の中，スポーツの文化的・社会的価値を生涯の楽しみとして享受することを目指す「楽しさを重視した目標」への変遷がみられ（友添，2010，pp.30-38），教科体育の変遷を捉える一般的な枠組みとなっている。なお，これらを一方向的な発展図式の中に置くのではなく，並置される 3 つの領域として区別する議論（Arnold，1979；高橋，1981）や「体育の目標論の多様化現象」として捉える指摘（岡出，2011）もある。
13) 平成 20 年度改訂学習指導要領の基本方針を議論した「健やかな体を育む教育の在り方に関する専門部会健やかな体を育む教育の在り方に関する専門部会」（2005 年 7 月）では，初等中等教育修了の段階で，すべての子どもたちが身に付けておくべきものとしての「ミニマム」が議論され，保護者・納税者に対するアカウンタビリティの観点から体育の目標や内容の明確化が求められた。
14) 古くは中村（1969，1971）が「学校体育は何を教える教科であるか」とのテーマを掲げ，体育教師とスポーツのコーチの違いに関する議論を喚起した。また，佐伯（1976＝2006）は体育授業の現状について「ある時代から『なぜ』『何を』そしてそこから引き出されてくる『どうしてその方法を取るのか』ということの共通理解が持てないまま現在に至っているのではなかろうか」（p.239）と懸念を示した。近年に至っても「先生たち自身が，学校体育の中で何を育てていくのかが分からなくなっている」（本間ほか，2008，p.24）という見解が述べられている。
15) 横山（2014）の調査では，大学生に高校での体育授業の様子を回顧してもらったところ「生徒を威圧したりけなしたりする教師」や「授業中に座って見ているだけの教師」，「目標やねらいがよく理解できない授業をする教師」，「意図を説明せずに活動を押付けてくる教師」がいたと回答する学生が 2 割～3 割おり，その割合は数学の授業に比べて 10％以上高いことを明らかにしている。
16) 周辺性（marginality）を象徴する具体的状況としては，体育科が学校教育機能の周辺においやられていること（Sparks et al，1993）や体育教師の能力が授業における指導力ではなく，生徒の管理能力によって評価されること（O'sullivan，1989；Schempp et al，1993），教師自身までもが体育学習に対して優先的な期待を抱いていないこと（Smyth，1995）などがあげられる。
17) 具体的には，戦後の「身体による教育」パラダイムに基づく授業実践が，多くの種目を浅く学習させることになると共に，運動を手段と捉える視点が文化としての運動やスポーツが有する本質的価値についての学習を妨げるといったことが指摘できる（シーデントップ，1972＝1981；竹之下・宇土，1985；鈴木，1995）。
18) これらは，文部科学省が平成 21 年度から実施している「全国体力・運動能力，運動習慣等調査」の結果において，継続的に指摘されている問題である。なお，運動する子

としない子の「二極化」は，中学校生徒の一週間の総運動時間が60分未満と900～1,200分の二つをピークとして分布している状況から指摘されている。特に，女子生徒については一週間の総運動時間が60分未満の生徒が20％以上いることが問題視されている。また，平成26年度の調査結果によれば運動やスポーツをすることに消極的（ややきらい＋きらい）な生徒の割合は，男子生徒で9.4％，女子生徒で20.6％いることがわかっている。

19) この調査は，ベネッセ教育総合研究所が1990年，1996年，2001年，2006年に小学生・中学生・高校生を対象に行った学習基本調査を指している。

20)「運動嫌い」は「みずからスポーツ活動や身体活動を行うことに対して否定的態度を有する個人の総称」（中込，1995）であり，「スポーツ嫌い」は「スポーツや身体運動を素材として計画的・組織的に行う体育授業に対して非好意的あるいは消極的態度をあらわす個人の総称」（賀川，2002）と定義される。なお波多野・中村（1981）は，運動嫌いは技術中心主義的指導理念が強く反映された授業の中で，失敗経験を反復することにより劣等感やみじめさが増幅されることによって生成されることを示した。また佐々木（1998；1999）によれば「みんなができて自分だけできない」「教えられたことができない」といった能力的不適応と運動やスポーツに対する嫌悪感は，子どもに強い心理的負担を抱かせることで「諦め」や「適当にやってごまかす」といった回避行動を喚起し，その結果，子どもはさらに心理的負担を強めていく。

21) カン（2003）は「研究者達が処方箋を出し，教師たちがそれを適用してきた」（p.77）として，体育教師自身が自らの実践を省察し，主体的に実践改善していく存在であることを無視してきたと批判している。また，高橋（1992）は「実証的・経験的研究は，それがいかに分析的にされようと，あるいはいかに総合的・全体的にされようとも，その前提となる理念的仮説が実践的成果を方向づけているという意味で，その研究は常に限定的であるということが自覚されねばならない」として，授業改善に向けた学術的貢献の限界を示唆している。

22) なお，説明的デザインには「フォローアップ調査説明モデル」（follow-up explanarions model）と「参加者選定モデル」（participant selection model）の2つの変形型がある（クレスウェル・プラノクラーク，2010, p.81）。両者は，第2フェーズにおいて量的フェーズをフォローアップする点で共通しているが，前者は量的フェーズを相対的に強調して，その結果をさらに詳細に検討するために，後者は適切な参加者が選定されることに焦点をあてる点で質的フェーズを相対的に強調する点で違いがある。

第1章 先行研究の整理と検討

第1節 体育経営学および学校体育経営研究における体育教師を対象とした研究

　学校体育の基本的な経営課題は，運動の場や機会（体育授業や運動部活動，体育的行事など）を，いかに学校教育目標の達成に資する，良質な学習機会として児童生徒に提供できるかにある。これら運動の場や機会は，学校体育に関わる諸資源の調達・運用・生産からなる一連の事業過程によって生み出されることから，学校体育に関する経営学的研究は，事業過程の主体である組織を主な認識対象として進められてきた。とりわけ学校体育の硬直性や停滞の改善に資する，組織特性に関する研究には，一定の蓄積がある。

　スポーツ組織研究の動向を整理した武隈（1995）によれば，体育経営学における組織論的研究のうち，特に組織特性に着目した研究は3つの分析レベルに分類することができる。1つ目は，組織構造を中心に組織の持続的特性の仕組みを検討するマクロレベルの組織研究である。2つ目は，組織成員の個人特性を中心として，組織における個人を分析対象とするミクロレベルの組織研究である。そして3つ目は，両者の中間領域を形成しており，主にコミュニケーションやリーダーシップなどの組織過程を中心として組織の動態的側面を検討するメゾレベルの組織研究である。ここでは，上に示した組織研究の分析レベルに従い，学校体育経営に関わる先行研究を整理し，特に，ミクロレベルの研究の不足を確認することで，体育経営学研究領域における本研究の位置づけと意義を明確化する。

1　学校体育経営組織の革新と改善に関する研究—マクロレベルの組織研究

　学校体育経営に関する組織論的研究の端緒となったのは，一般経営学におけるマクロ組織論の主要概念にあたる「組織文化論」「組織風土論」などに依拠し，

それらの概念の規定と操作化によって,組織成果としての革新や組織変動に対する影響を実証しようとするものである。ただし,その結果明らかにされたことは,組織の文化や風土が組織の革新や変動を与える影響と共に,教師の個人的特性に注視していく必要性であった。

たとえば清水(1986a,1986b)は,組織の革新には組織風土が関わっていることを実証的に明らかにしようと試みたが,組織風土から革新性への直接的影響は認められず,組織成員の体育事業に対する積極性(職務あるいは目標達成に向けたエネルギー)が,組織の革新と有意な相関を示すことを明らかにした。また,体育経営への積極性として操作化された組織同一化および体育事業への積極性は,個人属性(性別,年齢,スポーツ経験,体育への関心,運動クラブの顧問など)によって異なることが明らかにされ,結果的に個人への着目の必要性が示唆されている(清水,1986a)[1]。

野崎(1988)は,学校は全般的に保守性が高いことを踏まえて,教科体育経営におけるマンネリズムを問題視し,マンネリズムの要因を組織内で共有される価値観や行動規範を背景とする「組織の慣性力(組織内の体育教師たちのタスク遂行活動の常軌化の程度)」として論じ,マンネリズムの変革要因を「ゆさぶり(組織内の体育教師間の相互作用に介在する閉塞感の程度)」からなる組織文化に求めた。そして,ゆさぶりを「既存の行動様式(仕事のやり方)の反復・強化のみでは解消されない緊張を生み出すメカニズム」と定義し,マンネリズムを打破する具体的状況について「体育の教師同士が授業の研究を行い,議論し合い,お互いの批判をし合い,お互いの授業を深め合っていくような過程は,既存の慣行を打破するにたる『ゆさぶり』としての機能を持つ」(p.5)と表現している。また,清水(1991)も,学校体育の経営改善をイノベーションの採用として操作化し,「目標設定」「内的相互作用」「実験主義」の三次元で構成される組織文化にその源泉を求めている。

関連する研究として清水(1989)と野崎(1990)は,組織の目標設定や達成と直接的または潜在的に関係するタスク環境(不確実性)に着目した議論を展開している。特に野崎(1990)は,成員個々の主体的な環境認識に基づく情報

創造を強調し，環境は組織のメンバーによって認知的に創造されることを論じた。そして組織成員が創造的に形成する「ビジョン」「構想」が，組織変動や組織変革の源泉となることを示唆している。その後も野崎（1991，1992）は，学校体育の硬直性を打破するメカニズムとして，組織構造が組織活性化を規定することを実証し，さらに，教師の情報創造が組織構造の変動をもたらす可能性を論証している。

　以上の研究は，組織革新をはじめ組織変動，組織変革といった組織の環境適応を学校体育における重要な経営課題と捉え，それらの変化を規定している要因を解明しようとした研究である。その共通点は，組織あるいは組織成員の環境認識に着目し，その分析レベルを個人のデモグラフィック属性からパーソナリティを含む個人特性へ，さらに個々の主観的認識へと進めていったことであり，探究の視点をよりミクロな分析レベルに向けていく必要性を示唆している。また，これらの研究を包括する観点から組織変化について検討した武隈（1994）も，組織変化の一般モデルを検討する中で，組織変化の理論は，環境変化のような外生的要因によって引き起こされるとする「（環境）決定論」と，構成主体であるところの組織や個人が自ら判断し，主体的に創発されるとする「自由意志論」が，相互の揺り戻しの中で対比的に検討されてきたと述べている。

2　組織行動論，管理者行動論に関する研究―メゾレベルの組織研究

　武隈（1991，1992）は，ミクロ組織論とマクロ組織論を接続するメゾレベルの組織理論（モデル）の定立を企図し，学校体育経営組織の構造に関する理論的・実証的研究の成果を踏まえ，その動態を解明することで組織変化のメカニズムに接近しようとした。具体的には，学校体育経営における組織行動の記述モデルとして「知識共有－曖昧性モデル」を仮説・実証している（図1-1）。このモデルでは，体育経営組織における「曖昧さの温存－排除」と「知識・情報の共有－占有」の二軸四象限で構成され，学校体育経営における組織行動の変化（組織変化）が説明されている。なお，組織行動の説明・分析は，それぞれの象限における組織行動の条件が満たされているか否かによって生じる組織行動の変化（各象限内の双方向矢印）と，象限間の差異あるいは移動によって起こる

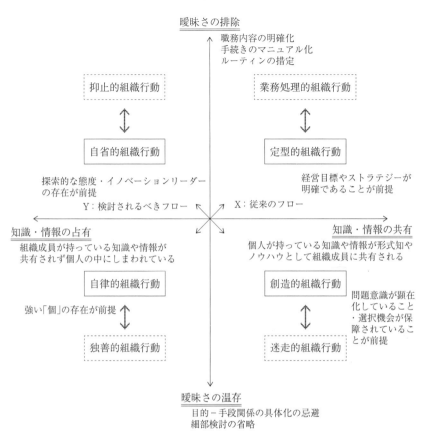

図1-1 学校体育経営における組織行動の記述モデル
出所：武隈，1991，p.5から引用

行動の変化（象限間の双方向矢印）の2点に着目することで進められた。そして，組織有効性を年度ごとの体育事業の改善として操作化した実証研究により，組織有効性を高めるには知識・情報の伝達や形式的な共有を越えてその「意味」を共有すること，中長期的な展望を伴った組織行動の枠組みを持つことが明らかにされた。さらに，「曖昧さの排除と温存」と「知識の共有－占有」は，組織学習のスタイルや組織文化・風土によって規定されていることから，マクロレベルの組織特性が，組織行動に影響を及ぼしていることを明らかにしている。

第1章 先行研究の整理と検討 29

また，同じくメゾレベルの組織研究に分類できるものとして，学校体育経営組織の研究に管理者行動論を援用することで，組織過程を明らかにしようとしたものがある（武隈，1988，1992，1994；清水，1989，1990b；藤田・松村，2001）。これらの研究は，それまでの対人的影響力を想定してきたリーダーシップモデルが捉えきれなかったリーダー行動として，物的資源や財務的資源，情報資源への働きかけ，あるいは対人的影響力としての組織上層部（上方）への働きかけを捉える包括的な概念として管理者行動概念を援用している。たとえば武隈（1988，1992，1994）は，主に管理者行動の規定要因と組織有効性に対する影響を明らかにした。さらに清水（1989，1990b）は管理者行動の動態を究明するため，組織成員の評価と管理者の自己評価をもとに優れた管理者行動の特性を明らかにし，併せて，それの行動を規定する状況変数との交互作用効果を検証した。これらの研究から導き出された示唆は，有効な管理者行動は組織・集団内における管理者の位置づけをはじめとした状況特性によって異なることであり，学校現場の文脈への注視を促すものであった。また，藤田・松村（2001）は，清水や武隈では検討されることの少なかった，小学校の体育主任に対象を絞った調査分析を行っている。

　管理者行動論に関する研究では，管理者行動の規定因が，年齢や経験といった「個人的特性」と組織学習特性やタスク特性，課題環境特性といった「組織関連的要因」に求められているが，直接的な影響が確認できたのは後者のみであった。現実的には，管理者（体育主任）個人のパーソナリティ要因が強い影響を及ぼしていることが想定されるが，以上の研究における分析枠組みがそれを検証するには不十分であったことが考えられる。すなわち，個人的特性を客観的に操作化できる経験や年齢に求めているが，主観的な価値観やビジョンといった認識レベルについても検討する余地が残されているだろう。

　メゾレベルの組織論は，マクロ／ミクロレベルの組織研究の中間領域を対象として（武隈，1995），主に組織成員の行動の動態的側面に着目し，マクロ的要因が組織成員の行動に与える影響をはじめとした両者の関係を検証している。しかし，マクロレベルの組織研究が究明を必要とした，よりミクロな分析レベ

ルである個人の認識的側面へのアプローチはなされておらず，その意味ではやややマクロレベルの要因に重きを置いた研究と見なせる。

3　体育教師の個人特性にせまる研究―ミクロレベルの組織研究

　体育・スポーツ経営学における組織論的研究の中で，ミクロレベルの分析を行ったものは決して多くない。また，学校体育経営研究の領域において，体育教師の人的資源としての特徴を捉えようとした研究はほとんどない。その中で清水（1995）は，経営資源概念の検討を通じて，体育経営における経営資源研究の課題を提示している。そして，学校体育経営の場合は，人的・物的・財務的資源をある程度は所与の条件としており，これらの資源がある程度限定されているという制約のもとで，いかに効果的な経営を進めるかを考えることの方が現実的であるとの見解から，知識・ノウハウをはじめとした情報資源の重要性を論じた。さらに経営資源に関する一般的特性と学校体育経営における人的資源，資金的（財務的）資源，物的資源，情報的資源の特性を対比的に検討し，人的資源に関する5つの差異と2つの共通点を示した（表1-1）。特に，差異点の②，すなわち「学校における人的資源は，学歴や勤労意欲及び知識等は，企業体に比べ等質であるが，教育観，体育観などの信念が異なり，その主張が強く，それが，意見や行動に反映し，組織的な統制が困難である」と，共通点②に示された「発展性―経験効果による蓄積可能性（人の質的側面）に関して，人的資源は日々変化している。他の資源は，老朽化したり価値の低下は免れないが，短いスパンで変化しない。人的資源は，特定の刺激によって大幅に質的変化が生じることがある」の2点は，本研究にも大きく関わる。

　前者の特性に関連して，既に教育経営学分野における実証研究（露口，2004）では，教師の職務態度には，組織文化以上に教師の個人的価値観が強い影響力を有していることが明らかにされている。しかし，学校体育経営における人的資源の特性については，学校体育の経営成果を左右する重要な要因としてその影響が示唆されつつも，既述の通り検証が進められてこなかった。

　体育経営学における1980年代後半から1990年代の実証的研究は，その理論的背景として一般経営学における組織論のフレームワークを援用しながら蓄積

表1-1 学校と企業体における人的資源の差異と共通点

差異点
①企業組織における人的資源の調達困難性（必要に応じて外部から調達することが難しい。従って内部的な措置によって質の向上を図らなければならない）に関して，学校の場合は人事権が経営体にないため，企業よりも経営体を主体とした資源調達が困難である。
②人間性（人の質的側面）に関して，一般的に人的資源は，多種多様で個性的な側面をもっているとした上で，他の資源は，同一の資源であればいかなる経営体が保有，活用しても同じ機能を発揮するが，人的資源は，全く同じ機能を発揮することが期待できない。対して学校における人的資源は，学歴や勤労意欲及び知識等は，企業体に比べ等質であるが，教育観，体育観などの信念が異なり，その主張が強く，それが，意見や行動に反映し，組織的な統制が困難である。
③固定制と可変性の小ささに関して，一般的に，人的資源は一度調達されると，長時間固定化し，不要になったからといって簡単に消却することはできない。また，長期間固定化するため，能力の陳腐化が進み，技術・知識・意欲などが役にたたなくなるため，常に再開発によって整備しなければならない。これに対して学校においては，人的資源が長期間特定の経営体に固定化することはなく流動的である。従って，経営体の必要に応じた人的資源の開発をするには，時間的制約があり，資源の蓄積がない点に特徴がある。
④人的資源の不完全所有性に関して，一般的に人的資源は，他の資源のように経営体によって完全に所有することはできないため，出来る限り経営体に帰属させる（組織同一化，組織への忠誠心）方策を講じなければならない。一方，学校においては，個別学校である特定経営体に所属する期間が短いため，帰属意識を高めることが難しい。
⑤一般に人的資源は財務的資源の活用による入手が困難であるのに比して，学校は企業体よりもさらに困難（不可能に近い）といえる。
共通点
①他の経営資源の運用主体である。他の経営資源を運用し，活用する主体であり，他の資源を保有するかどうかを決定し，他の資源の効率を左右する。
②発展性―経験効果による蓄積可能性（人の質的側面）に関して，人的資源は日々変化している。他の資源は，老朽化したり価値の低下は免れないが，短いスパンで変化しない。人的資源は，特定の刺激によって大幅に質的変化が生じることがある。

出所：清水，1995から修正のうえ引用

されてきた。特に，コンティンジェンシーアプローチ（組織の環境適応理論）に依拠して，組織有効性または組織成果を規定する状況変数を明らかにすることを主要な課題とする仮説実証的な方法が用いられてきた。これに対して2000年以降，学校体育経営の組織成員である教師が保有している信念や価値観に迫る研究が，研究方法論に関する議論と並行する形で蓄積されていく。それらは特に，丹念なフィールドワークを用いて教師個人の認識にアプローチする点に特徴がある。

たとえば清水（2001）は，国の研究指定を契機とした外生的変革への学校の

対応過程を，比較事例分析を用いて明らかにし，教師の抱く価値・理念，意思・意図によって学校体育経営組織の対応が個別性を帯びることを明らかにした。また横山・清水（2005）は，地域と学校の合同運動会に関する自生的変革が定着した学校とそうではない学校を比較するために，それぞれのスクールヒストリーを描き出し，学校教員と地域住民によるイノベーションの意味や価値の継承が，その定着要因となっていることを明らかにしている。また，教師間のコミュニケーションの場である対話場に着目したフィールドワークを行った高岡・清水（2006）は，対話場リーダーの発話内容を分析し，教師の価値観である体育授業観が伝達・共有されていく過程を描き出している。

　これらの研究の展開は，主に清水（2007）が，これまでの研究方法論を批判的に検討し，体育・スポーツ経営学が研究対象とする経営事象の把握において，人々の「行為」や「意味」に着目する重要性を主張したことと関連している[2]。組織の活動が成員の相互作用によって生起することを加味すると，組織成員が有している人間的・人格的側面を等閑視した現象の記述は，リアリティを捨象すると共に，優れた経営を展開する人々（組織）が有している「日常の理論」（加護野，1988）を見落とすことになりかねない。それらに接近する具体的方法としての参与観察やフィールドワークあるいはスクールヒストリーなどの自伝的方法は，組織成員の行為とその意味の解明を基盤とした実践理論の構築に貢献すると共に，従来の研究では軽視されていた，個人特性とりわけ主観的認識の検討を可能にした。

4　学校体育経営における人材マネジメント論と本研究の位置づけ

　一方，人的資源に関わる今一つの特徴，すなわち人的資源は他の資源に比べて大幅な質的変化が生じる点（前頁表1-1参照）については，その変化の方向性を組織成果や経営成果につなげることを具体的なねらいとする，人的資源開発と関わる。守島（2004）は，人的資源開発を人材マネジメントという語で表現し「人材は，成長し，発揮する価値を変化させていく存在」（p.15）であることを強調している。なお，人的資源管理論（Human Resorce Management）は，前項まで検討してきた研究と関わる組織行動論（oraganizational Behavier）と

対をなす研究領域でもあるが，人的資源管理理論に立脚して，体育教師をどのようにマネジメントしていくか，その資源価値や組織有効性への貢献をいかに促進していくかという実践的・応用的観点からの研究は，その萌芽がみられる程度である（たとえば品田, 2008）。つまり，学校体育経営研究の領域では，体育教師の力量形成や資質能力の向上が重要な課題とされながらも，人材の価値を高める人的資源管理の観点からはほとんど研究が行われてこなかった。

なお，人的資源管理という用語は，一般経営学における特定領域ないしは分野を表す言葉として古くから使用されてきたわけではない。すなわち，古典的にはタスク（課業）管理を源流とし，労務管理から人事管理（Personnel Management），人的資源管理（Human Resource Management）へと発展してきた背景を持つ（奥林, 2003）。この人事管理を源流とする人的資源管理は，組織における人間の行動を対象とする組織行動論が基礎理論的あるいは理論志向であるのに対して，より応用理論的で技術志向である点で区別され（二村, 1982；大森, 1989），組織におけるヒトを対象とする独立した分野として発展してきた。経営実践や組織における具体的現象としては，組織行動論が組織内におけるヒトのヒトに対する働きかけ対人的相互作用の理論的解明を目指すのに対し，人的資源管理論は，組織が設計するシステムがどのようにヒトに影響を与えるかという，より具体性や個別性を前提とした現象の解明と実践的示唆を得ようとする。無論，双方の研究分野は相重なる部分や相互補完的な部分がある。

ただし，近年では組織における人的資源を，一方的に管理される対象としてではなく，学習を通じて認識やスキルを獲得していく主体的な存在として捉える人材観に基づき，その学習メカニズムの解明によって学習を促す実践的示唆を得ようとする研究が展開されている（松尾, 2006；谷口, 2006；中原, 2010；古川, 2010 など）。その基本的関心は，ヒトは仕事を通じた経験の中でいかに学んでいるのか，そしてその学びはどのような個人内要因（態度や信念）と外的要因（職場や組織の在り方）によって規定されているのか，と表現されるだろう。

これまで積み重ねられてきた学校体育経営に関わる組織論的・組織行動論的

研究により，成員である教師の価値や信念が，経営成果に大きく関わることが明らかにされてきた。このことから，それらがいかに形成されるのか，あるいは適切な信念を形成するためには何が必要かは，現実の経営に関わる人材マネジメント上の重要課題といえるが，このような視座から研究を展開したものはない。教師がどのようにして主体的に認識やスキルを獲得し得るのか，そのための学びをいかに支えるかは，主に教育学分野における教師の専門性向上や成長・発達研究のテーマでもあるが，それらの知見を積極的に参照しようとした研究も極めて少ない。他方，一般的な教師研究に対して，学校体育経営を担う「体育教師」の独自性や固有性を加味した知見の提示も行われていない。

　以上の検討から，学校体育を担う体育教師の人材観が限定的であったこと，学校体育経営研究において教師の質的向上を目指す，人的資源マネジメントに関する研究が行われてこなかったことが指摘できる。先行研究の整理検討から，学校体育経営に携わる体育教師が，組織の一成員として捉えられてきたことが確認できるものの，公教育を担う体育教師は，専門職的自律性に支えられた教育裁量と半ば個人事業主としての特徴を有していることから，彼／彼女たちが有する主観的認識は大いに経営成果を左右する。故に，体育教師を学校体育経営研究の対象に位置づける上では，体育教師が有している教職専門性に裏打ちされた「教師」としての側面と信念や価値観，ビジョンといった主観的認識が有している影響の大きさに目を向けることが不可欠である。本研究は，体育学の一領域である体育経営学が一般経営学の知見を取り入れてきた学的潮流を踏まえつつ，教育学分野における教師研究の知見を取り入れて，学校体育経営に資する人的資源マネジメント論を展開しようとするものである。

第2節　教師の認識・思考・行為に関する研究から教師の信念研究への展開

　教師研究の中心的・普遍的課題は，児童生徒の学習成果を保障し，ひいては教育の質を保障する重要な要因としての教師の在り方あるいは指導の在り方を究明することにある。その中で，本研究と関連する教師の個人特性の理解は，1970年代以降，教師の指導行動を客観的かつ操作可能な技術として捉える行

動科学的研究から，教師の内面で作動している認知過程の側面から捉える認知科学的研究への転換を契機として進展した。その後，教師による教育活動が意思決定の過程として究明されると共に（Peterson & Clark, 1978；Clark & Peterson, 1986，吉崎，1987 など），意思決定と行動の背後に存在する教師の「実践的知識」についての研究が進展する（Schwab, 1969, 1971；Elbaz, 1981；Shulman, 1987；Clandinin, 1985 など）。そして，教職を専門職とみなす教師観の転換と生涯を通じた専門的成長の必要性を認める教師観の提起とが相俟って，教師の実践的知識とその形成は，教師の専門性向上や力量形成を表す重要な概念とされてきた。その後，実践的知識を規定している概念とみなされる教師の信念を主要概念とした研究が展開された。本節では，教師の認識や思考，行為に関する研究の展開を背景として，信念が重要な概念と見なされるに至った経緯を整理し，教師の信念に関する研究の意義を確認する。

1　教師の行為を規定する認識的側面への着目と研究の展開

行動科学的アプローチが主流であった1960年代から1970年代後半までの教師研究では，主に効果的な教授学習の在り方が追究され，教授スキルとしてのコミュニケーション・スタイルや行動パターンの解明が進んだ（秋田，1992）。当時の教師研究領域では，教育内容や児童生徒の実態からは独立した，一般的な技術的スキルに関心が向けられ，教授過程を細分化した単一的・行動的スキルが追究された。その後，RosenthalとJacobsonの研究を端緒とする「ピグマリオン効果（pygmalion effect）」に関する研究（たとえば，Rosenthal & Jacobson, 1968；Brophy and Good, 1970, 1974）を主要な契機として，授業の過程を一種の社会的相互作用の過程として捉える，新たな視点に基づいた教授学習過程研究が展開される（藤木，2000）。そして，教師行動を動態的な社会的相互作用の過程として捉える視点は，さらに授業場面における教師の意思決定過程に関する研究へと展開していった。

教師の意思決定過程に関する研究は，状況を手がかりとして推論し行動を決定する教師の意思決定プロセスをいくつかのルートによってモデル化し，教師の行為をダイナミックな内的過程として明らかにしようとした（Peterson and

Clark, 1978；Shavelson and Stern, 1981；吉崎, 1988a)。その背景として，それまでの行動科学的アプローチから，教師と児童生徒の内的過程を明らかにしようとする認知科学的アプローチへと重点が移行したことがあげられる（吉崎, 1991)。意思決定モデルの開発や検討によって明らかにされたのは，授業の状況を認知した時に起こる計画や想定，（生徒の行動についての）許容範囲との「ズレ」に応じて，教師が有する選択肢の中から行動が選ばれることであった。特に吉崎（1988a）は，国内外の教師の意思決定研究を批判的に検討して意思決定モデルを精緻化し，教師の行動に関わる選択肢は，教師が有する「知識システム」[3]に依存することを示した。つまり意思決定研究の蓄積によって，観察可能な教師の行動から，その背後にある教師の知識が重要な研究対象として認められるようになった。

なお1970年代以降は，行動科学的研究が教師の教育実践を極端に客体化あるいは脱文脈化することへの危惧と批判から，教師の意思決定研究と並行する形で教師の知識に関する研究が蓄積されている。その契機は，Schwab（1969, 1971）が，カリキュラム開発の在り方を中心として教師の実践を脱文脈化された技術の問題として捉える行動科学的な教師（教育）研究を批判し，教師の実践が文脈から切り離し得ない複雑性を有していることを主張した点に見いだされる[4]。その中でSchwab(1969, 1971) は，行動科学に基づいて生成される「理論的知識」(theoretical knowledge) とは異なる教師の「実践的知識」(prctical knowledge) という知識領域が存在することを提起した。この見解が示されて以降，教師の知識研究は教師が有する実践的知識の探究として展開されていく（島田, 2009)。

教師の知識，正確には教師の実践的知識に関する研究は，実践的知識の概念や性格および領域や構造に関する研究を中心に進められていった。たとえばElbaz(1981, 1983) は，高校教師の事例研究によって，実践的知識の構造を「実践についてのルール」「実践の原理」「イメージ」という3つの様式（3層構造）によって示している。特に，イメージは最も包括的で非明示的であり，教師の思考を導き，関連する領域の知識を構造化するのに役立ち，直観的な認識を導

くと共に価値判断を含むものとされている。その後，ConnellyとClandinin（Connelly and Clandinin, 1985；1988）は「個人的な実践的知識（personal practical knowledge）」の概念を提起し，実践的知識を捉えるために「イメージ」「ルール」「実践の原理」「個人的な哲学」「メタファー」「物語統一性（narrative unity）」「リズム」の6カテゴリーを提起した。

　教師の知識に関する研究の中でも，Shulman（1986, 1987）[5]が教師の知識を7つの領域に構造化して概念化した「PCK（Pedagogical Content Knowledge）」の提起は，その後の研究に大きな影響を与えた。PCKは「教育内容を教授し得る可能性（teachability）からみて最も適切な形に具体化する，教育内容についての知識の形態」（Shulman, 1986, p.9）と定義される[6]。その知識は教育内容と教育方法が結合したものであり，教師の専門的な理解に由来する特別な形態の知識とされ（Shulman, 1987），教師の専門性の象徴として捉えられてきた。さらにShulmanは，教師の思考過程と行動を「教育学的推論と活動のモデル（A model of pedagogical reasoning and action）」として構造化している。そして，モデルを構成する要素の1つであり，教師が教材を学習者に適した形に再構成し学習者に理解可能な方法を考案する「翻案（transforming）」の過程を重視し[7]，PCKをその過程で機能する知識として位置づけた。なおShulmanは，7つの知識領域について，4つの「源泉（sources）」を挙げ，特にPCKは教師が実践の中で培ってきた自覚的・無自覚的な「実践の知恵（the wisdom of practice）」に依拠しているとする。

　さらに，教師の実践的知識への着目は，Schön（1983=2001, 2007）が「実践の認識論」の転換から新たな専門職像として示した「反省的実践家」概念の提起によって，とりわけ我が国における教職観や教師教育改革の方向性に大きな影響を及ぼした。「反省的実践家」とはショーンが提唱した新たな専門家像であり，所与の問題に対して科学的な理論や技術を合理的に適用する「技術的合理性」に基づく実践の捉え方から，複雑かつ不確実な状況の中で実践者自身が問題自体を設定し，行為の中の省察によって「実践の知」を構成していくという実践の捉え方への転換を背景としている（佐藤, 1993）。佐藤（1994）は，シ

ョーンに依拠した反省的実践家としての教師像について「教職を高度の専門職として規定するが、その根拠を科学的な知識や技術に求めるのではなく、実践場面における省察と反省を通して形成され機能する実践的な知見や見識に求めている」(p.31)と述べ、「技術的熟達者」としての教師像に対置されるものとしてこれを示した。つまり、専門職としての教師の成長自体を実践的な知見や見識の発達として捉えようとしたのである。

2 教師の思考と知識に関する研究から信念に関する研究への展開

教師の意思決定に関する研究と教師の知識に関する研究は、同時期に蓄積が進み授業研究、教師研究ひいては教育政策に対して大きな影響を及ぼした。だが、意識的な研究の関連づけは遅滞していたことから、吉崎(1988a, 1988b)は「知識システム」を組み込んだ意思決定過程モデルが、両者を連結する新たな研究枠組みを提示している点を強調し、教師の知識研究の知見を媒介にして授業研究と教師教育を積極的に関連付けようとした[8]。

ただし、教師の意思決定過程に関する研究は、知識をはじめとした認識が教師の授業理論や指導行動を支えていることを等閑視してきたわけではない。たとえばClark and Peterson (1986)は、教師の意思決定過程は「教師の計画」「教師の思考と解決の相互作用」に加えて、「教師の理論と信念」という3つの基本的なタイプに分類できるとし、教師の思考や認知を支えている認識の存在を予見していた。また、Clark (1988)は教師の思考に関する研究の蓄積によって明らかになったことの1つに、教師の信念ともいえる「暗黙の理論(implicit theories)」が、学習者や教育内容に対する認識と教師の行動に影響を与えていることを主張した。さらに教師の理論と信念に関する重要な研究対象として、生徒の課題達成の原因に関する帰属意識、および教師が教授と学習に関して持っている暗黙の理論の2つが挙げられている(Clark & Peterson, 1986)。その後、信念は教師の授業過程における思考を深部で恒常的に規定し、教授方略の選択や教師の知識をメタ的に規定する概念として重要な研究対象とみなされていく。

一方、教師の知識研究では、教師の実践的知識の構造や領域に関する理論的検討の後、優れた教師をどのように育成するかという実践的関心のもと、知識

の構造やその形成に関する研究が蓄積された。具体的には，主に教職志望学生や初任教師と熟練教師との比較研究が行われ，熟練教師の知識構造がより複雑に組織化されていることが明らかにされた（Ennis et al, 1991；Griffey and Housner, 1991；Shempp, 1993）。その後，教師の知識に関する研究領域においても，知識の獲得や使用を高次に規定している信念の存在が注目されるようになる（秋田，1992；Fang, 1996；Rovegno, 2003）。日本では佐藤ほか（1990, 1991）が，授業実践において保有している豊かな「実践的知識」の形成や機能を有効に達成するための「思考様式」の違いを熟練教師と新任教師との比較によって実証し，教師の熟達が授業観や学習観として概括される信念に支えられていることを考察している。同時に，熟練教師の思考においては，それらを「深部で統括する主題」のようなものが存在し，信念を形づくっていることを示唆した。教師の意思決定過程に関する研究と教師の知識研究を関連づけて発展させた吉崎（1997）も，教師の力量の違いを判断や意思決定の違いとして捉えつつ，授業力量の一側面である授業観，教材観，指導観，子ども観といった「信念」が教師の授業づくりや授業実践に方向づけを与えると論じている。

　このように，教師の信念に着目する必要性は，教師の意思決定に関する研究と知識に関する研究が発展していく過程で認められてきたといえるだろう。教育実践の文脈依存性から教師の専門性を導こうとすると，教師の教育行為が論理的根拠や一般理論的言説に沿ってなされるわけではないことが示唆される（西，1990）。実際，教師の実践的知識に関する基礎的研究でも「イメージ」（Elbaz, 1981）や「実践の知恵（the wisdom of practice）」（Shulman, 1987）などの概念によって，教師の知識構造の基底に存在する認識が指摘されてきた。また，外界からの情報を手がかりに推論・判断し，自らの行動を決定する意思決定研究においても「何をどのように認知するか」という前提的な知覚において，個人的なものの見方や考え方が反映されることは避けられない。Revegno（2003）は，教師の知識構造を検討する中で，優れた指導を理解するために教師の声に耳を傾けるとともに，よい教師は何を考え，何を知っているのか，そして何を信じているのかを学ぶこと，Shulmanのいう「実践の知恵」にアプローチすること

を提起している。このように教師の信念に関する研究は，教師の意思決定と知識に関する研究の展開を背景として重要な研究対象として位置づけられていったことがわかる。

3 教師の信念に関する研究の意義と展開

教師の信念を研究することの意義と意図は，教師がなぜ特定の教授方略を使用するのか，同じ状況下でも教師によって，ある知識が使用されたりされなかったりするのはなぜか，同様の出来事に対する教師の評価や判断の違いはなぜ生じるのかなど，教師の行動や認知の有り様をより個性的な次元から記述・説明しようするところにある（竹下，1991；秋田，1992；Pajares, 1992；Calderhead, 1996；Tsangaridou, 2000，黒羽，2005）。ただし，教師の信念は一般的に「ある事態について正しいか正しくないか，望ましいか否かというように，命題の形で判断されるような心理的表象」（秋田，2006）と定義される包括的な概念である。それ故，信念には「価値観」「態度」「実践の原理」「個人的な認識論」「志向」など様々な用語があてられてきた（Kagan, 1992；Pajares, 1992；秋田，2000）。そのため，信念についての論及自体は古くから部分的・間接的になされてきたといえるが，教師の信念（Teacher's belief）を固有の概念として検討した研究は，教師の思考や行動を規定している要因への着目を背景に1980年代後半以降，徐々にすすめられていくことになる。

当初，教師の信念概念は実践において観察可能あるいは明示可能な変数と関連づけられ（Kagan, 1992），質問紙法による測定が行われることが多かった（Bunting, 1984, 1985；Brousseau et al, 1988）。だが，質問紙を用いた測定は，学術的な知見に依拠して研究者が予め項目を設定するため，そこに教師の信念を無理やり当てはめてしまうという批判もあった（Richardson, 1996）。そこで，観察や面接法，日記などの文書から解釈学的にアプローチする方法が用いられるようになる（Richardson et al, 1991, Kagan, 1991, Bullough, 1993）。それは，特定の実践場面や指導行動に限定されない，教師の日常世界や過去の経験を視野に入れた教師の信念に関する研究の端緒となった。たとえば，教師の信念について先駆的な試論を展開したNesper（1987）は，1人の女性教師を例に彼女

自身が生徒だった時の経験や出来事が，彼女の目指す友好的で楽しいクラスを実現するための教育実践を規定しており，それが時に，生徒の不十分な課題達成を生み出してしまう好ましくない効果を与えていることを指摘した。このように，教師の信念を多様な側面から明らかにしようとした研究は，自ずと授業場面に傾斜していたそれまでの教師研究を見直し，教師の人間的な側面や日常生活を捉える視点を提起することに貢献したと考えられる。

第3節 教師の信念に関する実証的研究

前節で検討したように，教師の信念に関する研究は教師の認識・思考・行為に関する研究の蓄積の中で，その存在と探究の必要性が認められてきた。そして，固有の研究対象として「教師の信念」が究明されていくと共に，我が国においても諸外国の知見を参照し，あるいは独自の視点から研究が蓄積されてきた。それらの研究は，教師の行動と信念の関連を検証しようとしたものをはじめ，教師の信念の1つである効力感を対象とした研究を中心に進められた。その後，信念に関する概念的検討も行われるようになり，信念が有する独特の構造や機能に迫ろうとする研究も進められた。同時に，信念は教師の授業場面に限定されない多様な行動や認識に対して影響を与えるものとして取り上げられてきた。本節では特に，信念に関する実証的研究に焦点化して，知見の整理と検討を行い，実証的研究によって教師の信念に迫ろうとする本研究の課題を明らかにしていく。

1 教師の信念と指導スタイル・指導行動に関する研究

我が国における教師の信念に関する研究は，教育心理学分野における実証的アプローチを端緒として展開された。先駆的な研究として，梶田を中心とするグループ（梶田・石田・宇田，1984；梶田・後藤・吉田，1984；梶田ほか，1985；石田ほか，1986；梶田，1986）は，教師と生徒の個人的なものの見方や考え方である信念を「PLATT (Personal Learning and Teaching Theory：個人レベルの学習・指導論)」[9]という概念として体系化し，個々の学習・指導スタイルとの関係を明らかにした。ただし，教師は信念の実現を目指して行動するため，授

業の設計,実施,評価,再設計の各段階においてその影響を受けることになるものの,信念の実現は即時的にもたらされるわけではない。そのため,信念を実現していく段階で,時には「信念に反した教授行動」を取ることや信念が具体化されていくなかで信念自体が変化していくこともある(浅田,1996a,1996b)。つまり,信念の行動に対する機能や影響の存在は認められるが,信念と行動の間には,より複雑な関係が存在すると言えるだろう。

また,信念は極めて主観的な認識であることから,非論理的・非合理的な認識をも包含している。特に教師は,強迫的で絶対的な信念を保有しており,そのような非合理的な信念(イラショナル・ビリーフ)の強さが,極端な統制や規則・慣例主義,集団主義をもたらし学習者に対する強制的な行動を導くことも実証されている(河村・國分,1996a;1996b;河村・田上,1998;河村,2000)[10]。たとえば,河村・田上(1988)は小学校教師を対象とした調査によって,非合理的な信念が強い教師は,リーダーシップ行動における集団維持機能が低下することを実証し,児童の心情を配慮する面の少ない,強制的な指導を児童に実施する可能性があることを示唆した。

教師の信念に関する実証研究では,信念と行動に一貫性があるという見解を支持する結果と,信念と行動は矛盾し,必ずしも一貫性はないことを示す見解がある(Calderhead, 1996)。体育教師の信念と教師行動との関係を検討した実証的研究においても,両者の間に関係が認められないことを実証した研究(Kulinna et al, 2000)と両者の関連を実証した事例的研究(Bechtel and O'sullivan, 2007)が混在している。ただし秋田(2000)は,信念と行動の一貫性を実現するためには,その条件となる知識や思考,判断が必要であり,信念と行動の不一致の自覚こそが,教師の発達や力量向上に有意義であるという見解を示している。

また,教師がどのような価値を志向するかという信念は,具体的な指導行動だけでなく,その背景となるカリキュラム開発にも影響を与えるとされる(Jewett and Bain, 1985)。そこで,体育教師研究の分野では価値志向の評価尺度(value orientation inventory:VOI)[11]が開発され(Ennis and Hooper, 1988),

この尺度得点を用いた調査研究により，体育教師の価値志向は，地域特性や社会的環境などの文脈に制約されていることが明らかにされた（Ennis, 1992a, 1992b；Ha and Xu, 2002）。先に触れた，教師の非合理的な信念も，教職の特性と教師がおかれた社会的環境の中で，教師が自分の役割に対する責任や体面を社会や他者に対して保つための自己防衛的な信念であり（河村，2000），社会的な影響を多分に受けているとみなすことができる。

　以上の知見から，信念は授業や教室における特定の行動のみならず，教師としての職務活動全般に影響を与えていることがわかるが，信念と教師の行動は必ずしも直接的に結びついているわけではなく，社会的な関係性や文脈などの複雑な要因が，両者の関係性を媒介していると考えられる。したがって，信念の保有と信念の表出あるいは教師の行動を区別し，それらを規定している要因を，教師を取り巻く環境を含めて検討していく必要がある。

2　教師自身に対する信念としての効力感に関する研究

　信念に関する実証的研究では，教師と学習者との関係を前提とする指導行動のみならず，教師の自分自身に対する信念の一つである「教師の効力感」も研究の対象とされている（Woolfolk et al, 1990；前原ほか，1991；前原，1994；Agne, 1994；松田・鈴木，1997；鈴木，1998；松田・鈴木，1999；丹藤，2000）。教師の効力感に関する研究は，1980年代に，効果的な教授行動を支えている教師の内的効果に目が向けられたことによって進展した。特にAshton（1985）は，職業上の動機づけが低い教師を理解するためには，教師が，生徒の学習にポジティブな効果を及ぼす能力を有するという自身の信念である，教師の効力感に関する研究の必要性を主張した。

　先行研究によれば教師の効力感は，教師の自己自身の有効性に関する信念である「個人的効力感（personal teaching efficacy）」と，教師一般の有効性に関する信念としての「教師効力感（teacher teaching efficacy）」の2次元で構成されており（Woolfolk, et al, 1990；前原ほか，1991），前者は教師モラール（教育研究意欲）と高い正の相関があるのに対して，後者は教師のストレスとの間に負の相関があることなどが示されている（前原，1994）。

さらに，教師の自己効力感の形成要因の検討によって，教師の自己効力感は教職年数とは関わりがなく，さらに，個々の教師によって効力感をもつ領域や場面が異なることや領域特定的な影響が示唆されている（松田・鈴木，1997）。たとえば，中堅教員（教職経験 11 年目）を対象とした自己効力感の形成要因の検討では，優れた先輩教師との出会いが大きな要因となっていることや，中学校の教師においては，部活動の指導経験が自己効力感の形成に有意な影響を与えていることが明らかにされている（鈴木，1998；松田・鈴木，1999）。

　教師の効力感は，実際の指導場面に直接関わる信念（学習者や教材などについての信念）に加えて，教育実践に対する積極的な態度と教師の成長を理解する上で重要な信念である。丹藤（2000）は教師の効力感に関する研究の課題として，教師の指導領域が教科指導場面に限られないこと，全ての領域で万能感を感じる教師はいないとの考察から，領域特定的な効力感尺度の必要性を強調した。この指摘を敷衍すると，信念に関する研究全般においても，信念の対象と領域を限定する必要性が指摘できるだろう。

3　信念の構造と機能に関する研究

　藤木と木村（藤木・木村，1997；1998；1999；2000；藤木，1994，1999；2000）は，主に海外における「教師の信念（teacher belief）」に関する研究成果を積極的に取り入れ，信念概念の性質を明確化し，その形成・変容過程から教師の熟達や発達の過程を検討している。特に藤木（1999）は，教師の信念は具体的な指導技術や知識から教育理論まで様々な次元を越えて一貫性，固有性を持つことから，先行研究が対象としてきた異なる次元の信念をモデル化し，その多様性によって個人差を説明する重要性と信念体系の可塑性を主張している。具体的には，教師の教育全般に対する個人特有の見方・考え方と定義される信念を深層に，それらが具体化したものとして「教授内容信念（content specific belief）」と「効力感（観）（self-efficacy）」という 2 つの信念を設定し[12]（藤木，1999），深層に位置する信念を価値判断基準とする「教授内容信念」や「効力観」の表出によって行動や思考が駆動される。そして，教師の 3 つの発達段階（水準 1，水準 2，水準 3）とそれらを細分化した 5 つの段階（Ⅰ，Ⅱ，Ⅲ，Ⅳ，Ⅴ）を設

定し，信念の内容的発達を分析する枠組み（表1-2）および仮説的な信念体系を提示した（図1-2）。さらに，事例研究を通じて，信念の発達が教授内容信念の「多様化」（教材をいろいろな切り口で扱う），「深化」（教師中心から子ども中心の教材作成を行う），「拡大化」（教科をこえたものとして教育を捉える）をもたらし，効力観の対象（限界）が拡大することによって現実の容認力が高まる，という「信念の機能」を明らかにした点は示唆的である。

さらに黒羽（1999a）は，信念に関する諸外国の知見を踏まえ，教師の信念を「個々の教師が教育行為の対象について潜在的に保持する暗黙知であり，対教師や対児童との相互作用を通して抱く児童観や授業観から教師の効力感や自己受容感等を含めた包括的な概念」（p82.）と定義し，学校現場における長期のフィールドワークによって教師の信念に接近した（黒羽，1999a；1999b）。特に黒羽（1996b）は，Pajares（1992, pp.309-310）の知見をもとに研究方法を精緻化し，教師の信念は遭遇した出来事を特徴づける「挿話」から引き出される「挿話的性質」と，特定の対象や価値と結びつきその人特有の行動傾向となって表出する「価値への置換性」を有することを踏まえ，教師の「挿話的語り（episodic narrative）」を抽出する具体的方法を導き出した。そして，参与観察と聞き取りによって特定の教師の行為や語りを解釈していくインテンシブな事例研究を展開し，「その教師らしさ」を支える信念を描出している。信念の記述方法を

表1-2　教師の信念の発達段階

水準1　理想論的 教育を理想的なものと 捉える信念	Ⅰ	順応的価値観	：子どもの頃の経験や理論などで価値判断を行う。
	Ⅱ	規範模倣的価値観	：他の教師や伝統的な教育などを自己の模範として選択し，価値判断を行う。
水準2　現実的 教育を現実的なものと 捉える信念	Ⅲ	社会的価値観	：その場そのときの子どもなどの状況を受け入れ，対応した価値判断を行う。
	Ⅳ	経験的価値観	：経験から直感的に縦断的・横断的な関連，つまり，過程，社会や時代の関連などを考慮し，価値判断を行う。
水準3　独自的 教育を独自的なものと 捉える信念	Ⅴ	達観的価値観	：柔軟でかつ，自己選択した原則や真理に照らされた価値判断を行う。

出所：藤木，1999, p.163から引用

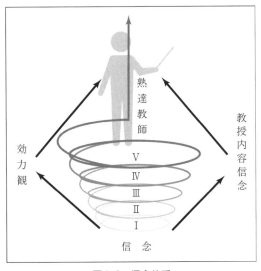

図1-2 信念体系
出所：藤木，1999，p.164をもとに作成

具体化した上で，教師の自然な姿と語りが現れる現場に身を置き，信念が表出する豊かな意味が含まれる生のデータから信念に迫った一連の研究は，信念の実証研究の方法として示唆に富んでいる。

4 信念の働きに関する研究と教師の信念研究の課題

黒羽と類似した研究として竹下（1996a；1996b；1997）は，教員集団の授業研究に介入する長期のアクションリサーチを行っている。その目的は，教員集団に共有されていた研究方法とは異なる，新たな方法を取り入れた際に生じる教師の抵抗を信念に着目して描出することであった。さらに介入によって，自らの信念と合致しない情報に触れることになった教師が，どのように対応するかを追跡調査している（竹下，1996a；1996b；1997）。その結果，当初から自らの信念に合致する情報のみを収集していた教師たちは，自己の信念に合致しない明白な研究結果が出ても，自らの信念を転換しないことを描き出した。また，このような強固な信念の維持には，個人的体験のみならず，信念と合致しない情報を批判することで既有の信念を正当化し，共有させようとする他者の存在

が影響していることが示唆された。これらのことから，教師の信念は，事実に関する情報だけでは変化しがたく，信念の維持には，信念を支える対人関係が影響していることがわかる。また，一定の論理性や客観性を要する授業研究でさえも，主観的な価値を伴う信念が，強力に教師の教育実践を規定している実態が記述されている。

　信念が強固に維持されることで，教師を硬直化へと向かわせる現象に着目した以上の研究に対し，黒羽は「教育課程経営」[13]の開発や継続的更新に，教師の信念形成や共有が大きく関わるとして，事例対象校の教師たちの社会的相互行為に表出する信念を多角的に検討している。そして，教育課程を継続・発展させていく信念を形成する協働性や同僚性（黒羽，1999c；2001；2003a），学校主導者のリーダーシップ（黒羽，2002a），学校の歴史的特質（黒羽，2002b），教師集団の価値・規範の伝承性（黒羽，2004）を描き出した。黒羽は一連の研究を通じて，教師が有する個人的な信念が，学校内の他者との葛藤や衝突あるいは価値や規範の共有を通じて，「充実した信念」と表現される集団的信念へと収斂していく過程を強調的に描き出している。ここで概念化された「充実した信念」とは，「自己効力感や自己価値観などの人間の自己像に関わる『生きがい感』であり，人間が自身の力を信じて，『やりがいある使命感』を生起させる源泉」（黒羽，2002a，p.7）と定義され，教育実践を停滞させるような矮小化した同僚との調和やルーティン化を打破し，教育課程の継続的更新や改善を促す原動力とされている[14]。

　竹下と黒羽は共に，信念が社会的相互作用を通じて形成や維持，共有されることを描き出しているものの，停滞の助長と改善の促進という異なる信念の働きを導き出している。これらの先行研究から，具体的な指導場面を越えた社会的相互作用に着目する時には，特に信念の働きを正の側面と負の側面の両面から捉えていくことの重要性が指摘できる。具体的には，経験や知識の受け入れが信念によって左右されることから，信念によって新たな経験や知識が排斥され，固執へと向かわせることもあれば，それらの経験や知識の積極的な受容が促され，改善や変革へと向かわせることもある。

実際，信念と新たな経験や知識の獲得との関係については，Ennis（1994）が，同様の知識を有している体育教師でも実際の教育活動が異なっており，知識の獲得と利用の仕方は，信念によって基礎づけられていることを論じている。我が国でも，厚東ほか（2010）が，アメリカの Teaching Expertise 研究の文献的検討により，教師個人の有する知識や技術への着目から，教授・学習過程とその中で生じる「出来事（class event）」が重視されるようになった趨勢を捉えた上で，その出来事や経験から学ぶ力が教師の省察と，省察に影響を及ぼす信念に支えられていることを示した。これらの実証的研究として，Ennis et al.（1997）が価値志向の評価尺度（VOI）に基づいて体育教師を分類し，体育に関わる知識項目の結びつきを自己評価させることで，教科の目的や学習者に関する知識の構造（ネットワーク）が VOI の類型によって異なることを実証した。

　教師の信念に関する以上の研究は，主に，信念が実践の行動的側面と認識的側面を規定するという心理学的知見（Rokeach, 1968；Fishbein and Ajzen, 1975；レナード・スワップ, 2005）を支持しているが，多くは信念という概念を詳細に規定しているとはいえず，特に概念の検討において参照される知見が，主に教師研究領域に限られている。なお，信念概念は心理学における主要概念として扱われ，ある認知対象と他の認知対象の連結によって形成されており，一般的に複数の信念からなる信念体系が仮定されている（西田, 1998）。故に，教師は多くの対象について信念を保有しているはずである。しかし，これまで行われた教師の信念に関する研究では，このような信念の内部構造を踏まえた概念規定と信念の対象が検討されてこなかった。そのため，教師が抱いている何に対する信念が実践や経験の受け入れを規定するか，とりわけ問い直しや変容を促す信念と固執や硬直化を助長する信念の存在とそれらの違いが意識されてこなかった。さらに，一般に如何なる信念を保有する体育教師が存在するのかという基礎的知見も欠けている。そのため，特に蓄積が進んでいる事例的研究において，事例のもつ特殊性や固有性，典型性などを明確に示すこともできていないといえる。

第4節 教師の成長・発達過程に関する研究

　教師の認識・思考・行為に関する研究の蓄積が始まった1970年代は，同時に，生涯教育または生涯学習の提起を背景として，教師教育を養成・採用・研修からなる連続的な過程として捉える視座のもと，教師の成長・発達プロセスを解明しようとする研究が進められた時期でもある[15]。どちらの研究も，優れた教師の確保を社会的課題として，教師の質的保障に向けた知見を生み出そうとする点で共通している。だが前者は，主に授業場面を中心として授業力量の形成をもたらす思考や知識の変化・発達の在り方を究明してきたのに対し，後者は教師の職務全般と教師の生活をも視野に入れて「教師になっていく」過程を対象に研究が蓄積されてきた（安藤，2000）。ここでは，教師の認識的側面に着目してきた前節までの検討を踏まえつつ，授業場面を超えて，時間的・空間的にもより広い視点に立つ教師の職業的社会化および成長・発達に関する研究を整理検討し，体育教師の信念を対象とする本研究の位置づけを確認していく。さらに，成長・発達に資する「経験」に着目し，本研究における主要な研究対象である，教師の学習に着目する必要性を指摘する。

1　教師の職業的社会化研究と体育教師の特殊性

　1970年代以降，教育社会学分野を中心として，教員養成・現職研修における，よりよい教育を検討しようとする実践的関心に根ざし，教師の職業的社会化[16]に関する研究が進められた（耳塚ほか，1988）。教師の職業的社会化研究では，ある特定の能力や認識を獲得したり形成したりする過程ではなく，教師が職業的役割を獲得し，教師になっていく過程を基本的な関心事としており，そのプロセスは，教員になる前の時期を対象とする「予期的社会化」と教職に就いて以降の過程を扱う「継続的社会化」に大別される（今津，1979）。

　まず，継続的社会化に関する研究には，教職が抱える現実的な問題に着目した研究が見られる。たとえば，児童・生徒の逸脱行動に対する対処行動の習得過程を対象とした研究（南本，1995）や，一般的に制約を受けている女性教師の管理職就任過程を対象とした研究（南本・渡部，1996）がある。その中で，教育現場に求められる教師像の変容を踏まえ「不登校児童・生徒」との関わり

を教職への適応過程として捉えた研究（内田・岩本，2010）などは，より現代的問題への適応を社会化の視点から検討したものである。

　一方，予期的社会化に関する研究は，教員養成系大学・学部の学生を対象とする研究が大半を占めており，教職志望の実態やその志望に関わる条件が明らかにされてきた（今津，1979；伊藤・山崎，1986；武藤・松谷，1991 など）。その一般的傾向として，就学期に出会った教師の影響が教職志望の契機となっており，多くの者が大学入学以前に教職を志望していること，教育学部への入学と教育実習の経験が教職志望の重要な契機になることなどが示された。

　近年では，大学入学以前の社会化過程にまで視野を拡大した研究も行われており，中学時代の経験が，教職への入職や価値意識に影響を及ぼすことや（藤田ほか，2006；太田，2012），学齢期の子どもは学校で出会う教師から教師役割を習得していること（紅林・川村，2000），最も身近な「親」が社会化の重要な規定因であること（太田，2010）が明らかにされている。つまり，予期的社会化と継続的社会化の連続性や，前者が後者の在り方を規定する要因であることが明らかにされつつある（川村，2003）。

　職業的社会化に関する研究は，体育教師研究においても古くから進められてきたテーマである。それらの研究では，体育教師の授業や教材研究に対する低いコミットメントが明らかにされる一方で（西垣，1976；杉本，1988；小泉 1997，山西，2006），運動部活動に対する積極的態度や没頭，また，運動部活動に生きがいを感じており，教師としての力量発揮の場と認識している実態（西垣，1984；山下・徳永，2000，谷口，2003）などが実証され，体育教師の特殊性が批判的見解を交えて示されてきた。職業選択に関する調査からも，体育教師が，自分の過去から現在までの運動経験を燃焼させる場として，体育教師の職業を選択していることが明らかにされている（深沢・対馬，1982）[17]。また沢田（2001）は，大学における体育科教員養成カリキュラムや運動部への所属が，その後の体育教師としての社会化に重要な影響を及ぼすことを論じている。

　一方，欧米では Lawson（1986）が先駆的に研究を展開し，体育教師の職業的社会化を「体育教師への入職に対する初期の影響とその後の教師教育者や教

師としての認知や行動をもたらす全ての社会化を含むもの」(p.107) として捉えている。さらに，Laswon (1983a, 1983b) は体育教師の社会化を早期から進行する教師の生涯を通じた長期的な過程と捉え，生まれた後から始まる「文化適応（acculturation）」「専門的社会化（professional socialization）」「組織的社会化（organizational socialization）」の3つの社会化[18]からなるモデルを提案し，大学への入学，専門的教育，体育教師（学校）への入職，学校における社会化，体育教師としての生涯からなる，社会化の段階性を提起した。そして，体育教師の社会化の特徴として，体育教師の教員養成課程入学者は，教師ではなくスポーツのコーチを希望して入学してくるため，教員養成プログラムの効果が低いこと，体育教師として学校に勤めることによって教員養成プログラムの効果が洗い流される（wash out）ことを示した（Lawson, 1983a, 1983b）。

　欧米圏では質的研究法（ライフヒストリー法や参与観察，ドキュメント分析など）を用いて，体育教師の組織的社会化の実態に接近する研究が数多く蓄積されている点に特徴がみられる。これらの研究によって，体育教師は職場で，教師とスポーツ指導者としての役割葛藤を経験すること（O'Connor and Macdonald, 2002），自らのスポーツ経験や体育授業の経験が体育授業に対する教師としての評価や振る舞いに影響を与えること（Pagnano and Langley, 2001；Morgan and Hansen, 2008），また，管理職や同僚から，体育教師の力量が授業ではなく生徒指導の能力によって評価されていること（O'Sullivan, 1989；Sparks et al, 1993）などが明らかにされた。これらの要因として，学校における体育科や体育教師の「周辺性（marginality）」（Sparks et al, 1993）や他教科と比較して低い位置に置かれていること（Shempp et al, 1993），そして，体育教師自身もそれを認めていること（Smyth, 1995）などが考察されている。また初任体育教師に着目した研究によって，上述のLawsonのモデルの検証（Curtner-Smith, 2001）や入職後の「リアリティ・ショック」「役割葛藤」「孤立」「洗い流す効果（wash out effect）」が共通経験として描き出されており（Stroot et al, 1993），体育教師が体育教師になっていく過程の現実が明らかにされ，一定の共通理解が築かれつつある。

教師の職業的社会化研究は，教師になっていく過程を価値や規範，文化の内在化の過程と捉え，教師あるいは体育教師を取り巻く社会的構造を描き出した。ただし，我が国における体育教師の職業的社会化研究の多くが，質問紙調査による横断的研究であったのに対し，欧米における研究は少数事例を対象とした質的研究によって，社会化過程の様相を当事者の視点から描き出そうとした点で異なる。前者の研究では，教師は常に社会化の対象として位置づけられているが，後者は体育教師としての生涯を通じた過程を教師の主観的認識に沿って記述し，社会に適応していく主体としての姿をも具体的に描き出している。また，教師教育プログラムに対する具体的示唆を導き出し，教師の成長や発達に対する直接的な貢献を志向している点で，我が国における研究とは異なる特徴を有している。

2　教師の成長過程に関する研究―職能成長研究と自己形成史的研究に着目して

　上述の通り，我が国における教師の職業的社会化研究では教師が「教師になっていく」過程が描きだされてきたが，教師の主体性に立脚した研究については教師が「教師として成長・発達していく」過程を明らかにしようとする自己形成史研究を中心に知見が蓄積されている。職業的社会化研究が，主として教師を取り巻く社会的構造を描きだしてきたのに対し，教師の自己形成史的研究は，教師の主体性に重点を置き，教師の資質や力量の内実とその形成過程を明らかにした点で異なっており，教師教育に対するより具体的な示唆についての言及も多い。

　まず初期の研究では，養成・採用・研修からなる教師教育の考え方を背景として，後天的な教師の資質や能力，力量の内実の解明から，その形成プロセスをモデル化しようとする試みが進められた。たとえば，教師個人の力量の実態とその形成過程の解明から研修システムの構築を志向した岸本ほか（1986）は，教師の力量の構造や領域を演繹的に同定し，それらが教職経験を通じてどのように形成されていくかを検証することで職能成長モデルの構築を試みた。さらに，その知見から現職研修の内容と適時性に関する示唆を得ようとした。教師

の力量[19]については「専門職の評価規準」(関本, 1979)をもとに項目化・分析されており,「経営能力」「教授展開能力」「生徒指導能力」「生徒把握能力」「人格性」の5因子によって構造化され,各能力の向上の仕方が年齢段階によって異なることが明らかにされている(岸本ほか, 1980；小山, 1985)。同時期には,教師の資質能力(川田, 1984；森, 1984)をはじめ,若い教師の資質や力量(小島, 1981；南本, 1986),教師の職能(西, 1979；1981；1983)の内実と構造を検討とした研究が数多く蓄積された。これらの研究に共通しているのは,資質能力や力量を知識・技術の次元(能力)と人格的次元(資質)から捉えようとする視点であり,技術的側面のみならず「情熱」や「教育的信念」「教育理想」「使命感」などの人格的側面が,教師の成長を規定していることが指摘されている。

　その後,岸本らの研究グループに属していた小山ほか(1990, 1992, 1994a, 1994b)は,「ある価値や目標に向かって,自己の内部で葛藤を繰り返しながら自分自身を高めようとコントロールしていくといった,教師自身の生き方に直接関わる概念」である教師の自己教育力に焦点化し,その推移から成長のプロセスを描き出すと共に,成長の契機となった経験を明らかにしている。そして,大学1年目から教職およそ30年目までの推移において,自己教育力が停滞する「養成教育におけるマンネリズム」「新任期のリアリティ・ショック」「教職10年目前後のマンネリズム」が存在することが示された。また,成長契機は全6カテゴリーに分類され,最も回答数が多かった経験が,日常の生徒との接触や問題生徒への対応,学習指導上の経験等をカテゴライズした「教育実践上の経験」であり,他にも「職務上の役割の変化や転勤」「大学時代等の経験」などの入職以前の経験を含む,多様な経験が教師に変化を与えていることが明らかにされた(表1-3)。

　以上の研究が,職能成長・発達研究として力量の内実と形成過程のモデル化を目指したのに対し,稲垣ほか(1988)は昭和6年に長野県師範学校を卒業したコーホート(同年齢集団)を対象として約40年間にわたる教師のライフコース研究[20]を行い,特に,教師が生きた時代的・社会的背景との関係の中で教

師としての成長と専門的力量の形成過程を捉えようとした。ここでは「教職について以降の経歴のなかでの，教材観や子ども観あるいはそれらを含めたトータルな意味での教育観といったものにかんする何らかの変化や転換」（p.73）を意味する「転機」が注目され，その契機となった経験を明らかにすることで教師の成長と力量形成の過程が検討されている。その結果，入職後10年間から15年間が力量形成にとって最も重要な時期であると共に「勤務する学校の影響」が最も重要な経験として描き出された。具体的には，勤務する学校での「優れた先輩教員や指導者との出会い」「職務上の役割変化」「（校外を含む）研究会への参加」，そのほか子どもとのとりくみの中で学んだことなどの具体的経験に

表1-3 教師の力量形成の契機

教育実践上の経験	697	職務上の役割の変化や転勤	484
学習指導上の経験	161	主任（主事等）を担当して	151
問題生徒への対応	137	転勤によって	88
日常の生徒との接触	129	校務分掌等を担当して	55
学級経営上の経験	78	行政職となって	48
部活動・クラブ活動の指導	75	管理職となって	43
卒業生を送り出した時	45	担任となって	34
進路指導上の経験	21	職能団体の役員や事務局を担当して	31
その他の経験	21	新設校開設にたずさわって	22
同和教育での経験	15	その他	12
教職観の変化	15		
大学時代等の経験	**275**	**学校内外での研修活動**	**189**
教育実習	90	研修活動（校外中心）	67
ゼミでの卒業研究	47	研究論文・研究発表等	57
恩師との出会い	32	個人学習	30
部（クラブ）活動	23	研究グループ	24
その他	22	研修活動（校内中心）	11
大学以前の経験	16		
友人との出会い	15		
大学での講義	14		
アルバイト（家庭教師）	8		
安保闘争を経験して	8		
学校内外での人物（指導者，先輩）との出会い	**146**	**個人および家庭生活**	**36**
先輩教師からの助言や励まし	59	子育てを通して（子女の誕生）	17
教師集団からの影響	42	人生観の変化	15
学校外での出会い	27	社会人時代	4
同僚の影響	18		

出所：小山ほか，1994a, pp.308-319をもとに作成

強く影響を受けていることが示されている。

さらに，稲垣の調査グループに属していた山﨑（2002）は，静岡大学教育学部を卒業し，県下の小・中学校に在職する1400名余りの教師を9つのコホート（同世代集団）に分け，教師のライフコース研究を進めた。具体的には，質問紙調査による統計的考察とインタビュー調査による事例的考察を行い，教師の発達と力量形成過程の有り様を描き出した。そして「リアリティ・ショックからアイデンティティの確立が課題となる新任期」「職場での役割・地位や男女の違いなどによりライフコースの分岐が始まり多様化の様相を帯びた後に一部では再び交錯していく中堅期」「実践家からの離脱化という面を孕みながらも管理職としての新たな実践創造がみられる管理職期」という大きな展開様相を提示した。さらに，教師の発達における転機を生み出す契機となった経験として，すべてのコホートに共通していたのが「教育実践上の経験」と「学校内でのすぐれた人物との出会い」であることを明らかにした。ただし，それぞれのコホートごとにみると実に多様な経験がその契機として位置づけられていることがわかる（表1-4）。

以上みてきた職能成長に関する研究とライフコース研究は，前者が具体的な研修の在り方に資するモデル化を志向したのに対し，後者は，あくまで社会的

表1-4　力量形成の契機

① 教育実践上の経験（低学年指導，障害児指導，生活指導，僻地学校への赴任，特定の子ども達との出会いなど）
② 自分にとって意味ある学校への赴任
③ 学校内でのすぐれた先輩や指導者との出会い
④ 学校外でのすぐれた先輩や指導者との出会い
⑤ 学校内での研究活動（読書会，研究会，研修，書物など）
⑥ 学校外での研究活動（内地留学，各種講習会や教養文化団体への参加）
⑦ 組合などの団体内での活動
⑧ 社会的活動
⑨ 地域と学校への着目
⑩ 教育会の動向
⑪ 社会問題や政治情勢など
⑫ 職務上の役割の変化（学年主任，教科主任，教頭，校長，指導主事など）
⑬ 個人および家庭生活における変化（結婚，子女の誕生，病気，宗教など）
⑭ その他

出所：山﨑，2002, p.20から引用

文脈の中で生きる教師個々の人間としての発達を描き出そうとしている点で異なる。特にライフコース研究は，モデル化によって捨象された個人の成長を社会的・歴史的文脈との関係性から捉えようとした点で，より現実的な教師の成長に接近した。ただし，ライフコース研究はコーホートを設定することで，社会的なパターンを描き出そうとすることから，分析と考察はコーホートの特徴やその発達を中心に進められることになる[21]。対して，教師個人を研究の中心に据えた研究が，教師のライフヒストリー研究を中心に進められ，その後，研究方法としてのライフヒストリーアプローチが広がっていった[22]。

教師のライフヒストリー研究は，1980年代の欧米における台頭を基点として発展し，教師の仕事のみならず，生活をも視野に入れた研究として展開された（グッドソン，2001；グッドソン・サイクス，2006）[23]。高井良（1995）は，教師のライフヒストリー研究の系譜を整理し，教師の専門的成長の課題を教師の個人史における文脈の中で再解釈することが，重要な問題領域を形成することを展望している。教師のライフヒストリーは，個人としての教師を対象としながら，その教師が個別的な状況の中で様々な出来事を経験しつつ，教師としての自己を形成していく軌跡を記述・解釈しようとする点に価値がある（藤原，2007）。

教師のライフヒストリー研究における成長や発達に関する研究では，社会的・時代的文脈に加え，それらを教師自身がどのように意味づけているかが個性記述的に探求されている。具体的には，教師が遭遇する個別的・具体的な経験や出来事を当事者の声をもとに記述し，同僚教師をはじめとした社会的な相互作用の中で成長するプロセスが描き出されている（山住・氏原，1999；船越・中畑，2008）。特に，教師の発達過程については，青年期に確立したアイデンティティの根源的な問い直しによって生じる葛藤に満ちた「教師の中堅（年）期の危機」といった具体的な発達課題に焦点化し，その危機がおこるメカニズムや，他者との関わりの中で危機を乗り越え成長していく教師の姿が示唆された（高井良，1994；川村，2003）。また，上述の職業的社会化研究における研究方法としても，ライフヒストリー法を用いた研究（川村，2003）が行われ「社会化を

果たしていく主体」（山﨑，2002）の姿が描き出された。

その後，ライフヒストリー法を用いた研究が，教師研究あるいは教師教育研究領域において広く取り入れられ（五十嵐，2011；姫野，2013），教師の実践的知識や授業力量の形成プロセスを明らかにしようとする研究も蓄積された。たとえば，藤原ほか（2006）はライフヒストリーの記述・解釈と授業観察によって，教師の実践的知識の内実とその形成・変容に迫るため，国語科教師である遠藤瑛子の授業スタイルの変容とその要因を個性記述的に描き出した。また，教師の授業力量の形成をライフヒストリー法によって明らかにした研究（松崎，2007；荒木，2007）では，授業力量の形成が同僚教師との関係や学校文化の相対化によって進むことから，力量形成の要因が授業場面を空間的・時間的に超えた場に存在することが示唆された。

このような試みは，体育教師の授業力量形成過程についても行われている（木原・村上，2013）。ただし，欧米圏では体育教師の組織的社会化研究を中心にライフヒストリー法を用いた研究が数多く蓄積されてきたことに比して，我が国においてはまだ緒についたばかりであり，着手が求められている現状にある（木原，2011）。

3　教師の生涯発達研究

教師の成長過程に関する研究では，経験を積みながら成長していく教師の長期的過程と成長していくことで直面する経験が描き出されてきたが，さらに，教師の「発達」に着目し，その過程をいくつかの段階に区分する研究がある。これらの発達段階は，主に教職経験（年数）の積み重ねに沿って比較的明確に分けられ，教師が初心者（Novice）から熟達者（Expert）に至る過程が5段階（Berliner，1988）や4段階（秋田，1997）あるいは3段階（吉崎，1998；藤澤，2004；木原，2004）に分類されている。基本的に段階区分の指標は，授業に関わる教師の認知や行動の変容を中心にすえており，先に検討した教師の意思決定研究や知識・思考・認識に関する研究を基礎にしている[24]。導出されたこれらの段階は，教職経験年数によって区分されることが多いものの，必ずしも厳密な分類とモデル化を志向しているわけではなく，各段階には個人差が含ま

れることも強調されている(秋田,1997;吉崎,1998)。

　教師の発達を段階的に描く意義は「教師の生涯発達における発達課題」(秋田,1997)を明らかにできる点である。関連する知見(Berliner,1988;秋田,1997;吉崎,1998など)を要約すると,入職後の初任者段階では,自らの理想と現実のギャップに遭遇するが,そこから次第に子どもの姿を捉えられるようになっていき,授業を成立させるための技術を獲得していく過程が描かれる。そして中堅期には,教師としての自己の責任感とアイデンティティを強める一方で,多忙による授業の停滞や硬直化の問題をもたらす危機を経験するものの,その停滞を自覚し乗り越えていく中で熟練者へと発達していく,という発達課題とその克服の過程が描き出されている。

　また,教師のキャリア概念[25]に着目する研究も展開され,Stroot and Ko(2006)は,教師が直面する「養成」「導入」「能力形成」「情熱と成長」「キャリアの欲求不満」「安定と停滞」「キャリアの静まり」「キャリアの出口」の8ステージからなるキャリアサイクルが,「個人的環境」と「組織的環境」の2つの要因[26]によって影響を受ける,キャリアサイクルモデルを提示している。そして,2つの要因による動的な相互作用のため,教師の発達は,予期的・継続的なステージ間の移行によって直線的に起こるものではないとされている。なお,今津(1996,p.92)は,先にも検討した教師のライフコースに対して,①個人の教職生活の段階的移行の規則性,②段階移行の時期における危機,③世代間関係への着目を強調し,ライフステージ間の移行を捉えるライフサイクル概念の使用を提起している。また,教師としてのキャリアサイクルないしライフサイクルを捉えようとする際,連続性のなかで次から次へと移行する課題に焦点化する意図から,教師の発達を段階(stage)として捉えるのではなく,局面(phase)として捉える見解もある(Steffy et al,2000)。

　以上の研究は,ある共通の視座を前提としていると考えられる。すなわち,教師の発達は,必ずしも一定の知識や技術の獲得としてのみ立ち現れるわけではなく,多様な「変容」として現れることへの理解であり,殊に「教師の発達」という概念を自覚的に用いた研究には,そのことが顕著に表れている。たとえ

表1-5 教師の生涯発達研究の主なモデル

名　称	変化方向のイメージ	主に研究されてきた面
成長・熟達モデル	プラス↑ ／経験	特定の授業技能や学級経営技能・実践的な知識や思考過程
獲得・喪失両義性モデル	獲得／喪失 経験	知識・思考, 生徒との対人関係, 仕事や学びへの意欲
人生の危機的移行モデル	プラス／ライフコース	環境による認知的・対人的葛藤と対処様式, 自我同一性, 発達課題, 社会文化の影響
共同体への参加モデル	周辺／十全／共同体	集団における地位・役割, 技能, 語り口, 思考・信念様式, 共同体成員間の相互作用

出所：秋田, 1999, p.28 から引用

ば秋田 (1999) は生涯発達心理学に依拠して,「成長」という概念が獲得や増大を示すことが多いのに対して,「発達」の概念はより多層的, 多様な変化を捉える概念であるとし,「成長・熟達モデル」「獲得・喪失両義モデル」「人生の危機的移行モデル」「共同体への参加モデル」という4つの生涯発達モデルを提示している（表1-5）[27]。これらのモデルに依拠すると, 職能成長に関する研究が成長・熟達モデルを前提としていることや自己形成史的研究によって描き出された中堅期の危機とその乗り越えは, 人生の危機的移行モデルを前提としていることが理解できる。それぞれのモデルは, 教師の成長や発達を扱う研究がいったい何を教師の成長・発達として捉えているかを見定める枠組みとなる。

なお, これまでの先行研究の検討において, 教師が成長していく過程は, 職能, 資質能力, 力量といった量的な概念[28]の向上や形成のプロセスと捉えら

れてきた。これに対して,今津（1996）は「発達」が環境との相互作用に着目する概念であるとして,教師の発達を「教師個人の教職経歴に沿いながら,その教育実践を基軸とした変容過程をたどるという独自の研究観点」(p.74)に立脚したものと捉え,「個人が教師を志望してから資格を取得して教職に就き,教職生活を積み重ねて退職するまでの間に,個人としての教師に生じた変容の過程」(p.79)と定義している。教師の発達概念に依拠すると,職業的社会化研究,職能成長研究,ライフコース研究,ライフヒストリー研究が扱ってきた教師の経験は,環境との相互作用として捉えられる。さらに,獲得や増大だけでは捉えきれなかった教師の成長を変容過程として,研究の俎上にのせることができる。このような視点は,教師教育や教師の生涯学習に関する諸研究の結節点を形成し,学際的なアプローチを可能にする包括的な枠組みとして意義を有している。

4　教師の成長・発達研究における信念の形成・変容の位置づけ

発達の概念は,教師が変容していく過程にみられる多層性や多様性を包括し,教師の個性的な生涯発達過程を捉えるのに有効である。教師の転機やその契機に着目した自己形成史的研究においても,教師の個人的・主体的な成長過程は,必ずしも直線的・連続的に進むわけではなく,起伏に富んだ変容の過程として描き出されてきた。その意味で,これらの研究は教師の生涯発達モデルの中でも,特に「人生の危機的移行モデル」（秋田, 1999）に依拠した発達過程を描き出してきたと言える。実際,ライフコース研究を展開した山﨑（2012）も,教師の生涯発達の考え方に依拠し,普遍性や段階性,一般性を前提にする「単調右肩上がり積み上げ型」の発達観から,教師が主体的な判断と自己選択によって非連続に変容していく「選択的変容型」の発達観への転換を主張している[29]。さらに,発達していく中で教師が新たに獲得する力量についても,従来の「付与型」「脱文脈・脱状況性」の力量観ではなく,実践状況を全体として,かつ直観的に理解するために,文脈や状況を実践者自らが意味づけ,意味内容を作り出していく「自己生成型」「文脈・状況依存性」の力量観への転換を主張している（山﨑, 2002 ; 2012a, 2012b）。このような発達観や力量観は,実践の中

で教師自ら問題を設定し，その問題解決に資する実践的知見や見識を構成していく「反省的実践家」としての教師像を想定している。したがって，反省的実践家としての教師の発達は，授業場面に限定されるものではなく，教師が生涯を通じて遭遇する転機とその契機の中で変容していく過程と理解することができるだろう。

　ところが，教師の変容を主体性と個別性を重視して描こうとする研究は，その多層性と多様性ゆえに，かえって教師教育に対する具体的な示唆を導き出すことを難しくする。安藤（2008）も，「『成長した教師の姿』が一人ひとり異なったまま語られ，何が成長なのかを一般化できず，教師の成長を促す方法の構築のためには参考にできないという難点がある」(p.150)と主張しているが，本研究のように，成長・発達の支援体制構築という実践的課題を念頭に置く場合，教師の発達における変容について，何が，どのように変化していく過程なのかを定めることが肝要である。

　その点について，教師の転機に着目した自己形成史的研究は，経験を通じて生じるものの見方・考え方の非連続的な変化を重視してきた（稲垣ほか，1988；小山ほか，1990；グッドソン，2001；山﨑，2002；グッドソン・サイクス，2006）。さらに，教師の発達における変容を「信念」や「イメージ」という高次の認識的要素が変容する過程として捉える研究が蓄積されている（秋田，1996a；Guskey, 1986；2002, Clark and Hoolingworth, 2002；岸野・無藤，2006；Olive, 2010）。このような視座は，目指す教師像や授業像を主体的に自己選択し，実践に対する考えが変容していく発達プロセスを想定している（Guskey, 2002；秋田，2009，山﨑，2012, p.163）。

　とりわけ信念は，教師の行動のみならず認知に影響を及ぼすことから，発達の成果を表す一方で発達自体を方向づける役割をも担う。たとえば，教師が抱いている教師像や授業像の違いは，その教師による行為の選択とそこから得られる経験の意味づけに違いをもたらす（安藤，2000；山﨑，2012, p.160）。確かに教師の自己形成史的研究は，成長の契機や転機に着目し，教師一般の成長や発達に資する出来事や経験について示唆に富む知見をもたらしたが，同様の経

験をしたからといって，必ずしも同様に成長・発達するわけではない。また，文脈的かつ複雑な教育実践の中で，特定の経験を意図的に生じさせることはもちろん，外部から計画的に付与することも困難である。むしろ，偶発的に生じる事柄や出来事をどのように受け入れ，いかに成長に結び付けるかが現場の教師にとっての発達課題であり（岸野・無藤，2006；梅野ほか，2010），それを左右する信念がどのように形成されるかが重要な研究課題といえる。

近年，体育教師研究においても，一般の教育学分野における認知科学的アプローチの展開に影響を受ける形で，教師の成長・発達に関わる心理的要因が注目されているが（Revegno, 2003；Deglau and O'sullivan, 2006；Bechtel and O'sullivan, 2006），欧米における体育教師の発達研究をレビューした Wang and Ha(2008) によれば，発達に影響を与える個人的要因を検討した研究の中でも，信念が最も多く取り上げられる要因とされている。しかし，我が国における体育教師の信念に関する研究は，その必要性が指摘されたばかりであり研究蓄積は少ない（木原ほか，2005；中井，2010）。

教師の発達を信念の変容として捉える視点は，前節までに整理検討してきた，教師の認識・思考・行為に関する研究，特に実践的知識と信念に関する研究の展開と，本節で検討した教師の成長・発達に関する研究との接点にもなり得る。また，教師の実践的知識を規定する信念が形成・変容していく過程は，反省的実践家としての教師の成長や発達における重要な局面といえるため，教師教育や教師の発達に重要な示唆を与えると考えられる。

なお，信念の形成・変容については，主にライフヒストリー法を用いた研究が行われてきた。黒羽（2003）は，教師集団によって信念が共有されている小学校に最も長く勤務する3名の教師を対象として，彼らのライフヒストリーから信念の形成要因を明らかにしている。信念の変容過程に着目した藤木・木村（1997；1998；1999；2000）は，教師の個人的な書類収集やフィールドノートの作成およびインタビューにより，信念の特性とその変容過程，信念変容の阻害／促進要因を検討している。体育科教育分野においても木原（2013）が，体育授業の力量形成過程を明らかにするため，ある小学校教師の「体育授業観」

の変容に焦点化し，その過程をライフヒストリーによって描き出した。同様の手法で，体育教師の信念変容の転機が検討され，信念変容の転機となる反省の重要性も指摘されている（須甲・岡出，2009）。特に体育科教員養成プログラムの教職志望者を対象とした事例的研究では（Graber, 1995；Tsangaridou, 2008, 嘉数・岩田，2013），彼らの信念が社会的相互作用によって形成・変容していく過程が明らかにされている。

これらの研究では，定性的調査を通じた具体的な記述から，信念の形成・変容過程とその契機が個性的に描かれている。しかし，なぜある経験が信念の形成に影響を及ぼすのかを信念の内部構造に照らし合わせて検討したものはほとんどない。特に，信念の形成に影響を与える経験とそうではない経験の違いは何なのか，形成された信念の中でも，いかなる信念が特に強い影響を受けるかが検討されていない。加えて，教師の信念形成には，被教育体験期[30]の経験が影響する（Nesper, 1987）。特に，体育教師の職業的社会化が子どもの頃から起こること（Lawson, 1983a, 1983b）を踏まえると，被教育体験期から現在にいたる信念の形成要因を検討する必要があるが，長期的な視点にたった信念形成過程に関する研究は決して多くない。

第5節　教師の学習を支えるシステムに関する研究

前節まで行った先行研究の整理と検討では，教師の実践的知識を根底で規定している信念の重要性と教師の成長・発達が，生涯を通じた長期的プロセスとして捉えられることを確認した。ただし，これらの研究は，体育教師はもとより教師の専門性向上に向けたシステム構築を直接の研究課題としてきたわけではない。

1980年代にかけて台頭した教師の知識や思考に関する研究では，知識の獲得や形成が教師の学習過程として究明されてきた（秋田，1992）。また，教師の成長・発達に関する研究は，生涯学習概念の世界的な拡がりを背景としており，教師を日々の経験から学び成長していく主体と捉えている（Armour, 2006）。特に2000年以降，教師としての発達の過程を教師の学習（Teacher learning）

として捉える視点は，国内外の教師教育，特に現職研修における基本的な共通認識として強く意識されている（Knight, 2002, Randi and Zeichner, 2004：秋田，2009）[31]。そこで本節では，教師の学習とそれを支える研修に関する研究を中心に，教師の成長や発達を支援する体制構築に関連する研究を整理し，具体的な研究課題を明らかにする。

1　教師の学習過程に関する研究―教師の省察に関する研究

　教師の成長や発達を学習過程として捉える潮流は，特に，専門職としての教師の成長を省察（リフレクション）を通じて実践的な知見や見識を発達させていくプロセスとして捉える，反省的実践家としての専門家像を背景としている。Schön（1983=2001, 2007）が提唱したこの反省的実践家概念は，実践者が，行為の中で行為と共に存在する知（行為の中の知）を構成する契機となる「行為の中の省察（reflection-in-action）」を実践の中核に据えており，専門家の実践を問題解決（problem solving）の過程としてのみ捉える「技術的合理性」の限界[32]を示すことから提起された。このような専門家および専門性の捉え方は，1980年代以降の教師教育改革における大きな理念的柱となった（秋田，1996b）。既に本章第2節で，反省的実践家の提起が，専門職としての教師の成長を実践的な知識や見識の形成・発達として捉える基盤を形成したことを確認した。この提起は同時に，教師の現職教育の枠組みを，定型的な技術，技能，態度の形成を目的とする「技術者訓練モデル」から，授業の臨床研究を核として教師の実践と経験の反省的な吟味によって実践的知識を開発する「専門家開発モデル」への転換を牽引することにもなった（佐藤，1990）。そして，教師の専門的な学習と成長の中心的な場が，学校現場（教室）にあることが主張されるようになる（佐藤，1997）。

　ところで，ショーンが提唱した「省察」という概念は，デューイが経験から学ぶ契機としてあげた反省的思考（reflective thinking）を原点としている（デューイ，1933）。また，経験からの学習をモデル化した研究では，円環型の学習過程モデルにおける一局面（phase）に省察が位置づけられている（Kolb, 1984；コルトハーヘン，2010）。省察と学習という語自体は異なる概念であるも

のの，教師の学習過程においては，教師が経験から学習していく行為の中心に省察が位置づくと理解される（坂本，2007）。したがって，教師の学びや学習は，省察を通じて経験から実践的知識を形成していくプロセスとみなせるだろう[33]。

省察を中心とした教師の学習研究には，主に，授業研究を中心として教師の共同的な省察（反省またはリフレクション）を促す方策を検討する研究と個人レベルで省察の変容を検討した研究がみられる。前者の研究については，自己リフレクション・対話リフレクション・集団リフレクションを組み合わせた「授業リフレクション」（澤本，1994；1996；1998）や対話システムを中心として教師の反省的成長を促す共同的授業研究（木原，1995；1998；2004），リフレクティブな授業研究（藤岡，1998）として構造化されている。これらの研究および実践に共通するのは，授業実践によって生成された事実をテキストや映像記録を用いて収集し，それらをもとにした教師間の対話と相互作用の中で生じる葛藤から，教師の信念をはじめとした「暗黙の前提」（坂本，2008，p.99）を問題化させ，授業改善ひいては教師集団の変容を目指そうとしている点にある。

なお，ショーン（2007）は「行為の中の省察の能力を広げるためには，専門的な実践者たちが，職業生活に暗黙のうちに持ち込んでいる人格と人格との間の相互行為の理論（個人の考え方ではなく，たがいに共有されたプロフェッショナルの知）を明確に把握し，再構築することができなくてはならない」（p.371）と述べている。その意味で教師たちによる協同的な省察過程は，専門職としての教師の学習過程を明らかにする上で重要な研究対象といえるだろう。このことから坂本（2014）は，ある小学校で行われる授業研究，特に授業研究協議会に着目し，協同的な省察を通じて授業理念や授業を見る視点が教師たちに共有され，日常的に教師同士が学び合う関係性の形成が促されることを明らかにしている。

一方，体育教師を対象とした省察に関する研究に着目すると，授業に関する個人レベルの省察に着目し，その変容について究明したものが多い。たとえば，Tsangariou and O'Sullivan（1994）は，教員養成課程の学生を対象とした調査によって，省察には「技術的側面（technical）」「状況的文脈的側面（situational）」

「感性的側面（sensitizing：社会的・道徳的・倫理的・政治的側面）」の3つの焦点と「叙述（description）」「叙述と根拠の提示（justification）」「叙述と批判（critique）」「叙述と根拠の提示と批判」の4つのレベルがあることを明らかにした。また，現職教員を対象とした調査研究（Tsangaridou and O'Sullivan, 1997）では，教師の省察の実態を事例的に検討して，日々の実践に関わる"Microreflection（微視的省察）"と教師としての長期的な実践に影響を与える"Macroreflection（巨視的省察）"の存在を描き出し，特に，後者が長年の実践についての省察であることから，教師の専門的な発達に影響を及ぼすことを明らかにした。我が国においても，体育教師の省察に関する研究が体育科教育学分野において進められているが（厚東ほか，2005；高村ほか，2006；久保ほか，2008），その多くは，授業実践場面に限定された対象の省察に焦点化されている。

なお省察については，その重要性の指摘とプログラム化が進む一方，概念自体が多義的であることからその方法や方向性が多様化している現状にある（秋田，1997）。また，振り返りの対象が技術的水準に終始してしまう点を批判する指摘（酒井，1999）もあり，必ずしも教師の実践的知識を根底で規定している信念のレベルに至っていないことが示唆されている。それは，協同的な省察を行えば，必ずしも先行研究が描き出すような教師の学習が起こるわけではないことを示している。殊に体育科教育学の分野では，カン（2002）が，省察研究が体育教師教育に与える示唆を検討するなかで，これまで，研究者が生産する知見を応用する存在として体育教師を捉えてきたことを批判し，体育教師を実践の変革主体および知識の積極的創造者として捉えることを指摘した。そして体育教師自身が自らを，知識を応用する存在ではなく，知識の創造主体として自覚する必要性を主張した[34]。その自覚をもたらすためには，体育教師自身が，自らの教師としての在り方を問うレベルで省察を行う必要がある。

省察のレベルについては，理想的なリフレクションのプロセスをモデル化したKorthagen and Vasalos（2005）が，人格の中核を形成しているような深いレベルの認識に対する省察をコア・リフレクション（core reflection）と呼び，実践に対して重要な影響を及ぼすことを示している[35]。近年，省察概念の再

検討により，省察は技術レベルに終始しない概念としての複雑さを有していることが指摘されている（Rodgers, 2002；杉原，2010）。また，その複雑さゆえに，教員養成課程の学生に省察を教育することの難しさも論じられており（Calderhead, 19922；Jay and Johnson, 2002），プログラム化を志向する一方で，省察の概念的検討と省察の実態解明に立ち戻った検討も求められている。

なお，省察の在り方自体も，教師が有する信念によって影響を受ける（Calderhead, 1996；Tsangaridou and O'sullivan, 1997）。このことを踏まえると，教師による深いレベルの省察を促すべき2つの理由が指摘できよう。1つは，短期的な視点からみて，省察が教師個人の信念に影響を及ぼすことから，信念に規定される実践的知識とその形成プロセスが左右されるからである。そしていま1つは，省察によって影響を受けた信念が，経験と省察からなる一連の過程を駆動することから，教師としての長期的な成長・発達過程に影響を及ぼすからである。

以上のように，教師の省察については技術的水準に終始することなく，前提的な認識を問題化する深いレベルに深化していくことが求められるが，それは同時に，省察の対象となる実践や経験を授業場面に限定することなく，時間的・空間的に拡大させていくことを意味する。実際に省察は，理論の学習や他者の実践を観察するといった学習においても存在する（久保・木原，2013）。また，自らの来歴を含めた長期的な視点や学校内における授業以外の実践・経験を対象とした省察を捉えていくことも必要である。

2 教師の学習過程を支えるシステムに関する研究―教員研修に関する研究

教師の学習過程に関する知見は，教師の成長や発達を促す支援体制構築への実践的示唆を提示してきた（木原，2006）。教師の成長や発達における学習過程の重要性は，同時に，教師の学習過程を支えるシステムデザインの必要性を提起することにつながった（秋田，2006, p.46）。これらの支援体制は，主に教員研修として体系化・制度化され，古くから重要な研究対象とされてきた。なお教師が取り組む研修は，①自己研修，②校内研修，③教育センター等での研修，④研究団体等の研修，⑤長期・海外研修の5つに区分される（加戸守行・下村

哲夫，1989)[36]。さらに，これらは研修が行われる場に着目し，校内研修と校外研修に分けることもできる[37]。

　我が国では，古くから授業研究を核とした校内研修[38]が進められ，1990年代以降，日本の授業研究はレッスンスタディ（Lesson Studies）として世界的な注目と広がりをみせている（ウルフ・秋田，2008）。国内においても，校内研修が教師の成長や発達を促すと共に教師同士の協働性を高め，ひいては教師集団や学校改善にも寄与しうることを指摘する報告は多い（たとえば鈴木，2003；木原，2004；中妻，2006；坂本・秋田，2008；坂本，2014など）。木原（2010）によれば，校内研修の普遍的価値は①創造の喜びを実感できる，②マンネリズムや惰性に陥ることを避けられる，③同僚とよき関係を築ける，④子どもの成長に資するとまとめられ，さらに今日的な意義として，規制緩和や説明責任への対応と特色ある学校の実現にも貢献するとされている。

　しかしながら，授業研究や校内研修の意義が指摘される一方，その課題も指摘されている。たとえば千々布（2005）は，校長へのインタビュー調査から，学校現場における授業研究の形骸化や研修の意義が希薄になっている状況を指摘した。その後，国立教育政策研究所（2011）の実態調査によって，小学校，中学校，高等学校と学校段階が上がるにつれて，授業研究の実施率は低くなり，特に，中学校・高等学校では全教員が研究授業を行う学校の数は，半数を下回ることが明らかにされた。体育教師（体育授業）の授業改善に着目した鈴木（2007）も授業改善の有用性は認めつつも，手間がかかるということから取り組みに対して消極的になっている側面を明らかにしている。

　このような校内研修の実態について秋田（2006）は，行政主導で実施する指定校での研究報告書や中央教育審議会担当委員の論文から，①トップダウンの研究主題・トピック主義，②授業の検討の質については語られない評価主義，③管理職による部会分業体制，④教師の視点での研究が望ましいものとされる位置づけとビジョンからなる4つの一般的特徴を導き出した。さらに，木原（2010）は校内研修の課題として①機会が限定されていること，②個々の教師の問題意識を反映させがたいこと，③「型はめ」に陥りやすいこと，④閉鎖性・

保守性が強いこと，⑤適切なリーダーシップが発揮されないことを挙げている。さらに，校内研修が必ずしも教師の協働を生み出すわけではなく，「わざとらしい同僚性」(contrived collegiality)[39]が形成されることで，協働を妨げることもある（金田，2010）。つまり，校内研修やそこで展開される協同的な省察が目指す，教師の成長や発達，学校改善に対する効果は，必ずしも全ての学校で起こっていることではない。

　一方，教育改革の歴史上，教師の質をいかに高めるかは恒常的な課題であり，その具体的な手立てとして，教員研修に関わる法規や事業の整備が進められてきた。特に，戦後まもなく中央・地方の教育行政当局によって研修行政の基盤整備が進み，教員研修事業が進展・拡大・強化されたことで，量的側面での飛躍的な発展をみせた（西，1982）。これらの教員研修事業は，教師にとっての校外研修，特に行政研修と呼ばれるシステムとして体系化され，経験年次別研修をはじめ，職能に応じた研修，教科等に関する研修，教育課題に関する研修が実施されている[40]。このような研修の体系化に際しては，1980年代の職能成長研究と対応する形で，経験年次との関連から最適な研修プログラムを模索しようとする視角が主流であったが，その後，経験年数に基づく画一的なモデルのみならず教師の個別的な力量形成と研究プログラムとの有機的な関連を追及する視点も提起されている（千々布，2000）。

　しかし，教育行政が研修の体系化を進めてきた一方，行政研修に対する教師の評価は決して高くないことが種々の調査研究（上田，1987；山崎，1987；1988；吉田，2004；田上，2006；河村，2009）によって報告されている。これらの調査では，研修に対する意欲の格差，研修による多忙化の助長，研修内容に対する興味や必要性に関わる問題，研修を推進するリーダーの問題，研修実施主体（指導主事など）と研修受講者（教師）との認識差，トップダウン型の研修に対する抵抗などが否定的評価の要因として挙げられている。

　このように，参加を強制される研修機会に教師が受動的に参加することによって，さらなる負担をもたらすような状況に対しては，教師の研修に対する希望を踏まえることや大学（大学院）が積極的に現職研修に加わっていく形で，

変革が試みられている[41]。その中で，教師の研修ニーズを捉えることから，効果的な研修プログラムの開発へと結びつけていこうとする実践的な研究（田上，2004，2006，2007；竺沙ほか，2008；清水ほか，2008；河上；2009）が蓄積されてきた。たとえば田上（2004，2005）は，10年経験者研修における教師の現場志向・実践志向の強さや教師のニーズが「すぐに現場で役立つもの」になっていることを踏まえ，現場から少し距離をおくことで自己の実践を対象化し，振り返ることができる場としての大学における現職研修システムの開発を提起した。その効果については，特に，大学院に修学した現職教員を対象とした調査研究によって検証されており「教師の自己理解」（秋光ほか，2009）や教師が「暗黙の図式」「自分なりの枠組み」（日野・重松，2000）に気づく場として意義を有していることが明らかにされている。

　一方，体育教師の研修に関する研究は，これまであまり行われてこなかったが，近年になって，関連する研究が蓄積されつつある。たとえば松田ほか（2010a）は，中学校の保健体育教師が必要性を強く意識しているものから順に「生徒管理力」「運動指導力」「人間関係力」「授業構想力」「情報活用力」の5つの職能を抽出し，これらを基盤として受講者の多様なニーズに応じていく研修設計の指針を提案し，受講者集団の単位設計の重要性などを示唆している。なおこの結果は一方で，生徒管理能力を求められるという現場における保健体育教師特有の役割期待を映し出してもいる（松田，2010b）。

　また鈴木（2010）は，校外研修に参加した小学校教師を対象に，彼／彼女らの成長における体育科授業研究の機能を分析し，得点の高いものから「指導技術向上」「同僚性・関わり」「教科内容追究」「指導者からの評価」という4つの因子を抽出した。併せて実施した自由記述調査から，体育科に関する授業研究が教師の「自己改革」の機能を有していることを示唆している。その後，鈴木の研究に関連して木原ほか（2011）は，なぜそれらの機能を校外研修に求めるのかを研修に参加した小学校教員へのインタビュー調査によって検討し，知識の獲得，他教師とのつながり，具体的な実践を知ることを求めて参加していることを明らかにした。そして，体育科の校外研修が，校内研修で十分な指導

を受けられない教師に対する援助と校内研修指導者の育成という2つの機能を持っていることを示した。これらの研究は小学校教師を対象としたものであるが，体育授業に関わる校外研修が，教員間のネットワーク形成や人材育成としての機能を有している点が示されており，校内研修との違いが示唆される。しかしながら，ほとんどの研究が小学校教師を対象としていることから，中学・高等学校の体育教師の研修について，知見を積み重ねる必要がある。

　以上で検討してきた現職研修に共通する問題は，研修に関わる教師，教師集団，学校，行政に共有された研修観に見出されている。西（2002）は，我が国において支配的だった研修観として，「研修を受ける」という表現に表れる①教師の受動的な学習に基づく研修観，②技術対応主義への傾向が強く，人間や社会の本質的・根本的問題を除外する後追い的技術主義の研修観，③個々の教師の適正やパーソナリティの側面での個人的特性を考慮しない研修観の3つを挙げており，校内外における研修の本質的問題を指摘している。そして改革の方向性として，教師自身の人生観・世界観・歴史観に関わる「批判的自己省察」を支え促す研修体制の整備を主張し，その具体的な手立てを同僚性の構築に求めている。したがって，教師の学習を支えるシステムデザイン（研修体制）の構築は，前項で検討した教師の認識における深いレベルの省察を中心にして我が国における教員研修を再構築することにもつながる。同時に，教師の信念や価値観に関する省察の検討と教師の成長・発達を促す学習システム（研修）の構築は，一連の研究課題として捉えることができるだろう。

第6節　小　括—先行研究のまとめと本研究の課題

　体育経営学における体育教師研究（第1節）では，体育教師の個人特性と主観的認識に着目した組織論的研究および人的資源マネジメント論を展開する必要性を指摘した。それは，学校体育経営の成果を左右する体育教師の質的向上のみならず学校体育経営の環境適応とイノベーションにとって，重要な課題である。また，体育・スポーツ経営学における研究の蓄積は，一般経営学の理論的枠組みを援用した実証的研究が多かったが，本研究の対象領域でもある学校

体育経営研究では，体育教師の個人特性と主観的認識を教職専門性に裏づけられた専門的自律性を有する「教師」としての側面に着目して捉える必要がある。そこで本研究は，教育学分野における教師研究の知見を積極的に取り入れ，学校体育経営に資する人的資源マネジメント論を展開していく研究として位置づけられることを確認した。

　教師の認識・思考・行為に関する研究（第2節）では，1970年代以降に蓄積が進められた，教師を対象とする認知科学的研究の流れを整理し，信念研究への展開と意義を整理した。「教師の信念」は，教師の意思決定研究と知識研究の領域にまたがっており，両者の領域における研究が蓄積されていく中で，次第に主要概念として扱われるようになった。特に，教師の行為を根底で規定している信念の存在が示唆され，反省的実践家としての教師像とその専門性を支える実践的知識の形成が，その信念によって支えられていることが指摘されたことにより，教師の「信じていること」を重視する視点が喚起された。そして，個々の教師によって異なる認識・思考・行為の違いを個性的な次元から，記述・説明する概念としてその研究の意義が認められるようになった。

　以上を踏まえて，教師の信念に関する実証的研究の成果について検討し（第3節），教師の信念を対象とした研究において留意すべき課題を導出した。整理された知見は以下の4点にまとめられる。

　第一に，教師の信念が影響を及ぼす行動は，授業実践場面に限られず，また，教師の信念と行動の関係は必ずしも直線的に結びつけられないため，教師の信念と実践については，教師を取り巻く環境や文脈も含めて検討する必要がある。第二に，これまでの教師の信念に関する研究では，信念の概念規定が十分ではないため，実証研究に際しては，心理学的知見に基づいた詳細な概念規定が必要である。第三に，教師は複数の対象について信念を有していることから，信念の対象と領域を検討し，研究対象とする信念を明確化する必要があると共に，信念を構造化された体系として捉える必要がある。第四に，信念の中には経験から学ぶ力として教師の変容や深い省察を支え質的向上を促進するものと，新たな知識や情報の受け入れを妨げ，革新や刷新を阻害し硬直化に向かわせるも

のが，併存することを踏まえなければならない。

　教師の成長・発達過程に関する研究（第4節）については，教師の生涯発達の概念が，反省的実践家としての教師像と結びついており，教師の発達が外部環境との相互作用による変容の過程であることを確認した。この視座は，教師の成長に関する研究が，教師の転機に着目し，その契機を「経験」から明らかにしてきた知見を包含する。また，教師の成長・発達過程は直線的・加算的なものではなく，主体的な判断によって非連続に変容していくとする視点を踏まえると，教師の成長・発達を信念の形成や変容として捉えること，その要因については，入職前後を通じた経験から明らかにしていくことが肝要である。また，自己形成史的研究で用いられた，転機や契機への着目とライフヒストリーなどの手法は，信念の形成・変容の動態的側面を明らかにする上で有効と考えられる。

　最後に，教師の学習を支えるシステムに関する研究（第5節）の整理によって，教師の学習の中核には「省察」が位置づけられていることを確認し，その学習を支える教員研修の課題を検討した。信念の問い直しや変容には，自身の信念を問い直す深いレベル（高次）の省察が必要となるが，実践現場では表層的・技術的な省察レベルにとどまりやすい。さらに，教師の学習を支える教員研修については，校内外の研修における受動的で技術志向の研修観や教師の個人特性を考慮しない画一的な研修観が支配的である。体育教師による信念の問い直しや変容を促す深い（高次の）省察はどのように生じるのか，そしてそれらを支える研修がどのようなものかを明らかにすることは，体育教師の成長を支える学習環境を明らかにするだけではなく，省察および既存の研修体制の改善においても重要な課題といえる。

注
1) その後，清水（1988）は，教師の積極的な職務態度に影響する要因を事業に関係する職務の魅力，事業の種類そして個人属性（性別）によって異なることを検証しているが，個人特性（モチベーション，欲求レベル，パーソナリティ）については，状況変数として加味していくことの必要性を示唆するにとどまっている。

2) すでに柳沢（1989）は，一般経営学理論に依拠した体育・スポーツ経営現象の説明から，体育・スポーツ経営をめぐる現実の課題解決への理論展開を志向し，それまでの機能主義的研究の限界と現象学的研究の必要性を主張していたが，研究の蓄積は 2000 年以降に始まった。
3) 吉崎（1988a）は，特に教材内容と授業構造（教授方法）の 2 つの基本的な知識システムをあげ，授業における代替策の質と量は，これら 2 つの知識システムに依存するという。
4) Schwab の主張を契機とした教師研究を含む教育学研究の転換については，佐藤（1996a, 1996b）が詳しく述べている。
5) 吉崎（1988b）によれば，Shulman が教師の知識の構造的把握に乗り出した背景には，米国における教師教育カリキュラムの構築に対する要請が関係している。1985 年 1 月にカーネギー社は，10 年計画で「教育と経済に関するカーネギー・フォーラム」を設置し，同年 5 月には最初の活動として「専門職に関する特別部会」（Task Force on Teaching as a Profession）を設け，報告書として『備えある国家：21 世紀の教師』（The Carnegie Forum on Education and the Economy, 1986, *A Nation Prepared*：*Teachers for the 21st Century, The Report of the Task Force on Teaching as a Profession*）をまとめた。この特別部会は，最終的には教師教育カリキュラムの改革に向けて，教師に必要とされる知識および能力の高い基準を設定しこの基準を満たしている教師を証明するために地区および州の教師組織で構成される「全米教職基準委員会」（a National Board for Professional Teaching Standards）を創設することを計画の 1 つとして掲げた。この時，カーネギー社は教職基準委員会が設定する査定基準とカリキュラムの関係を検討するために，Shulman を代表とするスタンフォード大学の教師査定プロジェクト（The Teacher Assessment Project）に対して，81 万 7,000 ドル（約 1 億 2,000 万円）の研究助成を行ったのである。つまり，Shulman が知識の構造化を試みた背景には，教師を評価・査定する基準の作成という目的があった。
6) なお，佐藤（1996a, pp.148-149）によれば PCK は「授業を想定した教材の知識」と訳され「『教師が保有している教育内容に関する知識（content knowledge）』を生徒の能力や背景の多様性に応じて教育学的に（pedagogically）強力で適切なかたちへと変容する教師の能力」と説明されている。
7) Shulman（1987, p.15）の「教育学的推論と活動（pedagogical reasoning and action）」は，「理解（comprehension）」「翻案（transforming）」「指導（instruction）」「評価（evaluation）」「省察（reflection）」「新たな理解（comprehension）」を要素とする，循環的なモデルとして説明されている。中でも「翻案」については「教職の知識基礎を区別する鍵は，教育内容と教育方法が交差する点，すなわち教師が有する教育内容に関する知識を教育学的に効果があり，なおかつ生徒が有する能力と彼らの背景の多様性に適応する形に翻案（transform）する力量にかかっている」と述べられており，教職の専門性を明らかにする重要な概念とされている。
8) 意思決定過程に関する研究を牽引した吉崎（1988b, 1997）も教材内容についての知識（領域 1），②教授方法についての知識（領域 2），③生徒についての知識（領域 3）と，

これらが相互に重なり合って形成される，④教材内容と教授方法についての知識（領域A），⑤教材内容と生徒についての知識（領域B），⑥教授方法と生徒についての知識（領域C），⑦教材内容，教授方法，生徒についての知識（領域D）の7つの知識領域を示し，教師の力量（意思決定する能力）の三つの側面（信念・知識・技術）の一つとしている。
9)「PLATT」は〈学習〉に対して持っているパーソナルな見方・考え方である「PLT（Personal Learning Theory：個人レベルの学習論）」と〈指導〉に対して有しているパーソナルな見方・考え方である「PTT（Personal Teaching Theory：個人レベルの指導論）」からなるもので，「人間が学習や指導という対象に対して有しているパーソナルな信念，つまりセオリー」と定義される。教師の信念については「PTT（Personal Teaching Theory：個人レベルの指導論）」という概念を与えることで操作化し，PTT尺度への応答パターンの違いから指導スタイルの差異が説明される。
10) 河村・国分（1996a）は「教職の特性と教師がおかれた社会的環境の中で，教師が自分の役割に対する責任や体面を社会や同僚，保護者および児童に対して保つための，自己防衛的なビリーフ」（河村，2000，p.6）を測定するために「教師特有の指導行動を生むイラショナル・ビリーフ尺度」を開発した。
11) 価値志向性（value orientation）は"学問的修得（disciplinary mastery）"を最も伝統的な価値志向性とし，その他"社会的再構成（social reconstruction）""自己実現（self-actualization）""学習過程（learning process）""生態学的妥当性（ecological validity）"の5つに分類される（Jewett and Bain, 1985, pp.21-39）。なお，Ennis & Hooper（1988）によれば，価値（value）は持続的で普遍的な信念（persistent universal belief）と捉えている。
12)「教授内容信念」と「効力観」は，本章でも取り上げているKagan（1992）の知見を参考に設定されたものである。前者は生徒や学習，教材に関する見方・考え方を表し，後者は教師の効力の対象や効力に対する見方・考え方を表す。
13) 黒羽の研究において，教育課程経営とは「学校経営の中核的領域であり，各学校が教育目標を効果的に達成するために，その学校の教育課程の編成・実施・評価の一連の諸活動を統一的に展開すること」（安彦，1983，pp.370-371）と定義されている。
14) 黒羽（2005）は，学校教育における営みが教師の主観的要素に影響を受けることを強調し，実際の教育現場における問題状況の本質的解明に資するとして，信念研究の意義を以下の3点にまとめている。第一に，教師の内省を通して自身の信念を吟味することで，自己や学校教育に対する洞察を促すこと。第二に，技術（technology）や公的に規定された教育課程への安易な寄りかかりに対する自省を促し，人間的な教師としての意識を高めること。そして第三に，学校内部はもとより学校外部に対しても柔軟的かつ斬新的な変革を希求していく教師への自己変容をせまる契機となることである。
15) このような教師教育の枠組みは，主に，1966年のILO／ユネスコによる「教員の地位に関する勧告」を背景とした，1974年のOECD教員政策に関する専門家会議での「教師教育の連続性と教師の段階的成長（continuity and progressive stage in training）」に関する討議の影響や（高倉，1979，p.168），1975年のユネスコによる「教師の役割の変化と教職の準備・現職研修に関する勧告」が関係している。我が国でも1978年中央教

育審議会答申「教員の資質・能力の向上について」において養成・採用・研修の過程を通じた資質能力の向上の重要性が示された。また，特に生涯学習として教師の専門的成長を捉える視座については，1960年代後半の生涯教育概念の登場と展開を背景にしており，1971年のOECD報告書 "Training, recruitment and utilization of teachers in primary and secondary education" では，現職研修を通じた職業生活全体にわたる自己教育の必要性が示されている。なお一般的に，教師教育を連続的に捉える枠組みや生涯学習のスパンで捉える視点に関する一連の議論の契機は，1972年のイギリス教育関係審議会による「ジェームズ・レポート」(James Report: Teacher education and training)であり，「人間教育（personal education）」「準備教育（preservice education）」「導入教育（induction）」「現職教育（inservice education）」の段階的・連続的な構想は，その後の教師教育改革と教師研究に大きな影響を与えた（現代教職研究会，1989，p.5；佐藤，1996，p.153）。

16) 職業的社会化とは「将来従事する，または現在従事している職業の地位・役割達成に必要とされる知識・技術・価値規範を獲得し，その職業への一体化を確立してゆく過程」（今津，1985，p.169）をいう。

17) 深沢・対馬（1982）の調査は古いものだが，朝倉・清水（2013）は，現職体育教師を対象とした調査によって教職志望の時期と運動部活動における競技実績の関連を検証し，実績が低いほど教職志望時期が早く，高いほど遅いという関係を明らかにしており，運動部活動と職業選択の関連を明らかにしている。

18)「文化適応」は生まれてから社会的に当然視されている常識を獲得する最も初期の社会化，「専門的社会化」は体育を教えるために理想と考えられる価値観や感受性，技術，知識を獲得する過程，「組織的社会化」は職場を通じてその組織によって価値づけられた守衛（custodial ideology）としての思想や知識や技術を獲得する過程を表す。

19) 小山（1986，pp.34-37）は，力量概念および類似概念の検討によって，指導技術的側面と人間の資質的な側面の両面を含んだ「教育的資質」を教師の力量として規定している。

20) 稲垣（1988）と山﨑（2002）は，ライフコースの概念をElderの定義にならい「年齢によって区分された生涯期間を通じてのいくつかの軌跡，すなわち人生上の出来事（events）についての時期（timing），移行期間（duration），間隔（spacing）および順序（order）にみられる社会的なパターン」(Elder, G.H., 1978, "Family history and the life course", in Hareven, T. K. ed., *Transitions: The family and the life course in historical perspective*. Academic press：New York, p.21) と捉えている。なお，ライフコース研究の方法論的特徴は，①個人を中心に据えていること，②人間の発達に注目していること，③個人をコーホートでまとめて観察していること，④歴史的事件のインパクトを重視していることの4つにまとめることができる（森岡，1987，pp.1-14；山﨑，1992，pp.179-180）。

21) ただし，山﨑（2002）は教師のライフコース研究において設定した9つの各コーホートから，1〜2名の事例対象者を選定し，インタビュー調査を行うことで個人のライフコースの多様性を描き出している。だが，事例の抽出がコーホートを前提にしている点とライフコースにみられる社会的なパターンに関する考察を目的としている点で，必ず

しも教師個人の成長に焦点化しているわけではない。
22) ライフヒストリーは「個人の一生の記録，あるいは，個人の生活の過去から現在にいたる記録」と定義される（谷，1996，p.4）。
23) 高井良（1995）によれば，欧米における教師のライフヒストリー研究の台頭は，教育活動過程の照射から教師個人への着目がみられたことと教室をはじめとした共時的な状況や場のみならず，通時的なライフスパンの観点から教職生活を捉えなおそうとした教育研究における2つの転換が契機となったとされる。
24) したがって，これらは1980年代以降，教師教育の概念や教師の生涯学習の希求を背景に，主に教育工学や教育心理学の立場から，教師の長期的な成長・発達過程にアプローチした研究として位置づけられる。
25)「キャリア」という概念は様々な意味で用いられるが，一般的に「ある人の生涯にわたって仕事と関連する経験や活動に関わる態度や行動について個人的に知覚された連続」（Hall，2002，p.12）と定義される。またキャリアは，狭義には職業上の職階や地位，位置に基づく職歴などの外的側面（客観的キャリア）に焦点化して理解されるが，広義には，客観的キャリアとそれが主体によって意味づけられる内的側面（主観的キャリア）を含んだ概念として理解される（今津，1987）。
26)「個人的環境」は肯定的ないし否定的な要因になり得る家族，肯定的・決定的な出来事，危機，生活の積み重ね，副業，個人的な態度から構成され，「組織的環境」は，法規，管理様式，公的な信頼，社会的な期待，専門家組織，組合から構成される（Stroot and Ko，2006）。
27) 秋田（1999）の説明から4つのモデルを要約すると「成長・発達モデル」は教授技能や認識の仕方が経験と共に増大し，安定していくモデル，「獲得・喪失両義性モデル」は経験によって獲得することで失うこと，失うことで獲得することが共時的に起こりうる発達観をモデル化したもの，「人生の危機的移行モデル」は各年代で遭遇する発達課題としての危機に向かい，乗り越えながら変化していくモデル，「共同体への参加モデル」は職業コミュニティへの参加過程を通じて，周辺的な参加から十全的な参加をし一人前になっていくプロセスを発達と捉えるモデル，と理解できる。
28) 一定の見解に至っているわけではないが，種々の研究でこれらの概念に関する検討が行われている。例えば，職務遂行に必要な能力に焦点化し，職務遂行能力の略語として限定的に「職能」という概念を用いること（西，1979），資質はその人に生まれつき備わっている判断・行動に影響を与える傾向性であるが，教職の特性上，資質は知識や技術と不可分の関係であることから「資質能力」として捉えるべきこと（小島，2002），専門性が技術レベル，職能が行動レベル，資質能力が態度や人格レベルによって分析されることが多い状況を踏まえつつ，「力量」を指導技術的側面と教職の職務場面に限定された人間の資質的側面の両面を含んだ概念として用いること（小山，1985），資質能力と職能・専門性の中間に位置し，教育活動のための専門的な知識や技術と，そうした活動のよりよい遂行を志向した構えや態度を意味する概念として「力量」を用いること（藤原，2007）などが論じられている。
29) このことは，「垂直的な成長モデル」から「水平的ないしはオルターナティブな成長

モデル」という言葉でも表現される（山﨑，2008）

30) 被教育体験期の影響については，教師の教育行為が，自らが児童生徒であった時の体験に規定されることを指しており，Lortie（1975）の提唱した「観察の徒弟制（apprenticeship of observation）」（p.65）による教師の職業的社会化とも共通している。

31) 教員政策においても，OECD（2005）が教師の主体的・継続的な職能開発の重要性を主張し，我が国では中央教育審議会答申「教職生活の全体を通じた教員の資質能力の総合的な向上方策について」（2012年8月28日）において，教師の質の向上に触れる中で「教職生活全体を通じて，実践的指導力等を高めるとともに，社会の急速な進展の中で，知識・技能の絶えざる刷新が必要であることから，教員が探求力を持ち，学び続ける存在であることが不可欠である」との見解が示され，教師を高度専門職業人と捉えた上で「学び続ける教員像の確立」を提起している。

32) その限界とは，実践者にとっての問題設定（problem setting）の過程が無視されているということであり，問題の設定は技術を適用する上で必要だが，それ自体は技術の問題ではないという指摘である（ショーン，2001, pp.52-75）。つまり，実践者はそのままでは意味がわからない不確かな状況の意味を認識する必要があるために，「注意を向ける事柄を名づけ（naming），その事柄に注意を向ける文脈に枠組みを与える（framing）ことを相互に行う一つの過程」（ショーン，2001, p.58）を通して，問題を設定しなくてはならない。

33) Schön（1983）による反省的実践家としての専門家像は「行為の中の省察」を中心にすることで提起された概念であり，実践の最中で行われる省察を重視しているが，行為の後で，いったん状況から離れて行われる「行為についての省察（reflection-on-action）」の存在を認めている。「行為についての省察」は，授業研究のように他者と実践について吟味する上で重要な省察的実践であり（三品，2011），「行為についての省察自体を省察すること」の重要性も認められている（ショーン，2007, pp.260-261）。授業研究を始めとした省察は「行為についての省察」とみなせるが，「行為の中の省察」の基盤となる暗黙の枠組みに気づき，批判的になることで「『行為の中の省察』の能力」（ショーン，2007, p.326）を高めるために重要な省察的実践といえよう。

34) さらにカン（2002）は，研究者に向けても，現職の体育教師に対しては効果的に教授行為を営むために必要な技術習得の重要性と同様に，教師の個人的な理論とその理論を自ら構築していく能力育成を重視すべきことを主張している。

35) Korthagenらの研究（Korthhagen and Vasalos, 2005；コルトハーヘン，2010）では，行為（Action），行為の振り返り（Looking back on the action），本質的な諸相への気づき（Awareness of essential aspects），行為の選択肢の拡大（Creating alternative methods of action），試み（Trial）からなるALACTモデルが提案されている。また，基本的に教員養成課程の学生を対象とした研究であり，リフレクション自体も実習生のそれを想定している。しかし，省察を階層化された構造として捉える枠組みは，現職教員にも当てはまると考えられる。

36) また，職務形態に着目し，①職務としての研修，②職務専念義務の免除による研修，③自主研修という区分も可能である。

37) 一般的な研修の定義は「職務に必要な資質能力を修得し，その向上を図るために主として入職後に行われる教育訓練の総称を指す言葉」であり，「内容的には『研究』と『修養』を意味し，職員が職務遂行に必要な知識，技能を習得するとともに，思考，判断その他の人格的要素を研鑽することにより，職務を適切かつ能率的に遂行する能力を養うことを目的とする活動」とされる（北神，2006，p.69）
38) 中留（1984，p.4）によれば校内研修とは「校内の全教職員が自校の教育目標に対応した学校全体の教育課題を達成するために共通のテーマ（主題）を解決課題として設定し，それを外部の関係者と連携をふまえながら学校全体として計画的，組織的，科学的に解決していく過程を創造する営み」と定義される。
39) わざとらしい同僚性は，Hargreaves（1994，pp.192-196）の"contrived collegiality"にあたるもので，"collaborative culture"（協働的文化）と相対する協働性の在り方である。協働的文化が自発性（spontaneous），非強制性（voluntary），開発志向（development-oriented），教師間のコミュニケーションにおける空間・時間の非限定性（pervasive across time and space），非予測性（unpredictable）によって特徴づけられるのに対し，わざとらしい協働性は，制度的な規制（administratively regulated），強制性（compulsory），手段的志向性（implementation-oriented），時間・空間の限定性（fixed in time and space），成果の予測性（predictable）で特徴づけられる。
40) 現在，都道府県教育委員会が実施している法定研修として初任者研修（1989～），10年経験者研修（2003～）が制度化されている。
41) 教育職員養成審議会第3次答申「養成と採用・研修との連携の円滑化について」（平成11年12月）では，経験者研修に対する教員の受動的な態度や研修ニーズに応じた研修機会の少なさ，教員の負担が取り上げられると共に「大学において教員研修プログラムの研究開発を行い，教育委員会等に提供するなどの方策や，大学において現職教員の相談に応じることができる相談体制などの整備を検討する」との方向性が示されている。また，中央教育審議会答申「今後の教員免許制度の在り方について」（平成14年2月）では「教員の自主研修を支援する大学と教育委員会・学校との連携」が示されており，2000年以降，現職研修における教師のニーズへの注目と大学の役割が拡大していることがわかる。

第2章　研究方法

第1節　信念概念の検討
1　「教師の信念」概念の検討

　教師の信念に関する研究において，信念は「ある事態について正しいか正しくないか，望ましいか否かというように，命題の形で判断されるような心理的表象」(秋田，2006，p.156)と定義され，教師の認識・行動を根底で規定する概念として扱われてきた。特に，「教師の信念」を鍵概念とした研究では「個々の教師が教育行為の対象について潜在的に保持する暗黙知であり，対教師や対児童との相互作用を通して抱く児童観や授業観から教師の効力感や自己受容観等を含めた包括的な概念」(黒羽，1999a)や「教師の教育全般に対する個人特有の見方・考え方」(藤木，1999，p.158)と包括的に定義されている。このような包括的で，やや曖昧な定義がなされるのは，信念が，教師の行動から認知にいたる多様な行為に影響を及ぼすことや，意思決定や知識といった既存の概念と関連していることが認識されているからである。このことについてPajares(1992)は，教師の信念に関する半ば錯綜した研究成果を整理し，以下の15点に要約した上で，信念の概念規定が不十分であることを問題視している。

　先行研究の検討においても指摘した通り，教師の信念に関する研究は概念規定の曖昧さや不十分さを含んでいる。教師の信念を包括的・抽象的に定義することで，類似概念との関連をまとめて捉えることが可能になるが，他方で，信念概念自体は，どのような形を持っており，どのような役割を果たしているかを見えにくくしてしまう。そのため複数存在する信念のうち，一体何に対する信念がどのような実践や経験の受け入れを規定しているのか，とりわけ本研究が着目する，信念自体の問い直しや変容を促す信念と固執や硬直化を助長してしまう信念の違いを明らかにできない。信念ごとの違いや信念の形成・変容，

81

表2-1　教師の信念に関する研究成果

①信念は早期に形成され，理由，時間，学校生活，経験による反対に対して，頑なに保持される傾向を有している。
②個々の人々は，文化的な伝達を経て獲得された信念を信念体系の中に格納して，信念を形成していく。
③信念体系は，人々が世界や彼ら自身を理解し，定義づける助けとなる，適応的な機能を有している。
④知識と信念は解きほぐせないほど複雑に絡み合っており，感情的，評価的，挿話的な信念の特性が，新しい現象を解釈する際のフィルターとなる。
⑤思考過程は，信念を形成する前兆や要因になるかもしれないが，フィルターとしての信念の構造が最終的に，その後に起こる思考や情報処理過程を遮ったり，再定義したり，歪めたり，作り変えたりする。
⑥認識論的信念は，知識の解釈や認知の統制における鍵的な役割を担う。
⑦信念は，他の信念との連結や関係もしくは認知的・感情的な構造によって優先順位がつけられる。信念の中心性と機能的連結の探索によっては，明らかな矛盾が表明されることもある。
⑧教育的信念のような信念の下位構造は，個々の信念のみならず，体系に位置づけられた信念や中心的な信念との連結という用語から理解されなければいけない。心理学者は通常このような下位構造を態度や価値と呼ぶ。
⑨性質や由来によって，いくつかの信念は他の信念よりも明白である。
⑩より早く形成された信念は，信念体系に組み入れられより変化し難く，新たに獲得された信念は最も変化をしやすい。
⑪成人期における信念の変容はかなり珍しい現象であり，最も一般的には，ある権威から他のそれへの転換やゲシュタルト・シフトとして生じる。人々は，科学的に正しい説明がなされるものの，間違った不完全な知識に基づく信念を保有する傾向にある。
⑫信念は，課題を明確にすると共にその課題を解釈し，計画し，解決する認知的手段を選択するのに役立つ。故に，行動を明確化し，知識や情報を組織化するために重要な役割をはたす。
⑬信念は認知に対して強力な影響を及ぼすが，現実の本来の姿を導く上では，頼りにならない。
⑭個人的な信念は，行動に強力な影響を与える。
⑮信念は推論する必要があり，その推論は，個々の信念の表明と調和する内容，行動の先有様式としての意図，そして，問題に対する信念と行動の関係性から行われる必要がある。
⑯教育実践についての信念は，学習者が大学に入学するまでに概ね確立している。

出所：Pajares, 1992より訳出し作成

行為への影響などを捉えるためには，信念の内部構造や機能，信念体系の動態に目を向けた概念規定が必要である。

これまでの教師の信念研究によって，信念の存在や働きを示唆する結果は蓄積されてきたものの，信念の構造や機能，信念形成や変容のメカニズムを詳細に検討したものはみられない。信念概念を詳細に理解するためには，教師研究の知見だけでは不十分である。そこで，信念の内部構造や機能を詳細に検討し

てきた心理学（社会心理学）における基礎的知見をもとにして，信念概念の規定を試みたい。

2 信念概念の規定
(1) 信念の定義

心理学において「信念」は「ビリーフ」と呼ばれ「ある対象と他の対象，概念，あるいは属性との関係によって形成された認知内容」（西田，1988）と定義されている。また，それは「Aは，Bである（A = B）」,「Aは，Bではない（A ≠ B）」というように，論理式であらわされるものであることから「人間の記憶装置の内部において，二つの認知を連結した命題の形式によって形成された認知表象」（西田，1998）ともいわれる。つまり，心理学における信念は，文章記述の形で表わされる思考としての特徴を持つ（河村，2000）。また，Fishbein and Ajzen (1975) によると信念は，「ある対象と他の対象，価値，概念，属性などとの間に存在する関係についての主観的確率（probability）」（Fishbein and Ajzen, 1975, p.131）とされている。換言すれば，行為者が2つの対象間になんらかの関係が存在すると思っているかどうかという，個人的な「思い込み」を測る概念として信念は捉えられる。信念は，対象と対象との連結とその強さを問題とする概念と理解できよう。

なお，信念は人の発する言葉のみから捉えられるものではない。信念研究の先駆であるRokeach (1968) は，信念を「"私は〜と信じる（思う）"という語句を前提とし，人の言葉や行動から推測され，自覚されたりされなかったりする簡潔な命題」（Rokeach, 1968, p.113）と定義しており，信念が人間の言葉や行動を対象として，推論・解釈される概念であるとしている。

(2) 信念の要素と種類

信念には知識を象徴し，確信度の違いを生み出す「認識的要素」，感情を刺激し感情の深さや強さを生み出す「感情的要素」，ある対象に対して適した行動を導く「行動的要素」という3つの要素が含まれている（Rokeach, 1968, p.113）。また，これらの要素は人間の行動・認識・感情といった様々な側面に作用している。たとえば，「認識的要素」は過去から現在に至る経験の中でそ

れらの経験をどう受け入れるかという場面における指標の1つとなる。また,「感情的要素」はある対象に対する肯定─否定を中心とする感情的判断に影響を及ぼし,「行動的要素」は何が正しい行動であるかの判断と行動自体を左右する。

このことは,教師の行動や知識の活用,教師による現象の認知や知識の獲得に信念が影響を与えることを理論的に支持する。つまり,信念は構造的にみても,行動と認識に影響を与える概念として捉えられる(図2-1)。

さらに,信念には対象と内容による違いが想定されている。Rokeach(1968)は3つの信念を示し,真実か虚偽か,または存在するか存在しないかについてのものの見方や考え方をあらわす「記述的・実存的信念」,ある対象について良いか悪いか(good or bad),是か否かを判断する「評価的信念」,行動様式や存在様式を望ましい(または望ましくない)として支持する(もしくは支持しないという)ことを表す「規範的・忠告的信念」に大別している(図2-2)。

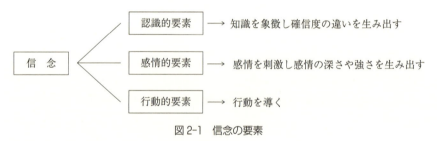

図2-1　信念の要素

出所:Rokeach, 1968, pp.113-114をもとに作成

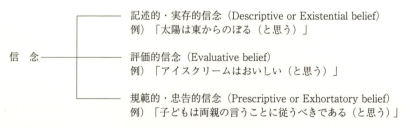

図2-2　信念の内容別分類

出所:Rokeach, 1968, p.113をもとに作成

(3) 信念の強さ

　信念の定義にしたがえば，信念は思い込みの程度として存在し「強さ」を持つ概念と理解できる。我が国の小学校教師特有の信念を実証した河村ほか（河村・國分，1996a，1996b，河村・田上，1998；河村，2000）も，「できるなら～であるにこしたことはない」といった現実的・論理的であり，絶対的ではない「ラショナル・ビリーフ（rational belief）」と「～ねばならない」という形で表現されるような教義的・非論理的で絶対主義的な「イラショナル・ビリーフ（irrational belief）」を示し，後者の強さを測る尺度を開発している。このことは，個人が有しているいくつかの信念の間，そして，ある教師と他の教師が各々に保有している一見同様と見なされる信念との間には，その強さにおいて差異が存在することを示唆する。

　Abelson（1986）は認知心理学的に信念概念の検討を試み，信念を所有物（possessions）という比喩で捉え，その保持や棄却を左右する要因を「信念の価値」（belief value）に求めた。信念の価値は保有している信念の「機能性」（functionality）を基礎として，さらに信念の「属性」（attributes）によって捉えられ，保有している信念が役に立つかどうか，その信念はどのような性質を持っているかで，その人にとっての信念の重要度が決まる（表2-2）。

　教師の信念についても「教師の知識や教育技術の形態，形成過程，機能のすべての側面で意味付け，重みづけによる方向性を示す役割を果たすもの」（藤木・

表2-2　信念の価値の心理的要因

機能性（Functionality）	
道具的（Instrumental）	信念を介することで，あるいは希望することでもたらされるもの
表出的（Expressive）	「あなたは誰か」を信念が表現すること（あなたの集団，経験，感覚についても）
属性（Attributes）	
共有性（Sharedness）	その信念は他の人にも好まれているか？
独自性（Uniqueness）	その信念は他と異なる趣向を含んでいるか？
防衛性（Defensibility）	その信念は信頼のおけるものとして正当化できるか？
極端性（Extremity）	その信念は鋭く，極端で，最上級といえるか？
中心性（Centrality）	その信念は他の信念と適合するか？

出所：Abelson，1986，p.235 から訳出・引用

木村, 1997, p.305) という見方がなされてきたが, 理論的にも個人に内面化された個々の信念間には, 対象や種類だけでなく, 意味づけや重みづけの違いが存在し, その総体が教師の違いとして現れることが確認できる。

しかし, 教師の信念に関する研究では信念の強さという次元について, 十分な吟味が行われてこなかった。すなわち, 個人の中でいかにその信念の位置づけが大きいか, または重要とされているかは, ほとんど検討されていない。このように, 教師が保有する信念の強さについての吟味が不十分であった理由のひとつに, どのような状態の信念が個人の中でより意味づけられ, 重みづけられていると言えるかが, 理論的に議論されてこなかったことがあげられる。そこで次に, 心理学領域で提唱された信念体系モデルの検討を通じて, 信念の種類と強さを分析する枠組みをみていきたい。

(4) 信念体系モデルの検討

信念に関する心理学的研究では, 信念の強さを踏まえて, 複数の信念からなる信念体系 (belief system) が想定されており, いくつかの概念モデルが提示されてきた (Rokeach, 1968; Green, 1971; 西田, 1988)。その端緒となった Rokeach (1968) は, 信念の分析に際して, 全ての信念は個人にとって均一の重要性を有しているわけではなく, ①信念体系の中心もしくは周辺のどこに位置するかで異なり, ②より中心に位置する信念ほど変化に対して抵抗し, ③より中心に位置する信念ほどその変化の影響はより広範囲に及ぶとの3つの「仮説」(p.3) から, 個々の信念の重要度 (確信度) の違いを「機能的連結性 (functional connectedness)」(p.5) という用語で捉えている。さらに連結性 (重要度) の基準を4点にまとめている (表2-3)。

また Rokeach によれば, 信念体系の中には, その信念体系を保有している者が存在を是認する信念と否認する信念の次元 (belief-disbelief dimension) が存在し, 個人がその信念を事実として (存在すると) 認める信念 (belief) の方が, 他者を肯定するか否定するかを判断する, 強力な決定因となる (Rokeach, 1968)[1]。さらに, Rokeach の信念体系モデルでは, 過去・現在・未来を全体として捉えるか, もしくは, ある時点に焦点化するかという「時間的展望 (time perspective)」

表2-3 信念の連結性

実存的―非実存的	ある信念が自身の存在や自己同一性(アイデンティティ)に直接関係するほど連結性は高い	
共有―非共有	自己の存在や同一性に関わる信念を他者と共有しているほど連結性は高い	
派生的―本源的	その信念の対象に直接接触して学習した信念は，他の個人や集団から間接的に学習したそれに比べて連結性が高い	
嗜好関連的―非関連的	個人的な嗜好や恣意を象徴しない信念のほうが，個人嗜好に関連するそれよりも連結性が高い	

出所：Rokeach, 1968, pp.5-6 より訳出，作表

の違いが意味を持つ (Rokeach, 1968, p.118)。たとえば，過去にこだわる時間的展望の狭い者は，現在や未来についての信念を持たないが，それぞれの時間を全体として捉える時間的展望の広い者は時間の相互関係を踏まえ，過去と現在から未来を予測し，実現可能な目標に関する信念を持つことができる (西田, 1998, p.37)。

以上の3つの次元，すなわち「中心的―周辺的次元」「信念―非信念次元」「時間的展望次元」の広がりによって捉えられる Rokeach の信念体系モデルが「機能的連結モデル」である。Rokeach は，このような3つの次元を有する信念体系モデルを想定し，連結性を高める要因の違いによって位置づけの異なる信念を5つのタイプに区分し (表2-4)，うち3つの信念 (タイプA，タイプC，タイプD) [2] を実証した (Rokeach, 1968, pp.6-21)。

一方，我が国では西田 (1986, 1988；1990；1992；1993；1995；1998) が，信念の形成・変化の要因を明らかにする枠組みとして，信念体系の構造モデルを示し，信念を強固にする要因として「現実性」と「価値性」を仮定している。前者は「ビリーフ (信念) の内容が客観的現実としてあたかも存在しているかの感覚の程度」(西田, 1998, p.80) と定義され，個人内における信念の確信度を表すものと解釈できる。後者は，信念が意思決定の道具として機能しているほど，その信念の価値が高く固執性も高まるというエイベルソン (Abelson, 1986) のモデルを基盤に仮定された性質で「ビリーフ (信念) を構成する対象や概念，属性あるいはそれらの連結に嗜好 (preference) を感じる程度」(西田,

表2-4 信念のタイプ

Type-A：根源的信念―100％合意（Primitive Beliefs, 100per cent consensus）
　他の信念に由来せず，信念対象に対する直接的接触によって学習した信念であり，さらに，ある人間が準拠する個人や集団の社会的な合意によって強化された信念。

Type-B：根源的信念―合意なし（Primitive Beliefs, zero consensus）
　直接的接触によって学習した存在や自己の個性を含む個人にとって疑いようのない信念であるが，他者の合意がない信念。

Type-C：権威的信念（Authority Beliefs）
　信頼する情報源から得た信念で，Type-A，Type-B の信念に比べ重要ではなく変化しやすく，他者に共有されたりされなかったりするため，頻繁に論争の種となる。

Type-D：派生的信念（Derived Beliefs）
　直接的接触ではなくむしろ，ある権威の受け売りによって派生した信念。

Type-E：瑣末的信念（Inconsequential Beliefs）
　個人的な嗜好を象徴する信念で他の信念と全く関係を持たないか，ほんの少ししか関係を持たない信念。

出所：Rokeach, 1968, pp.6-21 をもとに作成

1998, p.89）と定義されている。

　さらに，2つの要因はそれぞれ「個人的現実性」と「社会的現実性」および「対象価値性」と「連結価値性」に分けられ，4つの次元によって信念の強さ（固執効果）が捉えられる（表2-5）。なお西田（1988）は，信念の形成に影響を及ぼすこれらの要因を「依存性」（dependency）という概念で表した。

　さらに西田（1998）は，信念を強固にする要因から形成される球体の信念体系モデル（ビリーフシステムモデル）を提唱した。それは外側から個人的現実性，社会的現実性，対象価値性，連結価値性の四層によって形成される構成物であり，外側に位置する信念ほど比較的容易に変化し，内側に位置するほど変化しにくく機能性に優れ，より広い範囲の問題を解決する意思決定に役立てられる，とされている（西田，1998, pp.202-205）。そして，球体の中核に位置するものから「信仰」「偏見」「ステレオタイプ」「知識」を信念の「ラベル」としてあてている[3]。この信念体系モデルに依拠すると，知識は信念の1タイプとして捉えることができ，ある知識への固執性や依存性が高まることによって，その知識は個人の偏見や信仰にもなり得る，という動態的視点を導入することができる。

表2-5　信念の価値性・現実性

個人的現実性 　「当該のビリーフ（信念）の内容が直接知覚や論理的推論といった個人経験を通して客観的現実として感じられる程度」と定義され「直接観察」や経験した事柄の「論理的整合性」，または情報の送り手の信憑性によって現実性を付与される確からしさであり，このような現実性が高まれば信念の固執効果が高まるとされている。
社会的現実性 　当該のビリーフ（信念）が示す関係性が他者の経験や意見によって合意されているといった間接的経験を通して客観的現実として感じられる程度と定義され，他者の合意や権威の影響が信念を強化すると示唆される。
対象価値性 　信念を形成している対象に与えられる価値。
連結価値性 　信念において対象と他の対象や属性との連結性に与えられる価値の程度で，習慣性によるもので，必要ないと自覚していても捨てられずにいる信念などを含む。

出所：西田，1998，pp.80-94 をもとに作表

　Rokeach と西田は共に「中心的—周辺的次元（central-peripheral dimention）」を仮定している。教師の信念を種類と強さを踏まえて把握するためには，このような信念体系を想定し，数ある信念の中から，とりわけ他の信念と強い関連を持ち，意思決定に役立てられる「中心的信念（central beliefs）」を同定することや信念間の関係性に着目することが肝要である。

　以上の信念体系モデルでは，中心—周辺次元からなる球体モデルが仮定され，中心に位置づく信念ほど他の信念との連結性および重要度が高く，変化に対して抵抗し，あらゆる場面の意思決定に影響を及ぼすとみなされる。また，信念間の連結性や重要度は，自らの存在やアイデンティティに関わるほどより強い（Rokeach, 1968；Abelson, 1986）。なお，連結性と重要度に基づく信念体系の強度は，質問紙における態度得点の高さによって操作化することができる（西田，1995）。

　上記の知見を踏まえ，本研究では信念体系の「中心的—周辺的次元」を念頭に置き，「信念の強さ」を主要な指標として信念を把握していく。なお，中心・周辺次元における信念の位置づけには，上述の「連結性」「現実性」「価値性」といった要因が具体化された，「直接観察」や「直接的な学習」「他者との共

有」が行われた経験などが影響する。たとえば，調査対象者から抽出されたある信念が，直接経験した上でなおかつ他者と共有し，自己のなかでも大きな価値を持つものであるとすれば，それは間接的に学習した個人的な信念で，価値もそう大きくないものよりも，中心に位置づくと捉えることができ，したがって，その信念を相対的に「強い信念」と解釈することが可能になる。

3 類似概念および用語の整理
(1) 知　識

前章において，教師の信念は，教師の意思決定研究と知識研究の展開の中で固有の研究対象とされ，特に，信念が実践的知識の形成に深く関わることを確認した。だが，知識と信念の概念上の峻別は容易ではないとされている[4]（Kagan, 1992；Pajares, 1992；Richardson, 1996；秋田, 2000）。その中で指摘されている両者の違いとしては，知識が事実であるのに対して信念は意見であること（Kagan, 1992）や信念が評価や判断に基づくのに対して，知識は客観的な事実に基づくこと（Pajares, 1992）などが指摘されている。研究対象の違いから，教師の知識研究で扱いきれない暗黙的な知を信念研究が扱っているという見解（姫野, 2002）もある。秋田（2000）は，信念が知識と異なる点を4点にまとめ，①信念は実態の有無に関わらず想定することができること，②現実に対して理想という形で目標とその手段を含んでいること，③情動や評価と密接に関連していること，④特定の出来事と結びついて形成されていることを挙げているが，実践的知識と信念の明確な区分は難しいと結論づけている。

なお，心理学の知見に基づけば「信念の要素（概念，命題，規準など）は社会的に合意されていない」「明確な概念的実在の存在や非存在の一部に関わっている」「信念はしばしば異世界の描写を含む」「信念は評価的・感情的な要素に基づいている」「信念は挿話的な要素の総体が包括されたものに類似する」「信念体系に含まれた内容の集合は通常，価値が高い」「信念は確信度の変化によって保有されたりされなかったりする」ことが，知識との違いを表す特徴とされている（Abelson, 1979）。

本研究では既に検討した通り，知識から信仰に至る，「信じている程度」（強

さ）の異なる信念が体系化されたモデルを想定し，信念の動態的側面にもアプローチしていく。そのため，教師が有する認知内容を知識または信念として区別すること自体を目的とはせず，知識を信念の一形態として捉える。そのことにより，体育教師がある特定の知識に固執するような状況を信念の問題として捉えることが可能になる。

(2) 価値観

教師の信念に関する研究において，信念と同様の文脈で用いられる用語に「価値観」がある[5]。信念と関連する対象として，あるいは信念そのものとして扱われる「―観」という概念は，教師が有している価値観を表すものと捉えられる。Rokeach (1968, p.124) は，価値観を信念の1つのタイプと捉え，包括的な信念体系の中に組み込まれており，どうやって行動すべきかまたは行動すべきでないか，最終的に価値はあるのか又はないのかといったことについての信念が価値観として捉えられている。また，Rokeach (1973) の定義によれば価値観は「特定の行動様式や事物の最終的な状態が，その反対や逆の行動様式，またはある存在の最終的な状態よりも個人的または社会的にみて好ましいとする永続的な信念」(p.5) とされている。なお，Schwartz and Bilsky (1987) は，価値観を定義した先行研究を検討し，価値観は(a)構想や信念，(b)望ましい終局や行動に関するもの，(c)具体的な状況を超越する，(d)行動と出来事の選択や評価を導く，(e)重要性と関連付けられて順序づけられる，とまとめている。これらのことから価値観は信念に包含されるが，特に個人にとっての望ましさを含んだものとして，行動や評価に対して永続的に影響を及ぼす，強い信念と捉えることができる。

(3) 態 度

心理学分野において信念と関わりの強い概念に「態度」概念がある。信念の概念規定において，信念がヒトの行動に影響を及ぼすことを確認したが，態度概念もまたヒトの行動を予測する主要な概念として扱われてきた。Fishbein and Ajzen, (1975) は多くの研究者が賛同する態度の定義として「与えられた対象のある側面について一貫した好意―非好意的な様式で反応する学習された

先有傾向」と述べ,「学習されたもの」「行動傾向を与えるもの」「その行動は対象に対して一貫した好意性あるいは非好意性を有している」という3つの特性を示した。なお西田（1998）は，態度と行動の関係性について，外的拘束力として場に作用する力と信念概念が軽視され，特に，態度と信念を区別した上で，信念の詳細な検討がなされてこなかった点を批判している。また多くの場合，質問紙調査によって被験者の「そう思う程度」を測ろうとする態度測定に当たっては，絶対的な信念から疑いに至る確信の程度を考慮しなければならないという主張もなされている（妻藤，1995）。古典的には，Fishbein（1967）が信念と態度の関係を次のような関数式によって示している。

$$Ao = \sum_{i=1}^{N} Bi\,ai$$

Ao＝ある対象 "o" に対する態度
Bi＝"o" についての信念 "i" の強さ，すなわち対象 "o" と別の対象 "xi" の結びつきについての主観的確率
ai＝"Bi" の評価的側面，すなわち行為者の "xi" に対する評価（態度）
N＝"o" についての信念の数

この式では，ある対象に対する態度（Ao）が，その対象に関わる信念（Bi）とその信念を構成するもう1つの対象（属性・価値・概念など）に対する態度との関数であることを示しており，異なる概念の積の総和によってある対象に対する態度（Ao）が求められる。すなわち，ある対象と連結する対象ついての評価（ai）と，その評価を表す価値や属性，概念との結びつきの強さ（Bi）との積が信念の数（N）だけ加算されることによって，ある対象に対する態度（Ao）が予測されるモデルである。

この関数式では，ある対象に対する態度を規定する「信念の数（N）」および「信念の強さ（Bi）」が問題とされている。つまり，信念はその構造上，対

象と対象が連結した思考内容がどれだけ存在するか，そして，その対象間にはいかに強い連結性が存在するか，ということが問題とされる。一方，態度は対象に対する評価的側面を測る概念として用いられている。つまり，信念は対象間に連結性が存在するかどうかという「蓋然性（確率）次元上」の位置づけを問題とするのに対して，態度はある単一の対象が個人の「評価的次元上（肯定的―否定的）」のどこに位置づくかを捉える概念として用いられ（Fishbein, 1965；松山, 1970），評価軸上の方向性を持つ概念であることがわかる。

(4) 信念の形成と変容について

本研究では，信念の動態的側面を表す言葉として，主に「形成」と「変容」を用いている。Tillema（1998）はこれらの違いについて，信念の形成（belief formation）が長期間を要し，主に行動に対するフィードバックによって訂正や漸次的修正が行われる過程である一方，信念の変容（belief change）は，新たな出来事や矛盾した情報に直面する意識的な過程であり，その出来事や情報によって不安がもたらされる状況，行動または思考に伴う葛藤解決のプロセスと捉えている。なお Tillema は，変容の過程を信念の「再構築」とも表現している。本研究では，入職前経験あるいは入職前から入職後に至る長期的な経験と信念の関連を検討する場合は，主に信念の「形成」に着目し，現職体育教師の入職後の経験と信念との関連を検討する場合は「変容」を用いて，信念の動態を捉えていくこととする。また，Tillema（1998）の見解に依拠し，短期的な葛藤や矛盾を感じた経験によって，信念が新たにつくられていくプロセスについては「変容」または「再構築」という言葉をあてる。

第2節 学習と経験の分析視角

本研究は，学校体育の経営成果を規定する要因として，体育教師の成長に着目し，体育教師が信念を問い直し，変容していくために有効な方策を体育教師の経験と学びから検討しようとするものである。あらゆる経営体の活動は，人間を主体とする協働の仕組みとしての組織の活動として営まれる。故に，経営活動を推進する人的資源を管理し，発揮する価値を高めるための方法や仕組み

を開発していくことが,経営課題として重視される。経営学分野では,この課題解決に向けた学術的知見が人材マネジメント論[6]を中心に蓄積されてきた。本節では,経営学における「ヒト」のマネジメントに関する知見,特に,組織成員の「学習」に着目した諸理論から,学びをもたらす経験を整理するための視点を提示していく。

1 組織学習論

学校体育経営を営む組織はもとより,個別組織にとっての環境は一定ではない。変化する環境への適応は,組織の存続や発展を左右することから,「組織はいかに学習し環境に適応するか」という問題が取り上げられ,経営学分野における学習に関する研究が,組織学習論を端緒に進められてきた(西谷,2007)。組織学習には多くの定義が存在するが[7],一般的に「組織が新たな知識や価値観を,顕在的あるいは潜在的にも習得していく過程」(安藤,2001,p.3)とされる。また,松尾(2009)によれば,組織学習は「個人や集団が獲得した知識が,集団や組織において共有され,ルーチンとして制度化されたり,棄却されることで,組織メンバーの知識・信念・行動に変化が生じること」(p.10)とされ,組織の長期的な変革プロセスと捉えられている。

なお,組織の学習は個人の学習の単なる累積や総和ではなく,学習したものは世代的に継承され,時にはそれが組織の硬直化をもたらす(古川,1991)。そのため組織学習論では知識の獲得にとどまらない,より多様な視点から,組織の学習活動を捉えようとする。とりわけ,過剰学習による組織の硬直化や変革の遅滞あるいは悪循環から脱するために,獲得した知識や能力を棄却する「アンラーニング」(Hedberg, 1981)や組織活動の結果を導く行動の修正から,その行動自体を規定している規範や価値を問い直す「ダブルループ学習」(Argyris and Schön, 1978)などの高次の学習(Fiol and Lyles, 1985)をいかに生じさせるかを課題とする点に特徴がある。本研究の問題設定と目的からも,学校体育の経営成果実現にとって,学校外部の社会的・時代的要請への対応が不可避であることから,組織成員である体育教師の高次の学習がいかに起きるかを究明していくことが主題となる。

組織学習の原点は，組織メンバーの学習活動である。その意味で，組織学習は個々の組織成員の学習なくして存在しえない（安藤，2001）。しかし，これまでの組織学習研究は，その「個人」が誰なのかが曖昧なまま議論が進められ，そのことが組織学習の理論化を遅らせたとされる（松尾，2009）。たとえば，組織では経営戦略に直接携わるトップマネジメントから，事業過程の最先端で働くロワーマネジメントまで多様な人々が協働している。また，同じ階層で職務を遂行する人々であっても，必ずしも同様の学習活動を営むわけではない。それらの差異を無視して，個別組織の環境適応をもたらす学習を捉えたとしても，人材マネジメントに関わる具体的な方策を提示することは難しい。組織学習には個人・集団・組織といったレベルの違いが存在するが（Crossan et al., 1999），殊に学校における組織学習を問題にする場合，個々の教師が有している自律性や信念が，職務に大きな影響を与えるため，とりわけ組織学習の基礎となる個人の学習を人材マネジメントの観点から検討していくことが肝要である。

2　組織における個人の学習

　我が国において，人材マネジメントにおける個人の学習が重要視されたのは，1990年代以降，人材育成方策の在り方が転換したことが背景になっている。バブル経済崩壊によって終身雇用・年功序列型の人材育成は，個人の主体性や個性を尊重する教育を重視するパラダイムへと転換した（谷内，2002）。その潮流の中では，社員の主体的な学習を企業が支援することが重要な経営課題とされた（中村，2012；中原，2012b）。とりわけ，組織の中核的人材にどのような学習機会を提供するかが緊要の課題とされ，「学習」の原理とメカニズムの解明から，意図的かつ計画的な人材育成システムのデザインを明らかにする研究が進展した[8]。その特徴は，システム構築に向けて，組織学習の基盤となる個人や集団の学習メカニズムの解明を進めていく点にある。つまり，組織におけるミクロレベル・メゾレベルの分析レベル（武隈，1995）から組織における学習を究明しようとするものである。

　組織における個人や集団の学習に関する研究は，近年になって興隆を見せている分野であり，学習という営みをどのように捉えるのかという「学習観」，

個人―集団―集団間といった「分析単位」の違い，そして多様に展開される「他者との関わり方」といった点で多方向に展開されている（松尾・松本，2014）。信念と経験の関係に着目する本研究では，信念を問い直していく「個人」の学びの在り方を主要な分析単位として，個人の「経験」に着目し，彼／彼女らが仕事を通じた経験からいかに学んでいるのか，その学びは個人のいかなる内的要因と外的要因に規定されているかを検討していく。

　なお，組織における個人の経験と学習は，様々な場で起こり得る。そこで，学習環境の構築に資する，現実的で具体的な知見を提示するためには，経験と学習が生じている「場」を整理する必要がある。なお，先行研究の整理と検討において示したとおり，すでに教師の成長過程に関する研究において教師の経験と学びが究明されてきた。たとえば山﨑（2002）によれば，教師の教育観に関する非連続的な変化が起こる転機は，教育実践を成り立たせている教室（授業），学校（職場・教師集団），地域（家庭・社会）という三重の場において生み出されることが明らかにされている。ただし，その重層性は教師の実践から帰納的に示されたものであり，理論的な枠組み，特に学習論に基づいて整理されているわけではない。また，各々の場における学習経験の違いや関連性については，説明されていない。

　一方，学習論に基づいて展開された組織における個人の学習研究の蓄積に基づくと，学習の在り方と学習が生起する場は図2-3の通り，3つに整理することができる（中原，2012）。すなわち「仕事を通じた経験からヒトがいかに学ぶか」を究明する「経験学習」に関する理論的・実証的研究（Kolb, 1984；2009, McCall et al., 1988；マッコール，1998；金井・古野，2001；金井，2002；谷口，2006；松尾，2006；片岡，2010など）を中心として，職場における他者との相互作用を通じた「職場学習」に関する研究（荒木，2008；中原・荒木，2006, 中原，2010など），さらに，自らが属する組織の境界を越境した場における「越境学習」に関する研究（舘野，2012など）である。

　これらの理論的関係は，「具体的経験」「反省的観察」「抽象的概念化」「能動的実験」からなる循環的な学習プロセスを提示したKolb（1984）の経験学習モ

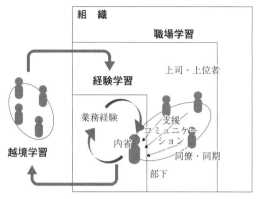

図 2-3 学習が生起する場
出所:中原,2012,p.44 から修正引用

デルを主要な理論とする「経験学習論」を中核としている。そして職場学習論は,Kolb の経験学習モデルの理論的欠点とされる社会的要因への着目の欠如(Kolb and Kolb, 2009;中原,2013)を,職場における同僚や上司をはじめとする他者との相互作用を通じた学習に着目することで補う関係にある。さらに,その学習の場を特定の職場に限定することなく,空間的に拡張して捉えるのが越境学習論の視座である。

以上の整理を踏まえると,体育教師の信念の問い直しを促す経験からの学びが,教室(教場),学校,そして学校外において生じているものとして捉えつつ,それぞれの場の違いやつながりを視野に入れた分析が可能になる。つまり,個人の学びが職場や同僚との学びにどのような影響を受けるのか,または学校外で生じる学びは,学校内における学びとどのように異なるのかにアプローチすることができるだろう。

3 学習観と境界に基づく経験学習の分類

経験と学習に関する理論は「学習における経験・実践の重視」と「経験の内省(反省的思考,省察,リフレクション)」の 2 点を共通点として構築されてきた(中原,2013)。経験からの学習の原理となっているのは,Dewey(1933)が提起した反省的思考(reflective thinking)の概念であり「信念や当然視された

知識の仮定を根拠づけていることとそれが結論として向かっている先に照らし合わせながら，積極的・持続的に注意深く観察すること」(p.9) とされている。反省の概念は，その後様々な研究領域において経験と学習に関する理論展開の基礎となった。

　学習論の領域では，Dewey の反省的思考概念を踏まえてモデル化を試みた Kolb（1984）が，学習を「経験を変容させていくことを通じて知識が構成されていく過程」(p.38) と定義し，経験学習を「具体的経験」「反省的観察」「抽象的概念化」「能動的実験」からなる循環的な学習プロセスとして提示した。また，教育学分野では同時期に Schön（1983）によって「反省的実践家（reflective practitionar）」の概念が提唱されたことを契機に，経験による省察を教師の学習と捉える視座（坂本，2007）の基礎が築かれた。近年では，コルトハーヘン（2010）が Kolb の経験学習モデルの批判的検討などを踏まえて，教師教育学における，理想的な省察プロセスモデルを提示している。さらに，成人学習論においても Mezirow（1991；2000）やクラントン（2006）によって，価値観や信念に関わる前提的な認識変容が，省察によってもたらされることが論じられている。

　経験と学習に関わる以上の理論展開に依拠すると，体育教師の信念と経験の相互影響関係は「省察（反省）」と「経験」を基軸とする学習プロセスとして捉えることができる。なお荒木（2008）は，経験からの省察（反省）を学習と捉える学習論に共通する学習観を「経験による内省学習観」としている。本研究では，信念概念の検討を踏まえて，体育教師が有する信念の形成や変容が経験によってもたらされることを前提に，自らの信念を問い直し，変容させていく経験を，内省学習観に基づく分析視点から検討していく。

　荒木（2008）は，経験と学習に関する研究を，学習が生じる場や空間の境界に着目することで「職場志向」と「越境志向」に分類整理した。この整理に基づくと，経験からの内省学習観に依拠する研究は「職場経験アプローチ」と職場を越境した「越境経験アプローチ」に分類される。既述のように，本研究が対象とする体育教師の学習には，個人の経験と学習を対象とする経験学習，職

場での他者との相互作用を視野に入れた職場学習，そして，特定の組織や職場を越境する越境学習といった学習空間が想定できる。前章で検討した，教師の職能成長研究および自己形成史的研究でも，教師の成長や発達が授業実践や同僚教師との関わり，あるいは校外や私生活における経験によってもたらされていることが明らかにされており（稲垣，1988；小山ほか，1994；山﨑，2002），既存研究を経験と学習の観点から捉え直すためにも，職場経験と越境経験からのアプローチは有効な枠組みといえよう。

(1) 職場経験アプローチの分析視角

「職場経験アプローチ」による研究は，経験から学ぶ個人の資質に着目するもの，リーダーや熟達者の仕事経験に着目するもの，経験から学ぶための組織的文脈に着目するもの，職場での経験学習の支援に着目するものに分類されている（荒木，2008）。これらの研究は，経験学習を促す個人内要因に関する研究，学習をもたらす経験そのものに関する研究，経験学習を促す外的要因に関する研究として整理できる。

①経験学習を促す個人内要因—「経験から学ぶ力」

経験学習を促す個人内要因に関する研究では，主に，経験が学習の重要な資源になるとしても，同じ経験を積めば同じように学ぶわけではないという事実を説明する「経験から学ぶ力」が検討されている（Spreitzer et al, 1997；楠見，1999；Moon，2004；松尾，2006など）。そして，「挑戦性」「柔軟性」といった態度要因（楠見，1999）と共に，仕事についての「信念」（松尾，2006）が新しい知識やスキル獲得，目標達成のモチベーションを喚起し，業績に正の影響を及ぼすことが明らかにされている。類似概念である態度概念の検討で，信念はある対象についての態度を決定する規定因になることを指摘した。また，松尾（2006, p.125）も経験から学ぶ能力の中で特に「信念」に着目する有効性について，態度や行動を方向づける，より高次の認知特性である点，専門職の精神面の成熟に関係する点に見出している。このことから，経験学習を促す個人内要因として，信念に着目する有効性が指摘できる。

②学習をもたらす経験—「飛躍的な成長をもたらした経験」

　学習をもたらす経験に関する研究は，学習メカニズムそのものの解明というより，人材育成に資する実践的示唆（たとえばリーダーシップ開発など）の提示に重きが置かれながら展開してきた。経験学習論の理論的系譜の中では「経験からの学習論」（中原，2013）として整理され，主に経験の質や内容に着目することで，飛躍的な成長や変化をもたらした経験を帰納的に明らかにする研究などが蓄積されている。たとえばリーダーシップ開発研究では，優れたマネージャーが自らの成長にとって重要であったと考える経験を抽出し，「課題」に取り組む経験，「苦難」に直面する経験，「他者」から学ぶ経験などが明らかにされた（McCall, 1988；マッコール，1998）。同様の研究は我が国でも展開されており，学習の資源となる経験の中でも際立って重要な経験が抽出されている（金井，2002；谷口，2006）。このような視座は，教師研究における成長契機を明らかにした研究とも共通する視点である。

③経験学習を促す外的要因—「経験と省察を生み出す学習環境」

　経験学習に関わる外的要因の究明は，経験からの学習が生起する文脈が検討されてこなかったことへの批判をもとに蓄積が進んでいる。たとえば，経験学習の資質としての信念に着目した松尾（2006）は，一見ネガティブな効果を生み出しそうな組織内の「内部競争」が，顧客を重視する信念と共存している場合に，組織成員の学習が促進されることを実証した。また，谷口（2006）はマネージャーの仕事経験を分析する中で，その経験が生み出された状況を検討するために個人を取り巻く「コンテクスト」に着目し，学習が個人を中核とした多層性（個人－部－部門－企業）の中で生じていることを明らかにした。

　なお，教師研究における反省的実践家という概念自体は，個人に焦点化した概念であり，個人の専門性への志向を強めるとの指摘がある（油布，2009）。省察もまた，個人を最小単位とした行為であるが，Schön によれば「行為の中の省察の能力を広げ深めるために，専門的な実践者たちが，職業生活に暗黙のうちに持ち込んでいる人格と人格との間の相互行為の理論（個人の考え方ではなく，たがいに共有されたプロフェッショナルの在り方に関する知）を明確に把握し，再

構築することができなくてはならない」(ショーン，2007, p.371)とされている。したがって，経験学習に関わる外的要因，とりわけ信念が問い直されるような省察が生まれる文脈と他者との相互作用を学習環境の視点から究明していくことが重要な視点となる。

(2) 越境経験アプローチの分析視角

職場を越境する「越境経験アプローチ」については，主に職場外のコミュニティへの参加やその動機についての研究（荒木，2009；舘野，2012 など）があるが，越境学習における経験と省察に着目したものは少ない[9]。教師の学びを想定した場合，教員研修をはじめとしたフォーマルな学びの機会はもとより，教育研究サークルや民間の教育研究団体など，職場を越境した学習の場は多数存在する。とりわけ体育教師については，運動部活動の指導に伴う学校外での仕事経験なども豊富に有していると考えられる。それらの場における学びを捉えるためにも，経験学習の場を職場（特定の学校）に限定することなく捉えていく視点が必要である。

すでに述べた通り組織学習論では，成功経験に固執するような過剰学習によって生じる組織の硬直化を打破し，環境に適応するための「アンラーニング」や「ダブルループ学習」がいかに生じるかが問題とされる。組織学習の基礎となる個人の学習においても，過去の成功体験にしがみつこうとする「能動的惰性」（松尾，2011）や「過剰適応の罠」（Chao，1988）あるいは，「文化的無自覚性」（中原，2012）を打破することが求められている。これに対して，越境学習がもつ非日常性や脱文脈性が，それらを打破する可能性を有していることが指摘されている（中原，2012；2012b）。

本研究の基本的問題の1つである体育教師による無意識の再生産が，社会的要請への対応を阻害することを踏まえると，越境学習の観点から体育教師の学習を捉えていくことが有効な視点の1つとなろう。いかなる経験がどのように信念の問い直しや変容に影響するのか，あるいはしないのかを検証するために，経験と学習が生じる場の究明を学校外に拡大する必要がある。

第3節　分析枠組みの構築
1　学習の対象としての信念

　経験と学習に関する諸研究では，必ずしも学習の対象は共通しておらず，知識の獲得やスキルの向上などが，包括的に学習の成果と捉えられている。学習の古典的な定義は「経験による比較的永続的な行動の変容」といわれるが，認知心理学の台頭以降，人間の認識に関わる変化も学習とみなす視点が一般化している。たとえば松尾（2006）は「経験によって，知識，スキル，信念に変化が生じること」（p.10）を学習としている。また，成人学習論においても学習は「経験によってもたらされる思考，価値観，態度の持続的変化」（クラントン，1999，p.5）と定義されている。

　本研究では，先行研究の整理と検討を通じて，教師の成長や発達が信念の形成や変容の過程と関わることを確認した。さらに，省察を原理とする「反省的実践家」の教師像と経験学習論の知見を踏まえると，信念の問い直し（省察）を学習と捉え，その形成や変容，再構築を学習の成果として捉えることができる。つまり，信念は重要な学習対象であり，体育教師の成長に関わる課題は，その学習経験の在り方に見出される。ただし，信念は省察にも影響を与えることから（Calderhead, 1996；Tsangaridou and O'sullivan, 1997），経験から学ぶ力にもなり得る。これらのことを踏まえて，信念と経験の循環的かつ相互影響的な関係を含んだ分析枠組みを構築し，以降の実証研究を展開していく。

2　体育教師の信念の分類と分析対象の明確化

　体育教師は複数の対象について信念を有しているが，多くの先行研究では，信念の対象が明確に規定されておらず，教師の信念の対象を明確化するため信念体系を構造的に実証した知見もない。ただしCalderhead（1996）は，信念のタイプやそれらの質的な違いについてはあまり言及されてこなかったことを踏まえつつ，教師が主要な信念を保持する5つの領域を提示している。すなわち，①学習者と学習についての信念，②指導についての信念，③教科についての信念，④指導することに関する教師の学びについての信念，⑤指導における自己の役割についての信念である。また，Tsangaridou（2006）は，体育科教

育学研究の蓄積をもとに，体育教師が強い信念を抱いていることを示唆する教育問題を 10 のカテゴリーに分類している。すなわち，①体育の目的についての教職志望者の信念，②指導についての学びと指導経験についての信念，③効果的な指導についての信念，④学級担任の体育指導についての信念，⑤学習者と学習に対する信念，⑥信念と指導実践との関係についての信念，⑦教材についての信念，⑧自己と指導における自らの役割についての信念，⑨仕事の本質についての信念，⑩教師の心配事[10] である。

　これらの信念は，先行研究の知見をレビューして提示されたものである。そのため，構造化された信念体系を表すものではなく，また，それぞれの信念は相互に重なり合うものと考えられるが，信念の対象を整理する 1 つの手がかりとして有効である。Caldernead（1996）と Tsangaridou（2006）の分類を検討すると，授業を中心とした指導に関わる信念（学習者と学習，指導，教材，教科など），教えることについての学びに関する信念（指導することに関する教師の学びなど），自らの仕事や役割に関する信念（自らの役割や仕事の本質など）に整理することができる（表2-6）。本研究では，この分類を体育教師の「授業観」「研修観」「仕事観（教師観）」と捉え直すことで，分析対象を明確化した。なお，これらの信念の中でも，とりわけ授業に関する信念である授業観は，体育教師の実践と体育的活動の成果を最も直接的に規定する信念であることから，体育教師自身による問い直しや変容の主たる対象として検討を進めていく。

3　学習をもたらす経験の分類と分析対象の明確化

　一方，体育教師の学習に関わる経験については「教師の成長経験」および「教師の研修経験」を中心に一定程度の蓄積があり，体育教師の成長や発達を導く，フォーマル・インフォーマルな経験が明らかにされてきた。特に，教師の成長経験の中でも，「教職について以降の経歴の中での，教材観や子ども観あるいはそれらを含めたトータルな意味での教育観といったものにかんする何らかの変化や転換」（稲垣ほか，1988，p.73）を意味する「転機」は，信念の形成・変容とも関連する点で示唆的である。また，研修経験への着目は，体育教師を取り巻く既存の研修環境の問題と本研究が明らかにしようとする有効な研

表2-6 体育教師の信念の対象と分類

信念対象	授業 (授業観)	研修 (研修観)	仕事・役割 (仕事観・教師観)
Calderhead (1996)	①学習者と学習についての信念 ②指導についての信念 ③教科についての信念	④指導することに関する教師の学びについての信念	⑤指導における自己の役割についての信念
Tsangaridou (2006)	①体育の目的についての教職志望者の信念 ③効果的な指導についての信念 ④学級担任の体育指導についての信念 ⑤学習者と学習に対する信念 ⑥信念と指導実践との関係についての信念 ⑦教材についての信念	②指導についての学びと指導経験についての信念	⑧自己と指導における自らの役割についての信念 ⑨仕事の本質についての信念

修・学習環境を検討する上で重要な経験である。

　さらに教師の信念には，被教育体験期から現在にいたる長期的な経験が影響している。また先行研究の検討によって，教師の信念形成には被教育体験期の経験が影響を及ぼすこと，さらに体育教師の職業的社会化，とりわけ予期的社会化過程の特殊性が認められることを確認した。したがって，本研究では企業組織における，個人の経験学習の枠組みではあまり扱われることのない「入職前経験」をも視野に入れて分析を進めていく。

　なお教師の入職前経験は，これまでも教師研究において取り上げられてきた。だが本研究では，経験からの学習論の知見を援用し，先行研究で扱われてきた経験に加えて，体育教師の飛躍的な成長や変化をもたらした「学習をもたらす経験」を「一回り成長した経験」として帰納的に明らかにしていく。このことによって，先に述べた職場経験および越境経験を幅広く捉えていくことが可能となる。

4 本研究の分析枠組みと実証研究の視点

以上を踏まえて,「授業観」「研修観」「仕事観」を中心とした体育教師の信念体系および「教師の研修経験」「教師の成長経験」「入職前経験」「一回り成長した経験」を中心とした体育教師の経験に関する実証研究の分析枠組みを構築した(図2-4)。本研究では,この分析枠組みに基づき,経験を通じて学習される主要な対象を体育教師の信念(体系)と捉え,さらに,信念自体が経験や省察に影響を及ぼすという循環的な関係を踏まえて,信念と経験の相互影響関係を検討していく。なお,この枠組みに基づき,5つの分析視点を設定した上で,本研究を構成するフェーズⅠおよびフェーズⅡの5つの実証研究を展開し,フェーズⅢの総合考察を目指す。

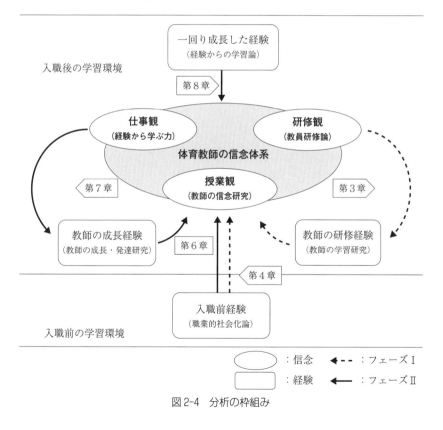

図2-4 分析の枠組み

(1) フェーズⅠ（体育教師の信念は問われがたく，変容しがたいのか？ それはなぜか？）

①体育教師の学びと学習環境の実態（第3章）

　第一に，体育教師の学習経験および学習環境の実態を把握するため，「授業観」および「教師の研修経験」「研修観」に着目した分析を行う。体育教師の授業観の問い直しは，省察を中心とした学習を支える研修経験によって生じると考えられる。だが，体育教師が得ている研修経験の量的・質的な違いは，体育教師自身がどのような研修に価値を置いているのか，すなわち研修観によって異なるはずである。ここでは特に，体育教師の授業観の問い直しや変容がどの程度起っているか，体育教師は研修の機会にどれくらいアクセスし，どのような態度を有しているか，さらに，体育教師はどのような研修を望んでいるかを中心に，体育教師の学びと学習環境の実態を把握する質問紙調査と定量的分析を行う。

②実践において表出する信念の形成過程と維持要因（第4章）

　第二に，体育教師による信念の問い直しの難しさについて「入職前経験」を含む長期的な経験と「授業観」に着目して，信念の動態を分析していく。体育教師の信念とりわけ授業に対する信念は，被教育体験期の経験に影響を受けており，比較的早期に進行する職業的社会化過程がその正当化を助長することで，信念をより強固にしていくとが考えられる。加えて，実際の教育現場の状況が，信念の問い直しを難しくしていることも推察される。ここでは，信念の形成と維持の要因となる経験を捉え，特に体育教師の意思決定や行動に影響を及ぼす，強い信念を同定することを主眼に事例分析を進める。具体的には，実践現場におけるフィールドワークを通じた参与観察と非構造的インタビュー，そして信念形成過程を検討するためのライフヒストリー分析などを用いた，エスノグラフィックな調査研究を実施する

(2) フェーズⅡ（体育教師の信念はどのように問い直され，変容するのか？）

①信念の内実と変容の様相―授業観に着目して（第6章）

　第三に，体育教師の「授業観」に着目してその内実を明らかにすると共に，

授業観を形成・変容させる要因を「入職前経験」および入職後の「教師の成長経験」に着目して分析する。体育教師の信念の問い直しが難しい中でも，自らの信念を問い直し，柔軟に変容させていく教師は存在する。そのような体育教師はどのように信念を変容していくのか，また，その過程にはどのような経験が関わっているかを探ることが主な分析視点である。具体的には，授業観を構造的に捉えると共に，入職前の経験と入職後の経験（成長経験）の影響を分析することで，体育教師の信念変容の要因を検討し，入職後経験の重要性を検証する。ここでは自由記述式の質問紙調査を実施し，テキストデータの探索的内容分析（テキストマイニング）を進めていく。

②経験の受け入れと変容に影響を及ぼす信念（第7章）

　第四に，経験と信念変容の関係を規定している要因として体育教師の「仕事観」（仕事の信念）に着目し，「授業観」の変容を促す「教師の成長経験」の受け入れを促進／阻害する信念を同定する。信念と経験の相互影響関係を踏まえると，体育教師の授業観の変容をもたらす経験の受け入れは，「経験から学ぶ力」（松尾，2006）としての仕事の信念に左右される。そこで，経験学習を促す個人の資質に着目した「経験から学ぶ力」の分析枠組みを援用して，仕事観の構造と機能に迫る。具体的な調査分析手法として，信念と経験を操作化した質問紙調査を実施し，信念の「構造」と経験の受け入れに影響を及ぼす「機能」を定量的に実証する。

③信念に影響を及ぼす経験と教訓の抽出と検討（第8章）

　第五に，「授業観」「仕事観」「研修観」に影響する経験を多角的に捉えるため「学習をもたらす経験」の枠組みを援用して「一回り成長した経験」とそこから学んだ「教訓」を抽出し，その中から信念の問い直しをもたらす学びを明らかにしていく。さらに，そのような経験と教訓は，どのような文脈に支えられ，いかに生じるのかを詳細に記述していく。ここでは，「経験からの学習論」に依拠して飛躍的な成長をもたらした経験を抽出し，職場経験アプローチと越境経験アプローチ双方の視点から，その経験を支える文脈を明らかにするため2つの研究を行う。第一に，体育教師が一回り成長した経験と教訓についての

自由記述式質問紙調査を実施し，探索的なカテゴリー分析によって信念の問い直しを促す学習経験を同定する。第二に，その学習経験がどのように信念の問い直しを促すかを詳細な事例分析によって検討する。具体的には，研究1の結果を受けて，大学における長期研修に参加した体育教師に着目し，信念の問い直しを促す経験が生じる文脈的要因を分析していく。

(3) フェーズⅢ（体育教師の信念の問い直しや変容には，どのような学習環境が有効か？）

最後に，実証研究の知見を踏まえた統合的な考察を行い，体育教師の信念の問い直しに有効な学習環境を検討していく。ここでは，先行研究の知見や体育教師を取り巻く現在の研修・学習環境と本研究の知見を対比させて考察を行い，体育教師が自らの信念を問い続けることを可能にする成長と学びの在り方を示すと共に，実践的なインプリケーションを提示する。

第4節 本研究の意義

序論部における本研究の目的，先行研究の検討，研究方法から導かれる，本研究の学術的・実践的意義を4点あげておきたい。

1 信念の内部構造および信念と経験の相互影響関係の検討

本研究は，これまで曖昧に規定されてきた教師の信念概念を詳細に検討し，信念の内部構造を踏まえた上で，信念と経験の相互影響関係に関する実証的研究を展開しようとする点に特徴がある。これまでの教師の信念研究では，信念が実践に影響を及ぼす行動的側面と実践の省察に影響を及ぼす認識的側面の検討が別々に行われてきた。また，実践を規定している概念として信念が注目された先行研究の系譜もあり，特に，教師の行動的側面に着目した信念の記述とその形成過程を検討する研究が比較的多かったといえる。

これに対して本研究は，経験によって形成された信念が，行動を規定する側面だけではなく，行動によって生じる経験の解釈や受け入れ方に影響を及ぼす機能を積極的に取り上げている。そして，信念と経験の相互影響関係を踏まえた分析枠組みを構築することで，信念が有する行動的側面と認識的側面を統合

的に検討することを可能にしている。このことは，教師の成長過程や教師の研修に関する研究が明らかにしてきた経験の質や量だけではなく，あらゆる経験を成長に結びつけていく「経験から学ぶ力」を明らかにしようとするものであり，体育教師あるいは教師の成長と学びに貢献する新たな知見を提示するものと考える。

さらに本研究では，信念の内部構造の検討によって信念を体系的に捉え，また，信念の対象を明確化したことにより，教師が有する信念体系に組み込まれた信念ごとの違いを分析することが可能である。このことは，先行研究で明らかにされてきた，信念の相反する働き，すなわち新たな経験や知識を排斥し，固執へ向かわせる働き（Ennis, 1994；1996；竹下, 1996a, 1996b, 1997）と，それらの経験や知識を積極的に受容し改善や刷新へと向かわせる働き（黒羽, 2003；2005）を信念の対象や種類の違いによって説明することを可能にする。そして，体育教師の成長と学びを促す信念と妨げる信念を具体的に明らかにできる点で意義を有している。

2　体育教師の成長と学びをもたらす経験の分析視角

本研究では体育教師の学びと成長にとって重要な経験を，入職後の経験のみならず，入職前の被教育体験期を含めて検討することで，入職前の経験が信念と関連して，入職後の成長や学びに与える影響についても考察していく。このことによって，体育教師の入職前後の経験を要因とする職業的社会化（深沢・対馬, 1982；Lawson, 1983a, 1983b, 1986；沢田, 2001）や学校現場における組織的社会化（O'Sullivan, 1989；Pagnano and Langley, 2001；Morgan and Hansen, 2008）がどのように関連し合い，体育教師としての成長に影響を及ぼすかを検討することができる。

さらに，本研究では体育教師の学びの契機となる経験が生じる場について，学校内外に目を向けると共に，それらの経験を授業実践や教室での実践を核として，重層的に捉える分析視角を導入している。さらに，教師の職能成長研究や自己形成史的研究，教員研修に関する研究で明らかにされてきた，力量形成を促したり，成長契機をもたらしたりする経験だけでなく「一回り成長した経

験」に着目することで,今まで等閑視されていた経験を抽出できる可能性を有している。このことによって,これまでの研究では見落とされてきた経験や教師一般を対象とした研究では捉えることのできなかった,体育教師に固有の経験を検討することができる。

つまり本研究では,時系列的かつ重層的な分析視角に基づいて成長と学びに関わる経験を整理し,多様な経験間の関連を視野に入れた分析が可能であり,成長をもたらす経験を扱ってきた諸研究に対して,新たな知見を提示できる可能性を有している。特に,多様な経験に着目しつつ,それらの経験が生じる場の違いを踏まえた考察によって,たとえば,体育教師が学校外でしか学べないことなどについて有益な知見を提示できると考える。

3 体育教師の「信念の問い直し」「変容」に着目する社会的・実践的意義

本研究の背景および問題の所在で述べた通り,教師には多様な時代的・社会的要請と「意識改革」が要求されている。とりわけ,古くから指摘されてきた体育教師批判は,体育教師に対して大きな変化を求めている。その一方,一般的に教師には「確固たる信念」を持つことも求められてきた(吉崎,1997)。

だが本研究は,時代的・社会的な変化に適応していくこと,また,適切な信念を形成することの重要性を十分に認めつつ,その難しさを積極的に理解しようとするものである。そして,教師が信念を形成したり変容したりする中で起こるであろう,揺らぎや戸惑い,ジレンマを成長や学びの重要な契機あるいは教師の専門性を支えるものとして重視する。つまり,教師が経験する"非定常状態"の意味や意義に注視しようとする点に独自性がある。具体的には,教師が自らのものの見方や考え方を選択し変容させていくことを重視する,教師の成長・発達研究(Guskey, 2002;秋田,2009;山﨑,2012)の視座に加えて,そこで起こっている「信念の問い直し」に着目し,その問い直しの実相と要因を明らかにする点に特徴がある。

信念の問い直しに着目することは,反省的実践家の提起以降,省察に関する膨大な実践と研究が蓄積される中で明らかになった,技術的水準から深い認識の水準へ省察を深化させていく難しさに対し,具体的な方策を提示できる可能

性を有している。特に，前提を問い直す高次の学習がいかに生まれるか，その条件は何かが究明されてきた組織学習論や成人学習論の枠組みを援用することで，体育教師の前提的な認識に関わる高次の学習が，いかにして生まれるか，そのためにはどのような環境が有効かについて，具体的かつ実践的な知見を提示することができる。

さらに以上の視点は，強い意識変革を求めて教師に負担を生じさせている社会的状況と教師を対象とした教育改革の在り方を問い直す契機にもなる。教師の実践が，長期的に形成されてきた信念によって支えられていることからすれば，拙速で即時的な対応は，むしろ本質的な教師の成長や実践改善にはつながりがたいと考える。実際，多くの教師は教育改革の進め方や教育行政の在り方に対して否定的な態度を示している（苅谷，2001；金子，2005）。信念の問い直しに着目して，その要因や条件を明らかにすることは，教師に対して急速な変革を求めること自体の是非を問い，教師の質的向上を目指した時，具体的に何をどのように保障していくべきかを丹念に検討していく端緒を開く。

とりわけ体育教師に対する批判は，現象の説明と実証的なデータをもとに展開され，問題解決に資する具体的で有効な方策の提示は，ほとんど行われてこなかった。その背景の1つに，体育教師研究の多くが，職業的社会化論を中心とした社会学的視点に立脚して蓄積されてきたことが関わっている。これに対して本研究は経営学的な視点に立ち，問題の解決と改善に向けた具体的な方策を提示しようとするものであり，既存の研修体制の再構築に向けた実践的示唆を得ようとする点に意義を有している。

4　大学における現職研修についての実践的示唆

本研究では，上述の通り体育教師の学びと成長をもたらす学校内外の経験に着目し，特に第8章では，信念の問い直しが生まれる場として，大学における長期研修に着目する。中央教育審議会答申「教職生活の全体を通じた教員の資質能力の総合的な向上方策について」（2012年8月）では，急速な社会の進展の中で知識・技能の絶えざる刷新が必要であることから「学び続ける教員像」の確立が目指され，教師の学びを支援する具体的な仕組みの1つとして，大学

の知を活用した現職研修が構想された。なお，大学における現職研修については，1990年代後半から主に，大学院修士課程を活用した現職研修や大学による教員研修プログラムの開発が提言され[11]，2000年以降も教職大学院の創設が進められている。だが，大学と連携した研修の取り組みは，必ずしも進んでいない。

教員研修についてはこれまで，中学校・高等学校における校内研究の実施状況の停滞（国立教育政策研究所，2011）や行政研修に対する現職教員の否定的意見と時間的余裕のなさが散見され，従来型の現職研修に綻びがみられる。このような現状にあって，高等教育機関での研修の意義が認められつつあり，国立教育政策研究所（2011）の調査報告では，大学における長期研修が優秀教員の力量形成に効果的であることが示された。また，多くの教員が研修の時間を十分に確保できないと感じ，自己研鑽のための長期研修を望んでいる（岩田惠司ほか，1997）。

しかし，大学における長期研修参加者（都道府県教育委員会からの派遣者）は研修への期待やその意義が認められている反面，停滞・減少傾向にある（全国都道府県教育長協議会第3部会，2012）。また，大学における現職研修プログラムの開発は未だ端緒が開かれたばかりである。たとえば，大学院への修学が教師の「自己理解」（秋光ほか，2009）や「暗黙の図式」「自分なりの枠組み」（日野・重松，2000）に気づく場として意義を持っていることが指摘されてはいるが，そういった意義が，どのような要因によって生まれるのかまでは明らかにされていない。自らの信念を問い直すことを中心に，大学における学びについて詳細な事例分析を行う本研究は，現職教員が大学でしか学べないことは何か，それはどのようにして学ばれるのかについて，具体的な知見を提示することになると考えられる。ひいては教師の資質能力向上施策に資するエビデンスの提示を可能にする点で意義を有している。

注
1) Rokeachの信念体系モデルについて述べた西田の例を借りれば，「神を全く信じない

人にとって『神は存在しない』はビリーフ（belief），『神は存在する』は反ビリーフ（disbelief）」となり，前者の方がより一層整理され，構造化される傾向にある（西田，1998, p36）。
2）Rokeach によってタイプ B およびタイプ D については方法論上の制約から除外されている（Rokeach, 1968, p14）。
3）西田は，belief が日本語で訳されるところの信念ほど狭義ではないことから，当初，野村（1986）にならい「所信」という用語を belllief の訳語にあて，その後「ビリーフ」を使用している。なお，同様の理由から西田は信念という語を用いていないが，本研究では教師研究分野における先行研究の蓄積を踏まえ「信念」と表記する。
4）知識は「正当化された真なる信念（justified true belief）」と定義されるものであり，信念と知識の違いは，哲学における「認識論的正当化基準」という主要な論点を形成している（戸田山，2002）。故に，知識と信念の違いについては原理的な考察が必要であり，本研究の課題はもとより教師研究の知見を越えるものであるため，本研究における両者の違いは，あくまで信念の操作的定義の範囲内で示されるものである。
5）例えば，「価値観や信念」「価値観・信念」という形で価値観が信念と並列的に表記されることからも価値観と信念の類似性が確認できる。
6）本節では，組織における人材の管理を表す人的資源管理論や人材育成論，人的資源開発論を総称したものとして「人材マネジメント論」と表記する。
7）他にも「組織が，変革の必要性から，成功をもたらすと考えられる変革に着手しうる能力を獲得し，発展させること」（Duncan and Weiss, 1979, p.78），「組織が現在所有し，様々な組織活動の内容と結果の成否を照合している価値基準の妥当性を吟味し，その妥当性が失われている場合には新しいものに置き換える過程」（Argyris and Schön, 1978）や「より一層多くの知識と理解による改善行動のプロセス」（Fiol and Lyles, 1985）と定義されている。また，その共通点は①必要な知識や技術，技能などを習得すること，②組織内外の変化を適切に感知し，自己の組織の現状との差異を知覚，認識する能力を高めること，③組織の問題や課題を発見し，解決する能力を高めることとされている（范, 2012）
8）中原（2012a）はこのような個人の学習に関する研究によって蓄積されてきた理論群を「経営学習論（management learning）」としてまとめている。中原（2012a）によれば，経営学習論は「"企業・組織に関係する人々の学習"を取り扱う学際的研究の総称」（p.39）とされ，1970 年代後半から学際的な研究領域として認識された比較的新しい学問分野とされている。ただし経営学習論は，これまで蓄積されてきた諸理論を包括するようなメタ理論の構築を志向していると考えられるが，中原の定義にも示されている通り，蓄積が進んでいる固有の理論間の関係性やつながりは明確化されているとはいえないため，必ずしも体系化された理論として構築が進んでいるとはいえないだろう。
9）なお，教師を対象とした実証研究としては，学校外の専門家とのオンライン学習プログラムの効果を検証するものがある（酒井ほか, 2006）。
10）「教師の心配事」については，教員養成段階から初任期に特徴的な概念であること，また，「心配事」自体が多様な対象と複雑な構造を有していると考えられることから，

本研究の信念の分類からは除外している。
11）たとえば，教育職員養成審議会第2次答申「修士課程を積極的に活用した教員養成の在り方について―現職教員の再教育の推進―」（1998年10月）や第3次答申「養成と採用・研修との連携の円滑化について」（1999年12月）において，現職教員が修士課程で学ぶ意義や大学と教育委員会が連携した教員研修プログラムの開発などが示された。

第Ⅰ部

体育教師による信念の問い直しと
変容の難しさ

第3章　体育教師の学びと学習環境の実態

第1節　本章の目的

　教師が信念を問い直すことや変容させることを求める社会的要請に対して，これまで蓄積されてきた体育教師研究は，体育教師の信念の変わりがたさや問われがたさを示唆してきた。しかし，このような問題状況の実態把握を試みた研究はほとんど行われていない。また，体育教師の成長を支える学習や研修の在り方を明らかにしようとする本研究にとって，学習・研修環境の現状と課題を明らかにすることは不可欠である。本章の目的は，体育教師の信念と学習・研修の実態を把握し，体育教師の学びと成長に関わる問題状況と課題を把握することにある。

　なお，体育教師の研修については，主に研修の進め方や内容に主眼が置かれることが多く，それ以前に，多様な研修機会が校内・校外に用意されてる中で，教師自身はどのような研修に参加しており，研修に対してどのような意識や価値観を有しているかは定かではない。そこで本章では，体育教師の成長を意味する信念（授業観）の変容がどの程度起こっているのかを中心に，信念変容と関連する省察の実態，それらを支える研修機会への参加と態度，研修観について質問紙調査と定量的分析を行い，体育教師の信念と経験および学習環境に関する基礎的知見を得る。

第2節　方　法
1　調査項目の設定
（1）体育教師の信念変容－授業観の変容に着目して
　本章では，体育教師の信念変容を授業観の変化として操作化した。体育教師の信念体系を想定すると，個々の体育教師は複数の信念を有しており，各々に

対する主観的な重要性は異なると考えられるが，職務の中心である授業に対する信念は，体育教師としての信念が最も典型的に表れるものと考えられる。たとえば体育科教育学分野では，教師の授業観の変容に着目して授業力量の形成過程を明らかにしようとする研究が蓄積されている（Graber, 1995；Tsangaridou, 2008；嘉数・岩田, 2013；木原ほか, 2013）。一般の教師研究においても，経験による学習から目指す教師像や授業像を主体的に自己選択し，実践に対する考えが変容していく主観的なプロセスが重視されている（Guskey, 2002；秋田, 2009；山﨑, 2012）。特に，自らが理想とする授業観の変容は，教師の実践的知識を根底で支えている信念の非連続的な変容を表しており，目指す理想像を主体的に自己選択した教師の成長や発達を象徴すると考えられる。

そこで調査では，入職時と比べて授業の理想像がどの程度変容したかを教師自身の自己評価によって選択する項目を設けた。具体的には，体育授業の理想像（良い授業イメージ）は入職時と比べて「1. ほとんど変わっていない」「2. 多少は変わった」「3. かなり変わった」「4. 大きく変わった」からなる尺度を用いた。さらに，1または2を選択した者を「非変容群」，3または4を選択した者を「変容群」として，その他の項目との関連を分析した。

(2) 体育教師の省察

教師の成長をもたらす学習の中心には省察が位置づけられる。そのため，体育教師の学習の実態を把握するためには，体育教師の省察の実態を捉えることが肝要である。教師の省察を主要概念とした研究では，理論的研究と実証的研究によって省察行為にみられるレベルやタイプの違いが示され（Van Manen, 1977, 1991；Grimmett, 1988, Tsangaridou and O'sullian, 1994, 1997；Jay and Johnson, 2002など），主に省察の対象や深さ，時間幅などの観点から，省察の様相が捉えられてきた。教師の省察は，単に実践の状況を「描写」する水準（descriptive）から，それらを踏まえて別の観点から多角的な意味づけを行う「比較」の水準（comparative），そして多様に意味づけられた事象について批判的に振り返る水準（critical）へと高次に進行していく（Jay and Johnson, 2002）。だが実際には，教師の省察が技術的水準に終始してしまい，なかなか前提的認

表3-1　省察の水準と質問項目

	Van Manen (1977)	Mezirow (1991), クラントン (2004)
水準Ⅰ	技術的省察	内容の省察
定　義	問題の内容や自分の行為自体についてふり返る水準	
項　目	① 授業の様子を思い起こして，良かった点と悪かった点を考えること	
	② 授業における生徒への言葉がけや振る舞い方に問題はなかったかふり返ること	
	③ 授業における生徒の学習活動が自分のねらい通りに行われたかどうかふり返ること	
	④ 授業中に起きた出来事や経験をふり返って改善点を見つけること	
	⑤ 授業が上手くいかなかった時に，なぜ上手くいかなかったのか原因を考えること	
水準Ⅱ	実践的省察	プロセスの省察
定　義	問題解決のために適用する知識や技術の妥当性や効果を問う水準	
項　目	① 授業の改善点を見つける上で，自分の授業のふり返り方が適切かどうか考えること	
	② 自分の授業を的確に評価するためには，授業をしている時にどこに着目すればよいか考えること	
	③ 自分の授業をよくするためには，どのような知識や情報が役に立つか考えること	
	④ 授業をよくするために考えた改善策が，授業の質を高めたかどうかふり返ること	
	⑤ 授業を行う前の教材研究の進め方が適切だったかどうかふり返ること	
水準Ⅲ	批判的省察	問題の想定（前提）の省察
定　義	設定した問題自体が適切であるかを省察し，その背後にある自分の前提や信念，価値観を問う水準	
項　目	① 自分が思い描いている"よい授業"は，授業中のどのような生徒の姿に表れるのか考えること	
	② 自分にとってのよい授業は，本当に"よい授業"といえるかどうか考えること	
	③ 授業を通じて自分は一体どのような子どもたちを育てたいと思っているのか考えること	
	④ 自分にとってのよい授業の考え方は，過去のどのような経験から作られたものなのかふり返ること	
	⑤ 今の時代や社会の状況を踏まえて，どのような授業が望ましいか考えること	

出所：Van Manen (1977), Mezirow (1991), クラントン (2004) をもとに作表

識や哲学のレベルに至らないことが指摘されており（酒井，1999），いかに省察の水準を高次のレベルに引き上げていくかが課題とされている。そこで本研究では，省察の実態と課題を捉えるため，特に体育教師による省察の水準に着目し，その傾向を把握していくこととした。

教師の省察に関する研究では事例研究の蓄積が一定程度進んでいるが，省察のレベルや対象を操作化して，一般的な傾向を把握しようとしたものはない。

そこで本研究では，教師の省察に関する研究に加え，省察のレベルについての検討と具体的なプログラム化が進められている成人学習論の知見を参考に，体育授業に対する省察の水準を概括的に捉える項目を作成した。具体的には，省察を3段階の水準から捉える Van Manen（1977）と Mezirow（1991），クラントン（2004）の所論を参考に，3次元15項目の省察尺度を作成した（表3-1）。

測定では，各項目について「5. いつもある」「4. たびたびある」「3. ときどきある」「2. まれにある」「1. あまりない」からなる5段階評定法で回答を求め，分析では探索的因子分析（主因子法，promax 回転）を施し次元の抽出を試みた。因子数は，固有値1以上を基準に負荷量0.4に満たない項目を削除して再度分析を行う形で決定した。

(3) 体育教師の研修機会

①研修機会への参加頻度

体育教師のみならず，一般的に教師には多様な研修機会が確保されている。その機会は，個人研修を基本として教科集団，学校組織，学校外に重層的に広がっている。だが，多様な研修の場が存在するからといって，体育教師が実際にその研修機会にアクセスできているわけではない。校内研修体制は個別学校の判断によって進められるし，教科集団による研修の実施も一律に定められているわけではない。とりわけ個人研修や自主的な参加に基づく校外での研修などは，教師によって参加頻度が大きく異なると考えられる。信念の変容や再構築には，既有の信念とは異なる新たな情報に触れることが必要となる（Tillema, 1998）。故に体育教師が，清新な知識・情報に触れる機会や日常的な実践の中から新たな意味を見い出すような機会をどれくらい確保できているかは重要な調査課題である。

そこで本研究では，教師個人の研修を中核として広がっている研修機会の重層性に着目し，多様に存在する研修機会を整理した（図3-1）。そして，教師が個人的に行う「自己研修」を中心に，研修の場とそこで関わる他者の違いに対応する形で「校内研修①（体育科内）」「校内研修②（異教科間）」「校外研修①（他校教師との研修）」「校外研修②（民間研究団体やサークルなど）」「専門家との

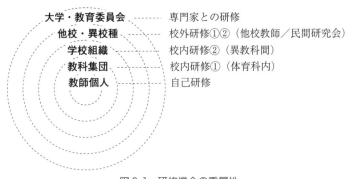

図 3-1 研修機会の重層性

研修」の 6 つの研修機会を位置づけた。それぞれの研修機会に関する具体的な項目設定では，研修の仕方に着目し，とりわけ他者と関わる校内研修①，校内研修②，校外研修①，専門家との研修については「授業の参観」「助言（アドバイス）の獲得」「知識・情報の交換」「考え方についての議論」「問題解決に向けた検討」という，情報の収集・共有から意見交換や議論にいたる相互行為の深まりを捉える項目を設定した。なお，校外研修②については，研究会や講座への参加頻度を訪ねた。全 6 領域 28 項目を設定し，調査では各々の実施・参加頻度について「5. よくある（週 1 回以上）」「4. たびたびある（月に 2 回ないし 1 回程度）」「3. ときどきある（学期に 2 回ないし 1 回程度）」「2. まれにある（年に 2 回ないし 1 回程度）」「1. ほとんどない」の 5 つの選択肢を設けて回答を求めた。

②体育教師が重視する研修機会

研修には，自主的な参加と義務的な参加による研修が混在しているため，体育教師によって，参加頻度の高い研修と知識や情報を得るために重視している研修とは異なることが予想される。そこで本研究では，研修機会への参加頻度に加えて，体育教師自身はどのような研修を体育授業に関する知識や情報を得る機会として重視しているかを把握するため，一般的な研修機会を 9 つ設定し，重視しているものを全て選んでもらった。

(4) 体育教師の研修態度

体育教師の研修参加とその成果には,教師自身の積極的な態度が大きく関わっている。そこで,研修機会へのアクセスに加えて研修に対する教師自身の態度を把握するため,中留(1984)が高等学校教員を対象に行った「自己の研修意識」の調査分析結果を参考に19項目を設定した。測定では,各項目について「5. 全くその通りである」「4. まあその通りである」「3. どちらともいえない」「2. あまりそうではない」「1. 全くそうではない」の5段階評定法で回答を求めた。分析では探索的因子分析(主因法,promax回転)を施し,固有値1以上を基準に負荷量0.4に満たない項目を削除して再度分析を行う形で次元の抽出を試みた[1]。

表3-2 研修観を把握する軸

	A		B	
協同的	複数人で協同して行う研修		個人的に追究していく研修	個別的
短期的	短期間の研修を 積み重ねていく		長期間現場を 離れて行う	長期的
同教科	体育科を担当する 教師と行う研修		異なる教科を担当する 教師と行う研修	異教科
実践的内容	現場で役立つ 実践的な研修		実践の背景を理解する 理論的な研修	理論的内容
最新理論	最新の指導理論 について学ぶ研修		古典的な(基本的)な指導理論 について学ぶ研修	基本的理論
具体的テーマ	参加者同士で体育授業における 具体的な指導方法について 話し合う研修		参加者同士で体育の 究極的な目標について 話し合う研修	抽象的テーマ
知識獲得型	専門的な研究者や講師による 講義や実技を通じて 知識や技能を習得する研修		参加者が中心となって 問題や課題を設定し 解決を目指す研修	問題解決型

(5) 体育教師の研修観

さらに，研修態度に加えて体育教師が抱いている研修観を把握する項目を設定した（表3-2）。具体的には，SD法[2)]の要領で，対となる研修の在り方を想定したAとBを両極とする7項目を設定し，「かなりAに近い」「どちらかといえばAに近い」「どちらかといえばBに近い」「かなりBに近い」の4件法で回答を求めた。なお回答にあたっては，①体育教師自身が参加を希望する研修と②体育教師として成長するために一般的に必要と考える研修の2つについて回答を求めることで，自身の希望と一般的な必要性の両面から体育教師の研修観を把握することとした。

2 分析の枠組み

本章では，以上の1）授業観の変容，2）省察，3）研修機会（①参加頻度および②重視する研修），4）研修態度，5）研修観を主要な変数として，各々の関連を検討するための分析枠組みを設定した（図3-2）。分析では，まず各変数の記述統計量・度数分布に関する基礎的分析および経験年数による比較分析を行った（分析1-5）。その後，授業観の変容と省察および研修機会（分析6），省察と研修態度および研修への参加（分析7）が関連していることを想定して変数間の相関分析を行った。さらに，体育教師の行動や態度が信念や価値観によって規定されていることを踏まえて，研修観の違いよって体育教師を群分けし，

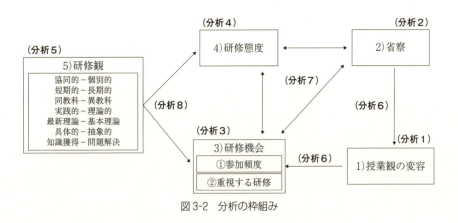

図3-2 分析の枠組み

研修への参加頻度および研修に対する態度を比較分析した（分析8）。

3　データの収集

データの収集は，全国の公立中学・高等学校の体育教師を対象に，郵送自記式の質問紙調査によって行った。サンプルは，全国学校総覧2013年版から全国の中学・高等学校数の比率に基づいて中学校530校，高等学校470校，計1000校を無作為に抽出し，1校につき調査票を2部，計2000名に配布した[3]。配布と回収は，2014年2～3月の期間に行った。回収した有効サンプル数は552部（中学校：252／高等学校：300，回収率27.6％）であった。なお，体育教師の信念（授業観）の変容については，本書の第5章および第6章において詳細に分析する2つの質問紙調査（2011年度調査①および2011年度調査②）でも同様の項目を設定しているため分析の対象とした。なお，これらの調査によるデータ収集の手続きは，全国学校総覧2011年版を用いて同様のサンプリングを行った。

第3節　調査分析結果

1　授業観の変容に関する分析結果（分析1）

体育教師の信念変容に関する実態を把握するため，入職後，どの程度授業観が変容したかを分析した結果，ほとんど変わっていない（15.8％），多少は変わった（49.0％）と回答した非変容群割合が64.8％であったことから，半数以上の体育教師は入職後に大きな授業観の変容を経験していないことが示された（図3-3）。同様の項目を用いた2011年度調査①においても，55.5％の教師において大きな授業観の変容は見られない（図3-4）。さらに，授業像が変容した回数を尋ねた2011年度調査②では，変容回数が0回の体育教師がおよそ半数を占めていることからも，体育教師の授業観の変容は多くの教師が経験するわけではないことが示唆される（図3-5）。また，教職経験年数の積み重ねによって授業観が変容するか否かを検討するため，3つの調査データに対し，3つに分類した教職経験年数グループ（10年未満；10年以上20年未満；20年以上）ごとの変容群と非変容群の割合を分析した[4]。その結果，本章のデータのみ有意な関連

が認められたものの，2011年度調査①および②については有意な関連が認められなかった（表3-3）。度数分布をみるとベテランの教師に変容した教師が多い傾向がうかがえるものの，必ずしも大きな偏りがあるとはいえないことから，

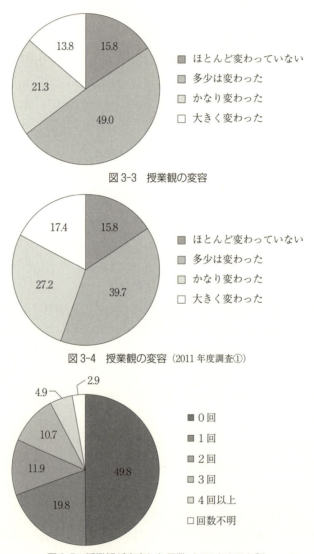

図 3-3　授業観の変容

図 3-4　授業観の変容（2011 年度調査①）

図 3-5　授業観が変容した回数（2011 年度調査②）

表3-3 授業観の変容と経験年数の関連

経験年数グループ	非変容群		変容群	
	%	n	%	n
10年未満	69.0	(145)	31.0	(65)
10年以上20年未満	69.5	(89)	30.5	(39)
20年以上	57.8	(122)	42.2	(89)
合計	64.8	(356)	35.2	(193)

注：$\chi^2 = 7.428$　$p < .05$

2011年度調査①

経験年数グループ	非変容群		変容群	
	%	n	%	n
10年未満	57.6	(114)	42.4	(84)
10年以上20年未満	58.9	(93)	41.1	(65)
20年以上	52.0	(144)	48.0	(133)
合計	55.5	(351)	44.5	(282)

注：$\chi^2 = 2.452$ n.s.

2011年度調査②

経験年数グループ	非変容群		変容群	
	%	n	%	n
10年未満	52.0	(39)	48.0	(36)
10年以上20年未満	53.8	(35)	46.2	(30)
20年以上	45.6	(47)	54.4	(56)
合計	49.8	(121)	50.2	(122)

注：$\chi^2 = 1.287$ n.s.

経験年数を積むことと授業観の変容の間に必ずしも強い関連があるとはいえないだろう。

2　体育教師の省察に関する分析結果（分析2）

(1) 省察に関する項目の因子分析結果

体育教師の省察について設定した項目の因子分析の結果，解釈可能な2つの因子を抽出した（表3-4）。第Ⅰ因子は「授業が上手くいかなかった時に，なぜ上手くいかなかったのか原因を考えること」「授業における生徒への言葉がけや振る舞い方に問題はなかったかふり返ること」「授業をよくするために試み

た改善策が，授業の質を高めたかどうかふり返ること」などに高い負荷量を示し，その他の項目についても，主に授業中の出来事や授業の内容に焦点化された省察を表すものと解釈されるため「技術的・実践的省察」と命名した。これに対して，第Ⅱ因子は「自分の授業を的確に評価するためには，授業をしている時にどこのかふり返ること」をはじめ，授業のできばえや内容，授業中の行動ではなく，自分の授業を相対化した上での評価の仕方や，授業に対する考え方についての省察と解釈されるため「前提の省察」と命名した。

　抽出された2つの因子は，前者に比べて後者が授業を相対化している点で，省察の水準は異なるものの，当初想定した3つの水準に対応する因子は抽出されなかった。すなわち，第1次元（技術的省察）を想定した項目は第1因子に高い負荷量を示したが，第2次元（実践的省察）と第3次元（批判的省察）を想定した項目は2つの因子に分かれた[5]。なお3次元に対応する因子は抽出されなかったものの，2つの因子には水準の違いが含まれていることを加味して，以降の分析を進めていくことにした。

(2) 省察の実態

　それぞれの因子に高い負荷量を示した項目の単純加算平均値を算出した結果，「技術的・実践的省察」（M=3.84, SD=.69）に比して「前提の省察」（M=3.28, SD=.90）は起こりにくい傾向が確認できる。また，各項目の記述統計量に着目すると「前提の省察」に高い負荷量を示した項目は，「技術的・実践的省察」に高い負荷量を占めした項目よりもすべて平均値が低く，最も低い項目は「自分にとってのよい授業の考え方は，過去のどのような経験から作られたかふり返ること」（M=3.01, SD=1.16）であった。

　また，経験年数グループ[6]ごとに因子得点平均を比較した結果，「技術的・実践的省察」について有意な差がみられ，経験年数を積んだグループほど得点が低い傾向が確認されたが，「前提の省察」については有意な差が認められなかった（表3-5）。このことは，ベテランの教師ほど授業そのものを問う「技術的・実践的省察」を行わない傾向が確認できると共に，経験年数を積んでいるからといって，必ずしも深いレベルの「前提の省察」を行っているわけではな

表3-4 省察の因子分析結果

	I	II	共通性	M	S.D.
I 技術的・実践的省察（α = .918）				3.83	.69
授業が上手くいかなかった時に，なぜ上手くいかなかったのか原因を考えること	**.937**	-.184	.67	4.10	.88
授業における生徒への言葉がけや振る舞い方に問題はなかったかふり返ること	**.863**	-.134	.60	3.95	.90
授業をよくするために試みた改善策が，授業の質を高めたかどうかふり返ること	**.809**	.036	.70	3.79	.87
自分の授業をよくするためには，どのような知識や情報が役に立つか考えること	**.667**	-.032	.42	4.04	.87
授業中に起きた出来事や経験をふり返って改善点を見つけること	**.647**	.159	.59	3.90	.87
自分が考えている"よい体育授業"は，本当に"よい体育授業"といえるのかどうか考えること	**.546**	.204	.50	3.71	.98
授業での生徒の学習活動が，自分のねらい通りに行われたかどうかふり返ること	**.525**	.266	.54	3.71	.90
自分が思い描いている"よい授業"は，授業中のどのような生徒の姿に表れるのか考えること	**.496**	.317	.57	3.63	.95
授業を通じて，自分は一体どのような子どもたちを育てたいと思っているのか考えること	**.488**	.196	.41	3.78	.98
自分の授業の様子を思い起こして，良かった点と悪かった点を考えること	**.427**	.347	.51	3.71	.94
II 前提の省察（α = .849）				3.28	.90
自分の授業を的確に評価するためには，授業をしている時にどこに着目すればよいか考えること	-.088	**.882**	.68	3.30	1.04
自分にとってのよい授業の考え方は，過去のどのような経験から作られたのかふり返ること	-.141	**.844**	.57	3.01	1.16
授業の改善点を見つける上で，自分の授業のふり返り方が適切かどうか考えること	.109	**.741**	.67	3.31	1.09
今の時代や社会の状況を踏まえて，どのような授業が望ましいか考えること	.107	**.600**	.46	3.50	1.03
因子負荷平方和	6.425	5.620			
因子間相関行列　I					
II	.701				

注：主因子法，プロマックス回転による。因子負荷0.4以上を太字で表記。

表3-5 体育教師の省察と経験年数の関連

	10年未満	10年以上20年未満	20年以上	F値
技術的・実践的省察	.136（.841）	.090（.987）	-.195（1.029）	7.06***
前提の省察	-.006（.912）	.071（.933）	-.038（.987）	0.52

注：（　）内は標準偏差，***は $p<.001$

いことを表している。

3　体育教師の研修機会に関する分析結果（分析3）

(1) 研修機会への参加頻度の実態

6領域に整理した研修機会への参加頻度を分析するため，各研修機会への参加頻度の平均値と領域ごとの単純加算平均値を算出し，さらに経験年数グループによる比較を行った（表3-6）。併せて全体の度数分布に基づく割合を算出した（図3-6）。全体的傾向として「校内研修①（体育科内）」の頻度が最も高く，「自己研修」「校内研修②（異教科間）」「校外研修①（他校教師との研修）」「校外研修②（民間研究団体やサークルなど）」「専門家との研修」の順に頻度が低くなる。つまり，勤務校よりも勤務校外での研修機会が，相対的に少ないことが結果として表れている。なお，全体の度数分布に着目してみると，自己研修の頻度が必ずしも高いわけではない。また，校外における研修機会への参加はまれにある（年に2回ないしは1回程度）か，ほとんどないが7割以上を占めている。さらに，項目ごとに見ると，最も頻度が高かった研修機会は，自己研修として行う「3．インターネットを利用して授業に関する情報を得ること」，校内研修①（体育科内）の「8．同僚の体育教師と個人的に得た知識や情報を交換すること」「10．同僚の体育教師と授業中に生じた指導上の課題について解決策を話し合うこと」であり，教師個人と教科教員集団を中心に研修が行われていることがうかがえた。経験年数グループごとに参加頻度の平均値を比較したところ，総じて経験を積んだ教師ほど研修機会への参加頻度が少なく，特に，自己研修や校内研修において，その傾向が強いことが看取できる。

(2) 体育教師が重視する研修機会の実態

上述の研修機会への参加頻度は，自由参加の研修機会と義務的な参加が求め

表 3-6 研修機会への参加頻度

	全体 (n=513)		1-9 年 (n=194)		10-19 年 (n=120)		20 年 - (n=199)		F 値
	M	S.D.	M	S.D.	M	S.D.	M	S.D.	
自己研修（α =.708）	3.08	.75	3.33	.71	3.03	.67	2.88	.76	19.69 ***
1. 自分が行った授業の反省や改善点を個人的に記録すること	3.06	1.16	3.28	1.18	3.08	1.03	2.84	1.18	7.38 ***
2. 教育関係の雑誌や書籍を読み授業に関する情報を得ること	3.14	1.08	3.20	1.08	3.16	1.00	3.08	1.12	.63
3. インターネットを利用して授業に関する情報を得ること	3.83	1.06	4.09	.93	3.83	1.13	3.59	1.09	11.57 ***
4. 個人的に指導案などを作成し授業計画を立てること	2.50	1.13	2.79	1.19	2.30	.98	2.34	1.09	10.60 ***
5. 学習指導要領や指導書を読むこと	2.88	1.07	3.28	1.11	2.79	.96	2.54	.96	26.61 ***
校内研修①（同教科）（α =.872）	3.47	.91	3.63	.88	3.58	.83	3.24	.95	10.26 ***
6. 同僚の体育教師が行っている授業を見ること	3.38	1.17	3.47	1.14	3.47	1.12	3.23	1.22	2.69
7. 同僚の体育教師から授業についてアドバイスを受けること	3.18	1.28	3.63	1.19	3.34	1.07	2.63	1.27	35.74 ***
8. 同僚の体育教師と個人的に得た知識や情報を交換すること	3.77	.98	3.91	.98	3.82	.91	3.61	1.00	4.99 **
9. 同僚の体育教師と授業に関するものの見方や考え方について議論すること	3.43	1.09	3.45	1.06	3.58	1.03	3.33	1.15	1.91
10. 同僚の体育教師と授業中に生じた指導上の課題について解決策を話し合うこと	3.58	1.07	3.67	1.05	3.69	.99	3.42	1.12	3.69 *
校内研修②（異教科間）（α =.862）	2.35	.88	2.48	.86	2.40	.92	2.19	.84	6.11 **
11. 学校内の他教科教師が行っている授業を見ること	2.31	.95	2.37	.96	2.37	1.01	2.23	.91	1.31
12. 学校内の他教科教師から授業についてアドバイスを受けること	1.93	1.06	2.20	1.14	2.00	1.05	1.62	.89	15.86 ***
13. 学校内の他教科教師と個人的に得た知識や情報を交換すること	2.54	1.10	2.73	1.10	2.55	1.11	2.34	1.06	6.19 **
14. 学校内の他教科教師と授業に関するものの見方や考え方について議論すること	2.45	1.13	2.52	1.12	2.53	1.12	2.34	1.13	1.52
15. 学校内の他教科教師と授業中に生じた指導上の課題について解決策を話し合うこと	2.52	1.20	2.61	1.21	2.57	1.21	2.40	1.19	1.72
校外研修①（他校教師との研修）（α =.911）	1.88	.83	1.92	.82	2.00	.91	1.76	.77	3.40 *
16. 学校外の教師が行っている授業を見ること	1.72	.85	1.81	.91	1.77	.83	1.60	.78	3.32 *
17. 学校外の教師から授業についてアドバイスを得ること	1.71	.91	1.78	.92	1.87	1.04	1.55	.80	5.56 **
18. 学校外の教師と個人的に得た知識や情報を交換すること	2.03	1.02	2.03	.99	2.20	1.06	1.93	1.01	2.57
19. 学校外の教師と授業に関するものの見方や考え方について議論すること	2.00	1.01	2.02	1.00	2.12	1.08	1.90	.98	1.73
20. 学校外の教師と授業中に生じた指導上の課題について解決策を話し合うこと	1.94	1.02	1.98	1.02	2.03	1.06	1.83	.98	1.68

校外研修② (民研やサークル) (α =.718)	1.85	.67	1.90	.62	1.89	.74	1.77	.67	2.15
21. 民間教育研究団体やサークル, 学会に参加すること	1.52	.88	1.53	.84	1.53	.92	1.51	.91	.01
22. 他校で行われる授業研究会に参加すること	2.10	.88	2.22	.92	2.08	.83	1.99	.86	3.19 *
23. 大学や教育センターが主催する講座に参加すること	1.69	.83	1.69	.82	1.88	.92	1.58	.77	5.11 **
24. 地区別研究会 (市教研・区教研など) に参加すること	2.07	1.02	2.15	1.05	2.08	.98	1.99	1.01	1.20
専門家との研修 (α =.933)	1.69	.77	1.74	.79	1.70	.76	1.63	.74	.89
25. 専門的な研究者や指導主事から授業についてアドバイスを得ること	1.84	.88	1.91	.91	1.88	.86	1.74	.85	2.02
26. 専門的な研究者や指導主事と知識や情報を交換すること	1.73	.85	1.74	.85	1.73	.82	1.71	.89	.08
27. 専門的な研究者や指導主事と授業に関するものの見方や考え方について議論すること	1.60	.81	1.64	.84	1.60	.82	1.55	.78	.69
28. 専門的な研究者や指導主事と授業中に生じた指導上の課題について解決策を話し合うこと	1.58	.81	1.64	.83	1.57	.80	1.53	.79	.97

注: *** は $p<.001$, ** は $p<.01$, * は $p<.05$

られる研修機会が混在している。そこで,体育教師自身が授業に関する知識や情報を得る機会として重視しているものを全て選択してもらった結果,研修頻度の傾向と類似する回答結果が示された(表3-7,図3-7)。すなわち,最も重視されていたのが校内における「同僚教師との会議や日常的な会話」(92.9%)であり,次いで「個人的に雑誌や書籍,インターネットを利用して行う情報収集」(89.6%)であった。以降,校内における公式の研修や校外研修,行政研修と続く。なお,項目の選択率から示唆される最も大きな特徴は,上位2つとそれ以降の研修との間に著しく大きな隔たりが存在することである。同僚との会議や会話あるいは個人的情報収集を重要視する割合がおよそ9割であるのに対し,それ以下の項目を重視する教師の割合は5割にも満たない。このことは,体育教師自身が重視している学習機会は同僚教師や個人的な学習に限定されていることを示唆する。併せて,民間教育研究団体や大学における研修は,ほとんど重視されていない傾向もうかがえる。

4 体育教師の研修態度に関する分析結果(分析4)

体育教師の研修態度に関する項目に対して因子分析を行った結果,3因子が

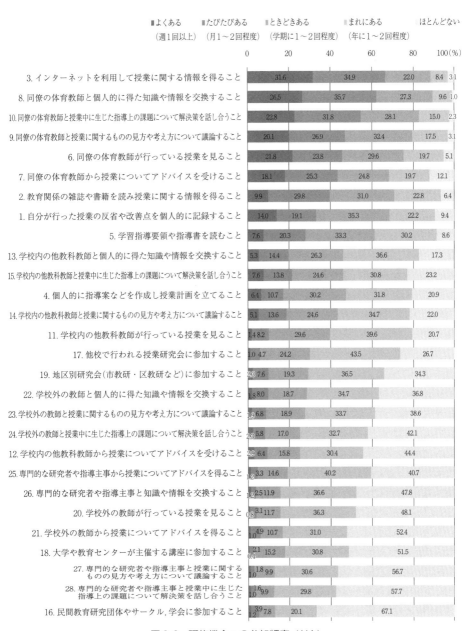

図 3-6　研修機会への参加頻度（割合）

第3章　体育教師の学びと学習環境の実態

表3-7 重視する研修（複数選択可）

	n	%
同僚教師との会議や日常的な会話	473	92.9
個人的に雑誌や書籍，インターネットを利用して行う情報収集	456	89.6
校内研究における授業公開や協議会	249	48.9
他校で行われる授業研究会への参加	245	48.1
地区別研究会（市区教研）などへの参加	151	29.7
行政研修（勤務内の研修）への参加	122	24.0
大学や教育センター等の講座への参加	79	15.5
民間教育研究団体・サークル・学会への参加	43	8.4
大学教員など専門的な研究者との話し合い	37	7.3

注：％はケース（N=509）に対する割合。

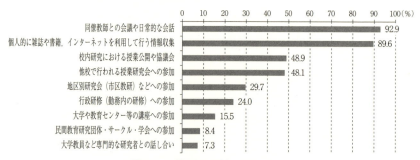

図3-7 重視する研修（複数選択可）

抽出された（表3-8）。第Ⅰ因子は自らの教育理念，授業実践などを批判的に見直し，積極的に他者からの助言を得ようとする研修態度と解釈されるため「開放的態度」と命名した。第Ⅱ因子は自らを学習者として意識し，進んで実践の向上や研究を深めようとする態度と解釈し「探究的態度」と命名した。第Ⅲ因子は報告書や書物に対して関心を持ち，実際に目を通すことで情報を収集しようとする態度と解釈し「情報探索的態度」と命名した。各項目の記述統計量をみると「開放的態度」「探究的態度」に比して「情報探索的態度」の平均値が低い傾向がみられる。

なお，研修態度の各因子得点を経験年数グループごとに比較してみた結果，「開放的態度」のみ有意な差が認められ，経験年数を積んだベテランの体育教師ほど得点が低く，自分の教育理念や授業実践を批判的に検討しようとはしな

表3-8　研修態度の因子分析結果

	I	II	III	共通性	M	$S.D.$
I　開放的態度（α = .785）					3.58	.76
自分の教育理念について，いろいろな角度から一度見直してみる必要があると思う	**.755**	-.105	.100	.57	3.52	.97
自分の授業を公開し，多くの批判や助言を得て授業の改善を図る必要があると思う	**.750**	.045	-.053	.56	3.54	.95
自分の教科領域の他に，教育理念や生徒指導についての研修の必要性を感じる	**.682**	.170	-.188	.49	3.79	.94
自分の教育実践上の諸問題について，専門家の指導・助言を受けたいと思う	**.554**	-.084	.207	.40	3.47	.98
II　探究的態度（α = .746）					3.41	.70
教師は教育者でありかつ学習者であるという意識で研修をしている	.072	**.759**	-.083	.57	3.75	.92
勤務校の学校教育目標の実現をめざして，教育実践をしている	-.001	**.635**	-.058	.36	3.59	.87
教師としての授業力量を高めるために，自ら進んで自己研修に取り組んでいる	-.062	**.497**	.305	.47	3.21	.96
校外研修をきっかけとして，更に自分で研究を深めている	-.026	**.456**	.302	.44	3.08	.97
III　情報探索的態度（α = .658）					2.92	.80
自分の専門領域の学会報告書や他校の研究報告書などに目を通している	-.023	-.085	**.776**	.52	2.88	1.03
自宅においても，教育関係の書物を読むことが多い	-.036	.073	**.588**	.38	2.65	1.15
学校に送付されてきた各種研究報告書などに関心をもち，目を通す	.254	.038	**.440**	.40	3.24	.94
因子負荷平方和	2.867	2.689	2.597			
因子間相関行列　I						
II	.509					
III	.484	.569				

注：主因子法プロマックスによる。因子負荷 0.4 以上を太字で表記。

い傾向が示された（表3-9）。

5　体育教師の研修観の分析結果（分析5）

体育教師の研修観に関する7項目について，自身が希望する研修と一般的に必要と考える研修がAに近い教師とBに近い教師に2分し，その割合を分析

表 3-9　研修態度と経験年数の関連

	10 年未満	10 年以上 20 年未満	20 年以上	F 値
開放的態度	.195 (.854)	.112 (.771)	-.264 (.968)	15.05 ***
探究的態度	.057 (.863)	.076 (.801)	-.104 (.938)	2.31
情報探索的態度	.054 (.850)	.056 (.870)	-.088 (.892)	1.69

注：(　) 内は標準偏差．***は $p<.001$

した結果，ほぼ全ての項目において A への大きな偏りが見られた（図 3-8，表 3-10）。まず，体育教師自身が望む研修として偏りの大きいものから「短期間」「同教科内」「実践的」「具体的」「最新理論」「協同的」「知識獲得」という傾向が確認できる。この分析結果からは，体育教師が有している研修観の全体的傾向として，授業に直接役立つ効率的な研修が望まれていることが示される。

なお，教師自身が希望する研修と体育教師一般に必要と思われる研修の間で，A と B の割合が逆転する項目はなかった。ただし，「協同的－個別的」については，教師自身としてはやや協同的な研修に偏りがみられる（58.3%）が，体育教師一般にとっては明確に協同的な研修が必要と見なされていた（77.9%）。また，「知識獲得型－問題解決型」「同教科－異教科」の軸では，教師自身は知識獲得型（67.7%）および同教科の研修に偏っているものの，体育教師一般に

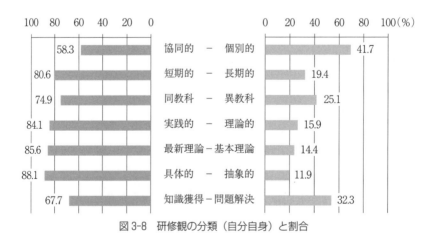

図 3-8　研修観の分類（自分自身）と割合

表3-10 研修観の分類と度数分布

A		かなり Aに近い	どちらか というと Aに近い	A	B	どちらか というと Bに近い	かなり Bに近い		B
協同的	自分自身	29.0 (146)	29.4 (148)	58.3 (294)	41.7 (210)	23.0 (116)	18.7 (94)	自分自身	個別的
	体育教師 一般	37.0 (187)	40.9 (207)	77.9 (394)	22.1 (112)	15.6 (79)	6.5 (33)	体育教師 一般	
短期的	自分自身	52.2 (263)	28.4 (143)	80.6 (406)	19.4 (98)	8.5 (43)	10.9 (55)	自分自身	長期的
	体育教師 一般	44.0 (223)	34.5 (175)	78.5 (398)	21.5 (109)	14.4 (73)	7.1 (36)	体育教師 一般	
同教科	自分自身	42.7 (213)	32.3 (161)	74.9 (374)	25.1 (125)	7.2 (36)	17.8 (89)	自分自身	異教科
	体育教師 一般	27.4 (138)	35.2 (177)	62.6 (315)	37.4 (188)	11.5 (58)	25.8 (130)	体育教師 一般	
実践的 内容	自分自身	22.5 (113)	61.6 (310)	84.1 (423)	15.9 (80)	9.5 (48)	6.4 (32)	自分自身	理論的 内容
	体育教師 一般	32.1 (162)	45.5 (230)	77.6 (392)	22.4 (113)	13.3 (67)	9.1 (46)	体育教師 一般	
最新理論	自分自身	54.2 (271)	31.4 (157)	85.6 (428)	14.4 (72)	10.2 (51)	4.2 (21)	自分自身	基本的 理論
	体育教師 一般	41.2 (205)	39.4 (196)	80.7 (401)	19.3 (96)	13.1 (65)	6.2 (31)	体育教師 一般	
具体的 テーマ	自分自身	61.4 (305)	26.8 (133)	88.1 (438)	11.9 (59)	7.0 (35)	4.8 (24)	自分自身	抽象的 テーマ
	体育教師 一般	47.5 (235)	33.5 (166)	81.0 (401)	19.0 (94)	13.3 (66)	5.7 (28)	体育教師 一般	
知識 獲得型	自分自身	35.3 (174)	32.5 (160)	67.7 (334)	32.3 (159)	17.8 (88)	14.4 (71)	自分自身	問題 解決型
	体育教師 一般	22.7 (112)	30.6 (151)	53.2 (263)	46.8 (231)	31.4 (155)	15.4 (76)	体育教師 一般	

とっては他の項目に比べると割合が2分されている傾向がみられた。

6 項目間の関連分析

(1) 授業観の変容と省察・研修参加との関連分析（分析6）

まず，体育教師の授業観の変容と省察との関連を検討するため，授業像の変容群・非変容群における「技術的・実践的省察」および「前提の省察」の因子得点平均の差を分析した（t検定）。分析の結果，有意な差は認められず，どち

らの省察頻度も授業像の変容との間に関連があるとはいえないことが確認された（技術的・実践的省察 $t(537)=.908$, n.s.；前提の省察 $t(537)=.192$, n.s.）。同様に，授業観の変容と研修機会への参加頻度との関連を検討するため，変容群と非変容群で6つの研修機会への参加頻度の単純加算平均値の差を分析した（t 検定）。分析の結果，両群の平均値に有意な差は認められず，授業像の変容と研修機会の頻度に関連があるとはいえないことが確認された（自己研修 $t(509)=1.756$, n.s.；校内研修① $t(509)=.152$, n.s.；校内研修② $t(509)=.028$, n.s.；校外研修① $t(509)=.233$, n.s.；校外研修② $t(509)=.645$, n.s.；専門家との研修 $t(509)=.393$, n.s.）。

(2) 省察・研修参加・研修態度の関連（分析7）

体育教師の省察と研修への参加および研修態度の3変数の関連を分析するため，「技術的・実践的省察」および「前提の省察」の因子得点と6つの研修機会への参加頻度（単純加算平均値）および研修態度の因子得点との相関分析を行った。（表3-11）

まず省察と研修機会への参加には，校外研修②を除いて有意な正の相関（$r=.146 - .431$）が認められた（表3-11-1）。さらに，研修の仕方に着目して省察との関連を検討するために，研修への参加を尋ねる項目として設定した各研修機会における「授業の参観」「助言（アドバイス）の獲得」「知識・情報の交換」「考え方についての議論」「問題解決に向けた検討」の頻度の単純加算平均値を算出し，省察との相関分析を行った。その結果，すべての変数間に有意な正の相関（$r=.290 - .416$）が認められた（表3-11-2）。次に，研修参加と研修態度の関連を分析するため，同様の分析を行ったところ，いずれも有意な正の相関が認められ，研修態度と研修参加（$r=.239 - .530$）および研修態度と研修の仕方（$r=.292 - .411$）との間に相関関係が存在することが示された（表3-11-3および表3-11-4）。最後に，省察と研修態度の相関についても0.1％水準で有意な正の相関（$r=.371 - .484$）が示された（表3-11-5）。以上の分析結果から，省察と研修参加，研修態度の間には弱い相関から中程度の相関が存在することがわかる。

(3) 体育教師の研修観と研修機会への参加頻度との関連（分析8）

体育教師の研修観と研修への参加頻度を検討するため，体育教師自身が希望

する研修に基づいて，研修観を表すAあるいはBの2つに教師を分類し，研修参加頻度の平均値を比較した（t検定）。その結果，群間で有意な差が認められたものは全て，希望者が少ない研修を希望しているグループ，とりわけ「長

表3-11　省察・研修参加・研修態度の関連（相関分析）

11-1　省察×研修参加

	自己研修	校内研修① （体育科内）	校内研修② （異教科間）	校外研修① （他校教師 との研修）	校外研修② （民研や サークル）	専門家 との研修
技術的・実践 的省察	.431***	.415***	.352***	.271***	.146**	.216***
前提の省察	.354***	.327***	.326***	.314***	.221***	.293***

注：***は$p<.001$，**は$p<.01$

11-2　省察×研修の仕方

	授業の参観	助言の獲得	知識・情報 の交換	考え方に 関する議論	課題解決に 向けた検討
技術的・実践 的省察	.290***	.347***	.397***	.400***	.414***
前提の省察	.291***	.360***	.348***	.397***	.416***

注：***は$p<.001$，11-2～5まで同じ

11-3　研修態度×研修参加

	自己研修	校内研修① （体育科内）	校内研修② （異教科間）	校外研修① （他校教師 との研修）	校外研修② （民研や サークル）	専門家 との研修
開放的態度	.360***	.256***	.302***	.278***	.268***	.239***
探求的態度	.443***	.286***	.330***	.301***	.282***	.321***
情報探索的 態度	.530***	.269***	.309***	.417***	.370***	.379***

11-4　研修態度×研修の仕方

	授業の参観	助言の獲得	知識・情報 の交換	考え方に 関する議論	課題解決に 向けた検討
開放的態度	.298***	.352***	.292***	.295***	.322***
探求的態度	.310***	.332***	.359***	.356***	.367***
情報探索的 態度	.316***	.360***	.397***	.411***	.407***

11-5　省察×研修態度

	開放的態度	探求的態度	情報探索的態度
技術的・実践 的省察	.420***	.427***	.394***
前提の省察	.371***	.404***	.484***

期的」「異教科間」「理論的」「基本的（古典的）理論」を希望するグループであり，いずれも平均値が有意に高かった（表3-12）。参加頻度に有意な差が見られたのは「自己研修」と「校内研修①（体育科内）」を除く研修機会であり，比較的，自由な参加に基づく研修において差異がある。

さらに，研修観の違いによって研修態度の因子得点平均を比較したところ，有意な差が認められたものは，研修参加と同様に度数の少ない群であり，とりわけ「長期的」な研修を希望する体育教師は，すべての研修態度因子において平均値が高かった（表3-13）。その他，「異教科間」の研修を望む教師の方が情報探索的態度の平均値が高く，「抽象的テーマ」の研修を望む教師の方が探究的態度および情報探索的態度の平均値が高い結果が示された。先に分析した研修観の傾向を踏まえると，効率的で即効的な研修とは対極的な研修を望む教師の方が，異教科を担当する教師との研修や校外における他校の教師との研修に参加しており，研修に対する態度も積極的であることがうかがえる。

表 3-12 研修観による参加頻度の違い

		自己研修		t値	校内研修① （体育科内）		t値	校内研修② （異教科間）		t値	校外研修① （他校教師 と研修）		t値	校外研修機 会②（民研 やサークル）		t値	専門家 との研修		t値
個別的 (n=275)	協同的 (n=195)	3.11 (.761)	3.09 (.733)	-.27	3.47 (.930)	3.49 (.894)	.20	2.32 (.855)	2.36 (.899)	.47	1.95 (.871)	1.84 (.784)	-1.39	1.79 (.674)	1.89 (.649)	1.49	1.68 (.784)	1.68 (.731)	-.03
短期的 (n=376)	長期的 (n=93)	3.08 (.723)	3.15 (.805)	-.85	3.45 (.922)	3.58 (.838)	-1.20	2.30 (.866)	2.51 (.911)	-2.10*	1.81 (.786)	2.19 (.895)	-4.03***	1.79 (.611)	2.05 (.802)	-2.94**	1.63 (.715)	1.87 (.879)	-2.75**
同教科 (n=353)	異教科 (n=119)	3.06 (.720)	3.17 (.805)	1.39	3.47 (.899)	3.50 (.940)	.25	2.27 (.844)	2.54 (.941)	2.92**	1.80 (.779)	2.12 (.883)	3.63***	1.80 (.608)	1.96 (.776)	2.27*	1.64 (.695)	1.80 (.893)	1.81
実践的 (n=394)	理論的 (n=75)	3.08 (.731)	3.12 (.803)	.44	3.48 (.909)	3.47 (.913)	-.07	2.30 (.867)	2.50 (.906)	1.81	1.84 (.804)	2.09 (.873)	2.44*	1.81 (.627)	2.01 (.763)	2.49*	1.63 (.721)	1.91 (.886)	2.57*
最新理論 (n=402)	基本的理論 (n=64)	3.11 (.741)	2.98 (.735)	1.25	3.49 (.907)	3.41 (.923)	.64	2.34 (.875)	2.35 (.914)	-.09	1.84 (.791)	2.10 (.963)	-2.01*	1.84 (.649)	1.88 (.744)	-.40	1.65 (.726)	1.82 (.893)	-1.47
具体的テーマ (n=406)	抽象的テーマ (n=56)	3.10 (.735)	3.04 (.834)	.53	3.46 (.910)	3.60 (.927)	-1.06	2.33 (.885)	2.46 (.862)	-1.05	1.87 (.819)	2.02 (.853)	-1.29	1.84 (.627)	1.92 (.872)	-.84	1.66 (.737)	1.77 (.846)	-.97
知識獲得型 (n=308)	問題解決型 (n=151)	3.13 (.740)	3.03 (.765)	1.36	3.46 (.934)	3.53 (.871)	-.74	2.36 (.885)	2.29 (.870)	.86	1.92 (.837)	1.81 (.781)	1.24	1.83 (.639)	1.87 (.706)	-.54	1.72 (.780)	1.59 (.677)	1.67

注：（ ）内は標準偏差，***は $p<.001$, **は $p<.01$, *は $p<.05$

表3-13 研修観による研修態度の違い

		開放的態度		t値	探求的態度		t値	情報探索的態度		t値
個別的 (n=284)	協同的 (n=202)	-.075 (.939)	.076 (.879)	1.82	.083 (.874)	-.017 (.870)	-1.24	.014 (.883)	-.011 (.874)	-.31
短期的 (n=390)	長期的 (n=96)	-.032 (.903)	.185 (.918)	-2.10*	-.022 (.876)	.197 (.840)	-2.21*	-.048 (.867)	.182 (.894)	-2.31*
同教科 (n=359)	異教科 (n=122)	-.027 (.911)	.123 (.896)	1.58	-.006 (.887)	.093 (.839)	1.07	-.065 (.879)	.177 (.864)	2.64**
実践的 (n=408)	理論的 (n=76)	-.006 (.905)	.105 (.928)	.98	-.002 (.849)	.116 (1.029)	1.08	-.033 (.882)	.142 (.863)	1.59
最新理論 (n=415)	基本的理論 (n=67)	.003 (.905)	.018 (.925)	-.13	.015 (.869)	.021 (.897)	-.05	-.013 (.871)	.017 (.914)	-.26
具体的テーマ (n=425)	抽象的テーマ (n=55)	-.005 (.907)	.075 (.924)	-.61	-.019 (.875)	.267 (.814)	-2.30*	-.044 (.870)	.238 (.881)	-2.26*
知識獲得型 (n=324)	問題解決型 (n=152)	.010 (.951)	-.003 (.821)	.14	.016 (.904)	.013 (.810)	.04	.014 (.876)	-.066 (.874)	.93

注:( )内は標準偏差,**はp<.01,*はp<.05

第4節 考 察

1 体育教師の信念変容の難しさ

体育教師の信念変容を捉えるため,授業観の変容に着目した分析を行った結果,入職後に授業観が変容した教師は半数に満たなかった。さらに,経験年数ごとの分析によって,経験年数と授業観の変容には強い関連が認められるとはいえないことから,信念の変容は,経験の積み重ねだけで自動的に起こるわけではないと考えられる。一般的な教師の授業観の変容について同様の調査を行われていないが,武藤・松谷(1991)は一般教師の8割以上が,授業観を含む「教育観」の転換を経験していた調査結果を報告している。また,教師研究では一般的に,新しい指導経験が加わると授業についての信念の獲得や変容が起こることが想定されている(梶田,1986;吉崎,1997)。授業観の変容を自覚している体育教師が半数に満たなかった結果は,体育教師の信念変容が一般教師に比べても起こりがたいことをうかがわせるものである。

なお,教師の信念を検討するためにイメージに着目した研究(秋田,1996;深見,2007;三島,2008;藤田,2010)では,教職経験の積み重ねや熟達,授業力量の向上に伴う授業イメージの変容が実証されている。体育教師に焦点化し

た研究においても，木原ほか（2013）が，体育教師の授業観の変容を事例的に描き出しているが，一般的傾向としては体育教師の信念の問い直しや変容は起こりがたいと考えられる。さらに，教師の成長や発達を教師としてのものの見方・考え方が変容していくプロセスと捉える本研究の立場からは，一般的に体育教師の成長や発達が停滞している現状が指摘できる。

また，授業観の変容と研修機会への参加頻度および省察との関連を分析した結果，有意な関連は認められなかった。つまり，省察や研修機会への参加が積み重ねられれば，信念が変容するわけでないことが示された。これらの結果には，2つの要因が考えられる。

第一に，信念の変容あるいは再構築には，研修機会や省察の量的な積み重ねだけが関わっているわけではないことが挙げられる。ここでは，研修機会への参加と省察の機会を頻度として量的に測定したが，信念の問い直しや変容を生み出すのは，研修を通じた経験をどのように受け入れるか，また，省察の頻度ではなく，その質的な在り方が問われることが考えられる。

第二に，信念の変容，特に授業観の変容には，本調査において設定した「授業」についての省察や研修だけが関係しているわけではないことが挙げられる。山﨑（2002）によれば，教師の教育観に関する非連続的な変化が起こる転機は，教育実践を成り立たせている教室（授業），学校（職場・教師集団），地域（家庭・社会）という三重の場において生み出される。また，授業についての考え方は，教師が抱く教育観と不可分の関係にあるといえよう。授業観を変容させるような学習は，授業に関する省察だけでは起こり得ず，また，授業を対象とした研修機会への参加だけでは起こりがたいのかもしれない。

2 体育教師の省察と研修態度の低調化

本章では，体育教師の省察として技術的・実践的省察と前提の省察が存在することが示された。また，前者の省察に比べて，後者の省察が頻繁に行われていない傾向がうかがえた。Tsangridou and O'sullivan（1997）によれば省察には，短期的な視点から日々の実践について振り返る "Microreflecion"（微視的省察）と，自分の実践について俯瞰的・長期的な視点から省察する "Macroreflection"

（巨視的省察）が存在し，専門性の発達には後者が重要であるとされる。この知見に基づけば，前提の省察は授業に対する考え方や評価の根拠を対象とした俯瞰的な省察であることから，巨視的な省察にあたるといえる。微視的な省察あるいは技術的・実践的省察が，日常的に繰り返される実践に関わっていることを加味すると，前提の省察が頻繁に起こらないのは妥当な結果とも捉えられるが，一方で体育教師の専門性発達と成長にとって，生じにくい省察をいかに促すかが課題になることが指摘できるだろう。

さらに，体育教師の学びにとって重要な省察と教職経験年数との関連を分析したところ，技術的・実践的省察の頻度が，経験年数を積んだベテラン教師ほど少なかった。また，前提の省察については有意な差は認められなかったが，いずれの省察も経験年数を積むことで自動的に促されるわけではないことが明らかになった。さらに，経験年数の蓄積による消極化の傾向は，開放的な研修態度についても確認できた。

一般教師研究の知見によれば，教師は熟練と共に省察を繰り返し，特に中堅期にはそれまでの自分の仕事や歩みを相対化することが必須とされる（松平・山﨑，1998）。また，熟練教師は自分の思考や行動を対象化し，言語化できるメタ認知的能力を持つことも明らかにされている（佐藤ほか，1991）。これらを踏まえると，経験年数を積んだ体育教師ほど省察が促されているわけではなく，技術的・実践的省察の頻度が少なくなり，メタ的な視点に立脚した前提的な省察についても違いがみられない結果は特徴的である。

教師の成長やキャリアに関する研究では，経験年数を積むにしたがって成長に関わる態度や行動が一定の水準で停滞する傾向について，多くの指摘がなされている（たとえば西，1990；小山ほか，1994；Stroot and Ko，2007など）。これに対して，経験年数を積むにしたがって省察や研修態度が明確に消極化・低調化していく傾向は，体育教師に固有の問題状況とも考えられる[7]。

3 体育教師の研修参加と意識からみた限定的な学習環境

体育教師の主な研修機会への参加頻度については，個人的に行う自己研修でさえも，研修頻度がそれほど高いとはいえないことが明らかになった。なお，

最も頻度が高かったのは，インターネットを利用した個人的な情報収集と校内の体育教師との情報交換や話し合いであり，さらに，体育教師自身もそのような研修機会を授業の情報や知識を得る機会として重視していた。このことは，校外における研修や他教科を担当する教師，または専門的な研究者などの異質な他者や情報と接触する学習機会の相対的な少なさと，そのような機会を体育教師自身が重視していないことを表している。つまり，制度的には研修の場と他者との関わりが多様に用意され，広がりを有しているにもかかわらず，研修機会への参加と意識からみた体育教師の研修環境は，空間および他者との関わりの面で狭い範囲に限定されていることがうかがえる。

　また，経験年数別に比較分析したところ，経験年数を積んだ体育教師の方が，自己研修および校内研修への参加が低調であった。このような実態はすでに述べた通り，経験年数の蓄積による省察や研修態度の消極化とも共通しているが，とりわけ自己研修と校内研修という最も身近で日常的な研修が低調化していく傾向は，体育教師の長期的な成長を見据えた際の課題となる。

　さらに本研究では，省察，研修参加，研修態度の間に正の相関があることを確認した。研修への参加によって省察が促されることが指摘できるが，一方で，個人を単位として行われる省察を頻繁に行うことで，他者との情報交換やコミュニケーションを行う研修への参加や，研修に対する積極的な態度が促されることもあり得る。故に，これら3者の間には相互関係があると捉えることが妥当である。ただし，教師研究の知見によれば，省察は集団で協同的に行われることで深められ（木原，2004），教師間の対話と相互作用の中で生じる葛藤が「暗黙の前提」（坂本・秋田，2008，p.99）を問題化させる深い学びを生じさせる。知識や情報を一方的に獲得するだけではなく，双方向での意見や考え方を交流すること，その相互作用を異質な考えや新しい情報を有している他者と協同する場に開いていくことは，省察の量的な積み重ねと意味ある葛藤を生み出す質的な深まりを促すと考えられる。その点では，個人や同僚体育教師内に限定された研修環境は改善される必要があるだろう。

4 短期的・即効的・自己完結的な研修観の存在

　研修観の分析における分布の偏りから，体育教師の一般的な研修観は「体育科を担当する教師同士で短期的に行い，具体的な指導方法や最新の指導理論をテーマとした知識や技能を習得できる実践に役立つ研修」と表現することができる。これに対して少数派の研修観は「異なる教科を担当する教師同士で長期間現場を離れ，体育の目標や古典的な指導理論について学び，参加者の問題解決を目指すと共に，実践の背景を理解する研修」と表現することができよう。もちろん，これらは極端な研修の在り方を表現したものであるし，調査では4件法を用いて半ば強制的に分類しているため，個々の教師の研修観については，さらに慎重な検討が必要である。

　その上で，これらの研修観を考察すると，我が国において支配的とされる受動的で技術志向の研修観（西，2002）との共通性がうかがえる。また，10年経験者研修における教師の意識を調査した田上（2004，2005）の報告でも，教師の現場志向・実践志向の強さや教師のニーズが「すぐに現場で役立つもの」になっており，即効性を重視するような研修観の存在が指摘されている。加えて本研究の結果からは，個別的な研修や同教科内の教師間に限定された研修を望む，自己完結的な研修観の存在が示された。

　その後，研修観が実際の研修参加とどのように関連するかを分析した結果，多くの体育教師が希望する研修とは対極的な「長期間現場を離れる研修」「異なる教科を担当する教師との研修」「実践の背景を理解する理論的な研修」「古典的・基本的な理論を学ぶ研修」を希望する教師の方が，個人内・教科内の研修を越えてより広く，異質な情報に触れることのできる研修に参加していることが示された。さらに研修態度との関連においても，長期的・異教科間・抽象的テーマによる研修を望む，少数派の研修観を有する体育教師の方が，積極的な研修態度を有していた。

　以上の結果は，体育教師の研修観が研修に対する態度や参加行動を規定していることを示すものでもある。さらに，有意な差が確認されたすべての項目において，短期的・即効的・自己完結的な多数派の研修観を有する体育教師の方

が，研修参加および研修態度が低調であったことから，適切な研修観の形成が重要な課題であることが指摘できる。

第5節　小　括

本章では，体育教師の信念と学習・研修の実態を把握し，体育教師の学びと成長に関わる問題状況と課題を把握するために，体育教師の成長を意味する信念（授業観）の変容，学びの中心となる省察の実態，それらを支える研修機会への参加と態度および研修観について基礎的な調査と分析を行った。得られた知見は以下のように要約できる。

1) 授業観に着目してみた体育教師の信念変容は，およそ半数の教師にしか起こっておらず，また経験年数を積むことによって起こるとはいいがたい。さらに，授業に関わる研修や省察の量的な積み重ねだけでは信念の問い直しや変容が起こるとはいえず，全体的な傾向として信念の問い直しや変容，再構築は起こりにくいことが示唆された。
2) 学習の中心となる省察については「技術的・実践的省察」と「前提の省察」の2因子が抽出された。また，省察は経験年数の積み重ねによって深まり，促進されていくわけではなく，とりわけ技術的・実践的省察は，経験年数を積むことによって低調になっていく傾向がみられた。
3) 重層的な研修機会への参加と意識からみた体育教師の研修の実態は，校内で同教科を担当する教師との研修および自己研修の頻度が高く，特に，インターネットなどを利用した個人的な情報収集と校内の体育教師同士で行う情報交換などが中心となっており，研修環境が空間および他者との関わりの面で狭い範囲に限定されていることが明らかになった。
4) 研修態度については「開放的態度」「探究的態度」「情報探索的態度」の3因子が抽出された。また，開放的態度は，経験年数を積むことによって消極化していく傾向が確認された。
5) 上記の省察・研修参加・研修態度の間には，弱〜中程度の正の相関が

確認されたことから，研修における省察と参加行動，態度の3者間には相互関係が存在すると考えられる。
6) 体育教師の研修観については，多くの教師が短期的・即効的・自己完結的な研修を志向していたが，対極的な研修を志向する少数派の研修観を有する教師の方が，多様な研修機会への参加頻度が高く，積極的な研修態度を有していた。故に，研修観が研修に対する態度および参加行動を規定することから，適切な研修観の形成が課題になることが示された。

以上を踏まえると，体育教師の信念の問い直しや変容は起こりがたく，それらを支える学習と研修環境は改善を要することがわかる。さらに，本研究の基本的関心事である信念の問い直しや変容，再構築の機会も少ないことが指摘できる。一方で，体育教師の研修観が研修への参加や態度を規定しており，とりわけ，多くの教師が抱いている短期的・即効的・自己完結的な研修観に対置される研修観が，重要な役割を果たすことが明らかになった。ただし課題として，授業に関する研修機会への参加や省察が積み重ねられても，信念の変容が起こりえないのはなぜか，その関係性の解明が必要である。そのためには，教師の実践現場における，多様な経験を視野にいれて要因を究明していく必要性があろう。

注
1) 中留（1984）の調査研究は，高等学校教員を対象とした比較的古いものであるが，研修に対する意識や態度に関する同様の調査が行われていないこと，本研究と共通する視点から研修態度に関わる項目を網羅している点を加味して項目作成の参考にした。なお，時代背景の違いから回答者が理解しにくいと判断される文言や中学校教師を含めると適切ではない項目については，修正した上で調査項目を作成した。
2) SD法（semantic differential scale method）は，「熱い－冷たい」，「硬い－柔らかい」など対立する形容詞を項目として設定し，主に感情的なイメージを判定したり分析したりするための尺度と測定法である。
3) サンプリングにあたっては，同僚体育教師との研修活動の実態を把握するために，同様の全国調査において3名以上の保健体育教師が勤務していることを推定して行われた調査（高岡，2013）を参考に，生徒数480名以上の中学校と生徒数520名以上の高等学

校の中から抽出した。
4) 2011年度調査①のみ授業観の変容について2件法で尋ねている。
5) 各々の因子に高い負荷量を示した項目を再解釈してみると「技術的・実践的省察」は，省察の対象や観点が具体的な授業の様子あるいは出来事に焦点化され，その成果や良否を問う項目に高い負荷量を示している。また，授業内における省察行為を表す項目が含まれている。対して「前提の省察」は，授業や授業行為の良否ではなくそれらを判断・評価する前提や枠組みを問うものであり，省察の対象が特定の授業に限定されるものではない。このことから想定した3つの次元が抽出されなかった要因の1つに，特定の授業あるいは授業場面と不可分の省察行為と，授業という営みをメタ的な視点から省察する行為が潜在因子として抽出されたことがあげられる。3つの水準を抽出するために，予め省察の対象となる授業場面あるいは省察を行う場面を限定した項目を設定することが考えられる。
6) 「経験年数グループ」は，「10年未満」，「10年以上20年未満」，「20年以上」の3群に分けた。教師研究の領域では，Berliner（1988）や吉崎（1998），木原（2004）などが教師のキャリアを3から5段階に分けているが，本研究では2011年度調査②で「保健体育教師として大きく成長したと思う時期」を尋ねたところ，10年目，20年目が大きなピークとなっていたことから，上記の3群に分類した。なお，本書を通じた以降の分析でも同様の区分を適用している。
7) 本研究の分析は横断的なデータに対するものであり，経験年数を積むことによる低調化・消極化傾向を厳密に明らかにするためには，縦断的な調査データの分析が必要である点に留意して考察している。

第4章 実践において表出する信念の形成過程と維持要因

第1節 本章の目的

 本章では，前章の結果を踏まえて，さらに体育教師の信念の実態に迫るため，実践を規定している「強い信念」がいかに形成され，どのように実践現場で表出・維持されるのかを描き出し，なぜ体育教師の信念が問われがたいのか，あるいは変容しがたいのかを検討していく。特に，体育教師の信念が形成・維持されていく動態的な側面に着目し，体育教師の変わりがたさの要因を実践現場の状況や文脈に即して理解することを目指す。

 そこで本章では，授業観を中心に大きな信念変容を経験してこなかったベテラン体育教師を対象とした事例研究を行う。そして，信念体系の中心に位置づき，実践を規定している強い信念の形成に影響を与えた，過去から現在に至る経験を解釈していくことで，信念の形成と維持に対し，とりわけ実践現場における経験はどのような影響を及ぼしているのか，あるいは及ぼさないのかを考察する。

 なお，信念は経験によって形成されると共に，行為や語りから推論・解釈される特徴を持つ。信念の動態的側面の記述・説明にあたっては，日常の実践における行為や語り，そして個人の過去から現在に渡る経験をデータとして多角的に収集し，解釈する必要がある。そこで本章では，ライフヒストリー分析を含むエスノグラフィーによって課題に取り組んでいく。

第2節 方 法

1 エスノグラフィーによる信念の記述

 本章において採用するエスノグラフィーという技法には「①その対象についてフィールドワークという方法を使って調べた研究，②その調査の成果として

書かれた報告書」(佐藤，2002) という2つの意味が含まれる。この方法の大きな特徴は，複数の調査技法を用いることで，それぞれの技法が持つ長所を生かして短所を補いながら研究対象にアプローチし，1つの調査技法では捉えきれない事柄をすくいあげようとする点にある。特に，本研究では「フィールドワークのエッセンスとも言える調査テクニック」(佐藤，2002，pp.66-67) とされる「参与観察」と，そこで起こる出来事について長い時間をかけて行う「密度の高い聞き取り」を主要な方法とした。さらに，以下の方法によって体育教師の信念の記述を試みた。

　Nesper (1987) は，Abelson (1979) の知見をもとに信念と知識を区別することで，信念が持つ4つの性質を論じている[1]。その中でも，信念の記述作業に重要な示唆をもたらす特徴的な性質として，信念は経験や習慣を要素とする挿話的な記憶の中に存在し，過去に経験し脚色された出来事 (events) や挿話 (episodes) として描かれるという「挿話的構造 (episodic structure)」がある。また，Rokeach は価値を信念の1つのタイプとして捉え，それを包括的な信念体系の中に組み込まれているものとし，価値の集まりである価値観を「肯定的もしくは否定的なものとして表される観念的・抽象的な理想のことであり，具体的な態度の対象や場面とは関わりを持たず，その人の理想的な行為の仕方と理想とする究極の目標についての信念を表すもの」(p.124) と定義した。

　黒羽 (1999b) は，Pajares (1996) に依拠しながら上述した2つの性質をもとに，信念を記述可能な形として捉え直している。すなわち1つは，信念が教師の語るエピソードの中に現れるという「挿話的性質」(p.90)，今1つは，信念が価値と結びついた規範的行動となって表出するという「価値への置換性」(p.90) である。そして，黒羽は教師の信念を明らかにするために，「その人特有の行動傾向」が表出する学校現場に入り込み，教師の具体的行為場面における「その人特有の言明」である「語り」を収集・分析するエスノグラフィーを蓄積した (黒羽，1999a，1999b，2001，2003b)。

　上記の記述方法は，観察された教師の「行為」と，研究者と対象者との「語り」を突き合わせることで，対象者の日常世界における文脈を理解するための

分厚い記述を可能にする。それは行為や語りによって得た1つの解釈を，別の行為や語りと突き合わせることで再解釈するという「解釈と再解釈の運動」（佐藤，2006）である。本研究においても，上述のような信念の性質に着目した上で，体育教師の行動傾向が表出する「具体的行為」と，教師の言明が表出する「語り」を抽出するために，参与観察とインタビューを主な手法とするエスノグラフィーによって信念を記述する。

2 ライフヒストリー分析

信念は，「自分の信念は正しい」と個人の中で信念を正当化するような経験と解釈が，行為者に正当性や重要性を付与することによって形成・強化される。また，信念が教師の語る「挿話的語り（エピソード）」として表出するという指摘（Pajares, 1992）から，ある教師が語る過去のエピソードが現在の信念と強く結び付いていると推測できる。したがって，体育教師が辿ってきた過去から現在に至る過程の理解から，彼らの信念を解釈していく必要がある。

そのような視点に立つとき，「個人の一生の記録，あるいは個人の生活の過去から現在に至る記録」（谷，1996）である「ライフヒストリー」を用いた分析が有効である。ライフヒストリーは「時間的パースペクティブ」（谷，1996, p.5）を特徴としており，対象を過程として把握することが可能である点が強調される。本章では，体育教師の主観的なリアリティに沿って信念を記述し，それらを対象者の過去から現在に至る過程との関連から解釈する為，参与観察，インタビュー，そしてライフヒストリー分析という複数の手法を用いたエスノグラフィー研究を行う。

3 事例研究の方法

本章では，2名の体育教師を対象とする事例研究の手法を用いるが，事例研究自体は，特定の方法論や研究方法を指すわけではなく，何が研究されるべきかという対象の選択をあらわす（Stake, 2000）。したがって，研究の対象となる事例をどのように扱うかによって事例研究のデザインは異なる。事例研究における「事例」とは境界で囲まれた1つの物・1つの実体・単位（ユニット）とみなされるため，多様な事例が研究の対象として存在することになるが，そ

れらは研究の関心や問題,仮説の一例であるがゆえに選択されるものである(Merriam, 1998)。そこで組織や学校さらには出来事や経験など,ある一定の境界を持つ事象をいかなる観点から選択し,事例とするかが重要となる。

以上のような前提のもと,ウィリッグは事例研究の定義的な特徴を以下のように示した(ウィリッグ,2003, p.96-118)。

①研究者は一般的なことよりも特定の具体的なことに関心があるという「個性記述的な視点」
②全体論的なアプローチを取り,事例を文脈の中で考えるという「文脈的データへの着目」
③現象を深く理解するために様々な情報源から情報を統合すること,つまり様々なデータ収集と分析のテクニックを1つの事例研究の枠組みの中に用いる「トライアンギュレーション」
④時間経過に伴う変化や発展のプロセスに関心を持ち,出来事を時間経過とともに研究する「時間的要素」
⑤特定の事例に対する詳細な探求によって社会的,心理的なプロセスへの洞察を生み,理論の生成を促すという「理論への関心」

また,イン(1994)によれば事例研究は複雑な人間の状況がなぜ,またどのようにして生じたのかを考えることに関心がある。このことは,体育教師の信念が表出する実践現場において,信念の変容や再構築がなぜ起こりにくいのかを検討しようとする本章の目的に適した方法であることを示している。

なお事例研究の場合は,サンプルによって得た結果を他の事例においてより広範に一般化するという,統計学的な一般化を目標とはしない。なぜならば事例研究は,具体性や文脈性,時間を重視することによって特徴づけられた「場への関与度が高く」(秋田,2007, p.9),得られた知見を文脈と切り離すことができないからである。質的研究が持つ強みである,文脈との関係を切り離せないことは,質的研究が持つ一般化可能性のジレンマともいえる(フリック,

1995)。

　しかし，質的研究においては統計学的な一般化とは異なる，別の形での一般化を行うことが可能である。ステイク（2000）は，自然主義的でエスノグラフィックな事例は，意識と理解の最も基本的な過程に影響を与えながら，ある程度は実際の経験に匹敵するものを喚起できる媒体となり得るとして，「自然的な一般化」という概念を提唱している。これは，事例の読者が，あたかも自分が経験したかのように語られたものを知ることで，事例についての意味づけを行い，その意味を修正，強化していくという日常的な営みに通ずる一般化である。ただし，そのためには特定の事例に対する徹底した探求によって，具体的な経験と文脈を描き出す必要がある。

　また，事例研究は一般化を志向しなくとも，事例がそれ自体を越えた「何か」を表すことになる（Willg. C., 2001）。事例を通して調べられることの深さについて論じる佐藤（2002b）によれば，ある事例を徹底的に調べ上げることによって，その事例を通してもっと一般的な問題やかなり広い範囲の対象についてあてはまる，一般的なパターンについての理解を深めることができる。すなわち，本章で事例について徹底的に調べ上げることは，ある体育教師を取り巻く世界を詳細に描き出し，体育教師の信念を規定している文脈についての理解を深めることになる。そのように記述・理解された世界は，調査者により一般的なリサーチクエスチョンを投げかけることになる。さらに，徹底的な調査によって描き出される具体的な記述は，その具体性ゆえに実践者である他の教師の経験との重なりを見出しやすい（藤原ほか，2006）。したがって，少数の事例を対象とした研究の展開は，必ずしも体育教師の信念に関する一般的な問題理解への道を閉ざすものではなく，むしろ広く現実的な問題を描き出すことに資するものと考えられる。

4　事例の選定とデータの収集

　事例の選定にあたって基盤となるのは，最も多くのことを学べそうな事例を選択することであり，最も接近可能性の高い事例，最も時間をかけて研究できる事例，すなわち「学習可能性」の高い事例を選定することである（ステイク，

2000)。またメリアム（2006）は，事例研究における事例選定の方法（サンプリング法）として，目的的（purposeful）にサンプリングすることを示した。目的的サンプリングは，「調査者は発見や理解や洞察を求めており，それゆえ最も多くを学びうるサンプルを選択せねばならないという考え方が，その根底にある」（メリアム，2004, p.90）という点で，学習可能性を高める事例選定の方法といえる。つまり，より重要なことは，研究の目的に照らし合わせた上で学習可能性を高める事例を選択し，事例を通して洞察を深める豊富なデータを収集することで，内部者の視点からその世界を再構成することである。

　本章のねらいは，体育教師の信念が形成・維持されていく動態的な側面に着目し，体育教師の変わりがたさの要因を明らかにすることであり，とりわけ「なぜ，体育教師の信念は問われがたいのか」を重要なリサーチクエスチョンとしている。そこで本章では，X高等学校（以下，X高）の保健体育科に勤務し，これまで大きな信念変容を経験してこなかったと自覚しているA教師およびB教師の同僚体育教師2名を事例として選定した[2]。

　A教師はY大学および大学院修士課程を修了し，翌年度からX高に赴任し21年目になる男性体育教師である。また，中学校・高等学校そして大学と一貫してサッカー部に所属し，赴任時からサッカー部の顧問として指導にあたっている。授業種目ごとに担当教員が入れ替わる「種目ローテーション」方式を採用するX高での担当授業（調査時点）は「サッカー（1年生）」「テニス（3年生選択授業）」「体育理論（1, 2年生）」である。

　B教師はA教師と同様，Y大学および大学院修士課程を修了した後にX高に赴任し，23年目を迎える男性体育教師である。継続的に関わっている種目はバレーボールであり，中学校で当時，制度化されていた必修クラブにおいてバレーボールを経験し，高校，大学とバレーボール部に所属していた。調査時点では第2学年のクラス担任を担い，部活動ではバレーボール部の顧問をしている。担当授業（調査時点）は「ハンドボール（1年生女子）」「バレーボール（2年生男子）」「保健（1, 2年生）」である。

　A教師とB教師はフィールドワークにおけるヒアリングにおいて，既述の通

り入職後に大きな授業観の変容を経験していないと述べている。たとえばA教師は，X高赴任後，授業の内容自体は徐々に変化したが，授業に対する考え方について大きく変わったところはないと述べている[3]。むしろ，授業はもとより部活動の指導も含めて臨機応変に対応することができるようになり，好ましくない意味での「慣れている」状態を危惧し，何かしらの刺激が必要であると感じている。B教師についても，授業の進め方は毎年同じようにしていることや授業に対する転機となった経験は特にないと述べている[4]。

なお，教師の信念形成や変容には，異動に伴う職務上の経験が大きく影響すると考えられるが，X高には教員の異動はなく，保健体育科に所属する教師5名のうち4名は，X高において20年以上の教職経験を有している。このように，同一の学校で一定の教職経験を積んでいる教師を選定し調査および研究を進めるのは，事例対象とする教師が教職経験を積んできた実践現場に対する理解と信念に関する解釈を行う上で有効であるが，その特殊性も考慮する必要がある。なお，X高では，週1回の教科会議と年2回，全国の教育関係者を招いて授業公開と協議会を行う公開研究会が開催されており，研究紀要の発行も行っている。故に，量的には研修機会が比較的確保されている事例といえよう。その点では，研修機会の確保がなされながらも，なぜ体育教師の信念の変容が生じにくいのか，そのことを質的に検討していくことが可能な事例ともいえる。

データ収集は，2008年10月初旬から12月中旬にかけてX高に赴き，まずA教師と，後にB教師と行動を共にして現場でフィールドノートを綴り，その日の調査終了時点で清書版のフィールドノートを作成する手続きをとった。実践現場では，その場の文脈を保持することを心がけ，授業や部活動の指導場面において対象教師に話しかけることは控えたが，その他の場面および教師に話しかけられた時は，随時談話によって自然な語りを抽出した。また，データの正確性を期すため，必要に応じてICレコーダーによる録音の許可を得て音声データを収集し，フィールドノート作成の段階で逐語的に記述した。

さらに，2名の教師の参与観察と併行して，ライフヒストリー作成の為の半構造化面接を行った。面接実施後，全てのデータをトランスクリプトしてライ

表 4-1 調査日程一覧

A 教師（フィールドワーク）

調査日	調査時間	調査内容
10月10日（金）	8:30〜12:15	部活動
10月11日（土）	8:20〜12:00	体育授業
10月13日（月）	8:30〜18:20	部活動，学外のパネルディスカッション（パネリスト），インタビュー
10月14日（火）	18:20〜20:30	高校体育連盟会議
10月15日（水）	8:35〜11:00	部活動
10月16日（木）	7:35〜10:40	スポーツ大会，インタビュー
10月17日（金）	7:40〜15:25	スポーツ大会
10月18日（土）	8:20〜11:00	体育授業（D大学講義）
10月20日（月）	8:35〜15:15	体育授業
10月21日（火）	9:30〜14:10	体育授業，インタビュー
10月22日（水）	8:35〜15:15	体育授業，インタビュー
10月23日（木）	8:30〜12:20 15:35〜20:40	体育授業，部活動，インタビュー
10月24日（金）	11:10〜15:13	体育授業，部活動

B 教師（フィールドワーク）

調査日	調査時間	調査内容
11月17日（月）	8:10〜11:20 18:50〜20:35	体育授業，インタビュー
11月18日（火）	9:50〜15:15	体育授業
11月19日（水）	10:50〜19:00	体育授業，部活動，インタビュー
11月20日（木）	8:05〜12:10	体育授業
11月25日（火）	10:15〜16:00	体育授業
11月26日（水）	10:10〜17:30	体育授業，部活動
12月3日（水）	10:15〜19:00	体育授業，部活動，インタビュー
12月4日（木）	8:10〜11:10 15:20〜17:40	体育授業
12月5日（金）	13:10〜14:00	体育授業
12月6日（土）	10:50〜16:30	X高研究大会
12月8日（月）	13:00〜15:30	体育授業
12月10日（水）	18:35〜19:45	インタビュー
12月11日（木）	8:20〜9:20	体育授業

A 教師（インタビュー）

調査日	調査時間	調査内容
10月11日（土）	帰宅中の電車内	11:45〜11:56
10月13日（月）	X高体育準備室I	10:30〜11:16
10月16日（木）	X高体育準備室I	9:43〜10:36
10月21日（金）	X高体育準備室I	9:38〜10:13
10月22日（土）	X高体育準備室I	8:43〜9:30
10月23日（日）	X高体育準備室I	8:40〜9:40

B 教師（インタビュー）

調査日	調査時間	調査内容
11月17日（月）	X高体育教員室	19:48〜20:34
11月19日（水）	X高体育教員室	17:50〜18:57
12月3日（水）	X高体育教員室	17:50〜19:04
12月10日（火）	X高体育教員室	18:35〜19:42

フヒストリーを作成した。なお，A教師とB教師が作成した文書類についても許可を得た上で複写するなどし，テキスト資料として収集した。A教師については，高校生時代に作成した練習ノートや当時の大会プログラム，X高での授

業ノート等を収集した。B教師については，授業での配布プリントや個人的に開設しているWeblogを参照し，ライフヒストリー作成の資料として収集した。また，X高が発行する研究紀要や冊子等も参照し，対象教師2名およびX高についての理解を深めるために活用した。全調査の日程は表4-1に示す通りである（表4-1）。

5 分析と解釈の方法

本章では，主に対象教師が表出する「信念」，ライフヒストリーおよびその他のデータから抽出された信念を強化する「経験」という二つのデータの分析を通して，強い信念を中心とする信念体系を明らかにし，その形成要因および形成過程を解釈していく。分析および解釈にあたっては以下の3つの作業を進めた（図4-1）。

第一に，教師の行為や語りを網羅的に記述したフィールドノートから，教師が信念を表出していると解釈される場面を一連の文脈ごと取り上げ，エピソードとして記述し，そこに筆者が「AはBである」という命題を付与した。すなわち，信念はそれを表象するエピソード（文脈）とのセットとして解釈・記述される。この段階では雑多かつ大量の信念が収集されるため，信念が表出された文脈に着目しながら信念概念を構成している対象を抽出し，対象の類似する信念を集約することで，より包括的な信念として分類・記述した。

第二に，信念を強化する要因として信念体系モデルにおける機能的連結性を高める経験（本書第2章，表2-3および表2-5参照）を分析するため，ライフヒストリーの作成を行った。なお，教師の信念とそれに基づく授業のあり方は被教育体験期の経験に大きな影響を受けるという報告（Nesper, 1987）や，教師が経験を通じて形成する知識は，教師が所属する学校や教師集団の考え方に規定されているという見解（佐藤，1989；秋田，1992）を参考に，ライフヒストリーの作成にあたっては，就学期以前から各学校段階を経て現在に至る体育・スポーツとの関わりおよび職務上の経験を中心としたヒストリーを描き出した。

第3に，実際の行為や語りから分類・記述された「信念」と，ライフヒストリーおよびその他の語りやテキスト資料によって収集した「経験」を総合的に

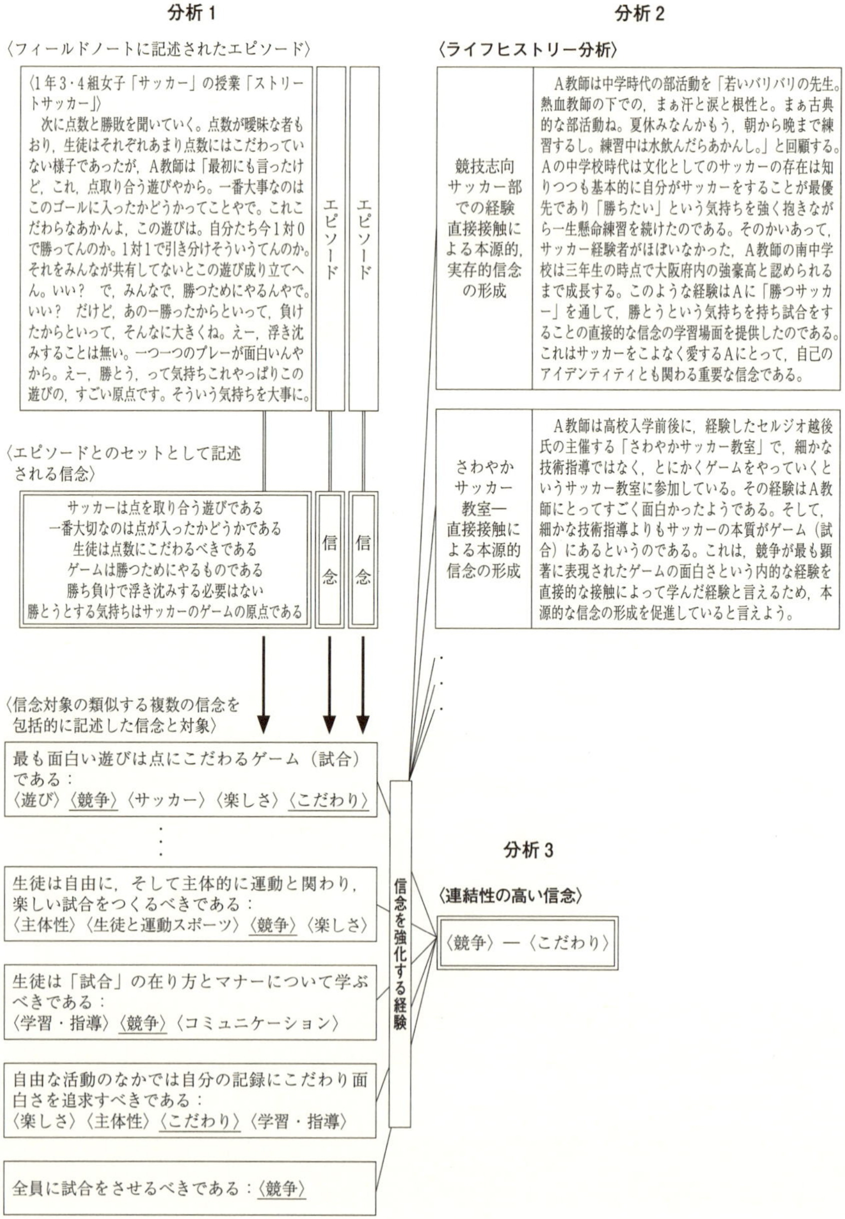

分析1

〈フィールドノートに記述されたエピソード〉

〈1年3・4組女子「サッカー」の授業「ストリートサッカー」〉
次に点数と勝敗を聞いていく。点数が曖昧な者もおり，生徒はそれぞれあまり点数にはこだわっていない様子であったが，A教師は「最初にも言ったけど，これ，点取り合う遊びやから。一番大事なのはこのゴールに入ったかどうかってことやで。これにこだわらなあかんよ，この遊びは。自分たち今1対0で勝ってんのか。1対1で引き分けそうやってんのか。それをみんなが共有してないとこの遊び成り立てへんやん。いい？ で，みんなで，勝つためにやるんやで，いい？ だけど，あの一勝ったからといって，負けたからといって，そんなに大きくね。えー，浮き沈みすることは無い。一つ一つのプレーが面白いんやから。えー，勝とう，って気持ちこれやっぱりこの遊びの，すごい原点です。そういう気持ちを大事に。

エピソード
エピソード

〈エピソードとのセットとして記述される信念〉

サッカーは点を取り合う遊びである
一番大切なのは点が入ったかどうかである
生徒は点数にこだわるべきである
ゲームは勝つためにやるものである
勝ち負けで浮き沈みする必要はない
勝とうとする気持ちはサッカーのゲームの原点である

信念
信念

〈信念対象の類似する複数の信念を包括的に記述した信念と対象〉

最も面白い遊びは点にこだわるゲーム（試合）である：
〈遊び〉〈競争〉〈サッカー〉〈楽しさ〉〈こだわり〉

⋮

生徒は自由に，そして主体的に運動と関わり，楽しい試合をつくるべきである：
〈主体性〉〈生徒と運動スポーツ〉〈競争〉〈楽しさ〉

生徒は「試合」の在り方とマナーについて学ぶべきである：
〈学習・指導〉〈競争〉〈コミュニケーション〉

自由な活動のなかでは自分の記録にこだわり面白さを追求すべきである：
〈楽しさ〉〈主体性〉〈こだわり〉〈学習・指導〉

全員に試合をさせるべきである：〈競争〉

分析2

〈ライフヒストリー分析〉

競技志向サッカー部での経験直接接触による本源的，実存的信念の形成

A教師は中学時代の部活動を「若いバリバリの先生。熱血教師の下での，まぁ汗と涙と根性と。まぁ古典的な部活ね。夏休みなんかもう，朝から晩まで練習するの。練習中は水飲んだらあかんし。」と回顧する。A の中学校時代は文化としてのサッカーの存在は知りつつも基本的に自分がサッカーをすることが最優先であり「勝ちたい」という気持ちを強く抱きながら一生懸命練習を続けたのである。そのかいあって，サッカー経験者がほぼいなかった，A教師の南中学校は三年生の時点で大阪府内の強豪校と認められるまで成長する。このような経験はAに「勝つサッカー」を通して，勝とうという気持ちを持ち試合をすることの直接的信念の学習場面を提供したのである。これはサッカーをこよなく愛するAにとって，自己のアイデンティティとも関わる重要な信念である。

さわやかサッカー教室－直接接触による本源的信念の形成

A教師は高校入学前後に，経験したセルジオ越後氏の主催する「さわやかサッカー教室」で，細かな技術指導ではなく，とにかくゲームをやっていくというサッカー教室に参加している。その経験はA教師にとってすごく面白かったようである。そして，細かな技術指導よりもサッカーの本質がゲーム（試合）にあるというのである。これは，競争が最も顕著に表現されたゲームの面白さという内的な経験を直接的な接触によって学んだ経験と言えるため，本源的な信念の形成を促進していると言えよう。

信念を強化する経験

分析3

〈連結性の高い信念〉

〈競争〉－〈こだわり〉

図4-1 分析の枠組み

解釈し，中心的信念を抽出しながら，それらの形成過程を分析する。

ところで，フィールドワークは「データの収集，データの分析，問題の構造化という三種類の作業が同時並行的に進行するもの」（佐藤，2002，p.129）とされる。よって，データ分析により信念についての解釈は徐々に構造化される。その解釈をより精緻化させるため初期の網羅的なデータ収集作業はより焦点化されたものとなり，分析の視点も明確化していく。本研究においてもデータの収集・分析・解釈の作業を同時並行的に進めると共に，3つの作業を円環的に行うことで解釈と再解釈を繰り返した。

第3節　事例対象教師の中心的信念とその形成・強化要因
1　中心的信念が表出する指導行為場面

フィールドワークを通して，200を越えるエピソードとともに記述された対象教師の信念は，A教師で20，B教師で21の信念対象によって概ね構成されていた（表4-2，表4-3参照）。その内容をみると，学習方法や指導方法に関する信念対象が最も多く，生徒の実態，運動やスポーツまたはその在り方，他の教員およびその他の信念対象によって，2名の信念は構成されていた。

表出された信念に最も多く含まれていた信念対象は〈学習指導〉であり，さらに，中心的信念は2名の教師の指導行為に関わる場面を中心に同定された。これは，教師の日常的な実践の中核に授業という営みが存在すること，その裁量の大きさからも，自らの信念が表出しやすい場面であることを表しているといえる。換言すれば，体育教師のみならず一般的な教師の指導行為には各教師の信念が大きく関係していることを表している。

全体的な指導のスタイルとして，A教師は頻繁に生徒に対して声をかけ，自ら手本を見せることや，生徒と共に運動することが多い。特に，部活動の場面では積極的に生徒の練習相手になったり，ゲームに参加したりという姿が見られ，しばしば生徒に対する厳しい声かけも行う。また，生徒に考えさせるように発問していくことが多い。一方のB教師は，授業で生徒が運動しているのを見守ることが多く，A教師に比べ一斉指導の時間は少ないが，上手くいかない

表4-2　A教師の信念対象

信念対象	対象	エピソード数
〈学習指導〉	学習内容や指導方法に関する対象	87
〈主体性〉	生徒の主体的で自由な活動に関する対象	74
〈コミュニケーション〉	コミュニケーションに関する対象	60
〈競争〉	試合，競争，勝負に関する対象	51
〈生徒と運動スポーツ〉	生徒の身体技能，運動技能及び運動スポーツとのかかわりに関する対象	41
〈思考・判断〉	生徒の思考や判断に関する対象	29
〈遊び〉	遊ぶことに関する対象	28
〈サッカー〉	サッカーに関する対象	26
〈楽しさ〉	楽しむこと，面白いことに関する対象	23
〈学び方〉	集合や整列，学習態度など生徒の学び方に関する対象	23
〈自己研鑽〉	練習やトレーニングに関する対象	20
〈こだわり〉	こだわることに関する対象	15
〈部活動〉	運動部活動に関する対象	14
〈運動・スポーツ環境〉	運動やスポーツする環境に関する対象	10
〈生徒〉	ある生徒に関する対象	8
〈スポーツ大会〉	スポーツ大会に関する対象	7
〈同僚〉	同僚や他の部活，中学校に関する対象	4
〈体育科授業〉	体育科授業に関する対象	2
〈安全〉	安全に関する対象	1
〈実習生〉	教育実習生に関する対象	1

表4-3　B教師の信念対象

信念対象	対象	エピソード数
〈学習指導〉	学習内容や指導方法に関する対象	115
〈身体・技能〉	生徒の運動技能・運動能力・柔軟性に関する対象	74
〈技術・戦術〉	ゲームにおける戦術や運動技術に関する対象	74
〈学び方〉	集合や整列，学習態度など生徒の学び方に関する対象	38
〈コミュニケーション〉	コミュニケーションや生徒同士の働きかけに関する対象	34
〈投動作〉	投げるという動作に関する対象	31
〈生徒〉	生徒の特徴や様子に関する対象	31
〈思考・判断〉	生徒の思考や判断に関する対象	27
〈運動・スポーツ経験〉	生徒と運動・スポーツ・遊びとの関わりに関する対象	27
〈主体性〉	生徒の主体性や自由な活動に関する対象	25

〈ルール〉	ゲームの進め方やルールに関する対象	21
〈部活動〉	部活動に関する対象	18
〈学年・クラス認知〉	学年やクラスに関する対象	15
〈運動・スポーツ環境〉	運動やスポーツをする環境に関する対象	15
〈体育科授業〉	体育科授業に関する対象	14
〈生徒との交流〉	生徒との関わりに関する対象	13
〈時代環境〉	時代・環境に関する対象	11
〈スポーツ観〉	スポーツに関する対象	5
〈教育実習生〉	教育実習生に関する対象	2
〈中学校〉	中学体育科に関する対象	2
〈他教員〉	他の教員との関係に関する対象	2

生徒に対して個人的にアドバイスをする機会が多い。また，部活動では厳しい練習の時に生徒を励ますような声かけが頻繁に見られ，時には冗談を言いながら和やかな雰囲気をつくる。

ここでは，まず対象教師2名の指導行為に関わる挿話的語りを中心に推論・解釈された中心的信念の具体的内容とその形成要因を分析していく。

2　A教師の中心的信念
(1)「遊び」と「楽しさ」が連結した信念
①フィールドノートの記述より

A教師が保有する中心的信念として「遊び」と「楽しさ」を連結してできる信念（以下，「遊び-楽しさ」の信念）が抽出された。「遊び-楽しさ」の信念は，多くの場面においてA教師の行為に影響を与えている。以下に示すのは，3年生の選択体育の授業（単元：テニス）の様子からA教師の語りを抽出したものである（資料4-1参照）。

A教師は他の授業においても「あそぶ」「楽しむ」という言葉を口にすることが多い。このような信念の結びつきは，筆者とA教師の談話場面における挿話的語りの中にも表れる。以下は，「あそぶ」ことをテーマとして，ストリートサッカー[5]という即席で試合を行った授業後の談話場面である（資料4-2参照）。

資料4-1

> A教師は、「特に、この時期の体育。2つの種目やってもらうけど。そのまま卒業後もマイ・スポーツとして楽しんでもらいたいなと。そういう意図で進めていきたいと思います。だけどまぁ個人差あるしね。いろいろレベル差があるので、共通の目標としてこういうふうな形にしたいと思います。」と言って、単元の目標を伝えるために少し語気を強め「ダブルスのゲームが楽しく行えるようになる！ダブルスのゲームが楽しく行えるようになる。」とはっきり伝える。するとA教師はそのためにはどうすればいいかを生徒に聞いていく。質問を終えると、最後に「一番大事なのは遊び心だよね。」という。

資料4-2

> 昼食をとりながらA教師が、2限目に行った女子サッカーの授業について、実はパスの仕方やボールの止め方まで教えようと思っていたが、予定を変え内容を減らしたのだと話す。筆者は率直に「なぜですか？」と聞いてみる。するとA教師は迷うことなく「あまりにも遊べないから。」と答える。―（中略）―筆者は、一番早く始めた積極的なグループについて触れ、積極的ではなかったかと尋ねてみる。するとA教師は「始めんの早かったけど、（自分たちで作るコートが）狭すぎて。あんなんでおもろいのかなぁ、って感じだけどな。」と言うのである。

このように、A教師は「遊ぶ」ということと「楽しむこと（面白いこと）」という2つの対象を強く連結した信念を保有している。それは他の信念にも関連し、授業の目標や内容をも規定している点で中心的信念と考えられよう。だが、このような信念の表出は、授業場面に限られたものではない。以下は、サッカー部の練習が始まるまで、ただグラウンドに座っているだけの生徒たちに対し、A教師が積極的に遊ぶことを諭した部活動後の談話である（資料4-3参照）。

資料4-3

> 筆者はA教師が言う「遊び」が気になり聞いてみることにする。「『遊び』って言うのは、自分がしたいように。例えばそこにサッカーボールがあって、蹴ってみるとか、なんかリフティングしてみるとか、そういうことですよね？」と筆者。「そう。もちろんそういうのもある。」とA教師。「やっぱり、それは重要ですか？」と筆者が聞くと、A教師は間髪入れず「重要ですね。」と応える。そして「もう、それがすべての原点だよね。ボールと戯れたりとか、ゴールたてたりとか。」と。続けて「遊び」と生徒の関係はどうなのか「それが足りないっていう認識は、昔からですか？それとも最近ですか？」と聞く。A教師は「最近特にだな。」と言うと、続けて「例えばな、俺最初来たころ（X高に赴任した頃）、『あ、こいつら、よくやってるなぁ』って思ったのは、ここでな、この（教官室の）前庭で。しょっちゅうミニサッカーやって遊んでるわけよ。休み時間ごとに。で、それがあまりにも激しくなってこの辺のガラス割ったりして、禁止になったんだけど。だけどそれぐらいやってたわけ。今そうじゃないもんな。」と振り返る。

上記の談話を通して，A教師が「遊び」を重要視し，さらに今のX高の生徒の「遊び」が不十分であるという信念を保有していることがうかがえる。さらに，この語りからはA教師が「全ての原点」として「遊び」を捉えているということがわかる。
　②ライフヒストリー分析
　ライフヒストリーの分析およびその他のデータから，上記の信念を強化する要因を分析した結果，2つの具体的経験が抽出された。
　ⅰ．幼少期の遊び経験
　A教師は，幼少期に父親の仕事の関係で度重なる引っ越しをしながら，遊びに没頭していた。父親の影響で始めたサッカーは近代スポーツではなく，遊びとしてのサッカーであったとA教師は言う。さらにA教師は学校の休み時間，放課後の校庭に居残り続けて毎日外で遊んでいた。A教師が当時を振り返って「まさに今崩壊している，子どもと遊びの『時間・空間・仲間』がたっぷりあった時代」と言うとおり，彼は仲間とともに毎日外で遊ぶという直接的な体験とその楽しさに明け暮れていたのである。
　このような体験から，「遊び－楽しさ」の信念は遊びという外的な経験と「楽しさ」という内的な経験による『直接接触』[6]を通して『本源的性質』および『個人的現実性』が高まり，連結が強化されたと解することができる。
　ⅱ．中学高校時代の自由な時間・空間における練習経験
　A教師は，自由な空間・時間をかなり活用してサッカーの上達を目指していたようである。それは中学，高校時代の「自主練」に対する工夫を物語るエピソードに表れる。A教師は，練習前後の自由な時間と空間を使い「空気を抜いたボールを置いてジグザグドリブル」，「家の前で空き缶を並べてジグザグドリブル」など自主的な練習に取り組んでいた。さらに毎日の練習後には，仲間を募り暗くなってボールが見えなくなるまで，ミニゲームに没頭した。このようにA教師は，練習外の時間の過ごし方を習慣化していたのである。そして，それはA教師のサッカーにおける技能の上達をも導くこととなる。
　このような経験は，遊ぶことによって，技能の上達をもたらすという主観的

な『論理的整合性』と『個人的現実性』を高めている。

(2)「競争」と「こだわり」が連結した信念

①フィールドノートの記述より

　上述の信念に加えて「競争」と「こだわり」を対象とする信念（以下，「競争－こだわり」の信念）がA教師の中心的信念として位置づくことがうかがえる。この信念は，特に競争の指導において明確に表出される。以下のエピソードは，女子サッカーの授業におけるストリートサッカーという試合を終え，生徒を集合させた時のA教師の発話である（資料4-4参照）。

資料4-4

> 最初にも言ったけど，これ，点取り合う遊びだから。一番大事なのはこのゴールに入ったかどうかってこと。これ，こだわらなければだめだよ，この遊びは。─（中略）─いい？で，みんなで，勝つためにやるんだよ。いい？だけど，あのー勝ったからといって，負けたからといって，そんなに大きくね。えー，浮き沈みすることは無い。一つ一つのプレーが面白いんだから。えー，勝とう，って気持ちこれやっぱりこの遊びの，すごい原点です。そういう気持ちを大事に。だからこそ終わってから，友達になるんだ。ゲーム中は敵・味方分かれてガチガチやってるけど，終わったら友達になる。

　A教師は，サッカーの試合という遊びの中で勝とうとする気持ちを最も大事にし，点数にこだわり，勝敗にこだわることを重視していることがわかる。勝敗にこだわることは，すなわち競争にこだわることである。このエピソードの文脈から「競争－こだわり」の信念が確認できるだろう。A教師が保有する「競争－こだわり」の信念は，テニスの授業における以下のような比較的厳しい指導にも表れる（資料4-5参照）。

資料4-5

> （投げ込んでもらい打ち返す練習，打ち合い練習，コートごとに別れて試合を行い，生徒は自由に移動しながら好きな練習を行う選択形式の練習をしている場面）ゲーム形式の練習を行っているコートのところに来たA教師は試合をしている生徒に「何点？」と聞く。生徒は「3-2です。」と答える。A教師は「3-2。ゲームコーナーは点数にこだわるんだぞー！」と試合中に点数にこだわるように全員に声をかける。─（中略）─再びゲームコーナーに行き，ある生徒に「（点数は）何対何？」と聞く。その生徒は点数を数えていなかったらしく答えられない。するとA教師はゲーム形式の練習をしている生徒たちに「おい，点数数えない奴は入るな！ここはゲームコーナーだ！」と言い，「ちゃんとゲームやる人がここへ入れ！」と指導する。

上記のエピソードから，点数にこだわりながら勝利を目指して試合をするべきだというA教師の信念が，具体的な指導行動に伴って表出していることが理解できよう。また，A教師は点数だけでなく，個人的な記録にもこだわるよう生徒に指導することがある。たとえば，女子サッカーの授業では目標を「前回の自分」としてリフティング回数の新記録に挑戦することを生徒たちに指示する場面が見られた。これはリフティングの回数にこだわることで「前回の自分」と競争することを求めていると解釈できる。これは前述した「遊び―楽しさ」の信念とも関連し，A教師の一貫性を持った指導観を表しているといえる。

②ライフヒストリー分析

　ライフヒストリーの分析およびその他のデータから上記の信念を強化する要因を分析した結果2つの具体的経験が抽出され，さらにこれまで述べてきたA教師の2つの中心的信念の形成に関わる1つの経験が抽出された。

ⅰ．競技志向サッカー部での経験

　A教師は中学時代の部活動について「若いバリバリの先生。熱血教師の下での，まぁ汗と涙と根性と。まぁ古典的な部活動ね。夏休みなんかもう，朝から晩まで練習するし。練習中は水飲んだらだめだし。」(2008年10月13日：日付は口述データ収集日，以下同様)と回顧する。A教師の中学校時代は，サッカーをすることが最優先であり，「勝ちたい」という気持ちを強く抱きながら一生懸命練習を続けた。その甲斐あって，サッカー経験者がほぼいなかったA教師の母校は，大阪府内の強豪高と認められるまでになる。

　このような経験は，A教師に勝つサッカーを通して，勝利を目指して試合に臨むことへの直接接触による『個人的現実性』を高める学習機会を提供した。これはサッカーをこよなく愛するA教師にとって，自己のアイデンティティとも関わる『実存的信念』といえる。

ⅱ．中学時代の自主練習

　A教師は中学時代に，将来はドイツに行ってプロサッカー選手になるという夢を抱いていた。そのために中学三年生から継続してこだわりの自主練習を行っている。特に，右足を怪我した際に「前回の記録を越えるまで続ける」とい

う目標を持って,日々継続していた左足だけで行うリフティングは,結果的に100回以上まで記録を伸ばした。

このような経験は,上述した自己との競争における「こだわり」を指導方法に取り入れようとする直接的な経験であり,「こだわること」の『対象価値性』を高めたといえよう。

ⅲ．大学院で学習したスポーツの多様性

A教師は高校時代,「サッカーには勝つサッカーと楽しむサッカーがある」という訓話を先輩から受ける。その意味を理解することが出来なかったA教師はその後キャプテンになるが,彼の計画する厳しい練習についていけない多くの下級生が,サッカー部を辞めていく事件が起こる。その時にA教師が耳にした言葉は「楽しむサッカーがしたい」という下級生の言葉であった。このエピソードは,当時のA教師に自分とは違う考えをもってサッカーをやっている人間がいるということを認識させる。だが,競技志向であった当時のA教師には,その意味や本質を理解することはできなかった。

しかし,「まぁ,後に大学,大学院でスポーツ社会学やって。スポーツの広がりなんていうのを勉強して,ずいぶん整理できたんだよね。」(2008年10月16日)と述べるように,学術的知見によってこのジレンマが整理される。すなわち,スポーツのあり方は多様であり,やりたい時にやって,やめたい時にやめられる「遊び」も,勝敗が強く関わる「競技」もスポーツとして存在するということである。こうして,「勝つサッカーと楽しむサッカー」の意味は理論的に整理され,A教師の信念を根底で支えることとなった。

『直接接触』をもとに形成されたこの信念は,社会的に合意,体系化されているスポーツ社会学の知見によって『社会的現実性』が高まり,その後,実際の指導で活用されることにより『対象価値性』をも高められたと考えられる。

3 B教師の中心的信念

(1) 「生徒」と「コミュニケーション」が連結した信念

①フィールドノートの記述より

A教師と同様にB教師の中心的信念を分析した結果,「生徒」と「コミュニケーション」が連結してできる信念(以下,「生徒−コミュニケーション」の信念)が推定された。B教師は筆者のフィールドワーク期間中,何人かの生徒を指し,その生徒の特徴を話してくれた。B教師が表出する信念は,生徒の実態等に関わるものが多く,特にコミュニケーション能力の低下を気にしていることがうかがえた。以下は,バレーボール授業場面における典型的なエピソードである(資料4-6参照)。

資料4-6

> B教師がふと「ここもその,グレーの(服の)生徒。コミュニケーション能力低いっていうか喋らないし,表情も変わらない。上手くいっても喜ばない。」と,ある生徒について談話する。筆者も「喋れない子多いと思います?」と聞く,「多いと思うね。」とB教師。「多くなってきた?」と聞くとB教師は「うん。」と答える。漠然とではあるが「(コミュニケーション力の低さや喋らないと言う現象が起こるのは)なぜなんですかねそれは?」と筆者が聞く。B教師は「だから友達との,ちっちゃい頃からの,ギャングエイジの時代の遊びじゃないかな。もう完全にゲーム機世代でしょ?DSとかそういうのが当たり前にあって育ってるから。—(中略)—そういう交流が。遊びがないんじゃないかな。」とB教師は分析する。しばらくゲームを見ていると,ある生徒二人を指し,「あいつらやっぱり無口だよね。喋んなくはないけど。」と言い,「あと後ろでぼーっと立ってる○○(生徒の名前)と,あと,向こうのコートのこっち側の前衛の。やっぱりおとなしい。でもそんな喋んないわけではないんだけど。」と日頃観察している中でみた生徒の様子から,彼らについて「非常に口数が少ないし,コミュニケーション能力が高いとは言えないような気がするんだよね。」と言う。

B教師の語りは,特定の生徒の様子から生徒の全体的な傾向までを示しており,生徒のコミュニケーション能力が低いという信念の表出と解釈できるだろう。また,それはB教師からみた,X高の生徒のコミュニケーション能力に対する低い評価を表している。

この信念は,生徒の生育環境,時代背景と関連付けられ一連のエピソードの中で表出されている。すなわちB教師は,他者とのコミュニケーションをはかる機会が少ないという状況や,ゲーム機の普及という時代的背景に生徒のコミュニケーション能力の低さを帰属させる。これは「生徒—コミュニケーション」

の信念が主観的な論理的整合性を付与され，連結性の高められた信念であることを示唆する。

　この信念は，バレーボールの授業と結びつき，X高保健体育科のカリキュラムをも規定している。以下は，そのことを表すエピソードである（資料4-7参照）。

資料4-7

| バレーボールの授業は何年生を受け持つのか聞いてみる。するとB教師は「2年。2年のバレー。というよりバレーは2年でしか入れてないから。それは俺の考え方なんだけど，コミュニケーション取れるようになってからじゃないとバレーにならない。なお一層ね。なので，この時期やっぱりすごく，本当はどの種目もこの時期がいいんだろうけど。」と，クラス内での人間関係ができつつある2年生で，バレーボールの授業を入れるようにしている理由を話す。 |

　「生徒－コミュニケーション」の信念は，「バレーボール」という信念対象と結びつき「バレーボールは2年生で行うべき」という規範的な信念となって表出された。その信念は，B教師の考えるバレーボールの成立条件と結び付けられ，バレーボールは必ず2年生で履修させるという保健体育科全体のカリキュラムのあり方にまで影響を与えている。

　しかし，筆者がB教師に体育の授業で生徒たちのコミュニケーション能力を伸ばそうと思うか尋ねたところ，「するけど出来ないね。そんなので治るレベルじゃないよ。もう。」（2008年12月3日）と答えている。このように「生徒－コミュニケーション」の連結した信念に関連して，B教師は実践における解決の困難な課題を認識していることがわかる。

②ライフヒストリー分析

　ライフヒストリーの分析およびその他のデータから上記の信念を強化する要因を分析した結果，2つの具体的経験が抽出された。

ⅰ．コミュニケーション能力の低い生徒の認知

　ライフヒストリーから，B教師が生徒のコミュニケーション能力を意識するきっかけとなった出来事が明らかとなった。それは，他の教員が行った柔道の単元で「寝技」をテーマとした授業を参観した時に「じゃれ合わない」子どもたちを目にした時である。生徒たちがぎこちなくじゃれ合う姿や，必死に抑え

込もうとしなければ，必死に相手を返そうともしない生徒たちの様子にB教師は驚き，それを深刻なコミュニケーション能力の低下として感じ取ったのである。さらに，B教師はコミュニケーション能力の低さの原因として，幼いころからの遊びを通したスキンシップ不足を挙げている。

このように，B教師は自らが，生徒のコミュニケーション能力の低さを目の当たりにする外的および内的な経験をしており，このことが『直接接触』による『本源的』な信念の強化を促進したといえよう。

ⅱ．コミュニケーション能力をテーマとした公開授業の経験

B教師は，2年前に開かれたX高研究大会の公開授業で，生徒のコミュニケーション能力をテーマとした授業を公開した。B教師は当初，コミュニケーション能力というものが体育の授業で教えるべき内容になることがおかしいと考えていたが，現実問題として生徒の能力が低下していることから「仕方がない」という思いを抱いていた。だが，公開授業後の他校の教員を交えた意見交換を通して，「コミュニケーション能力」を育てることが，体育の内容になるという結論に至っている。

つまり，B教師は現実問題への対処という『論理的整合性』と，協議会を通した『他者との共有』によって『現実的・社会的現実性』が高められ信念が強化された。また，これらは公開授業という個人の嗜好とは関連しない場で生起した『嗜好非関連的』な経験のため，連結性が比較的高いと推測できる。

(2) 「生徒」と「身体・技能」が連結した信念

①フィールドノートの記述より

B教師のもう1つの中心的信念が，「生徒」と「身体・技能」という2つの対象を連結してできる信念（以下，「生徒－身体・技能」の信念）である。それは特に，「投げる」ことに重点を置いたハンドボール単元の授業に関わる場面および挿話的語り場面において表出された（資料4-8参照）。

資料 4-8

> 女子ハンドボールの授業において，B教師が以前からやりたいと考えていた，ハンドボール投げの測定がおこなわれている。B教師が筆者に話しかける。「ぶっちゃけ，ステップスローで10mいかないような子がいるからね。それにハンドボールでシュートしようって，そもそも無理なわけ。入るわけがない。キーパーがいる限り入らない。」と，ハンドボールを十分に投げられない生徒がシュートすることの限界について話すB教師。今までも十分に距離を出せない生徒がいたかどうか聞くと「いるいる。一桁（の距離）。」とB教師は答える。

B教師は「生徒—身体・技能」の信念に関連して「生徒は『投げる』という動作が上手くはない」，「身体が硬い」といった生徒の「身体・技能」についての問題に関わる信念を保有している。さらに，そのような状態にある生徒が，ハンドボールにおいてシュートをするのは，根本的に無理であると判断する。また，B教師が投げるという動作を重視するのは「投動作はいろいろなスポーツにおける動作の基本である」という信念が基盤となっていることが，以下のエピソードより推察される（資料4-9参照）。

資料 4-9

> あるコートで練習している生徒が上手くサーブを打てないでいる。「おまえ投げる動作が変なんだ。投げる動作が，こういう（ボールを肩から押し出すような）動作なんだよ。投げる動作とおんなじだよ。上からボーン。普通に投げる動作でやる。そうそうそう。できるじゃん。」と，サーブの動作を，ボールを投げる動作に例えて指導するB教師。その後も同じ生徒を見て「やっぱ押してる。」と言って「野球のボール投げるのと一緒だ。ボール投げるのと一緒。」と指導する。しかし，B教師は筆者の方を振り向いて「って言っても最近の子は野球やってないんだよね。」と言うのである。

B教師は，投げるという動作がいくつかのスポーツにおける基本の動作であるという認識を持っており，それを具体的な指導場面において表出している。さらに，B教師は投げる動作に関する信念の表出とともに，生徒にとって「投げる」という動作を経験する場や機会が少ないという信念を表出する。

②ライフヒストリー分析

これらの信念を強化する経験は，ライフヒストリーによって抽出することが出来なかった。これらの信念は生徒の身体・技能に関わる問題状況に接する日常の中で，直接的に目にすることにより『現実性』と『対象価値性』が高められた為と推測される。

第4節　実践現場における信念の表出と強化・維持要因
1　2つの異なる信念

　ここでは，導出された2名の体育教師の中心的信念について，主としてRokeach（1968）が示した信念の「認識的要素」と「行動的要素」に着目し，特に"時間的展望（time perspective）"（Rokeach, 1968, p.118）の観点から考察を試みる。結論から述べると，2名の体育教師の信念は認識的・行動的要素の双方において相当程度異なるものであり，両者の最たる相違点は，中心的信念が体育・スポーツの理想や究極的な目標を表す価値観に関わるものか，あるいは実践現場の実態や現実に関わるものかの違いであった。

　A教師の中心的信念である「遊び―楽しさ」「競争―こだわり」という信念は，スポーツやサッカーについての理想や価値観に関わるものであり，実践における文脈を越えた比較的普遍性の高い信念と捉えられる。A教師は，自らの授業や部活動指導といった実践がいかにその理想に近づいているかという認識に基づいて問題を設定し，その実現に向けて実践場面を規定している対象（授業単元，運動・スポーツ種目および学習者としての生徒など）に働きかけるように行為する。そのため，多様な文脈下であっても自らの持っている価値観に関わる信念に基づき，比較的一貫した認識と行為がなされている。

　A教師の中心的信念は過去・現在・未来のいずれかの時間に焦点化されるものではなく，またそれらに制約されることも少ない。このことは，過去・現在・未来のいずれかの時間に固執することなく，それらを全体的に捉える時間的展望の広さを象徴している。一般に，時間的展望の広い者は過去や現在の実績から未来の状況を予測し，実現可能な目標に関する信念を持つ（西田, 1996, p.37）。このことから，A教師は実現可能な目標に関する信念を信念体系の中心に据え，その実現に向けて外界に働きかけるように行為しているといえる。「遊びが全ての原点である」というA教師の価値観に関わる信念に基づいた実践は，自らの持つ究極的な目標や理想の実現という意味を持った行為と考えられる。

　一方，B教師の中心的信念である「生徒―コミュニケーション」「生徒―身体・技能」という信念は，生徒の現実や実態を表しており，X高という実践現

場を中心とする文脈に依存した特殊な信念である。B教師は，自らの実践において生徒のコミュニケーション能力や身体・技能面における不十分な点を問題として設定し，それらを解決しようと行為している。したがって，B教師は授業の単元や担当するクラスの生徒の実態に対して，柔軟に対応するように問題を認識し行為することが多く，A教師に比べれば多様な対象についての認識と非一貫的な行為が表出する。これらの行為は，B教師の価値観や理想が先行するものではない。

　このように，B教師の中心的信念が現実の生徒の実態を対象とするものであるということは，「いま」のX高や「いま」の生徒等，一定の時間に焦点化されたものであることを示している。このことから，B教師の認識や行為は時間的制約を受けるという点で「時間的展望」の狭さを象徴しているといえよう。すなわち，B教師にとっては一定の時間における現実や生徒の実態への対応が優先されるため，未来の実現可能な目標に関する信念が保持されにくい。たとえば，体育の授業で生徒たちのコミュニケーション能力を伸ばそうと思うかどうかという筆者の質問に対する「するけど出来ないね。そんなので治るレベルじゃないよ。もう。」という言葉や，十分にボールを投げられない生徒がハンドボールの中でシュートを打つ（入れる）ことは無理である，という矛盾を感じながら授業を行うB教師の姿には，このことが表れているといえよう。B教師の実践は，彼によって認識された現実の問題点を解決するという意味を持った行為である。だが，時に自らの実践の中で解決することのできる範囲を越えた問題が認識されるため，実現可能な目標を保持することができず，認識と行為の間に矛盾を抱えざるを得なくなる。

　次に，上述の差異について信念を形成・強化した要因から考察を試みる。A教師の信念に影響を与えたのは，過去のスポーツを取り巻く環境における経験とそれらを大学において理論的に整理した経験であった。特に理論の学習は信念を抽象化し，実践場面における具体的状況の影響を強く受けないA教師の価値観や理想に関わる信念を強化したといえる。対するB教師の信念は，自らの実践現場であるX高における経験によって形成・強化されているため，現実に

沿って具体化されたものといえよう。このように，2名の信念はその形成過程においても信念が抽象化される過程を踏むか，あるいは具体化される過程を踏むか，という違いによって異なるものになったと推察される。

2 体育教師の信念と職場内の相互行為

信念体系の中心に価値観に関わる信念が位置づいているA教師と現場の文脈に関わる信念が位置づいているB教師の間には，同僚教師との相互行為において，如何なる違いがあるといえるだろうか。ここでは，具体的なデータに基づき，両者の違いに触れながら，とりわけ教員集団内で表出する信念と行為の意味について考察する。

中心的信念は関連する他の信念と連なって信念体系を構成し，行為に影響を与えることで外部から観察可能な「その人特有の行動傾向」を導く。したがって，A教師とB教師の行動傾向の違いに，彼らの信念の違いが現れると推論される。そこで，X高におけるフィールドワーク期間中に，筆者がA教師およびB教師について赴任一年目のC教師に尋ねてみた際のフィールドノートの抜粋を示す（資料4-10参照）。

資料4-10

> 屋外で活動している女子バレーボール部を観察するため，外に出て活動場所に移動する。女子バレー部はB教師の指示でグラウンドの周りをランニングしている。近くで陸上部の指導をしていたC教師に話しかけて談話する。そこでA教師とB教師の話になったので筆者が，科会の時の二人の様子について尋ねてみる。「お二人はどんな様子ですか？」と筆者が聞くとC教師は「B先生は自分の意見は言うけど，議論に持っていこうとはしない。」と言い，続けて「A先生は議論に持っていこうとするよ。『何で議論しないんですか？』って。」と二人の違いについて語ってくれる。

C教師の語りからは，X高保健体育科において週一回行われる教科会議でのA教師とB教師の行為の違いが，「議論」に持っていこうとするか否かという点に現れていることがわかる。C教師のいう「議論」とは，つまり「意見や価値の主張の衝突」という現象と解釈される。このことから，X高保健体育科の教師たちが関わる会議場面において，A教師は意見や価値の衝突を積極的に起こそうとし，一方のB教師はそのような状態を回避する傾向にあるという，C教師からみた行動傾向の違いが推察される。このような違いはC教師が保有す

る2名の教師についての信念を表しており，C教師からみた彼ら特有の行動傾向を示唆するものである。このような差異を2名の教師の中心的信念を核とした信念体系の違いとして考察するため，彼ら自身の語りから，行為の違いに影響を与えている信念の違いをみていく。以下の語りは，教師間の話し合いについて，A教師と談話した際の言葉である（資料4-11参照）。

資料4-11

> あのー，まぁ，特に大学が法人化してからいろいろ，次から次へと出てくるんだよ。「あれやれ，これやれ。」，「あれやろう，これやろう。」っていうふうに。で，そういうのに対して，あのー何て言うのかな。基本的に教員って新しいことやろうとしないから。保守的な存在だからな。で，しかも上から言われると，すぐ反発する人たち多いから，物事まえへ進まないわけよ。で，俺は，上から言われようが何しようが，面白そうなことはやればいいと思ってるし，逆に，教員が言われるまでなにもしない体質っていうのは，もう教員集団って基本的におかしいなって前から思ってたから。「（自分は）どんどんやりましょう派」なわけよ。で，そうすると，あのーそこでどうしてもぶつかるよね。

上に示したのは，A教師が議論に対して積極的であることを示す語りといえよう。A教師の語りからは「教員は保守的である」という実体験に即した信念と彼自身は革新的であろうとする信念を窺い知ることができる。A教師は，X高で行われる研究大会の司会や学校内のプロジェクトにおけるリーダー（チーフ）として活動することが多い。それは，A教師自身も自覚しているところであり，彼曰く「（自分はいつも）言い出しっぺで仕切ってるから。」（2008年10月23日）なのだという。つまり，A教師は自らの信念によって革新的な営みを引き起こすことから，リーダーとして活動することが多く，また，そのような活動の中で意見や価値の衝突を経験しているのである。信念体系の中心に位置づく信念は意思決定の道具として役立てられるため，表出しやすい。殊に，文脈に規定されにくい，価値観に関わる信念を中心に据えるA教師は，主観的な理想や目標に関わる信念を表出することが多い。面白いことはどんどんやればよいという信念も，A教師の理想とする行為を表している点で彼の価値観に関わるものである。このことが「教員は保守的である」という信念と相俟って，「議論」を積極的に生起させようとする要因になっていると解することができよう。

一方，B教師は意見や価値の衝突を避ける傾向にある。ここではその要因として，B教師の信念体系の中心に位置づく信念が価値観や理想に関わる信念ではなく，文脈に依存した具体的な信念であることに着目し考察を試みる。以下に示すのは，X高で三年次から男女共修で行われる選択制体育授業の意義について尋ねた時の言葉である。B教師は，少し悩みながらその意義を「選ぶ」ことではなく，男女共修で行うことにあるのではないか，と話した後で以下のように語った（資料4-12参照）。

資料4-12

> 「あんまり考えてないな俺は。その時（授業の時）は考えてるのかもしれないけど。」とB教師が言ったが，唐突だったので筆者が「はい？」と聞き直すと「あまり考えてない。いろんなことを。考えてるのかもしれないけど，考えてないな。」とB教師は言う。

　調査を通じてB教師は，筆者の問いに対し深く考えながら答える様子が頻繁に観察された。それは，B教師が普段の授業ではあまり振り返ることのない自分自身の考え方について，筆者との語りを通してそれを言葉にしていくという作業を行っていたからだといえる。その結果としてB教師の口から発せられたのが，「考えているのかもしれないけれど，考えていない」という言葉であった。この語りの中に表現されたジレンマは，文脈を離れた抽象的な次元の信念がB教師本人には自覚されていないという事に対するB教師自身の気づきであり，また，価値に関わる信念が言語化あるいは明言化されにくいことを表しているといえよう。

　B教師がA教師ほど「議論」をしようとしないのは，B教師の中心的信念が現場の文脈に関わる信念であり，主観的な理想や価値観が言明として表出されにくいためと考えられる。すなわち，教科会議において価値のせめぎ合いや意見の衝突を起こすか否かという点に表れた2名の教師の違いは，実践者が場面に限定されない普遍的で抽象的な目標に関わる信念を中心に据えるか，そして，それらの信念を表出するかどうかということと関連していると解釈できる。

3　実践現場における信念の共有とその影響

　本研究は，対象教師が複数の信念からなる信念体系を保有していることを前提としている。故に，X高の教師の実践に表出する信念には，抽象的あるいは具体的な信念や，個別的あるいは集団に共通の信念が混在している。現に，X高の生徒を対象とした生徒間の「コミュニケーション」や彼らの「身体・技能」に関する信念は，2名の教師に共通するものが多かった。では，それらの信念の共有は，体育教師の省察や信念の問い直しにとってどのような意味を持つのであろうか。

　人々の協働を基盤とする経営実践において，貢献者がスポーツ経営の協働体系に参加する動機は一様でないから，協働への参加目的間にはコンフリクトが存在する（清水，1994）。つまり，学校の体育経営も，常に各教師に帰属する多元的な目標を内包した営みである。故に，体育教師が協働するためには，それらの多元的目標を彼ら自身で統合していく必要がある。だが，学校組織は教師の実践における大幅な教育裁量を基盤として，各事象が緩やかに結びついた「疎結合構造」（Weick, 1976）という理念的な特性を持つ[7]。さらに，そのデメリットが表出した現実態として，教師が個別拡散的に教育活動を展開する「個業型組織」（佐古，2006）が問題とされる。このことから，統合とは対極的ともいえる曖昧性や多様性，個別性という特性を持った学校組織の中にあって，教師間の多元的な目標の統合は容易ではない。

　特に，現場の具体的対象に左右されない理想や価値観を表す信念は，既述の通り実践における複雑で多様な文脈に主観的な枠組みを与える「内的基準」（藤木・木村，1998, p.31）として働き，教師に対して実現に向けた目標を与える。だが，それらが個人的な経験によって形成・強化された体育やスポーツに対する理想を表すとすれば，意図的な統合の過程を踏まない限り，各々の実践を個別拡散的なものへと導くこととなる。したがって，価値観に関わる信念の表出やコンフリクトの顕在化を基盤とした統合へのプロセスが必要であるが，専門的自律性を有している体育教師個々の究極的な目標を示す信念の統合は，前述した学校組織の特性上，困難な課題といえる。

その一方で，現場の具体的状況に即して問題解決を志向する信念は，複数の行為者の目標や方向性を統合する論理として機能しやすいと考えられる。なぜならば，これらの信念は，行為主体間で共有することが可能な事実認識を基点としており，信念概念を構成する対象の共通性や対象に対する評価が類似するために，教師間で共有・強化しやすいからである。殊に，協同的な営みが日常的に存在し，さらに「種目ローテーション方式」を採用するX高では異なる教師が同じ生徒に指導を行う機会が多いため，この傾向は強く現れる。たとえば，X高の体育科が集団として取り組む研究大会（2008年12月8日）の協議会[8]で論点となったのは，平成11年の学習指導要領改訂・告示に伴う授業時間（単位）数削減や，体育の授業で見られる生徒のコミュニケーション能力の低下，身体能力や技能の低下という現実的課題に"X高保健体育科として"どのように対応していくか（いるか）であった。また，A教師とB教師の信念のうち，特に生徒の「コミュニケーション」や「身体・技能」に関わる信念において共通性が見られたことからも，具体的な信念は実践現場の教師間で共有されやすいことが示唆されよう。

　しかしながら，B教師のエスノグラフィーによって描かれたように，実践現場や文脈に規定された信念は価値観に関わる信念の保持あるいは表出を妨げ，行為者が意識するか否かにかかわらず価値観のレベルでの議論を回避させる。よって個人的実践において，現在という時間に限定された問題への対応が優先されることにより，実践現場において価値観が看過されていく可能性をもつ。つまり，現場に固有の信念は行為主体が持つ多元的目標の表層的な統合に寄与する一方で，彼らの価値観に関わる信念を個人に帰属したままにし，ひいては参加目的間のコンフリクトを潜在化させる機能を持つと考えられる。このことは，学校現場において個人の価値観に関わるような深い省察や信念の問い直しが起きにくいことを表しており，共同で行う研修機会の多さが，かえって信念の変容や再構築を阻害するような状況を引き起こしかねないことが指摘できる。

第5節 小 括

　本章では，2名の体育教師のエスノグラフィーを描き出し，実践現場には「価値観に関わる抽象性を有し，個人の理想や目標になる信念」と「現場の具体的な対象に関する認識を喚起し，問題解決に向かわせる信念」という2つの異なる信念が混在しているという結果を得た。そして，エスノグラフィーに描かれたのは体育やスポーツについての理想や究極的な目標の実現を目指す体育教師と，現場の文脈に沿って目の前の問題を解決するために行為する体育教師の姿であった。さらに，これらの信念が職場内での相互行為において有している意味について検討し，実践現場に存在する具体的な対象によって構成された信念は経験的にも共有しやすく，したがって強化されやすいことから，価値観に関わる信念が瑣末なものとされる可能性と実践における信念が表層的なレベルに留まりやすいことを考察した。

　これまでの学校体育経営組織を対象とした研究では，知識・情報から引き出される「意味（暗黙知）の共有」（武隈，1991：清水，2001）の重要性が指摘されている。また，教師の信念に関する研究においても「個人的信念」が他者との相互行為による葛藤や衝突を通して共有され「集団的信念」へと収斂されていく様子が，協働性の追究として報告されている（黒羽，2003a）。その一方で，暗黙知としての体育授業観を共有することで差異の顕在化や革新が阻害されるという見解も見出されており（高岡・清水，2004），さらに，全ての信念が葛藤や衝突を通して共有されるわけではないと考えられるため，「共有」という行為に潜在する別の側面を照射することも必要であろう。

　特に本章の結果からは，蓄積された知識に頼るあまり自分の頭で考えなくなる「知識共有のジレンマ」（松尾，2006，p.4-5）と類似する問題が指摘できる。すなわち，具体的対象についての信念が現場で共有され個人的実践の拠り所になることで，自らの価値観に関わる信念が瑣末なものとして位置付けられ，実践者の表面的な協働を助長し，革新を阻害する信念共有のジレンマともいえる事態である。これは，教師の行為を導く信念が実践現場を共にする行為者間で共有され，さらに強化されるという循環的な過程によって起こる。このことか

ら，実践現場や文脈に根差した具体的な信念は共有・強化されやすく，現場や文脈から離れた価値観に関わる抽象的な信念は等閑視されやすいという新たな解釈が可能である。さらに，強化され表出しやすい信念によって，意識的な明言や言語化による表出を必要とする信念が潜在化し，変容と再構築の機会を逸するというジレンマが，学校教育現場における体育教師の信念の問い直しを難しくしていると考えられよう。

注
1) ここで示した性質の他に，信念はある（客観的・観念的存在を含む）存在物に対してそれが実存するか否かという主張や思い込みを含んでいるという"存在に対する推定性 (existential presumption)"。直接的な指導経験や知識がなくとも指導形式を確立する拠り所となる"代案性 (alternativity)"。知識よりも感情や評価の要素に，より重みが置かれる"感情的・評価的解釈 (affective and evaluative aspects)"がある (Nesper, 1987)。
2) なお，本調査はおよそ2か月間にわたり，現場における行動を共にする点で調査協力者に対する負担も相当程度大きい。故に調査対象の選定に際しては，負担の大きな調査に対して協力が得られることおよび日常的な実践を公開してもらう信頼関係の構築が可能であるという，調査実施上の条件も考慮していることを付記しておきたい。
3) 2008年10月23日実施のインタビューによる。
4) 2008年11月19日実施のインタビューによる。
5) ストリートサッカーとはコーン2つの間をゴールに見立てて自由に配置し，サッカーゴールの代わりにして行う試合のことである。
6) ライフヒストリーに基づく信念の分析において『 』で示す性質は，信念体系モデルの検討（第2章，pp.53-56および表2-3～表2-5参照）において信念の機能的連結性を高める要因として示したものである。
7) 「疎結合」とは"結合された事象は反応的であるが，それぞれの事象は独自性と物理的・論理的に独立ものとしての根拠を保持している" (Weick, 1976, p.3) という状態を表す。また，佐古 (2006) はWeickの理論に依拠しながら，教師の裁量権が保持されるべき理由を教職の特性に求め，①組織目標（教育目標）の曖昧さ・多義性，②教育活動を効果的に遂行しうる技術の多様性・不確実性，③教育活動の流動性・非構造性，④教育の対象者である児童生徒の多様性のため，タイトな組織構造は不適合であること，という4点にまとめている。
8) この協議会では他機関の教育研究者を交えて「体育科の学習内容を考える：一単元にかける時間数を踏まえて」というテーマのもと討議が行われた。

第5章 体育教師による信念の問い直しの難しさとその要因
―フェーズⅠのまとめ

第1節　信念変容の難しさと学びの消極化傾向

　フェーズⅠでは，体育教師による信念の問い直しの難しさとその要因を明らかにし，体育教師の成長と学びに関わる問題状況を整理するため「体育教師の信念は問われがたく，変容しがたいのか？　それはなぜか？」を検討した。

　第3章では，本研究の分析枠組みをもとに体育教師の信念（授業観）変容，省察，研修経験と研修態度，研修観に着目して，体育教師の学びと学習環境の実態を把握した。その結果，体育教師の信念である授業観の変容はおよそ半数の教師にしか自覚されておらず，また，教職経験と省察経験，研修経験の積み重ねと強い関連があるとはいえなかった。このことは，一般の教師を対象とした先行研究において明らかにされた知見（秋田，1996：深見，2007；三島，2008；藤田，2010）とは異なる結果であり，体育教師の信念が変わり難さについて特徴的な傾向を示唆していた。さらに，信念の問い直しと深く関わる「前提の省察」については経験年数を積むことによって促されるわけではなく，むしろ「技術的・実践的省察」と研修に対する「開放的態度」は，経験年数を積んだ体育教師ほど低調であった。これらのことから，体育教師の信念は変わりがたく，特に，研修を通じた学びは教職経験の積み重ねとともに消極化していく傾向がうかがえた。

　体育教師の学びと学習環境の実態に直接関わる研修機会への参加は，個人的な情報収集や同じ学校の体育教師同士の話し合い，情報交換が大半を占めており，校外における研修経験や異質な情報に触れる機会は少ないことが明らかになった。さらに，体育教師自身も個人的な研修や体育教師同士の研修を重視していた。信念の問い直しや教師の学びの中心である省察は，研修機会への参加頻度と無関係ではない。学習環境の限定性は，信念の問い直しや変容をもたら

す契機となりうる，異なる信念，知識，情報への接触（Tillema, 1998）を妨げる要因になりかねない。

　体育教師自身の「研修観」に着目してみると，多くの体育教師が望む研修の在り方は，短期的・即効的・受動的・自己完結的な研修であった。このような研修観は，受動的で技術対応主義の傾向が強く，本質的・根本的問題を除外するような「我が国において支配的だった研修観」（西，2002）と重なる。さらに，研修観が，多様な研修機会への参加行動と態度を規定していたことが確認でき，多くの教師が望む研修とは対極的ともいえる長期的・理論的・能動的・開放的な研修観を抱く教師の方が，積極的な参加行動と研修態度を示しており，学びを促す信念といえることが示唆された。

　以上のことから，体育教師の学びと学習・研修環境は，信念（授業観）の問い直しを促すものとは言いがたいことがわかる。さらに，実態の面でも教師自身の希望としても「同じ教科を担当する教師同士で短期間に行い，具体的な指導方法や最新理論をテーマとした知識や技能を習得できる実践に役立つ研修」が重視されていたことから，多くの体育教師が有する研修観が，体育教師の学びを低調化させる要因の1つであり，研修に対する信念の問い直しや変容によって，適切な研修観を形成する重要性が指摘できるだろう。

第2節　価値や理想に関わる信念を問い直すことの難しさ
―問題解決を志向する信念共有のジレンマ

　ところが，体育教師が生きる学校現場の状況を踏まえると，体育教師による信念の問い直しや学習の停滞は，必ずしも体育教師の個人的な問題として単純化できないことがわかる。第4章では，体育教師による信念の問い直しの難しさを実践に即して理解するため，体育教師の授業観を中心とした信念体系と入職前後を含めた長期的な経験に着目し，実践における信念の表出とその形成過程および維持要因を検討した。学校現場における2名の現職体育教師の実践を中心として描き出されたのは「価値に関わる抽象性を有し，個人の理想や目標になる信念」に基づいて「理想や究極的目標の実現」を目指す教師と「現場の

具体的な対象に関する認識を喚起し,問題解決に向かわせる信念」に基づいて「目の前の問題解決」を目指す教師という,まったく異なる信念を実践において表出する姿であった。またこれらの信念は,前者が信念の抽象化をたどり,後者が具体化の過程をたどる,異なる信念形成過程を経ていた。だが,教師同士の相互行為への着目によって明らかになったのは,教師集団内で共に経験し,直接目にすることで形成される具体性を持った信念が,優先的に表出・共有されることで,個々の教師の価値観に関わる信念の問い直しが妨げられる「信念共有のジレンマ」であった。

このジレンマを引き起こす信念は,「生徒のコミュニケーション能力が低い」「生徒の運動能力が低すぎてゲームすら成立しない」といった目の前で起こっている事実の認識と切迫した問題意識によって形成された信念である。故に,日常的に生徒と接する体育教師にとっては,解決しなければならない問題とかかわっており,共有されやすいことから,比較的強い信念として保持されているものと解釈できた。このことは,学習者の生活に関わる学校現場の問題に直面し,その問題から目をそらすことが許されない,体育教師の実情と現実を映し出している。学校現場の体育教師が有する信念は,学校現場で職務を遂行するがゆえに,短期的な展望に立った具体的な信念の方が,長期的・普遍的な価値観に関わる中心的信念よりも強化・維持されやすく,固定化しやすのではないだろうか。

このような視点に立つと,「問題解決に向かわせる信念」に基づく実践を支える研修観や研修参加・態度については,どうしても短期的で即効性があり,問題解決に資する知識や技術が優先されることになろう。このことは,第3章において明らかにした研修の実態には,学校現場の状況が関係していることをうかがわせる。つまり,体育教師の信念の問い直しと変容の難しさは,体育教師に向けられた社会的要請や使命と表裏の関係にあり,社会的要請や現場での問題解決が強調されればされるほど,それに応えようと短期的で即効的な研修が求められ,信念の問い直しの機会や長期的な展望に立った研修観が持ちにくくなる。同時に,信念の問い直しを日常的な学校教育現場の中で生じさせるこ

との難しさが指摘できるだろう。

第3節　体育教師の信念変容を妨げる職務環境および入職前のスポーツ環境

　以上のことから，体育教師の信念の硬直性とそれを問い直すことの難しさが明らかになったが，さらにここでは体育科を担当する，体育教師の職務の特徴や社会化の過程から，信念の硬直性や問われ難さの要因を考察してみたい。

　これまで蓄積されてきた体育教師研究では，体育科が学校教育機能の周辺に追いやられていることを示す「周辺性（marginality）」（Siedentop and O'sullivan, 1992；Sparks et al, 1993；Smyth, 1995）を最たる要因として，体育教師の授業に対する低いコミットなどが説明されてきた。特に，生徒指導を担当する教師としての役割（Schempp et al, 1993）や運動部活動指導者としての役割（須甲・四方田，2013）に対する周囲からの役割期待とその受容の結果，体育教師自身は，職務の核となる授業に消極的な態度を示すことが考察されている。

　体育科の周辺性は，このように体育教師の職務態度や信念に直接影響を及ぼすと同時に，体育教師の研修機会を時間的に制限することによって，間接的にも体育教師の学びや学習環境に影響を及ぼすと考えられる。一般的に体育教師は，授業のみならず学校全体の体育活動を担う重要なスタッフとして，体育授業・体育的行事・運動部活動・施設管理などにも，多くの労力と時間を割かなければならない。なかでも運動部活動指導に関わる仕事は，必然的に体育教師の体育授業に関する研修機会に影響を及ぼす。教員環境の国際比較調査（TALIS）で明らかにされた日本の教師の課外活動に対する時間的な負担と多忙状況（国立教育政策研究所，2014）は，とりわけ体育教師に深刻な影響を及ぼしていると考えられる。研修機会の少なさが，体育教師の置かれた物理的条件と時間的制約によってもたらされていることも視野に入れる必要があるだろう。

　さらに，第3章および4章における分析とその結果を踏まえて，体育教師の信念の問い直しとその難しさを入職前の予期的社会化過程との関連から考察してみたい。信念の形成過程は，「疑い」が「確信」に至るように，思いこみを正当化していく過程である。特に，体育教師の場合は幼少期から現在に至る長

期的経験によって信念を形成・維持してきたといえるが，そのプロセスには体育教師の信念を問われがたくする2つの要因が含まれていると考えられる．

　第一に，体育教師としての信念形成過程の時間的な長さである．体育教師の社会化はスポーツのコーチへの社会化と重なる形で早期に進行する（Lawson, 1983ab；朝倉・清水，2011）ことから，体育教師の信念形成過程も，他の教師に比べて長期的であることが指摘できる．経験を通じて信念が形成され，さらに形成された信念に沿うかたちで，その後の経験が解釈されていく相互影響関係を踏まえると，ある信念が形成・維持され続ける時間の長さは，信念の強化や硬直性を促すと考えられる．故に，体育教師は入職段階で既に，正当化された強固な信念を有しているといえよう．このことは，経験年数を積んだとしても，信念の変容が起らない要因の1つと考えられる．

　第二の要因は，信念を強化する経験が運動やスポーツを核とした環境において生じていることと関連する．入職前あるいは入職後も含めて，体育教師が多くの時間を費やす運動やスポーツ環境は，スポーツに内在する競争性から派生した結果の不確定性，すなわち「やってみなければ結果はわからない」という論理が貫かれる特徴を有している．だがその一方，勝利—敗北，成功—失敗の結果や判断は，極めて明瞭に可視化される．たとえば，どんなに懸命に練習したとしても，また，どんなに生活時間を削って上達に取り組んだとしても，最終的な「勝利」や「達成」は結果が出るまで誰も知ることができないが，その結果は誰もが容易に判断できる形で現れる．ヒトが信念を保有することの積極的な意義は，不安な状態や方向性を見失いやすい状況の中で「心の支え」となることでもある（西田，1998）．このことは，運動・スポーツを核とした環境が，一方で結果の不確実性によって信念を保有しやすくし，他方で明確化される結果によってその信念を強化させるような働きを有していると考えられないだろうか．特に，第4章のA教師が有する授業を支えている信念には，就学期の競争志向の運動部活動を通じた勝敗へのこだわりと地道な練習によって技術が上達した経験が不可分に結びついていた．また，信念の問い直しを妨げる信念共有のジレンマは，勝利—敗北，成功—失敗，できる—できないといった優劣

を伴う結果と判断が可視化されやすく，即座に公開される体育授業の特質とも密接に結びついていることが推察されよう。

　以上の考察は，本研究の対象と範囲を超えるものでもあるため推察・推測の域を脱しえないが，今後の重要な研究課題になると考えられる。続くフェーズⅡでは，信念を問い直すことの難しさとその要因に関する知見を踏まえた上で，このような問題状況の中で，いかにして体育教師の信念は問い直されるのかを実証的に究明していく。

第Ⅱ部

体育教師による信念の問い直しと変容の実相

第6章 信念の内実と変容の様相 —授業観に着目して

第1節 目 的

　前章までの体育教師の信念および学習環境の実態に関する検討によって，信念の変わりがたさや問われがたさが明らかにされた。このことを受けて本章および第6章，第7章では，起こりにくい信念の問い直しや変容，再構築がいかにして起こり得るのかを究明していく。ここまで授業観の変容の難しさを示してきたが，このことは信念の変容や再構築が全ての体育教師に起こりえないことを意味するわけではない。授業観をはじめとした信念を刷新し，成長や発達の過程を辿る教師は確かに存在する。そこで本章では，信念の変容によって，いかなる信念がどのような信念へと変わっていくのかを授業観に焦点化して究明していく。

　授業観は，信念体系に包含された価値観の1つである。信念の中でも価値観は，特に個人にとっての好ましさや望ましさを含んでおり，行動や評価に永続的な影響を及ぼす（Rokeach, 1968, 1973；Schwartz and Bilsky, 1987）。つまり，体育教師の授業観は，教師自身にとっての「望ましい授業とは何か」についての信念であり，授業観を明らかにすることは体育教師が思い描く「よい授業」に接近することと言い換えることができる。

　そこで本章では，体育教師の授業観を記述するために，体育教師にとっての「よい授業」を「イメージ」（Elbaz, 1981）に着目して描き出していく。教師が保有するイメージは，教師の信念を描き出すために有効な概念であり，その変容は教師としての熟達を表す（秋田，1996）。本章の目的は，体育教師はどのような授業観を保有しているのか，それはどのように変容するのか，それらの授業観にはどのような経験が影響しているのかを検討することで，体育教師の職務における中心的な信念ともいえる，授業観の構造および変容の様相を明らか

にすることである。

第2節 方 法
1 体育教師にとってのよい授業を明らかにする方法
(1) 教師の授業イメージの検討
　教師のイメージについては，1980年代以降，教師の主体性や自律性を強調する教師観の提起と共に，教師の多様な知識から成り立つ実践的知識への着目を契機として研究が進められてきた（深見，2006）。実践的知識の構成要素[1]の1つとしてイメージを取り上げた Elbaz (1981) は「教師の感覚，価値，要求，信念が結合し，どのように指導すべきかが簡潔な比喩的命題として定式化されたもの」(p.61) と定義しており，イメージは教師の認識枠組みを明らかにする上で有効な概念とされている。また，イメージは教師による授業の実践や観察など様々な行為に影響を与える点で信念と共通している（Calderhead, 1996）。信念研究をレビューした Pajares (1992) は，イメージは教師の信念を説明する手がかりになると述べている。

　比喩生成課題を用いて教師の授業イメージを調査した秋田 (1996) は，学生と新任教員，中堅教員の授業イメージを検討し，経験年数を積むことで「伝達の場」から「共同作成の場」へとイメージが変容していくことを明らかにした。その後もイメージの変容が，授業観の変容と教師の成長の道筋を明らかにする上で有効であることが示されている。具体的には，教職経験を積むことで，授業を固定的に捉える否定的なイメージが，授業の複雑さや難しさを肯定的に捉え，学習者の自律的な学びを重視するイメージに変容していくことが明らかにされている（深見，2006；三島，2008；藤田，2010）。ただし，これらの研究は特定の教科に焦点化して，授業イメージを捉えたものではない。特に本書の関心からは，体育教師が抱いている授業イメージを描き出し，経験年数を積むことによってその変容が起こるか否かについて，検討の余地が残されている。

(2) 自由記述データの探索的内容分析
　体育教師にとってのよい授業は，論文や書籍に記述され，学校現場で共有さ

れているような「優れた授業」の条件を満たすものとは異なる。本章における「よい授業」の探究は「理論的知識」に対する「実践的知識」の存在を意識し，それらを具体的に描き出そうとする試みでもある[2]。そのため，体育授業のイメージを既存の尺度を用いて測定するのではなく，授業イメージを包括的・探索的に明らかにしていく方法が必要である。教師のイメージに関する研究では，単一事例の丹念な記述（深見，2007；藤田，2010）や，秋田（1996）の比喩生成課題を用いた方法あるいはその知見をもとにした尺度化（三島，2007）が行われてきた。だが，これらは一般的な授業イメージを描き出したものであり，体育授業のように，特定の教科に焦点化したものではない。比喩生成課題を用いて授業イメージを描く方法では，「体育」の授業イメージを描き出す上では抽象度が高くなってしまい，一般的な授業のイメージとして描かれてしまうことが懸念される。

そこで本章では，体育教師がよい授業を表現する際に使用する「コトバ」に着目して，授業イメージの構造に迫っていく方法を採用した。具体的には，自由記述式の質問紙調査によって体育教師が自覚的にイメージする「よい授業」を記述してもらい，多様性と個別性を含むテキストデータからそこに潜在するパターンと傾向を掴む探索的内容分析—テキストマイニングを施す。

そのために，体育教師自身に「よい授業」を記述してもらう自由記述式質問紙調査を実施した。調査では，体育の「よい授業」について，そのイメージを短い言葉で表現してもらい，それを他者にわかるように具体的に説明してもらう形で，3つを限度に記述を求めた。さらに，よい授業イメージの変容について教職経験を通じて「変わった」「変わっていない」の2件法で回答を求め「変容群」と「非変容群」に分類し，変容群については過去に抱いていたよい授業イメージを同様の方法で記述してもらった。

2 教師の授業イメージに影響を与える経験

本章ではさらに，授業観の構造と変容に加えて，体育教師の授業観に影響を与えた経験を検討していく。なお秋田（1998）は，学生でさえも授業についてのイメージを保有していることに触れ，職業に携わる前からその職業について

のイメージをかなり明確に形成している点に,教職の特徴を見出している。また,教職への社会化は,自らの被教育体験期から既に進行していることから(Lortie, 1975；川村,2003, 2007),教師が抱く授業についてのイメージには自らの学習者としての経験が影響しているといえよう。ただし,体育教師への社会化は,授業のみならず運動部活動を始めとしたスポーツ経験の場においても進行している(Lawson, 1983a, 1983b；沢田,2001；朝倉・清水,2011)。このことに関連して,松田ほか(1991)が小学校教員養成課程の学生を対象に体育観が形成された場を尋ねたところ,運動部やクラブが61.6％と最も多く,次いで体育の授業が25.4％であったことを報告している。

したがって体育教師の場合は,とりわけ授業以外の運動経験も授業イメージに影響していると考えられる。そこで,授業イメージに影響を与えた要因を経験に着目して検討するために,入職後の経験に入職前の経験—児童生徒時代の経験と大学での経験などを含めた15項目を設定し,そのうち特に影響を及ぼした経験を3つ選択してもらった。

3　分析技術としてのテキストマイニング

本章で用いるテキストマイニングとは,自由記述式のアンケートや会話データなどの文章を分析する「内容分析(content analysis)」の延長線上に位置づく比較的新しい方法で,定型化されていないテキスト(自由記述の文章)を単語やフレーズなどの単位に分割し,それらの出現頻度や共起関係(同時出現)などを集計・解析する方法である。テキストの計量的分析は古くから計量文体学の分野で行われてきたが,テキストマイニングは,その分析にコンピュータを有効活用して自然言語処理の理論と技術を適用し,応用範囲を広げたものと捉えられている(金,2009)。松浦・三浦(2009)によればテキストマイニングは「テキストデータを計算機で定量的に解析して有用な情報を抽出するための様々な方法の総称であり,自然言語処理,統計解析,データマイニングなどの基盤技術の上に成り立っている」(p.1)とされており,方法として革新的な面があるわけではないものの,膨大なデータを処理できるという点での新規性は高い[3]。

実際の分析は,文書から形態素(単語：品詞)や構文(文節)を抽出した上で,

統計解析を行い一定のパターンや傾向を探索していく。つまり,テキストデータに対して,文法規則に基づく品詞を最小単位とした抽出・定量化を行うため,研究者による解釈の影響を極力排除しながら,体育教師が使うコトバに着目した分析が可能である[4]。特に本章では,よい授業イメージの定量的分析によって,よい授業を構成しているコトバを抽出し,さらに使用するコトバの類似性によって典型的な授業イメージと体育教師の分類を行う。その上で,授業観が変容した体育教師と変容していない体育教師のイメージの比較,および授業イメージに影響を与えた経験等との関連を分析していく。

4 調査および分析の方法

(1) データの収集

2011年3〜4月にかけて,全国学校総覧2011年版を基に,無作為に抽出した公立中学校および高等学校の保健体育科教員を対象に,郵送自記式の自由記述式質問紙調査を実施した。対象サンプル数は2000,有効標本回収数は244(回収率:12.2%)であった。

(2) 分析に向けた自然言語処理

本章における分析の中心は,体育教師によって記述された授業イメージに関する自由記述データの定量的解析である。そのため,収集したテキストデータの定量化と分析の前に,以下の自然言語処理を施した。

①テキストの電子化

まず,収集した手書きの回答を電子化するため,表計算ソフト(Excel)を用いて原文のままコンピュータに入力し,データベース化した。なお,本研究では後述するように,授業イメージによって体育教師を分類比較することを想定している。そのため,1名につき3つを限度として記述されたテキストは電子化に際して,1つのデータとして連結し,調査対象者1名につき1テキストの形でまとめた。

②クリーニング

入力されたテキストの中には,誤字や脱字が含まれていたり,日本語として適切とはいえない表現が含まれていたりする。そこで全てのテキストデータに

複数回目を通し,明らかに間違いと判断される文字列は訂正した。

③テキストの加工

クリーニングの後,テキストデータを記号・文字単位に加工していく。本研究では,主に文書において意味を持つ最小の文字列である形態素を抽出し,文を単語ごとに分割して,品詞情報などを付け加える形態素解析（morphological analysis）を行った。なお,解析にあたっては,体育教師が一定程度共通して抱いている授業イメージを把握するねらいから形態素（単語）の出現頻度の下限を5として分析を進めた。

④データの抽出

クリーニングと加工によって得られたテキストデータは,そのデータを集計するためのプログラムとツールを用いることで,量的データと同様に定量的分析が可能な状態へと処理される。以上の作業は,テキストマイニングにおける「自然言語処理」と呼ばれる過程であるが（那須川,2006, p.18）,本研究ではこれらの処理を,松村・三浦（2009）によるTinyTextMiner（TTM）[5]を用いて行い,形態素解析およびデータの抽出と集計を行った。

なお,形態素解析によって単語が抽出,集計されることで得られた結果には,「子ども―こども―子供」などのように表記が異なる「表記ゆれ」や,「アドバイス―助言」など同義語として集計した方が適切と考えられる表現もある。そこで,前者の表記ゆれについては形態素解析の集計結果を参照しながら,電子化されたデータの表記を統一し,さらに後者の同義語については,TTMに備えられた任意の単語を同義語として処理する同義語ファイルの作成によって統一した（表6-1）。

(3) 分析の手順と方法

以上の手続きによって,ケース（テキスト）と変数（単語）によって構成される行列データが形成され,量的データと同様に定量的分析が可能な状態になる。なお,テキストマイニングにおける定量化と統計的手法は,信頼性・客観性の向上や仮説検証のためだけに利用されるものではなく,データ探索においてもその有効性が強調されている（樋口,2006）。本章においても,特に分析の

表6-1 同義語と表記ゆれの処理

アドバイス	助言			合い(う)	あい(う)		
味わう	味わえる			生きいき	生き生き	いきいき	イキイキ
笑顔	笑い	笑う		上がる	あがる		
かく	かける			上手く(い)	うまく(い)		
片付け	後片付け			嬉しさ(い)	うれしさ(い)		
きびきび	てきぱき			思い	おもい	想い	
教師	教員			関わり	かかわり		
グループ	チーム			声かけ	声掛け	声がけ	
ゲーム	試合			子ども	こども	子供	
声かけ	言葉がけ			身体	体(からだ)	からだ	
サポート	支える	フォロー		頑張る	がんばる		
周囲	周り			頑張れ	がんばれ		
生徒	子ども	者	子	気持ち	気もち		
楽しむ	楽しめる			悔しさ(い)	くやしさ(い)		
挑戦	チャレンジ	挑む		怪我	けが	ケガ	
取り組む	取り組める			時間	じかん		
取る	取れる			自分達	自分たち		
向ける	向かう			高める	たかめる		
				出す	だす		
				できる	出来る		
				取る	とる		
				ねらい	狙い		
				自ら	みずから		
				皆	みんな		
				メリハリ	めりはり		
				良い	よい		
				わかる	分かる		

注：先頭の語として分析

注：先頭の語に統一

　基礎となる授業観の類型化に際しては，自由記述データに潜在する構造やパターンの発見を意図してデータを分類・整理し，さらに原文データの参照を交えて多角的に解釈を進めた。具体的な手続きは以下の通りである。

　①授業構造に基づく単語のカテゴリー化

　まず，体育教師が保有している授業観とその構造を捉えるため，授業イメージを構成している単語の出現頻度を集計した。なお，TTMを用いた形態素解析とその集計によって多くの単語が抽出されるため，本研究では授業現象を構成しているカテゴリーを設けて単語を分類・整理し，全体的傾向を把握した。一般的に授業は，「学習者」「学習内容（教材）」「教師」の３つの要素によって

成立する（高島, 2000；羽野・堀江, 2002）。さらに宇土（1986）は，この3つの要素に用具・施設と学習計画を加えて体育授業の成立条件をあらわしている。そこで本研究では，学習者に関わるカテゴリーとして，彼ら／彼女らの感情や状態，態度を表す【学習者】，学習内容に関わる活動を表す【学習活動】，学習者同士の活動を表す【学習者集団／集団活動】，学習内容や教材に関わる【内容】，教師の活動に関する【マネジメント】，さらに用具や施設・学習計画を包括した【環境・授業展開】のカテゴリーを設け，抽出された単語を原文データにおいて使用された文脈を検討しながら分類した。なお，質問文に提示した語や突出して出現頻度が高い一般的な語，多様な文脈で使用されるため分類不可能な語については【未分類】カテゴリーに分類した。

②抽出単語の類似性によるケース（テキスト）の分類と解釈

次に授業観を類型的に捉えるため，使用する語の類似性からケースの分類と解釈を試みた。具体的には【未分類】の語を除く単語の出現件数をもとに階層的クラスター分析（Ward法，平方ユークリッド距離）を行い，デンドログラムと距離行列の検討からクラスター数を決定した。その後以下の手続きによって，分類されたクラスターの特徴を多角的に解釈した。

まず，カテゴリーごとにクラスター間の違いをよく表す特徴語を同定するめ，金（2009）の方法にならい，ある単語の出現数およびその他の単語の出現数からなる，2カテゴリー×3クラスターの分割表に対するFischerの正確確率検定を繰り返し，算出された確率値（p値）の低さに基づいて単語を並び替えた。そして，検定値.05未満を基準として単語を抽出し，出現率が最も高いクラスターの特徴語とした[6]。次にカテゴリーにかかわらずクラスターごとに出現率の高い単語を上位30語抽出し，その中で他のクラスターでは使用されていない語を特徴語として抽出した。最後に，カテゴリーごとに単語とクラスターの対応分析による可視化と確率値によって並び替えられた単語の出現率を比較し，特徴語を解釈した。なお，分析では各クラスターによって単語の総数が異なるため，単語の出現数は出現比率に直した。

最後に，クラスタリングされた自由記述データベースに立ち戻り，同定され

た特徴語が使用されている数の多い順にテキストデータを並べ替えた。そして，上位に位置するデータをクラスターの典型例として抽出し，その記述内容と同定された特徴語の総合的な検討から，類型化された授業観の意味内容を解釈した。

③クラスターと経験年数および授業観の変容との関係性に関する分析

以上の分析によって解釈した類型をもとに授業観の変容過程を検討するため，クラスターと「経験年数グループ」（3群）[7]，よい授業イメージの「変容／非変容群」（2群）の間で比率の差の検定を行った。さらに，授業観が変容した教師（変容群）が過去に抱いていた授業イメージを構成している単語を出現率によってランク付けし，現在の授業観を構成する特徴語と対比した。

④授業観に影響を与えた経験の分析

最後に，体育教師としての成長・発達に影響を与える経験について示唆を得るため，クラスターごとに経験項目を選択した割合を比較検討した。その後，入職前後の経験を比較するため入職後の経験項目の選択数による比率の差の検定を行った。

第3節 結　果

1　体育教師にとってのよい授業イメージの全体的傾向

体育教師にとってのよい授業イメージを構成する単語を抽出した結果，270の単語が抽出され，総頻度（記述された総単語数）は6761であった。これらを7つのカテゴリーに分類し，カテゴリーに含まれる単語の出現頻度によって並べ替え，カテゴリー内の単語を出現件数によって配列した（表6-2）[8]。全体的な傾向として【学習者】，【学習活動】，【学習者集団／集団活動】のカテゴリーに分類される単語が，単語数ならびに出現頻度において約7割を占め，【内容】【マネジメント】【環境・授業展開】が続く。なお，未分類の単語を除き最も多くの教師に使用されていた上位10位までの単語は，「取り組む」（115：出現件数，以下同様），「運動」（78），「運動量」（74），「楽しい」（67），「活動」（61），「自分」（53），「積極的」（47），「協力」（47），「声」（45），「考える」（43），「教える」（43）であった。

表 6-2　よい授業イメージを構成する単語の分類結果

分類／割合	定義／単語
【学習者】 単語数： 81 (37.0%) 頻　度：1326 (36.1%) 件　数：1129 (36.4%)	学習者の状態や授業態度などを表す語 楽しい, 自分, 積極的, 声, 自ら, 一生懸命, 楽しむ (楽しめる), 苦手, かく (かける), 得意, 達成感, 笑顔 (笑う), 汗, 味わう (味わえる), 自主的, 感じる, 喜び, 一人ひとり, 主体的, 聞く, 元気, 活発, 向上, 努力, 意欲的, 自分達, 体, 姿, 能力, 自然, 集中, 不得意, 実感, それぞれ, 進む (進んで…), 頑張る, 力, 思える, 上手, 意識, 姿勢, 真剣, 身, 自発的, 自己, 顔, 人, 気持ち, やる気, 生きいき, 個々, 発揮, 見える (生徒に…が見える), 興味, 全力, 身体, レベル, 各自, 悔しい, 満足感, 表情, 夢中, 伸びる, 個人, 充実感, 上手い, 走る, 上達, 目, 熱心, 意欲, 関心, 体育委員, 心, 自身, 楽しみ, 前向き, 体力向上, 差, 成長
【学習活動】 単語数： 39 (17.8%) 頻　度：808 (22.0%) 件　数：653 (21.1%)	内容と学習者との間に生起する活動や行動を示す語 取り組む (取り組める), 運動量, 活動, 考える, 工夫, 理解, 動く, アドバイス (助言), 向ける (向かう), 学ぶ, 動かす, 参加, わかる, 高める, 挑戦 (チャレンジ, 挑む), 解決, 習得, 達成, 学習, プレー, 課題解決, 活動量, 見つける, 失敗, 進める, 応じる, 克服, 決める, 活用, 実践, 勝つ, 適応, 動ける, 判断, 見学, 競い合う, 声かけ, 触れる, 発見
【学習者集団／集団活動】 単語数： 31 (14.2%) 頻　度：503 (13.7%) 件　数：443 (14.3%)	学習者の集団的な活動や関わり合い及び学習者集団そのものを示す語 協力, 教える, お互い, グループ (チーム), 全員, 仲間, 皆, 同士, 関わる, 取る (取れる), 合える, 励ます, 集団, サポート (支える, フォロー), かけ合う, 周囲, コミュニケーション, 認める, 一緒, 他者, リーダー, 合う, 尊重, 中心, 話し合う, 思いやる, 関係, 補助, 相手, 全体, 助け合う
【内容】 単語数： 22 (10.0%) 頻　度：449 (12.2%) 件　数：349 (11.3%)	体育授業の内容を示唆する語 運動, 課題, 目標, 技能, ゲーム (試合), 種目, 練習, 動き, スポーツ, 技術, ルール (スポーツ), 内容, 体操, 記録, 豊富, 特性, 目的, 練習方法, 設定, 戦術, 作戦, コツ
【マネジメント】 単語数： 29 (13.2%) 頻　度：438 (11.9%) 件　数：392 (12.8%)	教師による学習者の統制や授業の進行における規律や規範を示す語 確保, 準備, 規律, 守る, 行動, 安全, 指示, 整列, 集合, 集団行動, ルール, 指導, 説明, 与える, 片付け, メリハリ, 話, 役割, 態度, 正しい, けじめ, やらす, 安全面, 怪我, 挨拶, 運営, 整然, ねらい, 素早い
【環境・授業展開】 単語数： 17 (7.8%) 頻　度：149 (4.1%) 件　数：131 (4.2%)	施設や用具あるいは授業の展開や全体的な雰囲気を示す語 雰囲気, 明確, つながる, 明るい, あふれる, 場, 活気, 最後, 用具, 施設, 配慮, 授業展開, 場面, 道具, 状況, 取り入れる, 手立て
【未分類】 単語数： 51 頻　度：3088 件　数：1436	質問文に提示した語や突出して出現頻度が高い語, 解釈が相当程度多様な語 授業, する, 生徒, できる, ある, なる, 見る, 持つ, 多い, 行う, やる, ない, 時間, 教師, 良い, 体育, 出る, 思う, それ, 大切, いる, 出す, 十分, 終わる, 何, 高い, 少ない, 次, 全て, 必要, よい, 上がる, なす, 誰, 気, 他, たくさん, つく, いく, もつ, 示す, 低い, 含める, 多く, 大きい, つけ る, 重要, 場合, 行える, 受ける, 早い

注：単語は件数の多かった順に記載
　単語数合計：270, 頻度合計：6761, 件数合計：4538

2　よい授業イメージの構造と類型的把握

次に，よい授業イメージを構成する単語をもとにクラスター分析を行った結果，授業観の類似性によってケースを３つに分類することができた。その後，

カテゴリーごとに Fischer の正確確率（p 値）の低さによって単語を並び替え，確率値.05 を基準に 33 語を抽出して最も出現率が高いクラスターの特徴語とした（表 6-3）。また，特徴語 33 語の出現率とクラスターの対応分析を行い 2 次元平面上にプロットした（図 6-1）。その後，クラスターごとに出現率の高い上位 30 語から，特定のクラスターでしか使用されていない語を上述の 33 語の特徴語と重なるものも含めて 25 語抽出した。さらに，クラスターの特徴を補足するためカテゴリーごとの対応分析結果および出現率（章末，表 6-10）から 121 語を解釈・抽出し，全 167 語を 3 クラスターの特徴語として同定した。その後，クラスターの特徴語が使用されている件数の最も多いケースを典型例として抽出・整理した結果から，3 つのクラスターを以下のような授業観として

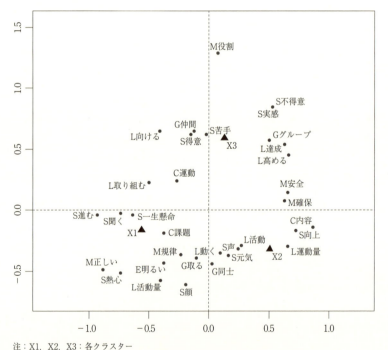

注：X1，X2，X3：各クラスター
S：学習者，L：学習活動，G：学習者集団／集団活動，C：内容，M：マネジメント

図 6-1　特徴語とクラスターの対応分析結果

表6-3 Fischerの正確確率に基づく抽出語と出現率

分類／単語	クラスター（出現率）						*p*値
【学習者】	1		2		3		
一生懸命	**19**	**.063**	3	.010	11	.020	.000
聞く	**11**	**.036**	1	.003	6	.011	.005
進む（進んで…）	**7**	**.023**	0	.000	3	.006	.007
声	12	.040	**20**	**.070**	13	.024	.007
顔	**4**	**.013**	3	.010	0	.000	.012
熱心	**4**	**.013**	1	.003	0	.000	.014
向上	1	.003	**9**	**.031**	7	.013	.025
得意	7	.023	2	.007	**20**	**.037**	.027
苦手	6	.020	3	.010	**21**	**.039**	.040
実感	0	.000	2	.007	**9**	**.017**	.040
不得意	0	.000	2	.007	**9**	**.017**	.040
元気	6	.020	8	.028	4	.007	.047
【内　容】	1		2		3		*p*値
課題	**18**	**.186**	6	.081	10	.056	.003
運動	**28**	**.289**	8	.108	42	.236	.012
内容	0	.000	5	.068	5	.028	.024
【学習者集団】	1		2		3		*p*値
グループ（チーム）	1	.008	7	.058	**19**	**.093**	.004
同士	8	.068	9	.075	3	.015	.010
取る（取れる）	**8**	**.068**	7	.058	3	.015	.021
仲間	6	.051	2	.017	**18**	**.088**	.023
【学習活動】	1		2		3		*p*値
運動量	10	.046	**42**	**.261**	22	.080	.000
取り組む（取り組める）	**61**	**.280**	7	.043	47	.172	.000
活動	21	.096	**26**	**.161**	14	.051	.001
向ける（向かう）	8	.037	0	.000	**12**	**.044**	.012
高める	0	.000	4	.025	**8**	**.029**	.016
活動量	**5**	**.023**	2	.012	0	.000	.025
達成	0	.000	3	.019	**7**	**.026**	.029
動く	11	.050	10	.062	5	.018	.038
【マネジメント】	1		2		3		*p*値
確保	3	.023	**19**	**.176**	19	.118	.000
正しい	**7**	**.055**	1	.009	0	.000	.002
規律	**16**	**.125**	9	.083	4	.025	.003
安全	1	.008	9	.083	10	.062	.011
役割	1	.008	0	.000	**8**	**.050**	.012
【学習環境・雰囲気】	1		2		3		*p*値
明るい	**6**	**.162**	3	.086	1	.017	.022

解釈した（表6-4）。

　第Ⅰクラスター（32.0％）は，課題への取り組みにおける生徒の学習態度（一生懸命，熱心，主体的，積極的など）や授業全体の規律（規律，正しい，指示，整然，集団行動など）に関するコトバが特徴語となっている。また具体例の検討からも，学習活動の前提条件といえる規律正しさや生徒が積極的に課題に取りくむ態度が「よい授業」のイメージとして描かれていることがわかる。これらの特徴を踏まえ，第Ⅰクラスターの授業イメージを「子どもが積極的・能動的に学習に取り組んでいる，規律正しい授業」と解釈し，以下では「規律・態度志向」と表記する。

　第Ⅱクラスター（38.1％）は最も割合が高く，特徴語として「運動量」の出現頻度が高い。また，活発な授業の雰囲気（声，元気，達成感，（汗を）かく，活動，動くなど）を表すコトバが特徴語となっている。さらに，活発な雰囲気に加えて「安全」や「怪我」などの語も特徴語として現れており，安全が確保された様子が授業イメージとして描かれている。具体例についても，効率的な学習の進め方によって，運動量と安全を確保していける授業がイメージされていることから，第Ⅱクラスターの授業イメージを「運動量と安全が確保された中で，子どもが活発に学習に取り組む授業」と解釈し，以下では「運動量・安全志向」と表記する。

　第Ⅲクラスター（29.9％）は，最もサイズが小さく，特徴語として学習者の個人差を表すコトバ（得意，不得意，レベル，技能など）や生徒の集団的な学習活動（グループ，仲間，関わる，リーダー，役割）を示すコトバが抽出された。具体例をみてみると，生徒の技能などに現れる個人差を踏まえつつ，課題解決に向けて仲間と共に協力しながら学習を進めていく姿が描かれている。このような特徴を踏まえて，第Ⅲクラスターの授業イメージを「子どもが主体的に関わり合いながら協同的に課題解決を目指している授業」と解釈し，以下では「協同的学習志向」と表記する。

3　授業観クラスターと経験年数および授業観の変容との関連

　次に，以上の分析によって得られたクラスターについて経験年数および授業

観の変容との関連を分析した。まず「経験年数グループ」ごとにみた授業観クラスターの比率の差を分析したところ有意な関連は認められず（$\chi^2(4)=2.036$, n.s.），両者の間に関連があるとはいえないことが確認された（表6-5）。次に，「授業観の変容の有無」によって各クラスターの割合を分析した結果，有意な関連が認められた（表6-6）。すなわち，授業観が変容した教師に「協同的学習志向」が多く，授業観が変容していない教師に「規律・態度志向」の教師が多い傾向にあった。

さらに，授業観クラスターごとに「経験年数グループ」と「授業観の変容の有無」の関連を分析した結果，全体では両者の間に有意な関連が認められないものの「協同的学習志向」の授業観のみ有意な関連が認められ，ベテランの教師ほど授業観が変容した教師が多い（表6-7）。つまり「協同的学習志向」だけが，経験年数の積み重ねによる授業観の変容を経て保持される傾向にあることがわかる。

次に，授業観の変容による授業イメージの違いについて詳しく検討するため，授業観が変容した教師の過去に抱いていたよい授業イメージを分析した結果，授業構成要素のカテゴリーに分類可能な76語が抽出された（表6-8）。多くの単語が現在のよい授業イメージを構成している語と重なるが，上位の語はいずれも「規律・態度志向」と「運動量・安全志向」の特徴語として抽出されたものが多い。とりわけ上位10語は，全て2つの授業観の特徴語であった。なお，これらの単語が使用された原文データには「『楽しいだけ』の授業」「『運動量だけ』の授業」という表層的な授業イメージや，「『規律』を重視し教師の『指示』に生徒が従う姿」などの過度な管理志向を表すものが記述されていた。過去の授業イメージだけに出現した単語に注目してみても「言われた通りに生徒が動く」や「指示通り」など，偏った管理志向を表現する語が同様に抽出された。

4　授業イメージに影響を与える経験

現在の授業イメージに影響を与えた経験について，授業観クラスターごとの項目選択率を比較分析した結果（図6-2），「規律・態度志向」の教師は，児童・

表6-4 授業イメージクラスターの特徴語と具体例

規律・態度志向(32.0%)	【学習者】	**一生懸命**, **聞く**, **進む**, **顔**, **熱心**, 活発, 自ら, 主体的, 積極的, 楽しむ
	【学習活動】	**取り組む**, **活動量**, 考える, 競い合う, プレー, 工夫, 見つける, 習得, 解決, 勝つ
	【学習集団・集団活動】	**取る**, 周囲, 教える, 相手, コミュニケーション, 思いやる, <u>全員</u>, 協力, 助け合う, 認める
	【内　容】	**課題**, 運動, 体操, コツ
	【マネジメント】	**正しい**, **規律**, **指示**, 与える, 話, 片付け, 整然, 集団行動, 挨拶, **準備**, やらす
	【学習環境】	**明るい**, 場面, 状況, 明確, つながる

具体例
◇意欲的に取り組める授業。集合や体操など自主的に取り組め，時間にもけじめある授業展開ができる。道具の準備，片づけなど指導者から指示がなくても，気づいたものが損得なくさわやかに行い，またそういった生徒に周囲は感謝する姿勢がある。
◇前提条件として，規律正しく集団行動が取れている。礼儀正しく，服装も整っている。教師，生徒とも，互いに礼を持って授業に臨んでいる。明るく元気に身体を動かし，主体的に活動している。
◇子どもたちが意欲的に向上心を持って取り組んでいること。課題に対して積極的に取り組み生徒の活動量が多いこと。楽しい雰囲気でありながら，規律のある授業。運動を楽しむ気持ちを持ちながらも整然とした集団行動，集中力の高い雰囲気があること。
◇規律正しく与えられたルールの中で一生懸命取り組んでいる授業。集合隊列を学び実践し，相手を思いやって自分よがりにならずに一生懸命取り組んでいる授業。

運動量・安全志向(38.1%)	【学習者】	**声**, **向上**, **元気**, 満足感, 達成感, かく, 笑顔, **感じる**, 能力, 喜び
	【学習活動】	**運動量**, **活動**, **動く**, 進める, 決める, 克服, 見学, 声かけ, 動ける, 学ぶ, 参加, 課題解決
	【学習集団・集団活動】	**同士**, 全体, 話し合う, 励ます, 関係, かけ合う, サポート, 一緒, <u>お互い</u>, 中心
	【内　容】	**内容**, 技術, ゲーム, 作戦, 動き, 記録, 豊富, 練習, スポーツ, ルール
	【マネジメント】	**確保**, **安全**, 守る, ルール, 怪我, 説明, メリハリ, ねらい, 運営, 安全面
	【学習環境】	**雰囲気**, 配慮, 最後, 施設

具体例
◇授業者の説明・指示する時間が，そのための集合・解散の頻度をなるべく減らし，効率よく身体活動をより長く行わせる授業。
◇子どものスキルが向上する授業。一人でも多くの子どもができなかったことができるようになる記録が向上するといったことができる授業。生徒同士がコミュニケーションをしており，生徒の思考・工夫が見られる授業。楽しく，元気で笑顔あふれる授業。十分な運動量があり，全ての生徒が意欲的に声をかけながら活動している授業。
◇子どもが汗をかき，元気な声を出している授業。一人ひとりの運動量が充分ある活動になっていること。また，お互いが動く中で，元気な声をかけ合える雰囲気があること。お互いが支え合え，教え合える授業。
◇安全に配慮し，安全に授業が進められることは体育の中で学ぶ重要な要素であると考える。規律ある授業。体育の授業はイメージに書いたように安全に行われなければ意味がない。そのためには，全員が一定の規律の中で授業が進められることが重要となる。

協同的学習志向(29.9%)	【学習者】	**得意**, **苦手**, **実感**, **不得意**, 自分, 真剣, 興味, レベル, 個人, 体
	【学習活動】	**向ける**, **高める**, **達成**, 触れる, 動かす, 学習, 判断, <u>アドバイス</u>, 活用, 実践, 応じる, 失敗, 理解, 適度, 挑戦, わかる
	【学習集団・集団活動】	**グループ**, **仲間**, 合う, 尊重, 知る, 集団, 合える, リーダー, 皆, 他者, 補助
	【内　容】	特性, 設定, 練習方法, 種目, 戦術, 目標, 目的, <u>技能</u>
	【マネジメント】	**役割**, 整列, 行動, 指導, 素早い, 態度, けじめ, 集合
	【学習環境】	用具, あふれる, 取り入れる, 場, 活気, 授業展開, 道具, 手立て

具体例
◇運動の特性に触れて，興味を示し，技能習得に向けた努力をしていて楽しいと思う授業。基本的技能や技能向上のためのスキルに挑戦し，少しずつ上達したり，できたなど，特性に触れた楽しさが実感できる授業。授業のめあてが明確で，自分の役割分担を理解し，仲間と協力し合いながら活動できる授業。
◇子どもができた，できるようになったを実感できる授業。運動能力が低い生徒でも自分なりの目標設定を行い，課題解決の具体的な方法を実践することを通して目標達成ができる授業。課題解決など同一の目標に向け，教え合いや高め合いといった共同学習がなされる授業。
◇子ども，生徒がいろいろなレベルの子達に通用するルール（スポーツ）を考え出して全員が楽しめている授業。ゲームのレベルを落とさないで，各々の生徒が自分に与えられた役割を理解していて。その役割に相応した行動を取れる。その種目の作戦を理解するようになる。体育が苦手な子ども，生徒が失敗を恐れずに挑戦している授業。
◇得意な生徒も苦手な生徒もそれぞれの目標に向かって，積極的に取り組んでいる授業。仲間と共に高め合える授業。動きを見合ったり，一緒にプレーし合う中で，より技能や戦術を高めていける授業。移動が素早く，声が出る元気な授業。

注：太字の単語は，カテゴリ別に算出したFischerの正確確率値（p値）が0.05未満で，出現率が最も高かったクラスターの特徴語として抽出したもの
　　下線の単語は，クラスターごとに出現件数の上位30語を抽出し，他のクラスターでは出現していない単語をクラスターの特徴語として抽出したもの
　　その他の単語は，カテゴリ別のFischerの正確確率値による並び替えと出現率による対応分析の結果，クラスターとの対応を解釈した語を抽出したもの
　　具体例は，各クラスターの特徴語を最も多く含むテキストの上位4つを抽出した

表 6-5　授業イメージクラスターと経験年数の関連

経験年数グループ	10年未満		10年以上20年未満		20年以上	
	%	n	%	n	%	n
規律・態度志向	37.2	(29)	24.4	(19)	38.5	(30)
運動量・安全志向	29.0	(27)	26.9	(25)	44.1	(41)
協同的学習志向	27.4	(20)	28.8	(21)	43.8	(32)
合　計	31.1	(76)	26.6	(65)	42.2	(103)

注：$\chi^2=2.036$ n.s.

表 6-6　授業観クラスターと授業観の変容のクロス表

授業観変容	非変容		変　容	
	%	n	%	n
規律・態度志向	60.3	(47)	39.7	(31)
運動量・安全志向	48.9	(45)	51.1	(47)
協同的学習志向	39.7	(29)	60.3	(44)
合　計	49.8	(121)	50.2	(122)

注：$\chi^2=6.404$　$p<.05$

表 6-7　授業観クラスター別の経験年数グループと授業観の変容のクラス表

	授業観変容	非変容		変　容	
		%	n	%	n
Ⅰ	10年未満	58.6	(17)	41.4	(12)
	10年以上20年未満	57.9	(11)	42.1	(8)
	20年以上	63.3	(19)	36.7	(11)
	合計	60.3	(47)	39.7	(31)
Ⅱ	10年未満	34.6	(9)	65.4	(17)
	10年以上20年未満	60.0	(15)	40.0	(10)
	20年以上	51.2	(21)	48.8	(20)
	合計	48.9	(45)	51.1	(47)
Ⅲ	10年未満	65.0	(13)	35.0	(7)
	10年以上20年未満	42.9	(9)	57.1	(12)
	20年以上	21.9	(7)	78.1	(25)
	合計	39.7	(29)	60.3	(44)
全体	10年未満	52.0	(39)	48.0	(36)
	10年以上20年未満	53.8	(35)	46.2	(30)
	20年以上	45.6	(47)	54.4	(56)
	合計	49.8	(121)	50.2	(122)

注：Ⅰ：規律・態度志向　$\chi^2=.195$ n.s.
　　Ⅱ：運動量・安全志向　$\chi^2=3.444$ n.s.
　　Ⅲ：協同的学習志向　$\chi^2=9.680$ $p<.01$
　　全体　$\chi^2=1.287$ n.s.

第6章　信念の内実と変容の様相―授業観に着目して

表 6-8　過去のよい授業イメージの抽出単語と出現率

S	楽しい	31.0	S	身体	3.4
L	動く	13.8	C	動き	3.4
L	運動量	11.2	G	全員	3.4
C	運動	10.3	L	動かす	3.4
L	活動	10.3	**M**	**動かせる**	3.4
L	取り組む（取り組める）	9.5	M	確保	3.4
L	考える	8.6	S	頑張る	3.4
M	規律	8.6	S	笑顔（笑う）	3.4
S	楽しむ（楽しめる）	8.6	S	聞く	3.4
M	**言う（言われたこと，言う通り）**	7.8	M	正しい	2.6
			S	自分達	2.6
M	指示	7.8	**C**	**基本**	2.6
M	指導	7.8	**C**	**球技**	2.6
S	汗	7.8	C	目標	2.6
S	自分	7.8	G	取る（取れる）	2.6
C	ゲーム（試合）	6.9	L	高める	2.6
S	かく（かける）	6.9	L	参加	2.6
G	皆	6.0	**M**	**きびきび**	2.6
G	中心	6.0	M	厳しい	2.6
C	技能	6.0	**M**	**通り**	2.6
S	一生懸命	6.0	M	ルール	2.6
M	主導（教師主導）	6.0	M	集団行動	2.6
M	行動	5.2	M	与える	2.6
M	**指示通り**	5.2	M	話	2.6
C	課題	5.2	S	育成	2.6
C	内容	5.2	S	元気	2.6
S	感じる	5.2	S	姿	2.6
S	**やれる（生徒が…やれる）**	4.3	S	自主的	2.6
			S	進む（進んで…）	2.6
C	技術	4.3	S	体力向上	2.6
G	教える	4.3	S	得意	2.6
S	向上	4.3	C	スポーツ	1.7
S	積極的	4.3	L	習得	1.7
C	種目	3.4	L	理解	1.7
P	**置く（重点を…）**	3.4	M	怪我	1.7
G	一緒	3.4	P	形式	1.7
M	説明	3.4	**P**	**盛り上がる**	1.7
S	活発	3.4	S	声	1.7

注：過去の授業イメージでのみ抽出された語を太字で表記

生徒時代の経験（体育授業や運動部活動経験，優れた教師との出会い）や大学時代の経験など入職前の経験に影響を受けており，入職後の経験としては「部活動指導を通じた学校外の教師との会話やアドバイス」の影響が，特徴的な傾向を示していた。一方，「運動量・安全志向」および「協同的学習志向」の教師は，「勤務校での先輩・同僚教師との会話やアドバイス」の選択率が高かった。

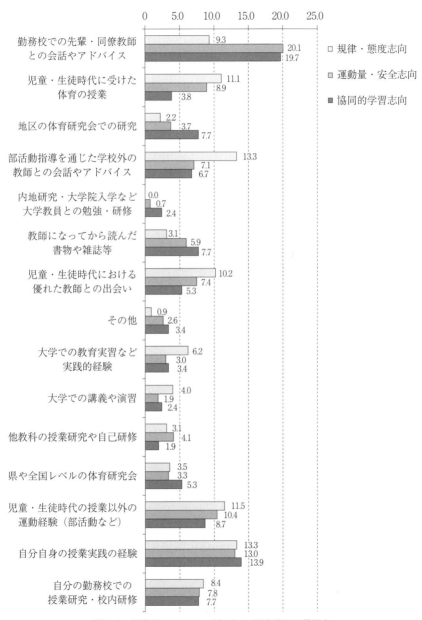

図6-2 授業観クラスター別にみた経験項目の選択率

なお,「自分自身の授業実践の経験」や「勤務校での授業研究・校内研修経験」について明確な違いはみられなかったものの,「協同的学習志向」の教師は,学校外の研究会における研究や書物・雑誌など,入職後の多様な研修経験に影響を受けている点に特徴がみられる。そこで,授業観クラスターごとに入職後の経験項目が選択された数について比率の差の検定を行った結果,有意な関連が認められ,「協同的学習志向」の教師が,特に入職後の経験に影響を受けている傾向が確認された（図6-3,表6-9）。

第4節　考　察
1　体育教師が有する授業観の内実

授業イメージを構成している語の抽出と集計から,学習者に関わる語が約7割を占めており,体育教師にとっての「よい授業」は,授業中の子どもの態度や様子,行動に映し出されることが明らかになった。一般的な授業が「学習者」「学習内容（教材）」「教師」の3つの要素から成立していることを踏まえると,体育教師の授業観は,主に「学習者」の要素および「学習者」と「学習内容（教材）」との間に生じる活動に焦点化されていることがわかる。一方でこのことは,「学習内容（教材）」そのものや「教師」から学習者や学習内容に働きかけるイメージが,相対的に少ないことを示唆している。

さらに,授業イメージを構成する単語の類似度から「規律・態度志向」「運動量・安全志向」「協同的学習志向」という3つの授業観クラスターを抽出した。髙橋（1992）によれば,よい体育授業は授業の目標・内容・教材・方法に関わる「内容的条件」を中心として,学習時間（運動学習量）の確保・学習規律・学習の雰囲気に関わる「基礎的条件」が周辺に位置づく,二重の同心円構造として説明されている。これらの条件に基づくと3つの授業観は,前二者がよい体育授業の「基礎的条件」を志向し,後一者が「内容的条件」を志向する授業観と捉え直すことができるだろう。

基礎的条件と関連する「規律・態度志向」と「運動量・安全志向」は,前者が生徒の積極的な学習態度や規律を意味する語を特徴としており,後者が運動

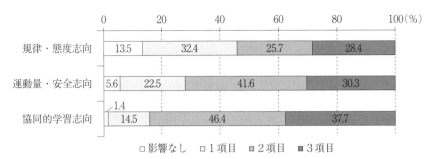

注：$\chi^2=18.473$, $p<.05$

図6-3 授業観クラスターによる入職後経験の比較

表6-9 授業観クラスターによる入職後経験の比較

入職後要因	影響なし		1項目		2項目		3項目	
	%	n	%	n	%	n	%	n
規律・態度志向	13.5	(10)	32.4	(24)	25.7	(19)	28.4	(21)
運動量・安全志向	5.6	(5)	22.5	(20)	41.6	(37)	30.3	(27)
協同的学習志向	1.4	(1)	14.5	(10)	46.4	(32)	37.7	(26)
合計	6.9	(16)	23.3	(54)	37.9	(88)	31.9	(74)

注：$\chi^2=18.473$, $p<.05$

量の確保や生徒の活発さ，安全性を意味する語を特徴としていた。これらの特徴語は，マネジメントと学習規律からなる「学習の勢い」（福ヶ迫ほか，2003）や肯定的な人間関係と情意的行動からなる「授業の雰囲気」（平野・髙橋ほか，1997）を表現する語と解釈することができることからも，体育授業の基礎的条件に焦点化された授業観といえる。

対して「協同的学習志向」は基礎的条件を一定程度含みつつも，生徒の個人差を踏まえた協同的な学習のスタイル（学習方法）を表す語が特徴語となっていたことや，具体例として，授業における課題解決の姿を現すイメージが描かれていた。そのため，他の授業観よりも授業の目標・内容・方法に関わる授業イメージが表現されていることから，体育授業の内容的条件に焦点化されている授業観と考えられる。

なお，典型例の記述に着目してみると「規律・態度志向」と「運動量・安全

志向」は，授業における特定の対象や一時点における学習者の様子（整列の様子や汗をかいている姿など）に注意が向けられており，授業イメージが局所に焦点化されている。これに対して「協同的学習志向」は，学習者同士の関わり合いによって学習成果が生まれるプロセスに目を向ける経時的視点（目標の設定と課題解決を通じた生徒の変化）に立っており，柔軟で広がりのある授業の姿が想定されている。

　一般的な教師の授業イメージに関する研究では，授業を「伝達の場」か「共同作成の場」と捉えるかによるイメージの違いが明らかにされている（秋田，1996）。これらには，学習者への知識伝達を主眼として教室が静かであることを重視する「直接伝達主義的指導観」と，生徒の参加や関わり合いによる主体的な知識構築や獲得を重視する「構成主義的指導観」の違い（OECD，2010＝2012）が表現されている。これに対して，本研究で抽出された「協同的学習志向」は構成主義的な授業観を表しているものの，他の2つの授業観が必ずしも知識伝達型の授業観を示しているとはいえない。体育教師の授業観には，一般教師の授業観のように相対する学習観や指導観の違いが現れるというよりも，学習成果を生み出すための原因（条件）・結果を重視するか，過程（プロセス）を重視するかという，視点の違いが表れている点に特徴があると考えられる。

2　体育教師の授業観の変容とその難しさ

　授業観の変容について検討した結果，「規律・態度志向」または「運動量・安全志向」から「協同的学習志向」への変容の道筋が描き出された。上述の考察を踏まえると，これらは体育授業の「基礎的条件」から「内容的条件」への視点の移行と捉えられると共に，学習のプロセスを重視する柔軟で広がりのある授業観への変容といえるだろう。また，授業観の変容を自覚している教師の過去の授業イメージから抽出された「規律・態度志向」および「運動量・安全志向」の特徴語は，過去の表層的な授業イメージや管理主義的な授業イメージを示す自由記述の中から抽出された。このことから，体育教師の授業観の変容が，表層的・管理主義的な授業観から柔軟な授業観への道筋を辿ることも示唆される。これらは，教える経験の少ない者の持つイメージが断片的・固定的で

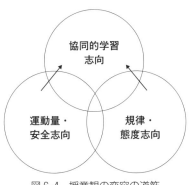

図6-4 授業観の変容の道筋

あるのに対して，教える経験を積むことで時間の流れと空間的広がりを持つ授業をイメージできるようになるという，一般教師の発達の方向性（秋田，1998）と重なるものでもある。

ところが，本章では経験年数の違いによる授業観クラスターおよび授業観の変容／非変容の違いが認められなかった。経験年数と授業観の変容との間に関連が認められなかったことは，すでに本書の第3章において確認したが，本章ではさらに，授業観クラスターについても関連がみられなかった点を新たに指摘できる。この結果は，経験年数による授業イメージの違いを実証した先行研究（秋田，1996）と明確に異なる。つまり体育教師の場合，授業観の変容と成長の方向性については一般教師と類似するものの，その変容が容易に起こり得ない点に一般的な教師との違いがみられる。

本書のフェーズ1の知見を補足する意味も含めて，以上の要因について考察すると，体育授業および体育における指導の特徴が，授業観を固定化していることが挙げられる。体育授業では，開放的な場における生徒の多様な身体活動と相互作用が繰り広げられる。故に，教室の授業よりも学習者の統制が難しく，授業の基礎的条件を担保するための「体育授業特有の『授業ルーチン』」（木原，2007）の確立が，全ての体育教師に共通かつ重要な課題とみなされる。実際，保健体育教師自身がもっとも身につけたいと考えている力が，世代を問わず「生徒管理力」であったことが報告されている（松田ほか，2010）。さらに，保健体

育科学習指導要領には「能率的で安全な集団としての行動の仕方（集団行動）」が体育科の内容として明文化されており，授業マネジメントとしてのみならず教科内容として制度化されている。このように，多くの体育教師にとって重要視され，また，共有されやすい認識は信念として強く正当化されやすい（西田，1998）。そのため基礎的条件を志向する授業観は，とりわけ強固に保持される性質を有していると考えられる。

3 授業観の変容における入職前後の経験の影響

最後に，授業観に影響を与えた経験を分析した結果，主に入職前の経験に影響を受けた「規律・態度志向」と入職後の経験に影響を受けた「協同的学習志向」，両者の中間に位置する「運動量・安全志向」という関係が確認された。さらに「協同的学習志向」「運動量・安全志向」「規律・態度志向」の順に，授業観に影響を及ぼした経験として入職後の経験が多く選択されていた。

特に「規律・態度志向」は，入職前の被教育体験が影響していたことから，教えられる経験によって培った素朴信念としての性質を持つことが指摘できる。対して「運動量・安全志向」と「協同的学習志向」の授業観は，入職後の経験に影響を受けており，とりわけ後者が学校内外における，あるいは書物等を通じた多様な研修経験が影響していたことから，現職教師として形成した授業観を象徴していると考えられる。

さらに，授業観の変容が「協同的学習志向」に向かって生じることを踏まえると，授業観の変容に対する入職後の経験の重要性が指摘できる。ただし，経験年数と授業観の変容が関連していなかったことから，入職後経験の影響は，単なる経験年数の積み重ねや経験の多寡によって左右されるものではなく，経験の積極的な意味づけと受容を通じた意識的な学びによってもたらされるものと考えるのが妥当である（松尾，2006；岸野・無藤，2006）。

Tillema（1998）によれば，信念の変容は新たな出来事や矛盾した情報に直面する意識的な過程であり，そのことによって生じる葛藤解決プロセスとされる。また，授業イメージの発達は，過去の経験からイメージを生成しつつも，そのイメージを将来の授業づくりのために柔軟に操作するようになる「イメー

ジの操作可能性」にも表れる（秋田，1998）。「協同的学習志向」の授業観に影響を与えていた多様な研修・学習経験は，新たな出来事や矛盾した情報に直面する契機であり，自らの授業観を柔軟かつ主体的に操作する機会といえよう。したがって，入職前の経験によって表層的・管理主義的な授業観から柔軟で広がりのある授業観へ変容していく体育教師の成長には，入職前の経験に対置される，入職後の多様な研修経験に支えられた，現職教師としての学びが重要と考えられる。

第5節 小 括

本章では，体育教師の授業に対する信念である授業観の内実とその変容について検討することを目的とした。具体的には，体育教師はどのような「よい授業」のイメージを保有しており，それはどのように変容するのか，それらのイメージにはどのような経験が影響しているかを検討するため，体育教師が抱いている授業イメージの探索的内容分析と経験との関連を検討した。得られた知見を要約すると以下のようになる。

(1) 体育教師にとってのよい授業イメージは，主に学習者に関わる単語によって構成されており，生徒の学習態度や様子，行動に映し出される形で描き出されていた。さらに使用される単語の類似性によってよい授業イメージは3つに分類でき，体育授業の基礎的条件を志向する「規律・態度志向」と「運動量・安全志向」，内容的条件を志向する「協同的学習志向」という授業観に類型化された。

(2) 授業観の変容は「規律・態度志向」「運動量・安全志向」から「協同的学習志向」への変容であることが明らかになった。それは，固定的・断片的な授業観から，柔軟で広がりのある授業観への変化の点で一般的な教師にみられる発達の方向性と重なっていた。しかし，半数以上の体育教師は授業観の変容を自覚しておらず，また，経験年数の違いと授業観の変容との間に関連が認められなかった点で，一般的な教師の授業イ

メージの変容とは異なる，変容の難しさが特徴として見出された。
(3) 授業観の変容に影響を与える経験を検討するため，それぞれの授業イメージに影響を与えた経験を分析した結果，授業観の変容は「入職前の経験」と「入職後の経験」が対立的に影響を与え合う綱引きのような状態の中で，後者の影響により起こり得ることが示唆された。とりわけ「協同的学習志向」の授業観が多様な研修・学習経験に影響を受けていたことから，体育教師としての成長をあらわす授業観の変容には，現職教師としての主体的な学びの経験が重要であることが明らかになった。ただし，授業観の変容と経験年数との間に関連があるとはいえなかったことから，入職後の経験を得るだけではなくその経験を受け入れ授業観の変容につなげていくことが重要と考えられる。

なお，本章ではよい授業イメージを構成しているコトバに着目して，授業イメージを記述する単語から構成される授業の姿とその類型によってケースを分類した。もちろん1人の体育教師が抱いている授業観が1つであるとは限らない。そのため「規律・態度志向」「運動量・安全志向」「協同的学習志向」の授業観は重なり合いながら内面化されている点に留意する必要がある。したがって，本研究における類型は授業に関する複数の信念からなる価値観の定量化した上で，教師の個人的な優先度を手がかりに解釈を試みたものと捉えることが妥当である。おそらく実際の授業観の変容は，規律・態度，運動量・安全といった前提的・表層的条件を大切にする信念は保有されつつ，入職後の経験を通じて，生徒の協同的な学習を促すような複雑な営みを重視する信念が，行動や認識に強い影響を及ぼすようになると考えられる。

続く研究課題として入職後の経験が影響を及ぼすことを踏まえつつ，そのような経験を信念の変容へとつなぐ要因は何かを究明することが必要である。さらに，入職後の経験の受け入れを阻み，信念の変容を妨げる要因についても検討していく。

表6-10 カテゴリーごとの特徴語分析結果

【学習者】の特徴語とクラスター間比較

単語	クラスター（出現率）						p値
	1		2		3		
一生懸命	19	**.063**	3	.010	11	.020	.000
聞く	11	**.036**	1	.003	6	.011	.005
進む	7	**.023**	0	.000	3	.006	.007
声	12	.040	20	**.070**	13	.024	.007
顔	4	**.013**	3	.010	0	.000	.012
熱心	4	**.013**	1	.003	0	.000	.014
向上	1	.003	9	**.031**	7	.013	.025
得意	7	.023	2	.007	20	**.037**	.027
苦手	6	.020	3	.010	21	**.039**	.040
実感	0	.000	2	.007	9	**.017**	.040
不得意	0	.000	2	.007	9	**.017**	.040
元気	6	.020	8	**.028**	4	.007	.047
満足感	0	.000	4	**.014**	2	.004	.053
達成感	4	.013	12	**.042**	11	.020	.072
かく	5	.017	13	**.045**	12	.022	.081
自分	16	.053	7	.024	30	**.056**	.097
笑顔	7	.023	11	**.038**	8	.015	.105
活発	9	**.030**	3	.010	6	.011	.114
真剣	5	.017	1	.003	2	**.004**	.114
感じる	2	.007	8	**.028**	11	.020	.125
能力	1	.003	6	**.021**	7	.013	.133
自ら	14	**.046**	6	.021	13	.024	.144
興味	0	.000	1	.003	6	**.011**	.151
主体的	9	**.030**	3	.010	7	.013	.154
喜び	2	.007	7	**.024**	12	.022	.166
積極的	16	**.053**	7	.024	24	.044	.185
汗	3	.010	8	**.028**	15	.028	.189
自分達	4	.013	7	**.024**	5	.009	.218
楽しむ	11	**.036**	4	.014	16	.030	.225
力	2	.007	5	**.017**	3	.006	.237
レベル	0	.000	1	.003	5	**.009**	.247
個人	1	.003	0	.000	5	**.009**	.287
体	3	.010	2	.007	11	**.020**	.294
それぞれ	2	.007	1	.003	8	**.015**	.306
体力	1	.003	4	**.014**	5	.009	.319
関心	0	.000	1	.003	4	**.007**	.321
やる気	3	**.010**	0	.000	4	.007	.330
気持ち	3	**.010**	0	.000	4	.007	.330
努力	4	.013	2	.007	11	**.020**	.355
楽しい	16	.053	22	**.077**	29	.054	.362
姿	6	**.020**	2	.007	6	.011	.386
身	3	.010	3	.010	2	.004	.418
発揮	2	.007	3	**.010**	2	.004	.424
身体	2	.007	0	.000	4	**.007**	.436
充実感	1	.003	0	.000	4	**.007**	.457
上達	1	.003	0	.000	4	**.007**	.457
味わう	4	.013	8	**.028**	11	.020	.460
人	3	**.010**	2	.007	2	.004	.484
伸びる	1	.003	3	**.010**	2	.004	.496
意欲	0	.000	2	**.007**	3	.006	.528
走る	0	.000	2	**.007**	3	.006	.528
体育委員	0	.000	2	**.007**	3	.006	.528
目	0	.000	2	**.007**	3	.006	.528
意欲的	6	**.020**	5	.017	6	.011	.536
個々	1	.003	3	**.010**	3	.006	.551
悔しい	3	**.010**	1	.003	2	.004	.564
表情	3	**.010**	1	.003	2	.004	.564
楽しみ	2	**.007**	1	.003	1	.002	.584
頑張る	2	.007	4	.014	4	**.007**	.602
自発的	2	.007	3	**.010**	3	.006	.672
差	0	.000	1	.003	3	**.006**	.695
見える	3	**.010**	1	.003	3	.006	.697
生きいき	3	**.010**	1	.003	3	.006	.697
自主的	6	.020	7	**.024**	9	.017	.698
集中	2	.007	3	.010	7	**.013**	.703
自然	2	.007	4	**.014**	7	.013	.720
上手い	1	.003	2	**.007**	2	.004	.725
自己	1	.003	2	.007	5	**.009**	.744
思える	3	**.010**	1	.003	5	.009	.752
夢中	1	.003	1	.003	4	**.007**	.766
一人ひとり	4	.013	6	**.021**	10	.019	.769
成長	1	.003	0	.000	2	**.004**	.804
自身	1	.003	0	.000	3	**.006**	.813
心	1	.003	0	.000	3	**.006**	.813
体力向上	1	.003	0	.000	3	**.006**	.813
上手	2	.007	3	**.010**	4	.007	.830
全力	2	.007	1	.003	4	**.007**	.893
各自	2	**.007**	1	.003	3	.006	1.000
意識	2	.007	2	.007	5	**.009**	1.000
姿勢	2	.007	2	.007	4	**.007**	1.000
前向き	1	.003	1	.003	2	**.004**	1.000
合計	303	1.000	286	1.000	540	1.000	

【内容】の特徴語とクラスター間比較

単語	クラスター（出現率）						p値
	1		2		3		
課題	18	**.186**	6	.081	10	.056	.003
運動	28	**.289**	8	.108	42	.236	.012
内容	0	.000	5	**.068**	5	.028	.024
技術	3	.031	5	**.068**	3	.017	.099
ゲーム	3	.031	8	**.108**	12	.067	.136
特性	0	.000	1	.014	6	**.034**	.145
作戦	2	.021	2	**.027**	1	.006	.231
動き	1	.010	4	.054	7	**.039**	.283
体操	4	**.041**	2	.027	3	.017	.402
コツ	2	**.021**	1	.014	1	.006	.433
技能	6	.062	5	.068	19	**.107**	.436
記録	3	.031	3	**.041**	3	.017	.449
豊富	1	.010	3	**.041**	4	.022	.456
練習	2	.021	4	**.054**	7	.039	.494
設定	2	.021	0	.000	4	**.022**	.564
練習方法	2	.021	0	.000	4	**.022**	.564
スポーツ	2	.021	3	.041	6	**.034**	.723
種目	4	.041	3	.041	10	**.056**	.848
戦術	1	.010	1	.014	4	**.022**	.868
目標	8	.082	6	.081	18	**.101**	.883
ルール	3	.031	3	**.041**	5	.028	.919
目的	2	**.021**	1	.014	4	.022	1.000
合計	97	1.000	74	1.000	178	1.000	.151

【学習環境】の特徴語とクラスター間比較

単語	クラスター（出現率）						p値
	1		2		3		
明るい	6	.162	3	.086	1	.017	.022
用具	1	.027	0	.000	6	.102	.073
雰囲気	4	.108	9	.257	9	.153	.247
配慮	2	.054	3	.086	1	.017	.285
場面	3	.081	1	.029	1	.017	.325
あふれる	1	.027	2	.057	6	.102	.373
取り入れる	0	.000	1	.029	3	.051	.383
最後	2	.054	3	.086	2	.034	.479
状況	2	.054	0	.000	2	.034	.480
明確	5	.135	2	.057	5	.085	.544
つながる	4	.108	3	.086	3	.051	.585
場	2	.054	1	.029	5	.085	.655
活気	1	.027	2	.057	4	.068	.790
施設	1	.027	2	.057	3	.051	.879
授業展開	1	.027	1	.029	3	.051	1.000
道具	1	.027	1	.029	3	.051	1.000
手立て	1	.027	1	.029	2	.034	1.000
合計	37	1.000	35	1.000	59	1.000	.848

【学習集団】の特徴語とクラスター間比較

単語	クラスター（出現率）						p値
	1		2		3		
グループ	1	.008	7	.058	19	.093	.004
同士	8	.068	9	.075	3	.015	.010
取る	8	.068	7	.058	3	.015	.021
仲間	6	.051	2	.017	18	.088	.023
全体	2	.017	3	.025	0	.000	.067
合う	1	.008	0	.000	6	.029	.098
話し合う	1	.008	4	.033	1	.005	.111
尊重	1	.008	0	.000	5	.024	.145
周囲	6	.051	2	.017	3	.015	.160
関わる	2	.017	4	.033	12	.059	.179
教える	16	.136	12	.100	15	.073	.186
集団	2	.017	1	.008	8	.039	.192
合える	1	.008	4	.033	8	.039	.279
相手	2	.017	0	.000	3	.015	.459
コミュニケーション	4	.034	3	.025	3	.015	.469
励ます	2	.017	5	.042	4	.020	.527
関係	0	.000	2	.017	3	.015	.532
リーダー	1	.008	1	.008	5	.024	.556
思いやる	2	.017	2	.017	1	.005	.604
全員	9	.076	6	.050	11	.054	.615
協力	15	.127	11	.092	21	.102	.665
かけ合う	3	.025	4	.033	4	.020	.683
サポート	3	.025	4	.033	4	.020	.683
一緒	1	.008	3	.025	5	.024	.687
助け合う	2	.017	1	.008	1	.005	.704
お互い	7	.059	9	.075	12	.059	.850
皆	5	.042	7	.058	12	.059	.860
認める	3	.025	2	.017	5	.024	.923
他者	2	.017	2	.017	4	.020	1.000
中心	1	.008	2	.017	3	.015	1.000
補助	1	.008	1	.008	3	.015	1.000
合計	118	1.000	120	1.000	205	1.000	.848

【マネジメント】の特徴語とクラスター間比較

単語	クラスター（出現率）						p値
	1		2		3		
確保	3	.023	19	.176	19	.118	.000
正しい	7	.055	1	.009	0	.000	.002
規律	16	.125	9	.083	4	.025	.003
安全	1	.008	9	.083	10	.062	.011
役割	1	.008	0	.000	8	.050	.012
整列	5	.039	2	.019	11	.068	.144
行動	8	.063	2	.019	11	.068	.162
守る	6	.047	10	.093	7	.043	.213
指示	9	.070	5	.046	5	.031	.302
与える	5	.039	1	.009	6	.037	.317
話	5	.039	3	.028	2	.012	.335
片付け	6	.047	3	.028	3	.019	.345
整然	3	.023	0	.000	2	.012	.385
集団行動	7	.055	4	.037	4	.025	.402
指導	4	.031	2	.019	8	.050	.452
ルール	3	.023	6	.056	5	.031	.453
素早い	1	.008	0	.000	3	.019	.467
態度	2	.016	1	.009	5	.031	.494
怪我	2	.016	3	.028	2	.012	.636
説明	3	.023	5	.046	3	.019	.640
メリハリ	3	.023	4	.037	3	.019	.661
挨拶	3	.023	1	.009	2	.012	.674
準備	11	.086	6	.056	13	.081	.679
けじめ	3	.023	1	.009	4	.025	.737
集合	4	.031	4	.037	8	.050	.769
やらす	3	.023	1	.009	3	.019	.803
ねらい	1	.008	2	.019	2	.012	.859
運営	1	.008	2	.019	3	.019	.859
安全面	2	.016	2	.019	3	.019	1.000
合計	128	1.000	108	1.000	161	1.000	.848

【学習活動】の特徴語とクラスター間比較

単語	クラスター（出現率）						p値
	1		2		3		
運動量	10	.046	42	.261	22	.080	.000
取り組む	61	.280	7	.043	47	.172	.000
活動	21	.096	26	.161	14	.051	.001
向ける	8	.037	0	.000	12	.044	.012
高める	0	.000	4	.025	8	.029	.016
活動量	5	.023	2	.012	0	.000	.025
達成	0	.000	3	.019	7	.026	.029
動く	11	.050	10	.062	5	.019	.038
触れる	0	.000	0	.000	4	.015	.091
動かす	4	.018	1	.006	10	.036	.110
学習	1	.005	1	.006	7	.026	.130
判断	1	.005	0	.000	4	.015	.313
考える	18	.083	7	.043	18	.066	.332
アドバイス	5	.023	6	.037	13	.047	.374
進める	1	.005	3	.019	2	.007	.392
競い合う	3	.014	1	.006	1	.004	.456
活用	2	.009	0	.000	3	.011	.538
実践	2	.009	0	.000	3	.011	.538
プレー	4	.018	2	.012	2	.007	.542
応じる	1	.005	1	.006	4	.015	.581

語							p
失敗	1	.005	1	.006	4	**.015**	.581
理解	8	.037	5	.031	14	**.051**	.594
決める	1	.005	2	.012	3	.011	.672
克服	1	.005	2	.012	3	.011	.672
工夫	11	**.050**	5	.031	12	.044	.686
見学	1	.005	2	.012	2	.007	.732
声かけ	1	.005	2	.012	2	.007	.732
動ける	1	.005	2	.012	2	.007	.732
学ぶ	6	.028	5	.031	6	.022	.820
適度	1	.005	1	.006	3	**.011**	.854
見つける	3	**.014**	1	.006	3	.011	.894
習得	4	**.018**	2	.012	4	.015	.925
挑戦	4	**.018**	2	.012	6	**.022**	.932
参加	4	**.018**	4	**.025**	6	.022	.942
解決	4	**.018**	2	.012	5	.018	1.000
わかる	4	**.018**	3	.019	6	**.022**	1.000
課題解決	2	.009	2	**.012**	3	.011	1.000
勝つ	**2**	**.009**	1	.006	2	.007	1.000
発見	1	.005	1	.006	2	.007	1.000
合計	218	1.000	161	1.000	274	1.000	

注

1) Elbaz（1981）は，実践的知識の構造について「実践のルール」「実践の原理」「イメージ」の3つのレベルを提示し，イメージは最も包括的で非明示的であるとする。また，イメージは教師の思考を導き，関連する領域の知識を構造化するのに役立ち，直観的な認識を導くと共に価値判断を含むものとされている。

2) その他にも「科学的な知」に対する「経験知」（西口・梶田，1996，pp.134-146），「学者の理論」に対する「日常の理論」（加護野，1988）といった言葉で，実践家の抱いている知の存在が指摘されてきた。

3) その他にも「テキストマイニングとは，大まかに定義すると，ユーザーが一連のツールを利用して文書集合を対話的に分析する非常に高度な知識を要求する作業である。データマイニングと同様にテキストマイニングは，情報源に潜在する興味深いパターンを試行錯誤しながら見つけ出し，有用な情報を得ることを目指している」（フェルドマン・サンガー 2010）ことや「複数のデータの内容を総合的にとらえることで初めて得られる知見を抽出するための内容分析の技術」（那須川，2006）と定義されている。ただし，テキストマイニングは「あくまで人間が膨大な文書データを有効活用するためのツールであり，データ内容を解釈して判断を下すのは人間であることが強調される（那須川，前掲，pp.3-4 参照）。

4) なお，単語や品詞，構文を抽出し分析可能な単位に加工する作業（自然言語処理）は，言語（日本語や英語など）の文法規則に基づいて行われる。だが，テキストデータが常に文法的に正しい状態で収集されるわけではないため，技術的な誤差は免れない。形態素を解析するプログラムは複数存在するため，必ずしも同様の結果が得られるわけではない。これらの点を踏まえると，分析対象の規模を限際なく大きくすることには慎重にならざるを得ず，また，学術的な研究への適用には分析する者が解析結果（抽出された単位の適切性）を確認できる程度に，規模が制限される必要があると考える。

5) TTM は形態素解析エンジンとして Mecab（メカブ），構文解析における係り受け解析を行うシステムとしての CaboCha（カボチャ）を用いた無償の自然言語処理ツールである。

6) 本研究で算出する Fischer の正確確率は，ある単語が特徴的であるか否かを抽出された単語間で相対的に検討するためのものであり，p 値によって単語全体を順位づけることに意図がある。故に，.05 の値も仮説検定のための有意水準を表すものではなく，特徴

語を多角的な観点から抽出していくための1つの目安として設定した。
7)「経験年数グループ」は，第3章と同様に，「保健体育教師として大きく成長したと思う時期」の調査結果に基づいて，3群に分類している。
8) 抽出された単語はその出現回数に基づいて集計されるが，その方法は「出現頻度」と「出現件数」の2種類に大別することができる。「出現頻度」は1つのテキストの中で複数回出現した単語の述べ回数を集計する。一方，「出現件数」はある単語が使われたテキスト（調査対象者）の数を集計する方法である。

第7章　経験の受け入れと変容に影響を及ぼす信念

第1節　目　的

　本章では，前章の結果を踏まえて入職後の経験が授業に対する信念の変容をもたらす要因を明らかにしていく。信念が行動のみならず認識にも影響を及ぼすことを踏まえると，入職後の経験をいかに受け入れ変容へとつなげていくか，すなわち経験から学習する力となる信念に影響を受けると考えられる。

　経営学分野において人的資源マネジメントに最も深く関わる人材育成研究の領域では，経営資源としてのヒトを管理される対象としてではなく学び成長する主体と捉え，学習研究や熟達研究の知見に依拠しつつ経験からの学習を規定している要因を「経験から学習する能力」として概念化し，検討している（楠見，1999；Moon，2004；松尾，2006）。特に松尾（2006, 2010, 2012）は，人間の認知的活動や行動を方向づけるメタ認知としての「信念」に着目し，経験から学習する能力の個人差を実証している。信念に着目する有効性は，経験から学習する能力としてそれまで明らかにされてきた態度や資質，スキル等の要因をより根底から規定する点にある。教師の成長に関する研究と人材育成研究の展開は，ヒトを学び成長する主体として捉える視座において共通するものの，教師を対象に経験から学習する能力を実証したものはない。

　なお信念は，時に偏ったものの見方や考え方を導くことから遭遇した多様な経験に対する教師自身の解釈に際して，肯定的な意味づけのみならず否定的な意味づけをも導き，成長の停滞にも影響を及ぼす。本章の目的は，前章で検討した授業観の変容を規定すると考えられる，経験からの学習を促進・阻害両面で規定する信念を明らかにすることである。そこで，体育教師の保有する信念の構造と機能を実証し，体育教師の変容における経験と信念の関連を検討する。なお本章では，体育教師の信念対象を選択・操作化した上で3つの研究課題を

設定した。第一に、現職体育教師の保有する教師イメージおよび仕事の信念の構造を実証し、どのような信念を保有する教師が存在するかを類型的に明らかにする。第二に、体育教師の成長に関わるものの見方・考え方の変容と経験の受け入れ方の実態および両者の関連を明らかにする。第三に、経験の受け入れ方に対して、どのような信念が如何なる影響を及ぼすかを明らかにすることである。

第2節 方 法

　本章では、「信念」を主要概念としてその構造を検討すると共に、「体育教師の成長」と成長にとって重要な「経験の受け入れ」との関連を実証した後、「経験の受け入れ」に対する「信念」の機能を実証するものであり、主に、3つの概念（「信念」「経験の受け入れ」「成長」）を分析の対象としている。本節ではこれらの概念の操作化と分析方法について述べていく。

　なお「信念」については、特に教師の信念に関する実証的研究が進んでいる教育心理学分野の知見および経験から学ぶ能力を実証した人材育成研究の知見を踏まえ、2つの信念—「教師イメージ」と「仕事の信念」を抽出し、操作化する。

　また、「経験の受け入れ」については、成長にとって意味ある経験を明らかにしてきた教師の自己形成史的研究の知見に依拠して経験内容を抽出した上で、その経験をいかに成長につなげるかという観点から「成長経験の受容」として操作化する。

　「体育教師の成長」については、教師の主体的な成長を捉える視座と企業組織を主たる実践領域とする人材育成研究における成長の捉え方との異同を踏まえた上で、経験からの学習を通じた教師のものの見方・考え方の変容を捉えるために、前章までと同様、授業観の変容（理想像の変容）として操作化する。そして最後に、具体的な分析方法を提示する[1]。

1　体育教師が保有する信念の対象と操作化
(1) 信念の対象
　Calderhead (1996) は，教師が主要な信念を保持する5つの領域を提示している。すなわち，①学習者と学習についての信念，②指導についての信念，③教科についての信念，④指導することに関する教師の学びについての信念，⑤指導における自己の役割についての信念，である。また，Tsangaridou (2006) は，それまでの体育科教育学研究を基に，体育教師が強い信念を抱いていることを示唆する教育問題を10のカテゴリーに分類している。すなわち，①体育の目的についての教職志望者の信念，②指導についての学びと指導経験についての信念，③効果的な指導についての信念，④学級担任の体育指導についての信念，⑤学習者と学習に対する信念，⑥信念と指導実践との関係についての信念，⑦教材についての信念，⑧自己と指導における自らの役割についての信念，⑨仕事の本質についての信念，⑩教師の心配事[2]である。

　第2章で述べたように，これらのカテゴリーは先行研究の知見を踏まえて仮説的に提示されたものであり，相対的な重要度が示されているわけではない。だが，信念の概念規定を踏まえると，信念は自らのアイデンティティや存在に関わる信念ほど，あらゆる意思決定に対して強い影響を及ぼす (Rokeach, 1968, pp.5-6；Abelson, 1986)。つまり，自分はどのような教師か，自らが従事している体育教師とはどのような役割を担う職業なのか，といった自己に直接関わる信念ほど実践や経験の受け入れを左右すると考えられる。そこで，本研究では以上のカテゴリーを参考として，体育教師にとって自らのアイデンティティや存在に直接関わると推論される「自己および指導における自らの役割についての信念」と体育教師という「仕事の本質についての信念」に焦点化する[3]。そして，これらの信念を詳細に検討するため，前者については教師の自己に対する信念である「教師イメージ」，後者については体育教師自らの仕事に対する信念である「仕事の信念」として操作化を試みることとした。

(2) 自己に対する信念の操作化―体育教師の「教師イメージ」尺度
　自己に対する信念を捉えるために導入する教師のイメージは，前章でも述べ

たとおり，主に 1980 年代以降，研究が進められてきた概念である（深見，2006）。とりわけ，実践的知識の構成要素[4]の１つとしてイメージを取り上げた Elbaz（1981）以降，イメージは教師の認識枠組みを明らかにする上で有効な概念とされている。なお，信念は必ずしも明示的・自覚的な命題として表出されるわけではなく，教師は言明化することの難しい信念をも保有している。その点で，比喩的命題（メタファー）として表されるイメージは，教師の信念を拡張的・包括的に捉える上で有効である。

教師のイメージ研究では，主に「子ども」「授業」「教師」についてのイメージが抽出されてきた（秋田，1996；深見，2007；三島，2008 など）。本章では，イメージが信念を操作化する上で有効な概念であること，信念のうち自らの存在に直接関わる信念が最もヒトの認識や行為を規定することを踏まえ，上記 3 つのイメージのうち「教師イメージ」（授業における教師の役割に関するイメージ）を取り上げる。

なお，イメージに関する研究では，授業や教師のイメージに関するメタファー項目（「…は，…のようだ」）が使用されている。このようなメタファーは，教師の信念を明らかにし，探究するための有用な手がかりであり，その変容は信念や実践の変容の前兆となることが指摘されている（Bullough and Baughman, 1997）。そこで本研究では，秋田（1996）を参考に，体育教師が保有する教師イメージとして 16 のメタファー項目を設定した。なお，測定尺度は，「7：全くその通りである」から「1：全くそうではない」のリッカート型尺度からなる 7 段階評定法を用いた。

(3) 仕事に対する信念の操作化—体育教師の「仕事の信念」尺度

「仕事の信念」については，経営学分野の人材育成研究領域において，経験学習論に依拠しながら熟達プロセスを検討した松尾（2006）が，営業担当者の「仕事の信念」である「目標達成志向の信念」と「顧客志向の信念」によって，経験からの学習が促されることを実証している。さらに，経験から学習する能力の一つとして「メタ知識（metacognitive knowledge）」を挙げ，職業人が持つメタ知識は，「仕事観」や「仕事の信念」として，個別の知識獲得や活動に大

きな影響を与えることも明らかにしている（松尾，2010）。

　教師を対象とした研究においても，信念が新たな知識や経験の受け入れ方を規定することについては言及されており，たとえば，教師に提示された知識が，その教師の保持している信念体系と調和しない場合，新たな知識や経験に対する否定や抵抗が起こり，既存の知識構造や実践に変化は生じないとされている（Pajares, 1992；Ennis, 1994）。だが，何に対する信念が規定因となり得るかについての実証的知見はほとんどない。そこで本研究では，体育教師の「経験から学習する能力」を実証することを主眼に置き，体育教師自身のアイデンティティが反映されたメタ知識にあたる，体育教師の「仕事の信念」を取り上げその構造と機能を検討していくこととした。

　なお，体育教師が保有する仕事の信念については，体育教師の仕事観に関する研究が未だ報告されていないことから，田尾（1983）を参考に質問項目を作成した。田尾（1983）は，複数の専門職を対象に自らの職に対する態度を比較分析している。この尺度は，Hall（1968）による理論的枠組みを踏まえ，Snizek（1972）が作成した尺度をもとに，日本における様々な専門職の態度構造を検討するため開発されたものである[5]。なお，松尾（2006）が明らかにした「仕事の信念」も，プロフェッショナリズムの特性を反映したものであったことが報告されている。そこで本研究では，田尾（1980, 1983）の尺度を修正し，体育教師の職務に適した項目を加え，仕事の信念を尋ねる40項目を設定した[6]。測定では，体育教師という仕事のあり方に関する項目に「7：全くその通りである」から「1：全くそうではない」のリッカート型尺度からなる7段階評定法で回答を求めた。

2　体育教師による経験の受け入れと成長の操作化

(1) 体育教師の「成長経験の受容」尺度

　本研究は，体育教師の成長における経験の重要性を認めながらも，経験することが即，成長に結びつくわけではなく，遭遇した経験をいかに受け入れるか，その受け入れに信念がどう関係するかを基本的な問題関心としている。教師の成長にとって意味ある経験については，教師の成長契機や転機に着目した研究

（稲垣ほか，1988；小山ほか，1990，1994；山﨑，2002）が，順位法を用いてその経験内容を明らかにしている。一方，岸野・無藤（2006）は教師が直面した多様な出来事を自分の課題に引きつけて捉え，積極的な意味付けを行うことが専門性を向上させることを明らかにしている。本研究もまた，どのような経験をするかのみならず，成長契機となり得る経験をいかに積極的に受け入れるかを問題とするため，体育教師による経験とその受け入れを「成長経験の受容」として操作化した。

まず，教師の成長に関わる経験について稲垣ほか（1988），小山ほか（1990，1994），山﨑（2002）が明らかにした教師の成長契機や転機を参考にして，一般的な成長経験を項目化した。その上で，積極的な経験の受容を捉えるため，体育教師としての成長にとってそれらの経験をどの程度重要と考えるかを測定する評定法を用いた。具体的には26の経験項目を設定し，「5：極めて重要である」から「1：あまり重要ではない」のリッカート型尺度による5段階評定法を用いた。

(2) 体育授業観の変容―「理想像の変容」

本研究では，体育教師の成長を検討する上で人材育成研究における枠組みを援用するが，人材育成研究が対象とする実践領域は主に企業組織であり，ヒトの成長は主として業績（売上や契約数）などの指標を用いて操作化される。一方，教師の成長は，教職の複雑性や不確実性あるいは文脈性からして，標準化された指標を用いて操作化することの難しい概念である。故に，これまで蓄積されてきた教師の成長に関する研究では，経験による学習から目指す教師像や授業像を主体的に自己選択し，実践に対する考えが変容していく主観的なプロセスが重視されてきた（Guskey，2002；秋田，2009，山﨑，2012，p.163）。

そこで本章では，教師の成長を捉える指標として，客観的な指標を用いるのではなく，自覚的な授業観の変容に着目し，入職時と比べて授業の理想像がどの程度変容したかを教師自身の自己評価によって測定した。具体的には，第3章でも扱った「1. 入職時とほとんど変わっていない」「2. 入職時とは，多少変わった」「3. 入職時とはかなり変わった」「4. 入職時とは，大きく変わった」

の選択肢を用いた回答結果から，群分けを行った。すなわち，1または2に回答した者を「非変容群」，3または4に回答した者を「変容群」とした。

3 調査および分析の方法

(1) 調査方法

2011年3～4月にかけて，全国学校総覧2011年版を用いて無作為に抽出した公立中学校および高等学校の保健体育科教員を対象に，郵送自記式の質問紙調査を実施した。対象者数は2000，有効標本回収数634（回収率：31.7%）であった。

(2) 分析方法

収集されたデータの分析は，本研究の3つの研究課題に沿い，以下の手順で進めた。

分析1：「教師イメージ」と「仕事の信念」の構造を捉えるため，それぞれの尺度に対して探索的因子分析（主因子法，Varimax回転）を行った。因子数の決定については固有値1以上の基準を設け，因子負荷量が0.4に満たない項目を除外して，再度因子分析を行った。その後，保有する信念のタイプによって体育教師を類型的に把握するため，因子得点をもとに階層的クラスター分析（Ward法，平方ユークリッド距離）を行った。クラスター数の決定は，デンドログラムと距離行列の検討およびクラスターごとの分散分析結果から，解釈可能性を考慮して決定した。さらに，「経験年数グループ」（3群）[7]，「理想像の変容」ごとにみた各クラスターの比率，および2つの信念クラスター間の比率をクロス集計表（χ^2検定）によって分析した。

分析2：「成長経験の受容」に対して探索的因子分析（主因子法，Promax回転）を行った。因子数の決定については，固有値1以上の基準を設け，因子負荷量が0.4に満たない項目を除外して分析を行った。その後，下位尺度得点として因子得点を求めた。さらに，経験年数の蓄積と「成長経験の受容」の関係から経験の受け入れ方の実態を分析するため，「成長経験の受容」を従属変数，「経験年数グループ」を独立変数とする分散分析を行った。さらに，「成長経験の受容」と「理想像の変容」の関連を検証するため，

経験年数グループ別に「理想像の変容」の有無による「成長経験の受容」の比較分析（t検定）を行った[8]。

分析3：仕事の信念と経験の受け入れの関連を分析するため，「成長経験の受容」を従属変数，「仕事の信念」クラスターを独立変数とする分散分析を行った。その後，体育教師が保有する信念の機能を詳細に検討するため，「成長経験の受容」を従属変数，「仕事の信念」と「教職経験年数」を独立変数とする重回帰分析を行い，成長経験の受容に対する各変数の相対的な影響力を分析した。

第3節　結　果
1　体育教師が保有する信念の構造（分析1）
（1）体育教師が保有する信念の因子構造
①「教師イメージ」の因子構造

「教師イメージ」に対する因子分析を行った結果，4因子（累積寄与率：51.04％）が抽出された（表7-1）。第Ⅰ因子は，生徒を学習へと向かわせ，学習成果の獲得へと導いていくイメージとして解釈されることから「誘導者」と命名した。第Ⅱ因子は，教師を生徒よりも上位に位置している存在としてイメージする因子と解釈されることから「管理者」と命名した。第Ⅲ因子は，生徒間あるいは生徒と学習内容の間に立ち，学習を促進するイメージと解釈されるため「学習支援者」と命名した。第Ⅳ因子は，生徒の学習を支えるために協力する存在として解釈されるため「協力者」と命名した。

②「仕事の信念」の因子構造

「仕事の信念」に対する因子分析を行った結果，7因子（累積寄与率：46.28％）[9]が抽出された（表7-2）。

第Ⅰ因子は，体育教師が担う職務の文化的・社会的な意義に関わる項目に高い負荷量を示しており，仕事に関わる公共的な価値を志向する信念と解釈されるため「公共的価値の重視」と命名した。第Ⅱ因子は，体育教師としての仕事を自らの能力や潜在的な可能性を活かす職として捉えていると解釈される。さ

表7-1 教師イメージの因子分析結果

	I	II	III	IV	共通性	M	S.D.
I 誘導者 （α =.809）							
生徒に学習への興味を湧かせるように語りかける話し手	**.720**	.142	.257	.244	.664	5.18	1.13
技のポイントや練習の仕方をわかりやすく教えるコーチ	**.661**	.260	.230	.059	.561	5.38	1.04
授業を綿密に計画し，それを生徒に指示するプランナー	**.612**	.266	.172	.184	.509	4.78	1.20
生徒とともに授業をつくる共同制作者	**.483**	.053	.118	.353	.374	4.96	1.21
生徒を一定の目的の方向に導くガイド	**.462**	.306	.282	.179	.418	5.01	1.14
II 管理者 （α =.761）							
生徒の学習からの逸脱を防止する監視者	.169	**.645**	.087	.174	.483	4.15	1.45
学習の規律を保ち，クラスの雰囲気を引き締める権威者	.181	**.622**	.227	.090	.479	5.08	1.33
生徒に手本を示す運動万能な競技者	.109	**.600**	.130	.254	.454	4.33	1.29
運動のことならば何でも知っている有識者	.310	**.578**	.195	.137	.486	4.72	1.26
授業をとり仕切る独裁者	.068	**.477**	-.067	.014	.237	2.59	1.41
III 学習支援者 （α =.795）							
生徒の意見や発想の引き出し役	.208	.043	**.813**	.234	.760	5.53	.97
子どもに必要なヒントを与えるアドバイザー	.249	.062	**.769**	.182	.689	5.66	.98
運動に関する知識や技術の伝達者	.276	.303	**.510**	-.007	.428	5.70	1.00
IV 協力者 （α =.698）							
生徒ともに運動学習を楽しむパートナー	.279	.216	.127	**.671**	.591	4.81	1.29
生徒の悩みや疑問を丁寧に聞くカウンセラー	.220	.275	.277	**.566**	.521	4.77	1.23
因子寄与	2.26	2.20	1.96	1.23	6.42		
寄与率	15.05	14.66	13.09	8.23	51.04		

注：主因子法，バリマックス回転による。因子負荷 0.4 以上を太字で表記。

表7-2 仕事の信念の因子分析結果

	I	II	III	IV	V	VI	VII	共通性	M	S.D.
I．公共的価値の重視 （α =.754）										
私の仕事は，文化の創造・発展を図る仕事である	**.579**	.070	.294	.043	.020	-.037	.166	.458	4.77	1.09
私の仕事は，文化の伝達・継承を図る仕事である	**.578**	.120	.103	.010	-.018	.033	.150	.383	4.96	1.01
私の仕事は，社会に大きな貢献をしている	**.567**	.161	.078	.237	.125	-.133	.127	.459	5.45	1.05
私の仕事は，社会に欠くことはできない	**.534**	.235	.177	.126	.016	-.144	.020	.409	5.76	1.15
II．職務における自己実現 （α =.695）										
この仕事は私の才能をいかすのに最も適している	.180	**.635**	.026	.229	.201	-.026	.052	.533	5.10	1.19
私には，保健体育教師としての生涯を貫くようなライフワークがある	.261	**.627**	.082	.151	.061	.038	.257	.562	4.88	1.41
たとえ今後，収入が減るとしてもこの仕事を続けたい	.090	**.524**	.093	.080	.051	-.088	.119	.322	5.70	1.32

項目									平均	SD
Ⅲ．先導的実践の追求（α =.652）										
私の仕事は，常に新しい試みを取り入れて取り組まなければならない	.073	.111	**.695**	.023	-.014	-.032	.105	.514	5.36	1.00
たえず新しい知識や技術を学ばなければよい仕事はできない	.142	.110	**.496**	.116	-.058	-.162	.139	.341	5.83	1.05
私の仕事では，同僚と歩調を合わせることが求められる	.206	-.038	**.452**	.105	-.015	-.012	.006	.260	5.57	0.98
私の仕事には，倫理観や道徳心が特に求められる	.376	.095	**.409**	.146	.083	-.185	.001	.380	5.84	0.95
Ⅳ．生徒重視（α =.782）										
生徒の願いや要求に応えるため最善の努力をしている	.165	.204	.113	**.761**	.086	-.001	.172	.698	5.54	0.94
生徒に学び，生徒と共に成長するように心がけている	.138	.241	.225	**.681**	-.009	-.176	.113	.636	5.85	0.98
Ⅴ．自律性の行使（α =.748）										
仕事上のことは，すべて私自身の判断で決めている	.031	.073	-.020	.028	**.821**	.199	.095	.730	3.94	1.33
仕事の上で困難なことが起こっても私自身で解決する	.053	.146	-.027	.045	**.683**	.063	.072	.502	4.30	1.34
Ⅵ．専門的閉鎖性（α =.607）										
私の仕事が良いか悪いかは，同じ仕事をしている人だけにわかることである	-.054	-.068	-.063	-.055	.079	**.789**	-.009	.644	2.91	1.43
仕事の内容をよく知らない人から意見や指示を受けることはない	-.091	-.016	-.111	-.053	.137	**.507**	-.013	.299	3.37	1.37
Ⅶ．研究志向（α =.570）										
私は，仕事に関する専門誌を定期的に読んでいる	.136	.216	.040	.059	-.022	-.072	**.620**	.461	4.05	1.79
私の仕事に関係のある学会や研究会に欠かさず出席している	.076	.033	.072	.071	.123	.059	**.480**	.266	2.94	1.39
自分から進んで授業についての良質な知識・情報を求めて行動している	.211	.212	.221	.240	.096	-.101	**.429**	.399	5.03	1.11
因子寄与	1.72	1.43	1.39	1.32	1.27	1.09	1.04	9.26		
寄与率	8.62	7.16	6.94	6.60	6.36	5.43	5.18	46.28		

注：主因子法，バリマックス回転による。因子負荷 0.4 以上を太字で表記。

らに，田尾（1983）で抽出された因子との対応から「自己実現」と命名した。第Ⅲ因子は，体育教師としての良質な仕事を行う上で，新たな実践を教師集団と共に展開していくことを重視しつつ，人間としてのロールモデルとなることを示唆する信念と解釈されるため「先導的実践の追求」と命名した。第Ⅳ因子は，仕事において生徒を重視する信念に関する項目に高い負荷量を示しており，また，先行研究の「クライエント重視」（田尾，1983）と対応するため「生徒重視」と命名した。第Ⅴ因子は，意思決定主体を自分自身と見なす項目であり，

専門職の職務における責任の所在や職務の遂行に関わる「自律性の行使」（田尾，1983）と対応するため「自律性の行使」と命名した。第Ⅵ因子は，職務の専門性から生まれる閉鎖性に対する信念と解釈されるため「専門的閉鎖性」と命名した。第Ⅶ因子は，体育教師の仕事に関する知識や情報を積極的に入手することに関する信念と解釈され，また，田尾（1983）の結果との対応から「研究志向」と命名した。

(2) 体育教師の信念クラスター

① 「教師イメージ」クラスター

「教師イメージ」の因子得点をもとにクラスター分析を行った結果，解釈可能な2つのクラスターを抽出した。2つのクラスターにおける各因子得点平均の比較分析の結果（表7-3），両クラスター共に「誘導者」の得点に有意な差はなく，「学習支援者」の得点が有意に高いクラスターと，「管理者」および「協力者」の得点が有意に高いクラスターに分類できた。

前者は生徒と学習内容の間に立ち，生徒を主体とした学習を促進することを重視していることから「支援者型」（52.2％：括弧内はクラスターサイズ，以下同様），後者は生徒を管理しつつ，時には競技者や有識者あるいは協力者として生徒を学習へと牽引する存在と解釈し「管理者型」（47.8％）とした。なお，クラスターサイズに大きな偏りはみられなかった。

② 「仕事の信念」クラスター

同様に「仕事の信念」の因子得点をもとにクラスター分析を行った結果，解釈可能な5つのクラスターを抽出した（表7-4）。分散分析の結果，全ての因子においてクラスターによる有意な差がみられた。以下では，サイズの大きなク

表7-3 教師イメージクラスター比較分析結果

		C1 支援者型 (n=325：52.2％)	C2 管理者型 (n=298：47.8％)	t 値
Ⅰ	誘導者	.042 (1.001)	-.045 (.631)	1.31
Ⅱ	管理者	-.149 (.961)	.162 (.685)	-4.68 ***
Ⅲ	学習支援者	.582 (.623)	-.634 (.677)	23.34 ***
Ⅳ	協力者	-.106 (.867)	.115 (.642)	-3.64 ***

注：（ ）内は標準偏差，***は $p < .001$

表7-4 仕事の信念クラスターの分散分析結果

		C1 自己実現型 (n=155：24.4%)	C2 生徒重視型 (n=154：24.3%)	C3 開放的信念型 (n=139：21.9%)	C4 独善型 (n=101：15.9%)	C5 閉鎖的信念型 (n=85：13.4%)	F値
I	公共的価値の重視	-.039 (.567)	-.337 (.909)	.468 (.709)	.212 (.824)	-.335 (.595)	28.57 ***
II	職務における自己実現	.304 (.592)	.120 (.675)	.375 (.547)	-.715 (.872)	-.536 (.687)	62.83 ***
III	先導的実践の追究	-.403 (.721)	-.019 (.705)	.693 (.617)	-.058 (.735)	-.295 (.647)	52.64 ***
IV	生徒重視	-.069 (.758)	.351 (.745)	.324 (.657)	-.461 (.916)	-.491 (.822)	32.08 ***
V	自律性の行使	.532 (.604)	-.697 (.749)	.299 (.634)	.449 (.646)	-.728 (.710)	109.80 ***
VI	専門的閉鎖性	.513 (.712)	-.489 (.573)	-.162 (.878)	-.330 (.599)	.607 (.652)	63.48 ***
VII	研究志向	.130 (.694)	-.153 (.677)	.417 (.646)	-.565 (.644)	.030 (.680)	34.94 ***

注：( )内は標準偏差．***は $p < .001$

ラスターから順に解釈していく。

　第1クラスターは，「自己実現」の値が高い点に特徴があり，「自律性の行使」および「専門的閉鎖性」の値も高い。このクラスターにおける自律性や閉鎖性に対する志向の強さは，自己実現を重要視する信念の強さに伴っていると解釈されるため「自己実現型」（24.4%）とした。

　第2クラスターは，「生徒重視」の値が最も高く，「自律性の行使」と「公共的価値の重視」の値が低いという特徴を有しており，体育教師としての仕事において目の前に存在する生徒を重視する信念を持つクラスターと考えられるため「生徒重視型」（24.3%）とした。

　第3クラスターは，「専門的閉鎖性」と「自律性の行使」の両方の値が低いという特徴があり，他の信念については値が高い。特に，公共的な価値や生徒の重視，先導的な実践の追求と関連する研究志向の高さなどは，自らの信念と相反するような新たな情報に対する寛容性を窺わせるものであり，「開かれた心」（Rokeach, 1960）を示唆していることから「開放的信念型」（21.9%）とした。

　第4クラスターは，「自律性の行使」の値が高く，「研究志向」「職務における自己実現」の値が最も低い。同じく「自律性の行使」の値が高い「自己実現型」（第1クラスター）に比べると，体育教師の仕事において自らの判断に基づいて意思決定すること自体を強く志向していると解釈されるため，「独善型」（15.9%）とした。

第5クラスターは,「専門的閉鎖性」の値が最も高い点に特徴がある。ただし「自律性の行使」の値が最も低いことから,自律的な意思決定を重視しているわけではない。さらに,「公共的価値の重視」や「職務における自己実現」の値も低く,このクラスターは体育教師という職業の中で,淡々と職務を遂行していくといった閉ざされた信念を特徴とするクラスターと考えられる。よって「閉鎖的信念型」(13.4%) とした。

(3) 体育教師の信念クラスターにみられる一般的傾向（表7-5参照）
　①「教師イメージ」クラスターの一般的傾向
　まず,「経験年数グループ」ごとにみた「教師イメージ」クラスターの比率について分析を行った結果 (5-1),有意な差が認められ,10年未満の教師には「管理者型」が多く,経験年数10年以上の教師には「支援者型」が多い傾向にあった。さらに,「理想像の変容」の有無による各クラスターの割合について分析した結果 (5-2),有意な差が認められ,理想とする授業像が変容した教師に「支援者型」が多く,変容していない教師に「管理者型」が多かった。
　②「仕事の信念」クラスターの一般的傾向
　次に,「経験年数グループ」ごとにみた「仕事の信念」クラスターの比率について分析を行った結果 (5-3),有意な差が認められ,経験年数の少ない教師に「生徒重視型」が多く,経験年数の多い教師に「自己実現型」の教師が多い傾向にあった。さらに,経験年数10年未満のグループに比べ,10年以上のグループには「独善型」の割合が比較的多い。一方,「閉鎖的信念型」や「開放的信念型」については,経験年数グループごとに大きな偏りがみられない。つまり,開放的な信念を持つ体育教師と閉鎖的な信念を持つ体育教師は,教職経験年数に関わらず存在する。
　③「仕事の信念」クラスターと「教師イメージ」クラスターとの関係
　「教師イメージ」クラスターごとの「仕事の信念」クラスターの比率について分析を行った結果 (5-4),有意な差が認められた。特に,教師イメージに関する「支援者型」の教師には「開放的信念型」の教師が著しく多く,「管理者型」の教師には,「閉鎖的信念型」の教師が多い傾向にある。

表7-5 信念クラスターのクロス表

5-1 経験年数グループと教師イメージクラスター

経験年数グループ	支援者型		管理者型	
	%	n	%	n
10年未満	46.7	(91)	53.3	(104)
10年以上20年未満	60.0	(93)	40.0	(62)
20年以上	51.6	(141)	48.4	(132)
合計	52.2	(325)	47.8	(298)

注:$\chi^2=6.205$, $p<.05$

5-2 理想像の変容と教師イメージクラスター

理想像の変容	支援者型		管理者型	
	%	n	%	n
有り	61.2	(170)	38.8	(108)
無し	44.9	(155)	55.1	(190)
合計	52.2	(325)	47.8	(298)

注:$\chi^2=16.238$, $p<.001$

5-3 経験年数グループと仕事の信念クラスター

経験年数グループ	自己実現型		生徒重視型		開放的信念型		独善型		閉鎖的信念型	
	%	n	%	n	%	n	%	n	%	n
10年未満	11.6	(23)	41.7	(83)	22.1	(44)	8.5	(17)	16.1	(32)
10年以上20年未満	22.8	(36)	22.8	(36)	24.1	(38)	19.6	(31)	10.8	(17)
20年以上	34.7	(96)	12.6	(35)	20.6	(57)	19.1	(53)	13.0	(36)
合計	24.4	(155)	24.3	(154)	21.9	(139)	15.9	(101)	13.4	(85)

注:$\chi^2=78.438$, $p<.001$

5-4 教師イメージクラスターと仕事の信念クラスター

教師イメージクラスター	自己実現型		生徒重視型		開放的信念型		独善型		閉鎖的信念型	
	%	n	%	n	%	n	%	n	%	n
支援者型	20.6	(67)	22.8	(74)	32.0	(104)	15.4	(50)	9.2	(30)
管理者型	29.2	(87)	25.8	(77)	10.7	(32)	16.1	(48)	18.1	(54)
合計	24.7	(154)	24.2	(151)	21.8	(136)	15.7	(98)	13.5	(84)

注:$\chi^2=46.590$, $p<.001$

2 体育教師の経験と成長(分析2)

(1)「成長経験の受容」の構造

「成長経験の受容」に対する因子分析を行った結果,5因子が抽出された(表7-6)。

第Ⅰ因子は,反省や内省を通じ,生徒とのコミュニケーションや新しいアイディアなどについて試行錯誤しながら実践を行う経験と解釈されるため,この因子を「省察的実践経験」と命名した。第Ⅱ因子は,あらゆる機会を通じて,教育実践に関わる知識や情報を獲得する経験と解釈されるため「知識の獲得経験」と命名した。第Ⅲ因子は,学校内外における教員との対話経験と解釈され

ることから「教員間対話経験」と命名した。第Ⅳ因子は，他教師の実践を見たり，自らの実践を見せたりする経験と解釈されるため「実践の参照・公開経験」と命名した。第Ⅴ因子は，教師にとって思い通りに実践が展開できないような困難な経験と解釈されるため「困難経験」と命名した。

表 7-6　成長経験の受容の因子分析結果

	Ⅰ	Ⅱ	Ⅲ	Ⅳ	Ⅴ	共通性	M	S.D.
Ⅰ　省察的実践経験（α =.880）								
授業の振り返りや反省をして次の授業にいかすこと	**.784**	-.161	.000	.151	.014	.654	4.20	.81
生徒とのコミュニケーションを積極的に図ること	**.744**	-.170	.033	-.047	.084	.495	4.26	.80
新しいアイデアを積極的に取り入れて授業をしてみること	**.740**	.022	-.034	.022	-.031	.538	3.94	.86
"自分の授業はこれでいいのか"と常に授業のあり方を問い直すこと	**.719**	-.039	-.054	.055	.015	.508	4.16	.86
教材に関する知識を得ること	**.638**	.160	-.029	-.021	-.040	.476	3.79	.88
生徒の発育発達や心理的特徴等について知識を得ること	**.577**	.203	-.044	-.079	.071	.455	3.75	.88
教育にかかわらず幅広い教養を身につけること	**.575**	.046	.053	-.180	.117	.359	4.06	.85
同僚同士で授業に関わる議論をすること	**.487**	.055	.011	.255	-.001	.507	3.76	.89
授業において自分なりの達成感や充実感を感じること	**.432**	.081	.209	-.030	.014	.367	3.85	.95
Ⅱ　知識の獲得経験（α =.891）								
教育関係の専門雑誌や専門書を読むこと	.045	**.867**	.050	-.098	-.045	.718	2.90	.96
行政研修に参加して知識・情報を得ること	-.190	**.847**	-.024	.011	.100	.617	2.54	.99
体育科教育関係の専門雑誌や専門書を読むこと	.162	**.766**	.069	-.117	-.088	.644	2.99	.98
学校外で行われる任意の研究会に参加すること	.038	**.732**	-.036	.103	-.090	.596	2.75	.97
指導主事や専門的な研究者の意見を聞くこと	-.054	**.666**	.000	.191	-.025	.559	2.94	1.00
指導要領や指導書を熟読すること	-.056	**.639**	-.023	.083	.029	.433	2.71	1.04
地域社会の活動に参加すること	.137	**.488**	-.029	-.040	.194	.401	2.97	1.02
Ⅲ　教員間対話経験（α =.866）								
学校外の保健体育教師から肯定的な意見をもらうこと	.082	.019	**.884**	-.011	-.166	.746	3.55	.97
学校内の同僚から肯定的な意見をもらうこと	.116	-.009	**.776**	.045	-.187	.625	3.61	.96
学校外の保健体育教師から批判的な意見をもらうこと	-.149	.029	**.720**	.005	.264	.655	3.43	1.08
学校内の同僚から批判的な意見をもらうこと	-.086	-.032	**.689**	.039	.245	.629	3.51	1.01
Ⅳ　実践の参照・公開経験（α =.822）								
学校外の授業公開に参加して授業を見ること	-.049	.151	-.024	**.796**	-.024	.695	3.50	.98
同僚の授業を参観すること	.021	-.060	.136	**.787**	-.018	.719	3.73	.93
自分の授業を積極的に公開すること	.108	.104	-.008	**.488**	.151	.501	3.56	1.01
Ⅴ　困難経験（α =.833）								
予想と異なる反応をする生徒に出会うこと	.095	-.026	.004	.025	**.774**	.694	3.60	1.01
解決が難しい問題場面を多く経験すること	.152	.022	-.022	-.012	**.697**	.606	3.70	.95
因子負荷平方和	7.376	6.593	5.607	6.143	4.178			
因子間相関行列　Ⅰ								
Ⅱ	.540							
Ⅲ	.513	.424						
Ⅳ	.602	.552	.598					
Ⅴ	.519	.313	.451	.452				

注：主因子法プロマックスによる。因子負荷 0.4 以上を太字で表記。

なお，各項目の記述統計量をみると，「知識の獲得経験」に高い負荷量を示した項目の平均値が他の項目に比べて明らかに低く，いずれも中間値（3点）に達していない点に特徴がみられる。

(2)「経験年数グループ」による「成長経験の受容」の比較

次に，経験の受け入れ方が経験年数によってどのように異なるかを検討するため，「成長経験の受容」の因子得点を従属変数，「経験年数グループ」を独立変数とする一要因分散分析を行った（表7-7，図7-1）。分析の結果，「省察的実践経験」「教員間対話経験」「実践の参照・公開経験」「困難経験」について，有意な差が認められ，経験年数の多いグループほど値が低い傾向にあった。

(3)「成長経験の受容」と「理想像の変容」との関連

「成長経験の受容」と「理想像の変容」との関連を検討するため，経験年数グループごとに，理想像の変容の有無による因子得点平均の比較（t検定）を行った（表7-8）。分析の結果"10年未満"では「省察的実践経験」のみ，"10年以上20年未満"では「知識の獲得経験」と「実践の参照・公開経験」，そして"20年以上"では全ての因子で有意な差が認められ，いずれも変容群の平均値が高かった。このことから，理想像の変容と成長経験の受容が関連しており，経験年数を積んだ教師においてその関連がより密接といえる。

3 体育教師が保有する信念の機能（分析3）

(1)「仕事の信念」と「成長経験の受容」の関連

次に，仕事の信念と成長経験の受容との関係を検証するため，「仕事の信念」クラスターごとに「成長経験の受容」の因子得点平均を比較した（図7-2）。分析の結果，クラスター間に有意な差が認められ，「開放的信念型」「生徒重視型」「自律性重視型」「自己実現志向型」「閉鎖的信念型」の順に値が低くなる傾向にある。特に，全ての因子得点において「開放的信念型」と「閉鎖的信念型」の間に大きな差異が認められた。

(2)「成長経験の受容」に対する「仕事の信念」および「教職経験年数」の影響

これまでの分析において，教職経験年数を積んだ教師ほど「成長経験の受容」

表 7-7　経験年数グループによる成長経験の受容の比較分析結果

	10年未満	10年以上20年未満	20年以上	F値
省察的実践経験	.203（.860）	.031（.958）	-.161（.980）	8.59 ***
知識の獲得経験	.133（.986）	-.023（.988）	-.080（.909）	2.89
教員間対話経験	.241（.941）	.060（.898）	-.204（.935）	13.45 ***
実践の参照・公開経験	.297（.863）	-.020（.932）	-.198（.921）	16.95 ***
困難経験	.225（.834）	.071（.891）	-.199（.919）	13.62 ***

注：（　）内は標準偏差，***は $p<.001$

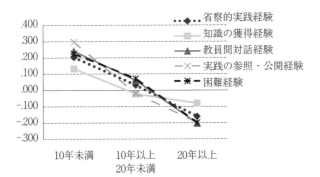

図 7-1　経験年数グループ別にみた成長経験の受容

表 7-8　理想像の変容有無による成長経験の受容の比較分析結果

	10年未満			10年以上20年未満			20年以上		
	変容群 (n=82)	非変容群 (n=111)	t値	変容群 (n=64)	非変容群 (n=92)	t値	変容群 (n=132)	非変容群 (n=142)	t値
省察的実践経験	.387 (.765)	.066 (.903)	2.603 **	.184 (1.026)	-.075 (.898)	1.668	.054 (.916)	-.360 (.998)	3.563 ***
知識の獲得経験	.195 (1.001)	.086 (.976)	.759	.251 (1.050)	-.213 (.900)	2.960 **	.067 (.883)	-.217 (.914)	2.611 **
教員間対話経験	.338 (.910)	.169 (.961)	1.234	.163 (.882)	-.011 (.907)	1.190	-.068 (.797)	-.330 (1.034)	2.355 *
実践の参照・公開経験	.401 (.821)	.221 (.889)	1.436	.163 (.931)	-.148 (.916)	2.068 *	-.059 (.828)	-.327 (.985)	2.446 *
困難経験	.275 (.811)	.188 (.853)	.711	.082 (.964)	.063 (.841)	.131	-.085 (.887)	-.304 (.938)	1.982 *

注：（　）内は標準偏差，***は $p<.001$，**は $p<.01$，*は $p<.05$

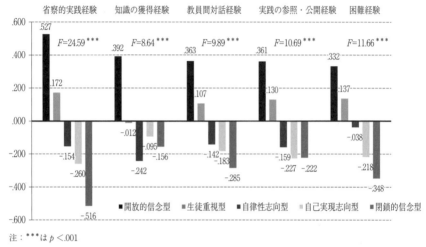

図 7-2　仕事の信念クラスターによる成長経験の受容の分散分析結果

が低い傾向にあった。一方,「仕事の信念」クラスターによって,「成長経験の受容」が異なることも明らかになった。以上を踏まえて,教師の成長における信念の機能をより詳細に検討するため,重回帰分析によって「成長経験の受容」に対する「仕事の信念」と「教職経験年数」の相対的な影響力を分析した。

分析の結果,全ての重回帰式において有意な決定係数が得られた(表7-9)。各変数の相対的な影響力を示す標準化偏回帰係数($β$)をみると,「公共的価値の重視」「先導的実践の追求」「生徒重視」が全ての成長経験の受容に対して有意な正の影響力を有していた。なお,決定係数の値が比較的高かった「省察的実践経験」と「知識の獲得経験」については,教職経験年数の影響が有意ではなく,仕事の信念によって「成長経験の受容」が規定されていた。ただし,「専門的閉鎖性」および「自律性の行使」は負の影響力を示している。

他方,「教員間対話経験」「実践の参照・公開経験」「困難経験」に対しては,教職経験年数の負の影響が示され,また,後二者については,「専門的閉鎖性」の有意な負の影響も示された。

表7-9 成長経験の受容に対する仕事の信念と教職経験年数の重回帰分析結果

	省察的実践経験	知識の獲得経験	教員間対話経験	実践の参照・公開経験	困難経験
	β	β	β	β	β
公共的価値の重視	.186 ***	.225 ***	.173 ***	.176 ***	.132 ***
自己実現					
先導的実践の追究	.288 ***	.141	.109 **	.158 ***	.156 ***
生徒重視	.223 ***	.127 ***	.160 ***	.164 ***	.145 ***
自律性の行使		-.078 *			
専門的閉鎖性	-.192 ***			-.129 ***	-.135 ***
研究志向	.095 **	.275 ***	.076 *		
教職経験年数			-.182 ***	-.140 ***	-.153 ***
R^2	.300 ***	.212 ***	.154 ***	.188 ***	.153 ***

注：5％水準で有意な標準化偏回帰係数（β）を表記．***は $p<.001$，**は $p<.01$，*は $p<.05$

第4節 考　察
1　信念の構造と体育教師の類型にみられる特徴

　体育教師の信念については「教師イメージ」が4つ，「仕事の信念」が7つの因子によって構成されていた。特に，「仕事の信念」において抽出された因子は，Hall（1968）の枠組みや田尾（1983）の結果と対応するものが多く，一般的な専門職のそれと近似していた。専門職の要件には複数の所論が存在するが，「長期教育により獲得する理論・知識」と利他主義，公共の奉仕を志向した行動規範としての「倫理的規範」が共通要件とされる（宮下，2001，pp.14-15）。特に，本研究で抽出された「公共的価値の重視」「生徒重視」「先導的実践の追求」は，これらの要件に相当程度対応しており，体育教師の仕事の信念が一般的な専門職の信念と同様の構造を有しているといえよう。

　その後「教師イメージ」の信念に基づいて体育教師を類型化した結果，「支援者型」と「管理者型」のクラスターが抽出され，ベテランの教師および理想像が変容した教師に「支援者型」が多い傾向がみられた。秋田（1996）の研究では，学生や新任教師が授業を「伝達の場」と捉えるのに対し，中堅教師は「共同作成の場」として捉える傾向にあることが報告されている。さらに「伝達の場」は「権力者」の教師イメージと，「共同作成の場」は「導く者」の教

師イメージと，関連していた。このことは，熟達に伴って，授業を教師と子どもの相互作用からなる複雑な過程とみなす傾向を表しており，イメージの変容にみられる方向性を示している。

　若手よりもベテランの教師に「支援者型」が多いという本研究の結果も，教師の一方的な指導を強調するのではなく，その役割を生徒と学習成果を結びつける双方向的で複雑な関係の中に見出している点で，熟達に伴うイメージの変化と重なる。さらに，「理想像の変容」が生じた教師に「支援者型」が多かった点を踏まえると，体育教師の授業に関する理想像の変容に教師としての熟達が含意されていると考えられる。

　一方，「仕事の信念」については5つのクラスターが抽出され，経験年数を重ねた教師ほど「生徒重視型」よりも「自己実現型」や「独善型」の教師が多い傾向を確認した。経験年数の浅い教師の多くは，日々の授業や目の前に存在する生徒への対応が大きな課題となり，また他教師との関係性の中で教職へと適応していくことが求められる。これに対して，経験を積み授業内外における自律的な意思決定が可能となっていくに従って，自らの潜在的な可能性の実現を志向したり，職務の中でより自律的な意思決定を重視したりする体育教師が増えていくと解釈できよう。

　また，「教師イメージ」クラスターと「仕事の信念」クラスターとのクロス集計では「支援者型」に「開放的信念型」が多く，「管理者型」に「閉鎖的信念型」が多い傾向にあった。授業を複雑な過程とみなす支援者型の教師にとっては，その複雑さに対応するための新たな実践や試行錯誤が不可避的に生じると考えられる。そのことが開放的な仕事の信念を喚起するか，あるいは逆に，開放的な信念を構成している先導的実践の追求や研究志向の高さが，高次のイメージを喚起するとも考えられよう。その因果関係の同定は困難であるが，授業像の変容が「支援者型」と関係していたことを踏まえると，開放的な仕事の信念が教師の成長にとって重要な役割を果たしていることが指摘できる。

2　体育教師の成長に関する一般的傾向

　体育教師の「成長経験の受容」を構成する5つの因子得点平均については，

経験年数グループごとに有意な差が認められ，いずれの因子においても，経験年数の多いグループほど値が低かった。体育教師を含む教師のキャリア研究においても，経験年数の蓄積に伴う停滞現象が報告されている（西，1990；高井良，1994；小山ほか，1994；Stroot and Ko, 2006）。本研究の分析結果は横断的なデータに基づくため，経験年数の蓄積に伴って経験の受け入れに対する積極性が低下する，と経時的な観点から解釈するには必ずしも十分ではない。そのことを踏まえた上で考察すると，本研究の分析結果は経験豊かな教師が，自らの信念を有意味に構造化していく反面，斬新な経験に動揺しなくなり，マンネリを生み出す「成長の落とし穴」（梶田，1986）の現象を示唆している。つまり，経験年数を蓄積することによって，経験の受け入れが硬直化したり固定化したりする現象が，体育教師にも起こることをうかがわせるものである。

「理想像の変容」の有無による比較では，変容群において「成長経験の受容」の値が高かった。このことは，経験や出来事に対する積極的な意味づけを行うこと（岸野・無藤，2006）が，信念やイメージの変容としての成長（秋田，1996；Guskey, 2002）を促すことを示す。また，経験年数別に見ていくと，ベテランの教師ほど多様な成長経験をいかに受け入れるかが理想像の変容と大きく関わっていた。

"10年未満"の教師は，授業を成立させることや試行錯誤しながら指導経験を積むこと自体が課題となる。故に，成長に関わる経験の中で最も基本的といえる「省察的実践経験」が授業像の変容と関連していると考えられる。"10年以上20年未満"の中堅教師になると，実践を支えている知識の獲得や他者の実践を参照するなど，新たな知識や情報，教授技術に触れる経験が授業像の形成や刷新と関わることになる。そして，"20年以上"のベテラン教師では，授業の理想像が変わるか変わらないかが，多様な経験をいかに解釈し意味づけるかによって大きく異なることが示唆される。つまり，量的には経験を積んでいるベテラン教師こそ，個々の経験を積極的に受け入れることが成長にとって重要な意味を持つと推察される。

3 成長経験の受容に対する信念の機能

「仕事の信念」のクラスター別に「成長経験の受容」を比較した結果，如何なる仕事の信念を持つ教師であるかによって，成長経験の受け入れ方が異なっていた。とりわけ，開放的な信念を保有する教師と閉鎖的な信念を保有する教師の間には，経験の受け入れ方に大きな違いがあった。これは，「開いた心と閉ざされた心」(Rokeach, 1960) といった信念体系の構造的な違いから説明できる。開いた心は，自らの信念を否定するような「非信念」(disbelief) に対する寛容性が相対的に高いが，閉ざされた心は自分の信頼する権威のみに従い，非信念を排斥する（善明，1992）。成長経験を未知の情報や新たな情報が含意している「非信念」に接触する機会と捉えると，開放的な信念と閉鎖的な信念の違いが，経験に対する寛容性や感受性の違いとなって現れると解釈できる。

さらに重回帰分析の結果，成長経験の受容は信念によって促進されるだけでなく，阻害されることが示された。「仕事の信念」の機能を俯瞰すると「公共的価値の重視」「先導的実践の追求」「生徒重視」「研究志向」の信念が成長経験の受容を促し，「教職経験年数」と「専門的閉鎖性」「自律性の行使」がそれを阻害するといった関係性が看取できる。つまり，成長経験の受け入れを促進する開放的な信念と，それらを阻害する閉鎖的な信念および教職経験年数が，互いに相反する機能を有していることがわかる。

特に，全ての成長経験の受容を促していたのは，体育教師の仕事が公共的な価値を有する重要な位置を占め，自らの職業が社会を先導することを意識し，常に教育活動の対象である生徒のことを思う，といった職務の社会的な価値に対する「誇り」ともいうべき信念である。特に，仕事に対する「誇り」は，複雑かつ不確実性の高い困難な課題に取り組まなければならない時などに仕事への動機づけを支える要因となる（藤田，2000；平田，2002）。さらに，信念の構造において考察したように，これらは専門職の共通要件にあたる信念であることから，専門職としての誇りとも言い換えることができよう。

一方，負の影響を示した信念である「専門的閉鎖性」は，「省察的実践経験」をはじめ実践に直接関わる成長経験の受容を妨げており，「強固な信念」（竹下，

1996) として機能しやすい性質を持っている。故に，体育教師としての職務に伴う専門的な閉鎖性を乗り越えなければ，教職の本質である省察的経験の受け入れが制限されることになろう。また，「自律性の行使」についても同様のことが指摘できる。

　以上を総括すると，経験年数の蓄積と閉鎖的な信念が，経験に対する感受性を低下させ固定化や硬直化を引き起こす「成長の落とし穴」や「停滞」を助長するのに対し，開放的な信念，特に，体育教師の専門職としての誇りともいうべき信念が，経験の積極的な受け入れと体育教師としての成長を支えている，と考えられる。

第5節　小　括

　本章では，体育教師自身のものの見方・考え方の変容という観点からみた成長を規定する要因を解明するため，成長に不可欠な経験の受け入れを規定する信念—「教師イメージ」と「仕事の信念」の構造と機能を明らかにすることを目的とした。主要な結果は，以下の通りである。

(1) 体育教師の「教師イメージ」は，「誘導者」「管理者」「学習支援者」「協力者」の4因子からなる構造を有していた。また，体育教師の「仕事の信念」は，「公共的価値の重視」「自己実現」「先導的実践の追求」「生徒重視」「自律性の行使」「専門的閉鎖性」「研究志向」の7因子からなる構造を有していた。

(2) 保有している信念の特徴から，「教師イメージ」については「管理者型」と「支援者型」という2つのタイプ，「仕事の信念」については「自己実現型」「生徒重視型」「開放的信念型」「独善型」「閉鎖的信念型」という5つのタイプに類型化された。また，若手の体育教師には「管理者型」と「生徒重視型」が，ベテランの体育教師には「支援者型」「自己実現型」「独善型」が多い傾向にあった。さらに，体育教師の成長にとっては「支援者型」と「開放的信念型」の信念が重要であった。

(3) 「成長経験の受容」は，「省察的実践経験」「知識の獲得経験」「教員間対話

経験」「実践の参照・公開経験」「困難経験」の5因子で構成されており，「知識の獲得経験」を除く4つの経験については，経験年数を積んだ体育教師ほど，経験の受容に対して消極的な傾向が認められた。また，ベテランの体育教師ほど，授業の理想像の変容が多様な成長経験の受容と密接に関連していた。
(4) 成長経験の受け入れは，体育教師の「仕事の信念」のタイプによって異なっていた。特に「開放的信念型」と「閉鎖的信念型」の間に大きな差異が認められ，前者は全ての成長経験を積極的に受容するが，後者は全ての経験においてに対して消極的であった。また，体育教師の成長経験の受け入れは，教職経験年数と仕事の信念によって規定されていた。ただし，「公共的価値の重視」「先導的実践の追求」「研究志向」の信念が経験の受容を促すのに対し，「自律性の行使」「専門的閉鎖性」「教職経験年数」が経験の受容を阻害することが明らかとなった。

本章の結果から，体育教師の成長に深く関係する経験からの学習が，教師の役割をより複雑なものとして捉える信念や，専門職としての誇りともいうべき信念に支えられているといえよう。同時に，公共への奉仕に対する信念や専門職としての誇りを持ち，自らのものの見方・考え方を刷新していく体育教師が存在する一方，閉鎖的な信念を保有し，成長が停滞している教師が存在することも示唆される。ただ本章で用いた定量的方法は，分類と比較を通じて，信念の構造と機能や保有する信念に基づく一般的な教師類型を提示するのに有効であるが，信念の形成・変容にみられるダイナミズムを捉えるには不十分である。そこで次章では，信念の動態に迫る研究方法を用いて，体育教師による信念の問い直しと変容のプロセスを明らかにしていく。

注
1) 本章における研究の枠組みは，教育心理学，（体育）教師教育研究，経営学における人材育成研究にまたがる学際的なものである。だが，これらの学問領域では，知識の伝達者から教えることについて熟慮・内省し長期的に学んでいく教師像の提起，人的資源としてのヒトを管理の対象ではなく成長する主体と捉える人材観への転換等の学術的な動向がみられ，学習を通じたヒトの成長を問題とする点において近接しつつある。さらに，

その学習をいかに支援するかあるいはヒト（教師）はいかに学ぶか，といった実践的課題を有している点で相互に重なり合うものといえよう。
2) 心配事については，Fuller (1969) の研究における枠組みが挙げられている。
3) 信念の内部構造を踏まえると，ここで挙げた5ないしは10のカテゴリーに対応する信念もまた相互に関連しつつ，ある信念が他の信念に影響を及ぼしているのであり，取り上げた2つの信念の重要度が相対的に高いかどうかについては推論の域を脱しえない。本研究では，先行研究の知見と研究の枠組みおよび操作化の可能性などを考慮し，「教師イメージ」と「仕事の信念」に限定して構造と機能を検討しているが，Calderhead (1996) と Tsangaridou (2008) がカテゴリー化した他の信念の構造，さらにはカテゴリー化された信念間の関係を検証していくことは，体育教師の信念の全体像を明らかにする上で重要な研究課題であることを付言しておきたい。
4) Elbaz (1981) は，実践的知識の構造について「実践のルール」「実践の原理」「イメージ」の3つのレベルを提示し，イメージは最も包括的で非明示的であるとする。また，イメージは教師の思考を導き，関連する領域の知識を構造化するのに役立ち，直観的な認識を導くと共に価値判断を含むものとされている。
5) Hall (1968) は専門職（プロフェッション）の態度特性として①外部の職能団体への準拠，②同僚の統制，③公共へのサービスの信念，④天職としての内面化，⑤自律性の行使を挙げ，50項目で尺度を構成した。Snizek (1972) はこの尺度を改良し，30の項目で専門職への態度構造を測定する尺度を開発した。また，田尾 (1983) は以上の先行研究をもとに，30項目の質問を構成し「専門性」「自己実現」「自律性Ⅰ」（責任の所在に関わる自律性）「自律性Ⅱ」（実行過程における自律性）「研究性」「クライエント重視」「集団的閉鎖性」「同僚準拠」の8因子を抽出している。
6) 田尾 (1980) も付言しているように，この尺度は様々な分野において適用することを目的に開発されたもので，各分野の研究者の意向や工夫が反映されていることから，部分的に特定の職業において適切ではない項目が含まれている。
7) 「経験年数グループ」は，「10年未満」「10年以上20年未満」「20年以上」の3群に分けた。教師研究の領域では，Berliner (1988) や吉崎 (1998)，木原 (2004) などが教師のキャリアを3から5段階に分けているが，本研究では調査時に「保健体育教師として大きく成長したと思う時期」を尋ねたところ，10年目，20年目が大きなピークとなっていたことから，上記の3群に分類している。
8) 授業像の変容に関する質問は「入職時」と比べた時の理想像の変容の度合いを尋ねている。ここで，経験年数グループ別に分析を行うのは，経験年数の少ない教師と多い教師では，理想像の変容に対する捉え方が異なると考えられるからである。
9) 尺度の信頼性を表す Cronbach の α 係数を算出したところ，第Ⅲ因子，第Ⅵ因子，第Ⅶ因子において比較的低い値が示された。α 係数については明確な基準があるわけではないが，概ね 0.7 - 0.8 以上が目安とされることが多いため，「仕事の信念」について抽出された因子の内的整合性は十分に高いとはいいがたい。だが，尺度の再検討が求められる 0.5 を切るような値ではなく（小塩，2004，p.143），項目数の少なさと抽出された因子の理論的意義を勘案し，その後の分析に用いることとした。

第8章 信念に影響を及ぼす経験と教訓の抽出と検討

第1節 目 的

　本章では，体育教師が有する信念の問い直しや変容には，職務を通じたどのような場における，いかなる学びが関わっているかを抽出し，さらに，その学びはどのような環境とプロセスによって生じるかを検討する。

　前章までの実証研究によって，授業観の変容には，入職前の経験からの学びを刷新するような入職後の学びの経験が影響していることが明らかになった。さらに，授業観の変容には授業に関わる経験のみならず多様な経験を受け入れ，それらの経験から学ぶ力として機能する「仕事の信念」が関わっていることを明らかにした。だが，前章まで扱ってきた入職後経験はすべて，あらかじめ設定した経験項目を用いている。また，授業観の変容にそれらの経験と仕事の信念が影響していることは示されたが，体育教師の成長にとって重要な仕事の信念の形成・変容にも，教師としての経験が関わっているはずである。ところで，第3章，第4章では体育教師の技術的・受動的・自己完結的な研修観の問題を示したが，これらの研修観はどのような経験によって変容・再構築され，また対極的な信念はいかに形成されるのだろうか。

　以上のことを踏まえると，本研究で着目してきた信念（授業観・研修観・仕事観）の変容や再構築がどのような経験によってもたらされるのかを，体育教師が入職後に経験するあらゆる経験の中から探索していくことが肝要である。体育教師の信念に関する学習は，どのような経験によってもたらされるのだろうか。

　なお，経験と学習との関係をみていこうとするときには，2つの事実に留意する必要があるだろう。1つは，ある経験をしてもそこから何かを学ぶ教師と学ばない教師がいること，いま1つは，同様の経験をしても，必ずしも同様の

ことを学ぶとは限らないということである[1]。そのため，体育教師の経験による信念の問い直しや変容は，多様な経験とそこで生じる多様な学びの組み合わせとして生じていると考えられる。したがって，学ばれる内容やその在り方をあらかじめ特定したり，経験内容を設定したりするよりも，体育教師が遭遇する多様な経験と学びの中から，帰納的に信念の変容や再構築を浮き彫りにしていく方が，体育教師の信念に関わるリアルな経験と学びに迫ることができるだろう。

そこで，本章では2段階の研究を展開していく。第一に，仕事経験とそこから得られた学びを帰納的に分析する「経験重視アプローチ」（谷口，2006）の分析枠組みを援用し，体育教師自身が一回り成長したと思った「経験」とそこから学んだ「教訓」を描き出し，両者の関係を分析していくことで，信念の問い直しや変容をもたらす体育教師の学びを抽出していく（研究1）。そして第二に，抽出された学びを実際に経験した体育教師を事例として選定し，なぜその経験が信念の問い直しや変容を促すような学習をもたらしたかを詳細に検討することで，その学習環境について考察を深めていく（研究2）。

第2節　信念の問い直しや変容を促す学習の抽出（研究1）

1　研究1の目的

研究1の目的は，「経験」と「教訓」に着目する経験重視アプローチの分析枠組みを援用した自由記述式質問紙調査の分析と考察から，体育教師の有する信念の問い直しや変容，再構築を促すような学習を抽出することである。

2　方法―経験と教訓の分析視角

学習にとっての経験の重要性は，学習という営みを対象とした多くの研究において認められてきた（たとえば，ノールズ，1980＝2008；Kolb，1984，松尾，2006）。経営学におけるリーダーシップ開発研究の領域では，この事実に基づき，キャリアを通じた仕事経験の内容に焦点を当て，実際の仕事経験に関するデータからリーダーシップ開発に重要な要素（教訓）を抽出する「経験重視アプローチ」（谷口，2006）が試みられてきた。その先駆けとなったのは，アメリカの

CCL（Center for Creative Leadership）が，優れたマネージャーへのインタビューによって，マネージャーとして成長する経験となった出来事（event）とそこから得た教訓（lesson）を明らかにした調査研究である（McCall et al., 1988；マッコール，1998）。その後，日本においても McCall らの研究で取り上げられた"quantum leap"（量子力学的な飛躍）をもたらした経験を「一皮むけた経験」として抽出し，そこから得た教訓を明らかにする研究が蓄積されている（金井・古野，2001；金井，2002；谷口，2006）[2]。このような研究手法は，ある行為者に固有のリーダーシップ理論としての実践理論の探究にも用いられ，実践家のリーダーシップに関する「持論」を「教訓」として抽出し，その教訓をもたらした経験が描き出されている（片岡，2010）。これらの試みは，具体的な調査技法としての有効性のみならず，新たな理論の構築に資する方法論的意義を有している。

経験（イベント）と教訓（レッスン）への着目は，リーダーシップ研究のみならず，本研究が対象としている経験からの学習を通じた，多様な教訓とそれをもたらした出来事を明らかにする上で有効である。また，帰納的分析が可能なことから，体育教師の職務を通じた経験をよりリアルな形で描き出すことができるだろう。そこで，本章の研究1では，体育教師が成長した経験や出来事と，そこから学んだ教訓について分析と解釈を進めていく。

(1) 調査の方法

本章で用いるデータは，第6章における公立中学校・高等学校の体育教師を対象とした自由記述式の質問紙調査によって得られた244名の回答結果である[3]。調査においては，以下の質問文によって自由記述による回答を求めた。

> 先生の教職生活をふり返っていただき，『あの時は保健体育教師として一回り成長したな』と思われるような，ご自身の成長のきっかけとなった経験や出来事を3つ程度教えてください。次に，それぞれの経験や出来事からどんなことを学んだのかを記入してください。

得られた自由記述は，ケース（調査対象者）ごとに経験および教訓を分け，明らかな誤字のみ修正したうえで，原文に忠実に表計算ソフトに入力してデー

タベースを作成した。

(2) 分析の方法

　データの分析では，経験および教訓に関して得られたデータをカテゴリー化していき，定量的な分析からその傾向を把握していく。なお，自由記述データのカテゴリー化には，修正版グラウンデッド・セオリー・アプローチ（Modified Grounded Theory Approach：M-GTA）における「概念」と「カテゴリー」の生成方法を援用した。GTAは「データに密着した分析から独自の理論を生成する質的研究法」（木下，1999，p.7）である。そしてM-GTAは，グレイザーとストラウス（1967=1996）を起源とするGTAの具体的技法面における分かりづらさ（複雑さや矛盾）を，両者の間に生じた対立をも網羅しつつ明らかにし，具体的・明快な方法論と手順に修正したバージョンである（木下，1999；2003；2007）。本章では，質的データの分析手順の具体性や明確性から，M-GTAにおける概念とカテゴリーの生成方法を援用して，分析を進めることとした。

　まず，M-GTAにおける具体的な手続きにならい，生データから概念を生成した。概念とは，最終的に生成される理論の最小単位として，データから得られる解釈内容である。概念の生成にあたっては「分析ワークシート」（表8-1）を用いて作業を進めた。分析ワークシートは「概念名」「定義」「具体例」「理論的メモ」からなるもので，1つのシートを完成させていくことで1つの概念が生成される。分析では，複数の分析ワークシートを同時並行的に記述・完成させていくことになるが，その分析手順はまず「具体例」の欄に類似する記述内容を記述していくことから始まる。その後，類似する具体例が多様に記述されることを基準にして，1つの概念の候補として見定めていく。さらに，具体例の解釈内容を表す短い言葉を「定義」の欄に記入していくと同時に，それらの具体例を短い言葉で表す「概念名」を記入する。これらの記入内容は，データ全体を見渡しながら，「具体例」の欄に類似例を記入していく中で適宜書き換えていく。さらに「理論的メモ」の欄には，具体例の記述と共に対極例や解釈に伴うアイデア，疑問を記入していく。これらの作業を繰り返してデータの

表8-1 分析ワークシート（サンプル）

概念名	教授技術向上の実感
定　義	自分の実践が高い評価を受けたり，授業において生徒の学習成果の向上がみられたりする経験
具体例	球技で，段取りしていた通りにスムーズに進んだとき
	授業を始める前の生徒の集合が早くなった
	通常の保健体育の授業で同僚の職員から褒められたり，生徒の学習カードから自分のイメージする良い授業が伝わっていたとき
	バレーボールの基礎練習中に個別指導をした際に生徒の技能が大きく向上しました
	保健授業がスムーズにできるようになった
	普通高校に転勤し，授業の中で取り組んだランニング等が一定の評価を受けたとき
	バレーボールの基礎練習中に個別指導をした際に生徒の技能が大きく向上しました
	いろいろな生徒がかかわる中で，その子状態にあった声かけが多少スムーズにできるようになったと思う
	デモンストレーションが決まったとき
	始めは1時間1時間の授業を組み立てるのに精一杯であったが，年数を重ねるうちに，逆算思考で最後の到達点をイメージした1時間1時間ができるようになった
	非常勤講師のとき，自分の担当している学年がクラス対抗で集団行動の発表をすることになり，指導をした．自分なりにアドバイスをしたら生徒がどんどんレベルアップしていき，他のクラスとは比べ物にならない程成長してくれた
	自分の授業をほめられたとき
	生徒の自主的な，積極的な活動から技能が向上したこと
	保健の授業で生徒が寝なくなった．枠にとらわれたあたりさわりのない授業をやっていたが，反応が悪かった
	生徒に対して落ち着いて対応した授業ができたこと
	（以下省略）
理論的メモ	技術指導・生徒指導・授業マネジメントの側面を分けて概念化すべきか
	自らの授業における好ましくない実践への気づきもあるのではないか（対極例）
	後ほど，成功経験と失敗経験を分けた方がよさそうである

　類似性を検討する中で，対極例や矛盾例の検討を継続的に行い，同時並行的に複数の分析ワークシートの完成，すなわち複数の概念生成を進めていった。なお，具体例がこれ以上記述されないと判断した時点で，分析ワークシートの完成と判断した。また，複数の概念にまたがると解釈される具体例については，複数の分析ワークシートに記述することとした。その後，作成された概念と他の概念の関係性と類似性に着目して，複数の概念を「カテゴリー」としてまとめ集約した。

　その後，経験と教訓の概念とカテゴリーに含まれる具体例の度数分布を集計

し，体育教師が一回り成長した経験と教訓に関する一般的傾向を把握した。さらに，経験と教訓に関する概念とカテゴリーの度数分布をクロス集計することによって，どのような経験からいかなる教訓を得ているのか，特に信念の変容や再構築と関わるような教訓は，どのような経験によって生じるのかを分析した。

3 結果と考察—体育教師の経験と教訓の対応関係

(1) 経験と教訓の概念およびカテゴリーの概要

分析によって，経験と教訓の概念およびカテゴリーを生成した結果，経験については33個の概念と7個のカテゴリー，教訓については24個の概念と7個のカテゴリーが生成された（表8-2，表8-3参照）。また，それぞれの概念とカテゴリーについて，記述数の割合を集計した結果が，図8-1である。ここからは，経験と教訓の概念およびカテゴリーの概要についてみていきたい。なお，生成されたカテゴリーと概念の区別に関して，カテゴリーについては〈　〉，概念については【　】で表記していくこととする。

①経　験

経験のカテゴリーに着目すると，最も比率の大きかった経験は〈研修活動〉(37.9%)であった。このカテゴリーには，校内外における研修経験とその中で生じる先輩・後輩教員との学びの経験などが概念として生成された。結果の特徴としては，日常的な研修の場である校内における経験に比べ，【校外研修】の経験が一回り成長した経験として比較的大きな割合を占めていることが指摘できる。

次いで，実際の授業における経験である〈授業実践経験〉(23.3%)が生成された。この経験の中には，授業実践における教授技術向上の実感やその実感と関わりの深い，実践の工夫・改善などのポジティブな経験と共に，実践における失敗や生徒の怪我や事故などのネガティブな経験が概念として生成された点が特徴的である。

次に〈状況変化〉(14.6%)のカテゴリーが位置づくが，このカテゴリーには教職生活における「キャリアの節目」（金井，2002）とも捉えられる経験が概念として含まれている。特に【勤務校の異動】は，全ての概念の中でも最も割合

表 8-2 経験のカテゴリーと概念

〈カテゴリー〉	【概　念】	定義／代表的な具体例
〈研修活動〉 37.9 (161)	【校外研修】 9.2 (39)	校外の法定研修や任意の研修，民間教育研究団体での研修経験
		「センターでの研修。」「東京都研究員となり，1年間研究をして，自ら学ぶ，学び方を学ぶという選択制授業を実践した。」
	【徒弟的な被指導体験】 8.7 (37)	先輩教員に実践を批判される経験や先輩教員の実践を見習うような経験
		「先輩教員とTTの授業を行い，T1の私をT2の先輩教員からさせてもらった時。「他教科の先生であるが，その専門分野の勉強量と勉強に取り組む姿勢に触れたこと。」
	【授業公開】 7.5 (32)	自分の授業実践を他教員に公開した経験
		「経験5年目の授業研究（公開授業）で校外の（他地区）指導主事の先生に指導・助言していただいたこと。」「特別支援学校（視覚障害）（小学部，中学部，高等部とも）での授業を経験したこと。」
	【理想的実践との出会い】 5.2 (22)	自らが「よい授業」と思えるような他教員の授業を目の当たりにした経験
		「教員になって一年目。指導教官の授業を参観した時，先生が立っただけで『いい緊張感』が漂うメリハリのある雰囲気。」「先輩教諭が，体育の授業で生徒の中に入って一番元気よく声を出し，自ら先頭に立って体を動かし，一緒に楽しんでいる様子を見た時。」
	【指導助言経験】 2.6 (11)	指導教員として後輩や教育実習生を指導したり，他校で実践指導を行った経験
		「後輩の失敗を影でフォロー出来た時。」「県の指導主事になったとき。」
	【実践の整理】 2.4 (10)	1年間もしくはそれ以上のスパンで自らの実践を振り返る経験やそれを文章にして記述する経験
		「1年間の活動を振り返って。」「小学校でマットの授業に取り組み，郡の代表で授業，論文発表を行った。」
	【校内研究】 1.6 (7)	校内研究における経験
		「市の教科別研究会の指定校として体育を2年間全校体制で研究した事。」「文部科学省の研究指定を受け「選択制授業」のあり方を研究した時。」
	【書　物】 .7 (3)	書籍や論文に触れた経験
		「色々な書物との出会い（原則，野村克也，リックビティーノ，オシム，もしドラ，辻秀一など）。」「教育技術を学ぶため書物を買った。」
〈授業実践経験〉 23.3 (99)	【教授技術向上の実感】 8.7 (37)	自分の実践が高い評価を受けたり，授業において生徒の学習成果の向上がみられたりする経験
		「通常の保健体育の授業で同僚の職員から褒められたり，生徒の学習カードから自分のイメージする良い授業が伝わっていた時。」「生徒の自主的な，積極的な活動から技能が向上したこと。」
	【実践の工夫・改善】 5.4 (23)	授業実践の進め方を工夫・改善した経験
		「"頭で立つさかだち"の実践の中で，自分の身体がどのようになっているのかということに意識を置きながら活動させることで自然に身体が新しい技を身につけていった。それにより，自分に対する自信が生まれ，よりよい活動へとつながっていった。」
	【授業展開上の失敗】 3.1 (13)	授業を展開していく上で，思い描く実践が出来なかったことや生徒に学習の成果が認められなかった経験
		「体育実技で，順番待ちや説明の時間が長く，実際に運動をする量が少なく，とても楽で達成感，充実感のない授業となった。」「保健の授業で，教科書に載っている知識だけを提供するような授業で，一方的に授業をしていた。」
	【生徒の怪我・事故】 3.1 (13)	授業において生徒が怪我・事故にあった経験
		「ソフトボールの授業中にボールが女子生徒の目にあたった。」「ソフトボールの授業において，イレギュラーしたボールが生徒の目に当たり，生徒の視力が落ちた。」

大カテゴリ	中カテゴリ	説明・例
	【生徒からの厳しい評価】 1.6（7）	生徒との会話や記入された感想によって，授業のあり方を批判される経験
		「生徒から『先生の授業分かりやすい』といわれ，満足していたが，『分かりづらい』といわれたこと。」「子どもの考えを聞き入れずに，授業をした事で，学習カードに『つまらない』と書かれてしまった。」
	【特殊なクラスの担当】 1.4（6）	女子のみの学習集団や問題行動の多い集団あるいは障害児学級等での授業を行った経験
		「小学校，中学1年と問題行動が多く，自主的だったり課題解決的だったりする経験がほとんどできない集団を指導することになったとき。」「汗をかくことが嫌いな女子集団，運動をまじめにする事が嫌いな女子集団との授業。半年ほどかかったが，少しずつ意欲を見せ始めた。」
〈状況変化〉 14.6（62）	【勤務校の異動】 11.3（48）	勤務校を異動した経験や異動前後で経験した出来事
		「定時制の経験とトップ進学校の経験。」「転勤により，施設のあまりないところでの授業でいろいろ工夫しなければならないことがあった。」
	【教員駆け出し経験】 1.4（6）	入職前後における教育実習経験や初任教師としての経験
		「初任校での経験。」「教育実習に行って教えてもらったこと。」
	【体育主任経験】 1.2（5）	体育科の主任に就いた経験
		「体育主任として全体を見ることができたこと。」「体育主任として教育課程編成等に関わったとき。」
	【その他主任経験】 .7（3）	体育科以外の主任（生徒指導主任など）に就いた経験
		「生徒指導主事，学年主任，保健主事等，分掌の責任者としての業務。」「生徒指導主任になった時。」
	【生徒との触れ合い】 6.4（27）	生徒との日常的な会話，特定の生徒と個人的に関わった経験
		「『ワイは体育の授業だけが楽しみで学校に来ているんや』と問題行動の多い生徒から言われたこと。」「運動が苦手な子どもにアドバイスや補助をしてあげ，できた時にその子がいい笑顔になった時」
	【生徒の逸脱】 1.9（8）	生徒の問題行動に遭遇した経験
		「生徒が性感染症になったり，妊娠したりと性に関する事故。」「講師（非常勤）として2校かけもちした際，前半校で生徒と衝突した時。」
〈生徒指導〉 11.3（48）	【学級担任経験】 1.6（7）	学級担任を任された経験
		「学級担任になったこと。」「クラス担任として3年間持ち上がり卒業生を出したこと。」
	【1サイクル（三年間）】 .7（3）	同一の学校で三年間指導にあたった経験や同じクラスを3年間担任した経験
		「教員になって初めて3年間通して指導して，生徒の成長の様子を感じ，中学生のこの時期の成長の大きさに学ぶものがあった。」「最初からキッチリと指導すれば，そして3年間通年にて指導で来たなら一貫性のある指導の定着がかなりできた。」
	【生徒指導】 .7（3）	学校内における生徒指導上の経験や出来事
		「本気で生徒にぶつかっていけた時。」「生徒指導を行う場面になった時に，迅速にさっと動けた時。」
〈学校行事〉 5.9（25）	【体育祭・運動会】 4.5（19）	体育的行事の運営に携わった経験
		「体育祭を体育科主任という立場で主催した時。」「運動会の主務者として，企画，準備，教師の役割分担と仕事内容の細かな指示，全校生徒への指導など，全てを行い指揮した。」
	【その他学校行事】 1.4（6）	体育的行事以外の学校行事に携わった経験
		「体験学習や修学旅行を中心となり指揮した時。」「生徒会を担当し，たくさんの行事に取り組んだ。」
〈部活動指導〉 4.0（17）	【部活動指導】 4.0（17）	部活動顧問として，部活動指導する中で経験した出来事
		「部活動（陸上部）を一生懸命にやらなかった3年生男子生徒3人を最後の県高総体のエントリーから外したこと。案の定叱り出たが文句に説明したら，しぶしぶ納得。その代わり，夏休みにある試合（国体予選）までやり遂げてみろと提案したら，それに乗って最後まで頑張る生徒の姿が見られたこと。卒業式のあと3人で『指導してくれてありがとう』と言いにきてくれた。」

〈その他〉 3.1 (13)	【職務外経験】 1.9 (8)	学校外あるいは職務外における生活上の経験	
		「子どもを産んで親になったこと。」「東京教員バレーボールチームの活動。」	
	【制度変化】 .7 (3)	学習指導要領の変化を中心とした教育制度上の変化による経験	
		「新しい指導要領になるにあたって,指導要領解説を研究した。」「公立高校選択方法の変更。学力検査から実技教科が削除され,内申点の比重が大きくなった。」	
	【保護者からのクレーム】 .2 (1)	保護者から苦情や批判を受けた経験	
		「保護者からクレームが来た時。」	
	【中体連役員経験】 .2 (1)	中学校体育連盟の役員に就いた経験	
		「中体連の役員を任されたこと。」	

注:数字は全回答に対する割合(%),( )内は記述された経験の数

表8-3 教訓のカテゴリーと概念

〈カテゴリー〉	【概　念】	定義/代表的な具体例
〈授業実践方法〉 42.1 (179)	【指導方法・ノウハウ】 16.5 (70)	具体的な指導方法・教授技術に関する知識の獲得
		「毎授業の導入でミニスキルテストを行うようになり(全ての球技において),生徒のスキルアップにもつながるし,点数化することで実技点が付けやすくなった。」「アドバイス一つで頑張る姿を見て的確な指示は大事だと思い,カードだけでなく授業の中で頻繁に声をかけるようになった。」
	【授業実践の指針】 11.8 (50)	どのような授業を創っていくかに関する考え方や方向性
		「授業での目標設定のしかた,目標(指導の)を持って授業するようになった。」「生徒の大きな向上,変化が見られるような内容を追求するようになった。」
	【授業展開上の課題】 6.4 (27)	よい授業実践を展開していく上での条件や克服すべき課題の理解
		「論理だてて物事を考えること,系統的・段階的な指導法,スパイラルに授業を展開すること。」「動機付けには,教材を自分自身がしっかり理解し,本質的系統的に理解,実践させる力量,技量が必要である。」
	【計画性と柔軟性】 4.5 (19)	計画を立てつつ,実践場面においては臨機応変に対応することが重要であること
		「準備が如何に大切かということ。臨機応変に対応する必要性。」「単元一つ一つについて,たくさんの複案を持ち授業を進めること。生徒の興味を引き付ける内容,集中できる見せ方,話し方の間の取り方など。」
	【学習環境への配慮】 3.1 (13)	安全面や学習面からみた体育施設の状況などに対して気配りする重要性
		「こちらの創造を越える生徒の熱意を理解しつつも,安全面などを配慮し,事前に制限をつけること。」「安全については十分に配慮していたつもりだが,さらに細かな配慮と生徒への注意喚起が必要であること。安全は体育授業の絶対条件である。」
〈学習者観〉 20.0 (85)	【生徒との接し方】 12.0 (51)	生徒に対するアセスメント等,どのように生徒と接するのが教育上効果的であるかについての理解
		「生徒が期待している。『やってみてどお?』,『うまくいった?』と工夫したことやつまづきがどうなのか確認する大切さを知った。」「運動が苦手なこの気持ちを真剣に受け止め最善を尽くすこと,できないことをあきらめさせない,できないことを分かってあげる。」
	【自分なりの生徒観】 4.7 (20)	生徒とは,子どもとは,学習者とは如何なるものかに関する自分なりの考え方や見方の形成
		「教師が思っている以上に,生徒はクラスでの勝利にこだわっているということ。」「想像する力が最近の子供は弱いと感じており,それを補うことを教師がもっと考えなければならない。」
	【学習者に対する気づき】 3.3 (14)	学習者が置かれた状況や抱えている問題,困難性等に対する気づき
		「女子の指導が難しかったこと。何をどれだけやればいいかわからなかった。球技に関しても投げる,蹴るなど女子は難しいことが理解できた。」「生徒は『言うことをきかない』のではなく,『言っていることが理解できない』だけであった。生徒にわからせる手段の工夫をするべきだった。」

大カテゴリ	中カテゴリ	内容・記述例
〈認識変容〉 14.6（62）	【力量不足と研鑽の必要性】 5.2（22）	自らの課題や失敗に依って力量不足を認識し，研修を積む必要性に気づくことなど
		「日々研鑽ということをあらためて気づいた。」「悔しさを学んだ。その1回をその生徒のせいにせず，自分に責任を置き，「楽しくためになる」授業を目指し，板書・教材・話し方を常に工夫した。自分が変われば子どもは変わる。」
	【視野の拡大】 4.0（17）	異なった立場に立って授業実践などみることが出来るようになること
		「体育と言うものを行政の立場から考えることができた。」「生徒，保護者，学校生活，家庭生活に渡ってみることが大切なことを学んだ。」
	【認識の転換】 3.3（14）	価値観を含め，それまで有していたのとは違ったものの見方や視点を獲得すること
		「教師が壁を作ってしまっては伸びるものも伸びなくなる。『全国の先生方に頑張っている姿を見てほしい。』と考えが変わったときに生徒の動きも変わってきたようであった。」「授業では，集団を相手にしているつもりだったが，その中でより個々に応じた運動量や，スキル目標が大切であることを学んだ。」
	【自己認識の形成や明確化】 2.1（9）	自分の抱いている授業観や生徒観への気づきや目指している授業像が明確化すること
		「広い知識，教養等が身に付いた。忘れていたものを気付かせてもらえた。夢がもてた。」「生徒に対してどのような力をつけ，どのような授業を行いたいかが少し見え始めた。」
〈職務の遂行と協働〉 10.6（45）	【働き方と職務態度】 4.9（21）	職務を進める上で優先すべき事柄や力の入れ方，学校内における振舞い方などについての考え方
		「色々な面で柔軟な学校であり，教員一人一人がしっかりした考えを持っていることの大切さを学んだ。」「厳しさ，しっかり叱ること。仕事をしっかり行う，全うすること。」
	【同僚教師との関係構築】 2.1（9）	同僚教師との関係性をどのように構築していくかに関する考え方
		「転勤先で自らの信念を貫くことも大事であるが，集団の現状を見極めたうえで，徐々に変えていくのか，ズバッと切り込むかの判断。」「先輩方に教えていただいた事や，私自身が今まで思い切りできていたことで先輩方への感謝の気持ちが増した。先輩方もそうだろうなと思った。」
	【他教師と学ぶ意義】 1.4（6）	学校内外の教師とともに協働して実践や研究をしたり，指導を仰ぐことの意義を認知すること
		「グラウンドは多くの先生方が見てくれる。『何をしてたの？』『どうなっていくの？』と言うような質問が自分を成長させてくれた。」「単独で行っていた体育から，複数の体育科チームの中で様々なものを取り入れることが出来た。」
	【リーダーシップ】 2.1（9）	行事運営などに際して，教員や生徒に関わらず集団をマネジメントする上で必要となる資質や能力
		「配置や人数，動かし方など企画し，実践→反省を繰り返し，たくさんのアドバイスをいただいたこと。人を動かすことの大変さ，メンタル面（どう盛り上げるか）など，思考錯誤しながら行うことによって人をどう動かしていくのかが少しわかったような気がする。」「各種行事の企画立案をすることで全体に目が行くようになった。」
〈体育の価値〉 7.3（31）	【体育授業の価値】 3.8（16）	体育授業が有している教育的価値についての自らの考え方
		「体育は教師―生徒，生徒―生徒をつなぐ大事な教科であること。」「他教科から見た保健体育の存在価値の低さを痛感し，その重要性を自問自答するきっかけとなった。」
	【学校における体育科の位置づけ】 3.1（13）	学校教育全体からみて体育科が有している特徴的な教育的価値や成果
		「生徒指導の厳しい学校であり，体育が生徒指導の中心であることを学んだ。」「集団行動を通して，人間として大事な部分，「挨拶」「態度」が良くなったことから，しつけという意味でも体育でその部分を養うことが大切であると考える。」
	【運動・スポーツに対する理解】 .5（2）	スポーツの楽しさや運動の構造などについての理解が深まること
		「『楽しさ』の本質は何かということ。」「サッカー（スポーツ＝考えて運動すること）は，こんなに楽しいことなんだということ。」

第8章 信念に影響を及ぼす経験と教訓の抽出と検討 249

〈教師観〉 3.3 (14)	【教師観】 3.3 (14)	「(体育) 教師とはこうあるべき」にあたる見方や考え方	
		「体育の教員は部活動ではなく授業で勝負しなければならないこと。」「体育教師は怖くなければいけない。体育は危険が伴う教科であり、駄目なものは絶対だめだ。という姿勢が大切で、そういった存在でなければならない。」	
〈その他〉 2.1 (9)	【運動部活動の指導指針】 .5 (2)	運動部活動についての見方や考え方の形成	
		「生徒と保護者と顧問のバランスがとれて初めて部活動の運営が成立する。全国大会で入賞するような部活動はソーシャルスキルを徹底的にたたき込まれている。県立高校において、全国大会入賞レベルの創作ダンスを創るためにはある程度の学力が必要である。」「一人一人に目標がある。部活動はやっぱりすばらしいということ。」	
	【学校外におけるコミュニケーションの重要性】 .9 (4)	学校外(特に家庭)と良好な関係を築く重要性	
		「学校も家庭も深い結びつきがあること。」「日頃からの保護者とのコミュニケーションの大切さ。」	
	【学習指導要領の理解】 .5 (2)	学習指導要領に関する知識や理解の深まり	
		「新学習指導要領の解説を細かくしてもらい、視点がはっきりした。やるべきことがわかり、授業づくりのポイントが明らかになった。」「新学習指導要領全般について。それらが目指す学校体育の構造。評価・説明責任等々の理解が深まった。」	
	【学校の外部組織の状況】 .2 (1)	学校外の組織(中学校・高等学校体育連盟)がどのような状況になっているかに関する理解	
		「中体連の内部のことがよく分かった。」	

注:数字は全問答に対する割合(%),( )内は記述された教訓の数

が大きかった。なお,勤務校の異動や学校内における役割の変化は,先行研究においても成長の契機となる経験として取り上げられている(稲垣,1988,小山ほか1994a,山﨑,2002)。

4番目に割合の多かったカテゴリーが〈生徒指導〉(11.3%)の経験である。このカテゴリーには,生徒と身近に触れ合う経験あるいは生徒と衝突する経験など,生身の生徒と接触する経験が概念として含まれている。体育教師が担当することの多い生徒指導の経験が,成長の契機となっていることがうかがえる。

続くカテゴリーはやや割合は小さく,〈学校行事〉(5.9%),〈部活動指導〉(4.0%),〈その他〉(3.1%)の経験が続く。これらの経験は,授業以外の教育活動や学校外においても生じるものであり,教師によっては実に多様な経験が,一回り成長する経験となっていることがわかる。

②教 訓

一方,教訓のカテゴリーで最も割合の大きかったのが〈授業実践方法〉(42.1%)であり,およそ4割を占めている。このカテゴリーには,生成された概念の中で最も割合の大きかった【指導方法・ノウハウ】をはじめ,実際の授業に

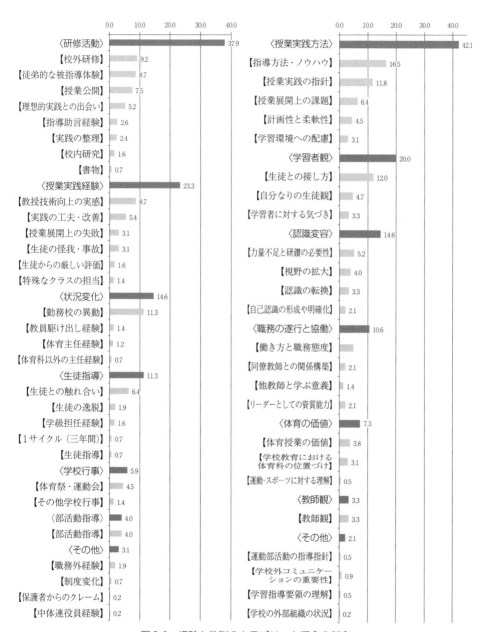

図 8-1 経験と教訓のカテゴリーと概念の割合

おける具体的な方法についての教訓が含まれている。

次に教訓のカテゴリーとして割合が大きかったのは，生徒に対する接し方や見方，気づきなどがもたらされた〈学習者観〉（20.0%）であった。なお，このカテゴリーに含まれる概念を見みると，学習者観は，体育の授業における生徒との関わりや見方・考え方を中心としつつも，学校生活全体を通じた生徒に関する教訓を得ていることがわかる。上位2つのカテゴリーは，授業実践をはじめとした教育実践に直接関わる具体的な教訓である。体育教師の職務の中心が授業であり，また，生徒に対する指導であることが分析結果に現れていると考えられる。

そして，本研究が特に主眼を置く〈認識変容〉（14.6%）は3番目に割合の大きいカテゴリーとして生成された。このカテゴリーに含まれる概念として生成されたものは【力量不足と研鑽の必要性】【視野の拡大】【認識の転換】【自己認識の形成や明確化】である。これらは，自らの限界に気づき研修を積む必要性を見出したりする「研修観」に関わる教訓を含んでいる。また，ものの見方や考え方の拡大や転換を含む【視野の拡大】【認識の転換】は，体育教師の様々な対象に対する信念の変容を表している。さらに【自己認識の形成や明確化】は，自分自身が抱いていた価値観等をメタ的に捉えることで得られた教訓などが含まれており，同じく既存の信念の変容を示唆するものである。なお，14.6%という割合の低さは，認識変容の難しさを示している点で妥当な結果といえるだろう。

4番目に割合が大きかったのが〈職務の遂行と協働〉（10.6%）に関する教訓であった。上位3つの教訓は，学習者への指導についての教訓が大部分を占めるのに対して，このカテゴリーは学校内における教師としての振る舞い方や同僚教師との関係性に関わる概念が含まれている。また，割合は決して大きくはないものの，行事運営等において集団をマネジメントすることが体育教師として一回り成長した教訓として得られていることなどは，体育的行事等で専門性を発揮することが求められる体育教師に特有の教訓といえる。

そして，〈体育の価値〉（7.3%），〈教師観〉（3.3%）といった体育教師の信念

形成に関わる教訓カテゴリーが続く。これらのカテゴリーは「体育科」の本質的価値に関わる授業観や仕事観とも関連する教訓であり，概念としては，たとえば「他教科から見た保健体育科の存在価値の低さを痛感し，その重要性を自問するきっかけ」など，体育教師としての信念に関わる重要な教訓が得られていることがわかる。これらの概念およびカテゴリーの割合の少なさは，価値観に関わる教訓は簡単に得ることができない実態と共に，本研究が問題視する状況を示唆する結果といえよう。

最後に特定のカテゴリーとしてはまとまらない教訓を〈その他〉(2.1%) としてまとめた。この教訓の中には，運動部活動についての教訓やそれと関わる組織（中体連など）についての教訓，家庭との関係構築などの重要性や学習指導要領に関する教訓が含まれていた。

(2) 経験カテゴリーと教訓カテゴリーのクロス分析

経験と教訓の関係性を分析するため，縦軸に経験，横軸に教訓のカテゴリーを配置し7×7の49個のセルからなるクロス集計表を作成した結果，全425の経験と教訓のセットが表8-4のように分布した（表8-4）。まず，全体を俯瞰

表8-4 経験カテゴリー（縦軸）と教訓カテゴリー（横軸）のクロス表

	〈授業実践方法〉		〈学習者観〉		〈認識変容〉		〈職務の遂行と協働〉		〈体育の価値〉		〈教師観〉		〈その他〉		合　計	
〈研修活動〉	16.9	44.7	4.2	11.2	8.5	22.4	2.6	6.8	2.8	7.5	2.4	6.2	.5	1.2	37.9	100.0
	40.2	(72)	21.2	(18)	58.1	(36)	24.4	(11)	38.7	(12)	71.4	(10)	22.2	(2)	37.9	(161)
〈授業実践経験〉	14.4	61.6	4.9	21.2	1.6	7.1	.9	4.0	.9	4.0	.5	2.0	.0	.0	23.3	100.0
	34.1	(61)	24.7	(21)	11.3	(7)	8.9	(4)	12.9	(4)	14.3	(2)	.0	(0)	23.3	(99)
〈状況変化〉	5.6	38.7	2.8	19.4	1.9	12.9	3.1	21.0	.7	4.8	.2	1.6	.2	1.6	14.6	100.0
	13.4	(24)	14.1	(12)	12.9	(8)	28.9	(13)	9.7	(3)	7.1	(1)	11.1	(1)	14.6	(62)
〈生徒指導〉	2.4	20.8	5.4	47.9	1.2	10.4	.9	8.3	1.2	10.4	.2	2.1	.0	.0	11.3	100.0
	5.6	(10)	27.1	(23)	8.1	(5)	8.9	(4)	16.1	(5)	7.1	(1)	.0	(0)	11.3	(48)
〈学校行事〉	1.4	24.0	1.2	20.0	.5	8.0	1.6	28.0	1.2	20.0	.0	.0	.0	.0	5.9	100.0
	3.4	(6)	5.9	(5)	3.2	(2)	15.6	(7)	16.1	(5)	.0	(0)	.0	(0)	5.9	(25)
〈部活動指導〉	.7	17.6	.9	23.5	.2	5.9	.9	23.5	.2	5.9	.0	.0	.9	23.5	4.0	100.0
	1.7	(3)	4.7	(4)	1.6	(1)	8.9	(4)	3.2	(1)	.0	(0)	44.4	(4)	4.0	(17)
〈その他〉	.7	23.1	.5	15.4	.7	23.1	.5	15.4	.2	7.7	.0	.0	.5	15.4	3.1	100.0
	1.7	(3)	2.4	(2)	4.8	(3)	4.4	(2)	3.2	(1)	.0	(0)	22.2	(2)	3.1	(13)
合　計	42.1	42.1	20.0	20.0	14.6	14.6	10.6	10.6	7.3	7.3	3.3	3.3	2.1	2.1	100.0	100.0
	100.0	(179)	100.0	(85)	100.0	(62)	100.0	(45)	100.0	(31)	100.0	(14)	100.0	(9)	100.0	(425)

注：右上は行の％，左下は列の％，左上は全体の％，（ ）内は記述数

してみると，最も割合が高かった学びは，〈研修活動〉を通じた〈授業実践方法〉で全体の16.9％を占めていた。典型的な記述例としては「経験5年目の授業研究（公開授業）で校外の（他地区の）指導主事の先生に指導・助言していただいたこと」（経験）から「具体的なポイント（手立て）をはっきり示し，生徒が動きやすい授業を作ること」（教訓）を学んだ記述などが挙げられる（女性，6年目／13年：括弧内は性別と経験・教訓が生じた時期／教職経験年数を記載，以下同様）。

次に，〈授業実践経験〉を通じた〈授業実践方法〉の学びが全体の14.4％を占めていた。この例としては，「自分は生徒の中に入って体育授業で動き回っていたが，私の見えていない部分で生徒がケガをしてしまった」（経験）ことから「生徒の動きが激しい時は，離れたところから広く動きを観察するようにする」（教訓）という，現実的で具体的な学びがみられる（男性，8年目／9年）。

体育教師の学びは，多様な経験と教訓の組み合わせとして生起している。たとえば，最も割合の大きかった〈研修活動〉の経験からは，必ずしも具体的な〈授業実践方法〉に関する教訓だけではなく，〈職務の遂行や働き方〉といった教師としての振る舞い方を学んでいる場合もある。このことは，研修を通じた体育教師としての学びが，授業実践に関わるものだけでなく，教員集団における協働の仕方を学ぶ機会にもなることを反映している。

また，〈状況変化〉という授業外の経験から〈授業実践方法〉を学ぶケースもみられる。これはたとえば，勤務校の異動によって自らの実践を変化させたことが成長をもたらしたケースなどである。このことは，授業の在り方が必ずしも教師個人の認識と行動によって規定されるだけでなく，学校や職場の文脈によって規定されることを表している。

なお，本研究が主眼を置いている〈認識変容〉については，〈研修活動〉を通じた学びが全体の3番目に大きな割合を占めていた（8.5％）。また，〈認識変容〉は様々な経験カテゴリーに分布していることから，信念の変容が起こり得る機会の多様性が示唆される。さらに，本研究と関わるカテゴリーとして〈体育の価値〉と〈教師観〉に関する学びが抽出された。たとえば，「生徒指導を

行う場面になった時に，（自分が）迅速にさっと動けた時」[4]（経験）から「保健体育のもう一つの仕事は生徒指導であるともいわれてきた。積極的な生徒指導を常日頃から行うよう努力しているが，生徒指導する場面が出てきた時とっさに動くことも大切であると学んだ」（教訓）ように，生徒指導の経験から体育科の価値が主観的に学ばれる場合もある（女性，4年目／4年）。このことは，生徒指導という言葉で表現された生徒の問題行動への対処が，体育教師の職務となっていく傾向とそのこと自体を教師自身が正当化していく体育教師特有の実態（Smyth, 1995）をうかがわせる。関連して，「行事の運営」（経験）を通じて「教科の指導だけでは一人前ではない」（教訓）ことを学んだ教師（男性，1年目／9年）なども，学校行事の指導を先導することが，体育教師の重要な職務であるとの価値観を形成しており，体育的行事をはじめとした集団行動に関わる指導を体育教師の専門的な職務として認識していることがうかがえる。

次項からは本章の目的に従い，これらの多様な学びのうち体育教師が保有する信念の問い直しや変容に関わる〈認識変容〉〈体育の価値〉〈教師観〉のカテゴリーに焦点を絞り，さらに詳細な検討を進めていく。

(3) 体育教師の信念に関わる教訓カテゴリーと経験カテゴリーのクロス分析

次に，抽出された教訓の概念の中から，〈認識変容〉に含まれる【力量不足と研鑽の必要性】【視野の拡大】【認識の転換】【自己認識の形成や明確化】，〈体育の価値〉に含まれる【体育授業の価値】そして〈教師観〉のカテゴリーを構成する【教師観】を抽出し，経験カテゴリーとの関連をクロス分析した。

全体的に体育教師の信念に関わる教訓は，〈研修活動〉によって生み出される割合が高く，ここで取り上げた教訓はほぼ全て，体育教師の職務の中心かつ直接的な指導に携わる〈授業実践経験〉よりも〈研修活動〉の方に，大きな割合を占めていた。特に【自己認識の形成や明確化】に関わる教訓は，全て〈研修活動〉を通じて生じている。

〈授業実践経験〉と〈研修活動〉の違いとしては，前者が実践場面に限定された経験であるのに対して，後者は実践場面を離れた経験である点が挙げられる。故に，信念や価値観の形成はもとより，その変容が起こる可能性が高いの

表8-5 経験カテゴリー（縦軸）と認識変容／体育の価値／教師観概念（横軸）のクロス表

	【力量不足と研鑽の必要性】		【視野の拡大】		【認識の転換】		【自己認識の形成や明確化】		【体育授業の価値】		【教師観】		合計	
〈研修活動〉	12.0 50.0	20.8 (11)	12.0 64.7	20.8 (11)	5.4 35.7	9.4 (5)	9.8 100.0	17.0 (9)	7.6 43.8	13.2 (7)	10.9 71.4	18.9 (10)	57.6 54.2	100.0 (53)
〈授業実践経験〉	5.4 22.7	38.5 (5)			2.2 14.3	15.4 (2)			4.3 25.0	30.8 (4)	2.2 14.3	15.4 (2)	14.1 12.1	100.0 (13)
〈状況変化〉	1.1 4.5	9.1 (1)	2.2 11.8	18.2 (2)	5.4 35.7	45.5 (5)			2.2 8.5	18.2 (2)	1.1 7.1	9.1 (1)	12.0 11.2	100.0 (11)
〈生徒指導〉	3.3 13.6	42.9 (3)	2.2 11.8	28.6 (2)					1.1 6.3	14.3 (1)	1.1 7.1	14.3 (1)	7.6 10.3	100.0 (7)
〈学校行事〉	1.1 4.5	50.0 (1)	1.1 5.9	50.0 (1)									2.2 6.5	100.0 (2)
〈部活動指導〉	1.1 4.5	50.0 (1)							1.1 6.3	50.0 (1)			2.2 1.9	100.0 (2)
〈その他〉			1.1 5.9	25.0 (1)	2.2 14.3	50.0 (2)			1.1 6.3	25.0 (1)			4.3 3.7	100.0 (4)
合計	23.9 100.0	23.9 (22)	18.5 100.0	18.5 (17)	15.2 100.0	15.2 (14)	9.8 100.0	9.8 (9)	17.4 100.0	17.4 (16)	15.2 100.0	15.2 (14)	100.0 100.0	100.0 (92)

注：右上は行の％，左下は列の％，左上は全体の％，（ ）内は記述数

は，いま‐ここで行われる実践よりも，実践を対象化し，振り返る場面といえよう。そのことは，「行為の中の省察」のみが注目されがちな省察的実践家としての教師の成長，とりわけ信念の変容においては，行為自体を総体的に省察する「行為についての省察」の重要性（三品，2011；油布，2013）にも着目する必要性を示唆している。そこで，〈研修活動〉と教訓との関連に関わる詳細については，次項にて詳細に検討していくこととし，ここでは，その他の経験に着目して体育教師の学びの実態を把握していきたい。

まず〈認識変容〉の中で最も割合が大きく，体育教師の「研修観」に大きく関わると考えられる【力量不足と研鑽の必要性】は，〈その他〉のカテゴリーを除く全ての経験カテゴリーと関連していた。中でも〈研修経験〉（50.0％）や〈授業実践経験〉による学び（22.7％），そして〈生徒指導〉を通じた学び（13.6％）が比較的大きな割合を占めていることがわかる。以下にその具体例を示す。

「1年間でただ一人，一回だけ保健で寝た生徒がいた。悔しさを学んだ。（経

験)／その1回をその生徒のせいにせず，自分に責任を置き，「楽しくためになる」授業を目指し，板書・教材・話し方を常に工夫した。自分が変われば子どもは変わる。(教訓)」(男性，不明／9年)

「生徒から『先生の授業分かりやすい』といわれ，満足していたが「分かりづらい」といわれたこと(経験)／日々研鑽ということをあらためて気づいた。(教訓)」(男性，2年目／9年)

「バドミントンの授業で空振りばかりしている生徒にワンポイントアドバイスをしたら，途端にラケットにあたるようになり，ラリーが長く続くようになった。『わぁっ何これ，当たる当たる，できた』と自分に驚いて喜ぶ生徒を見た。(経験)／出来ないあるいは『どうせ自分には出来ないだろう』とあきらめている生徒が楽しさや喜びを実感する姿を見て，授業への研究心が高まった。(教訓)」(男性，16年目／30年)

「先生のおかげで自分の人生があると言われたこと。(経験)／更に自分も授業の研鑽が必要だと思ったこと。(教訓)」(男性，9年目／14年)

　これらの経験と教訓からは，授業や生徒指導における失敗のみならず，成功経験ともいえる出来事を契機として効力感を得ると共に，研修に対する積極的な態度，研修や研鑽の必要性に対する信念が形成されていることがうかがえる。研鑽の必要性自体は，一見，自らに不足しているものを補うために精進していくイメージが伴うため，失敗経験や困難な経験からの学びが多いと予想される。しかし，教職の複雑性に根差した教育活動の結果は，即自的に表れない。そのため，成功経験がなかなか得られない中で手にした「手応え」ともいえる経験は，教師の研修に対する積極的な態度や価値観を強く喚起するのかもしれない。

　また，多様な対象に対する認識の拡大や転換を伴う【視野の拡大】と【認識の転換】については，前者の多くの教訓が〈研修活動〉(64.7%)を通じて起こっていたが，後者については〈研修活動〉(35.7%)のみならず，〈状況変化〉

（35.7%）との関わりがみられた。以下にその具体例を引いてみる。

> 「小学校，中学1年と問題行動が多く，自主的だったり課題解決的だったりする経験がほとんどできていない集団を指導することになったとき。（経験）／生徒は体を動かすことが好き，体育が好きで当たり前だという感覚できていたのだが，生徒を惹きつける仕掛けを工夫しなければまったく生徒が動かない。生徒が動かないのが当たり前，動くように仕掛けを工夫すべし。（教訓）」（男性，16年目／23年）
>
> 「一度目の異動（転勤）で学校が変わったこと。（経験）／学力や高い運動欲求など，学校が変わったことによって，生徒の学力が大きく以前と変化し，前任校での指導ではダメだと気付いた。その学校に適した指導が重要だと学んだ。（教訓）」（男性，9年目／12年）

　これらの具体例に共通して，〈状況の変化〉により，それまで当然視していた認識や既有の認識の限界から，ものの見方や考え方の転換が起こった様子が描かれている。特に，後者の具体例にみられる「生徒はからだを動かすことが好きである」という認識は，授業実践の中で生徒が運動を楽しむ様子を目にすることや自分自身が児童生徒であった時に，運動に親しんだ経験から形成された信念と考えられる。実際に体育は，中学生や高校生に最も好まれる教科でもあり（ベネッセ，2006，第4回学習基本調査），このような信念は素朴な経験の中で形成されやすい。このような信念が変容する学びが起こったのは，単に信念を否定するような情報に触れただけではなく，その経験が偶発的であったとはいえ，自分自身の実践の成否を左右する直接的な経験を通じて生じたためと考えられよう。

　なお，体育授業の価値については，一般に〈研修活動〉や〈授業実践経験〉によって学ばれることが多いが，授業場面にかかわらず教職生活全体を通じた，そのほか経験が関わっている例もある。

「保健の授業で『出産，妊娠』の項目で自身の体験を話せた時（実体験を話せた）。（経験）／命の大切さを教える意義を学んだ（教訓）」（男性，11年目／14年）

「部活動で知り合った先生から体育の指導について教わった。（経験）／授業で生徒を変容させることができる。（教訓）」（男性，11年目／22年）

これらは，体育教師としての授業が展開される教室や職場を超えた，地域や社会といった空間（山﨑，2002）における経験が，体育授業に対する価値観の形成をもたらした例である。前者の例は，体育教師としてよりも，1人の人間としてのライフサイクル上の経験が，保健分野における授業実践と接合し，授業の新たな価値が見いだされている。また後者の例からは，部活動の指導を契機として築かれた他校の教師との関係性の中で，授業についての学びが得られていることがわかる。いずれも，日常的な経験が生まれる勤務校や職場とは異なる場面での経験および他者との相互作用によって，新たな認識が形成されることを示唆している。

(4) 信念の変容や再構築をもたらす研修活動での経験

最後に，前項の分析において最も割合が大きかった〈研修活動〉の経験カテゴリーを概念レベルに細分化し，〈認識変容〉カテゴリーに含まれる4つの概念と「授業観」に大きく関わる【体育授業の価値】および「仕事観」と関わる【教師観】との関連から，体育教師の信念の問い直しや変容・再構築を促す学習について検討していく。

まず，〈研修活動〉カテゴリー全体の傾向をみると，認識変容や体育の価値，教師観に関わる教訓が得られる経験として割合の比較的大きいものに，勤務校の外での多様な研修経験をあらわす【校外研修】（26.4％），先輩教員や指導者からの批判を受けたり，薫陶を受けたりする【徒弟的な被指導経験】（22.6％），自らの実践を公開する【授業公開】（15.1％），そして先輩や指導教員として他教師を指導する【指導助言経験】（15.1％）が挙げられる。これらの経験に特徴的なのは，他の研修経験に比べて，多様な他者との密なコミュニケーションの

表8-6 研修経験概念(縦軸)と認識変容／体育の価値／教師観概念(横軸)のクロス表

	【力量不足と研鑽の必要性】		【視野の拡大】		【認識の転換】		【自己認識の形成や明確化】		【体育授業の価値】		【教師観】		合 計	
【校外研修】	7.5 36.4	28.6 (4)	3.8 18.2	14.3 (2)	7.5 80.0	28.6 (4)	1.9 11.1	7.1 (1)	1.9 14.3	7.1 (1)	3.8 20.0	14.3 (2)	26.4 26.4	100.0 (14)
【徒弟的な被指導経験】	9.4 45.5	41.7 (5)	1.9 9.1	8.3 (1)					5.7 42.9	25.0 (3)	5.7 30.0	25.0 (3)	22.6 22.6	100.0 (12)
【授業公開】	3.8 18.2	25.0 (2)	5.7 27.3	37.5 (3)	1.9 20.0	12.5 (1)			1.9 14.3	12.5 (1)	1.9 10.0	12.5 (1)	15.1 15.1	100.0 (8)
【理想的実践との出会い】							3.8 22.2	40.0 (2)			5.7 30.0	60.0 (3)	9.4 9.4	100.0 (5)
【教師教育経験】			9.4 45.5	62.5 (5)			5.7 33.3	37.5 (3)					15.1 15.1	100.0 (8)
【実践の整理】							3.8 22.2	100.0 (2)					3.8 3.8	100.0 (2)
【校内研究】							1.9 11.1	33.3 (1)	3.8 28.6	66.7 (2)			5.7 5.7	100.0 (3)
【書 物】											1.9 10.0	100.0 (1)	1.9 1.9	100.0 (1)
合 計	20.8 100.0	20.8 (11)	20.8 100.0	20.8 (11)	9.4 100.0	9.4 (5)	17.0 100.0	17.0 (9)	13.2 100.0	13.2 (7)	18.9 100.0	18.9 (10)	100.0 100.0	100.0 (53)

注:右上は行の%,左下は列の%,左上は全体の%,( )内は記述数

機会や自らの考えあるいは実践を公開する機会が含まれており,異質な情報に触れる経験と自らも情報を発信する経験が豊富に含まれていることである。以下では,特に研修観,授業観,仕事観に関わる学びと研修経験について検討していくこととする。

【力量不足と研鑽の必要性】については,体育教師としての研修観に関わる教訓が【校外研修】と【徒弟的な被指導経験】によって得られている場合が多い。以下はその具体例である。

「県下体育教員の前での発表授業(経験)／準備すること,学ぶことの大切さ。(教訓)」(男性,5年目／16年)
「駆け出しのころ,先輩体育教師に教科,部活指導,体育行事など色々な面で叱られたこと。教師の年齢層の高齢化でこのような経験の伝承場面なども少なくなってきているのでは。(経験)／自らの未熟さと無知。(教訓)」

（男性，1～2年目／23年）

「他教科の先生であるが，専門分野の勉強量と勉強に取り組む姿勢に触れたこと（経験）／小手先の「知識」や「教え方」では通用しないことを学んだ。（教訓）」（男性，13年目／16年）

　これらの経験と教訓は，いずれも先輩教員や指導者あるいは校外の教師との交流をもとにした経験から，研修に対する積極的な態度や価値観を形成している例である。ところで徒弟的な経験は，一般的には見習いの時期にあたる，初任期の教員に限定された経験のように思われる。そのため，経験年数を重ねてベテランになっていくにしたがい，特に，勤務校内での経験は相対的に少なくなっていくと予想される。その点で校外における研修は，専門的な研究者や指導者と出会い，研修への積極的な態度や価値観を形成する上で，すべての世代に有意義な機会と考えられる。故に校外における経験は，生涯にわたって体育教師の研修観に関わる学びを提供できる点で意義を有している。

　次に，【視野の拡大】について具体的な経験と教訓をみてみたい。視野の拡大は，多面的な見方や異なる立場に立った考え方を教訓として得るような学びである。その意味で，この学びをもたらす経験の特徴には，自分とは異なる立場の意見を聞くことや，教師自身が，それまでとは異なる立場に立つような経験がみられる。以下は，その具体例である。

「授業研究，校内研修で意見をもらった教師と対立する議論をしていた時（経験）／考え方によってはどの方法も正しいと言える。かたくなにならず柔軟な思考が必要（教訓）」（男性，5年目／20年）

「教科指導員となり，若手の先生方の指導を見る機会が増えた。（経験）／多くの授業を見て分析する。他教科の授業から，体育ではどう活かすかを考える。（教訓）」（女性，19年目／21年）

「初任者の指導教員を務めたこと（経験）／体育教師を指導する立場になったことによって，自分の経験に基づくだけでなく，自らすすんで新しい

情報を収集するようになった(教訓)」(男性,8年目/12年)

「大学付属中での年間研修(経験)/ニュースポーツ,自作のスポーツなど,色々なスポーツが授業として成立させることができるということ(教訓)」(男性,18年目/23年)

「色んな学校に講師として行ったこと(経験)/学校によって色々なやり方があり,自分に合ったやり方をみつけていこうと思った。(教訓)」(男性,不明/18年)

以上の例では,他教師との対立を含む,自分とは異なる意見との接触や指導者・講師として他の教師を指導する経験,年間研修という形で様々な観点から授業をみる経験が,研修観や授業観,仕事観における【視野の拡大】をもたらしている。またこれらは,ある程度の教職経験を積むことによって得られる経験であり,経験の積み重ねによる硬直化を脱する上で重要な契機ともいえよう。ただし,ベテラン教師として他の教師を指導する【指導助言経験】は,一見すると,講師や指導員といった公式の役割を得なくても,身近に後輩教師が増えるにつれて日常的に生じる経験のように思われる。だが,若年層が少ない教員年齢構成(松田,2009)のもとでは,そのような機会自体が得がたいという構造的問題も指摘できるだろう[5]。このことは,体育教師の経験年数の積み重ねによる硬直化への対応が,個人あるいは個別学校の努力だけでは難しいことを示唆している。

さらに,それまで有していた信念が変容するような【認識の転換】に関わる教訓については,その数自体は少ないものの,特徴的な【校外研修】と【授業公開】によって学ばれていることが示された。以下はその具体例である。

「B県教育大学大学院入学(経験)/若い時期は『俺についてこい』的な授業を展開していた。2年間の大学院生活を通して,『主体的に授業に取り組ませる』ことの必要性を実感(教訓)」(男性,14年目/30年)

「内地留学での経験(経験)/1年間大学へ内地留学する機会があり,そ

こで学生と同じような生活をさせていただき，今まで教わってきたことに解釈の違いがあったり，実際に教職を経験して感じたことであったり，指導につながるたくさんの発見があった。(教訓)」(男性，4年目／10年)

「全国レベルの研究発表会で，授業公開したことがあった。準備や授業の内容に関してもかなり無理があるので当日は厳しい評価を受けるだろう…と思っていた。しかし，生徒は生き生きと活動し，素晴らしい成果を収めた。(経験)／教師が壁を作ってしまっては伸びるものも伸びなくなる。『全国の先生方に頑張っている姿を見てほしい』と考えが変わったときに生徒の動きも変わってきたようであった。(教訓)」(男性，11年目／20年)

ここで取り上げた【認識の転換】は，教師主導の授業観から学習者主体の授業観への大きな信念変容が含まれており，その他，教師としてそれまで学んできたことについての認識変容が含まれている。また，研究発表会の例では，授業公開による他教師との研修に対する態度や価値観が，否定的なものから肯定的なものに変容した具体例である。また，これらの学びをもたらした【校外研修】には，短期の行政研修とは異なる大学における長期の研修が含まれている点が特徴的である。

さらに，次に取り上げる【自己認識の形成や明確化】についても，いくつかのケースで大学における，あるいは大学と関わる経験がみられる。

「免許更新に伴う研修会など，高いレベルの内容を選んで参加した時。(経験)／広い知識，教養等が身に付いた。忘れていたものに気付かせてもらえた。夢がもてた。(教訓)」(女性，3年目／6年)

「大学の教育研究に参加し実践指導を行った(経験)／学力に応じた授業展開をしつつも『よい授業とは』を考え取り組む方法と信念の形成」(男性，10年目／32年)

「これまでの実践を記録として論文という形にしたとき。(経験)／自分自身が生徒にどういう力をつけたいかがはっきりとわかった。(教訓)」(女性，10年目／11年)

「教育論文という形にしたとき（経験）／生徒に対してどのような力をつけ，どのような授業を行いたいかが少し見え始めた。（教訓）（男性，2年目／4年）」
「文部科学省の研究指定を受け『選択制授業』のあり方を研究した時（経験）／育てたい人物像。その為のスポーツ，学校教育のあり方。（教訓）」（男性，不明／16年）
「教育実習生が来ていて，指導しているとき（経験）／教員を目指している学生から，自分を見つめ直すことができた（教訓）」（男性，10年目／19年）
「教育実習生の指導教員になる（経験）／教えることにより，自分自身の授業の見直しが出来た。（教訓）」（女性，15年目／30年）

なお，ここで取り上げた【自己認識の形成や明確化】には，自分自身が抱いていた価値観等をメタ的に捉えることで得られる教訓が含まれており，短期的な信念の形成・変容を含んでいる。「よい授業」「育てたい人物像」についての学びや自分自身あるいは自分自身の実践についての「見つめ直し」，「夢」というコトバで表現される，研修に対する積極的な意味づけからは，信念の形成や変容はもとより信念の問い直しという行為が喚起されていることがうかがえる。
　そしてこれらの経験が，通常，大学で行われる教員免許更新講習，大学が主導する教育研究，大学からくる教育実習生の受け入れと指導経験などによってもたらされている点も特徴的である。また，その他の経験をみると【実践の整理】や研究指定を受けて行われる【校内研究】のように，比較的長期間にわたって行われる研究活動の経験が，教訓をもたらしている具体例がみられる。このような経験は，即座に成果が表れる研修経験というよりも，長期的に行われる理論的な内容を含んでおり，なおかつ自らの実践の整理や教育実習生への指導によって，自分自身のものの見方・考え方が浮き彫りになる経験といえよう。これらのことから，自分が抱いている信念の問い直しが，他者への指導などを契機に自らの実践を相対化する経験や理論的内容を含む長期的な研修経験の中で生じることが示唆される。
　最後に，「授業観」に大きく関わる【体育授業の価値】および「仕事観」に

関わる【教師観】と〈研修活動〉の具体的な経験との関連を見ていきたい。以下は【体育授業の価値】について教訓を得た具体的経験を示したものである。

「4月当初は集団行動を展開していて，最初は何も分からず行っていた。その時，同僚の先生の集団行動授業を拝見し，それを参考に自らの授業に取り入れることで，生徒の態度が著しく良くなった。（経験）／集団行動を通して，人間として大事な部分，『挨拶』『態度』が良くなったことから，しつけという意味でも体育でその部分を養うことが大切であると考える（教訓）」（男性，4年目／14年）

「校内研修において，校内の同一テーマにおける研修活動（経験）／テーマに迫るための各教科の特色を保健体育ではどう置き換え，生かしていくかを考えた（教訓）」（男性，8年目／10年）

「海外（ドイツ）から来たコーチと体育授業について話をしたり，ライプチヒ大学の先生の講習会の受講（経験）／体育授業で本来目指すべきこと。体つくりの題材や考え方。日常やらせている補強運動の間違い（教訓）」（女性，10年目／20年）

これらは，最初の例が信念を強化する学びであるのに対して，次の2つの例は，信念を問い直すような学びの点で異なる様相を呈している。1つ目の経験と教訓は，体育授業における集団行動と生徒指導が結びつけられた信念が，同僚体育教師の授業参観とその経験に基づく実践によって強化されている。このケースで示された「『挨拶』や『態度』が良くなる」ということが，どのような状態を示しているかは定かではないが，同僚教師の実践から学ぶことが契機となり，集団行動に対する指導が「しつけ」としての効果を持っていることを主観的に正当化したケースといえる。

2つ目の例は，異教科間で同一のテーマを追究した校内研究を通じた学びのケースである。保健体育科という教科を他教科と相対化させる経験によって，自らが担当する教科の独自性に省察が及んでいる。さらに3つ目の例は，海外

の講師との対話や日常では接することの少ない指導者の講習など，特殊な校外研修経験から，体育授業の本質的な価値について考える契機を得ている。これらの具体例は，必ずしも明確な教訓を得ているとはいえないものの，体育の価値に関する前提の問い直しが生じている点で，重要な学びをもたらしているとみなせるだろう。非日常的な経験や異質な情報に接する経験が，深い学びをもたらしていることが示唆される。

　次に【教師観】について教訓を得た具体例を【徒弟的な被指導経験】【校外研修】【書物】の順に示す。

　　「とにかく先輩教師を見て，どん欲に技術を吸収した（経験）／教師としての基本的なスタンス，考え方等，基本の全て（教訓）」（男性，1～4年目／11年）
　　「区の保健体育研究会での公開授業の後の研究協議（経験）／他の方の見る視点が自分より深くはっきりしていること。どこが大事なのかを明確にすることが大切であると言うこと。また，尊敬できる先輩の先生方に出会えたことが大きく，自分もその様になりたいと思った。（教訓）」（女性，10年目／13年）
　　「色々な書物との出会い（原辰徳，野村克也，リックピティーノ，オシム，もしドラ，辻秀一など）（経験）／指導する側の「人間力」自分の人間の大きさが，人を自然とつくる」（男性，17～18年目／18年）

　これらは全て，自らの教師としての在り方に関する教訓が，他教師（特に先輩教師）と書物によって得られている。初めの2つは，校内・校外における「尊敬する先輩教師」との出会いから，目指すべき教師像を得た例であり，教職生活における初期の経験であることがうかがえる。それは，入職前の被教育経験によってつくられた素朴な教師観が，教職に携わる仕事を通じた現実の教師との出会いによって確立していく過程と捉えられる。「優れた教師との出会い」は，教師の自己形成史的研究における重要な成長契機の1つとされている。

ただし，このような学びにはいくつか問題もある。まず，【教師観】に関わる【徒弟的な被指導経験】からの学びは，教職の生涯を通じて繰り返されるものとはいえず，教職経験を積んでいく中で身近な先輩教師は減っていき，自分自身が先輩教師となっていくことを避けることができない。また，全ての教師が優れた先輩教師と出会えるわけではない。したがって，教師観に関わる学びは全ての教師に保障されているとはいえず，その出会いは偶然の産物であることを免れない。

　3つ目の【書物】に関わる経験は，そのような状況の中で教師観を問い直す契機になる。つまり，優れた指導者に直接出会うことはできなくとも，書物をはじめとした媒体が他者の信念に触れることを可能にする。信念形成の仕組みからすればこのような間接的経験は，実際に優れた人物に会い，直接話を聞くよりも影響は少ないが，そこに多様な経験から学ぼうとする力があれば多くの書物は，教師観はもとより授業観・研修観を問い直す契機になり得る。

第3節　研究1のまとめ

　研究1では，体育教師が有する信念の問い直しや変容・再構築は，職務を通じたどのような場における，いかなる学びが関わっているかを検討した。具体的には，体育教師自身が一回り成長したと思った「経験」とそこから学んだ「教訓」を描き出し，概念とカテゴリーのレベルで出来事と学んだことを整理し，両者の関係を分析することで体育教師の学習に迫った。

1) 「経験」の内容を分析した結果，33概念7カテゴリーが生成された。さらに度数分布から傾向を把握した結果，最も大きな割合を占めていたのは研修活動を通じた経験であった。故に，体育教師が一回り成長するような飛躍的経験は，必ずしも職務の中心である授業実践場面において生じるわけではない。また，研修活動経験の中でも，校外研修の割合が最も高かったことから，成長をもたらす教訓を得る経験は，必ずしも勤務校を中心とする日常的な環境の中で起きているわけではなく，非日常

的で異質な知識や情報に触れられる研修経験の重要性が指摘できる。

2) 「教訓」の内容を分析した結果，24概念7カテゴリーが生成された。全体的な傾向として，具体的な授業実践や学習指導に関わる教訓が大きな割合を占めていたが，信念の変容を示唆する〈認識変容〉として【力量不足と研鑽の必要性】や【視野の拡大】【認識の転換】【自己認識の形成や明確化】が抽出された。さらに，授業観に大きく関わる【体育の価値】，仕事観に関わる【教師観】の教訓も抽出され，本研究において焦点化した信念に関する学びが，確かに生じていることが確認された。

3) 体育教師がどのような出来事から何を学んでいるかを俯瞰的に検討するため，経験カテゴリーと教訓カテゴリーのクロス分析を行い，各セルの度数と割合を検討した結果，研修活動と授業実践経験を通じた具体的な実践方法だけではなく，研修活動を通じた認識の変容も比較的大きな割合を占めていた。ただし，経験と教訓の関係は，各セルに多様に分布していることから，経験と教訓の関係は1対1で対応しているわけではないことが明らかになった。そのため，生徒指導が体育授業の価値と結びつけられるような，体育教師に特有の学びも示唆された。

4) 体育教師の信念に関わる学びとして，【力量不足と研鑽の必要性】【視野の拡大】【認識の転換】【自己認識の形成や明確化】【体育授業の価値】【教師観】の6つの教訓概念に焦点化し，経験カテゴリーとの関連を分析した結果，授業実践場面での経験よりも研修活動経験と対応する割合が大きいことから，省察的実践家の原理である「行為の中の省察」に対し，その省察が埋め込まれた実践行為自体を相対化して振り返る「行為についての省察」の重要性が示唆された。さらに，信念の問い直しや変容・再構築に関わる教訓が，実際の指導場面から距離を置いた長期的な研修活動経験や，自らの実践や考えを公開するような経験によって生じていることが示唆された。

5) 上記6つの概念と〈研修活動〉に含まれる8つの概念との関係をクロス分析によって検討した結果，全体的には【校外研修】【徒弟的な被指

導経験】【授業公開】【指導助言経験】が大きな割合を占めており，多様な他者と密に接する経験や自らの実践と信念を晒すような経験，異質な情報に触れる経験の重要性が示唆された。

　以上の分析から，清新な知識や情報に触れることのできる，異質な他者との交流や自身の実践や考え方を公開することで，自らのものの見方・考え方を相対化するような研修経験が，体育教師の授業観・研修観・仕事観をはじめとした信念の問い直しと変容を促すことが指摘できる。また，そのような経験が生じる機会として，勤務校や教室，職場を超えた校外における非日常的・長期的な研修活動が重要な学びの場となると考えられる。これらの研修は，総じて本書第3章で明らかにした，多くの体育教師が有している研修観とは対極的な価値観に対応する研修経験であることも指摘できるだろう。

第4節　信念の問い直しや変容を促す学習のプロセスと文脈の検討（研究2）
1　研究2の目的
　経験と教訓を探索的に抽出した研究1の結果，長期的かつ理論的な内容をも含み，異質な知識や情報に触れることができる研修活動の重要性，殊に実践現場からは距離を置いた，非日常的な研修における「行為についての省察」の重要性（三品，2011；油布，2013）が示唆された。だが，このような研修活動経験が，信念の問い直しや変容を教訓としてもたらすという対応関係は明らかになったが，そこで生じている学びのプロセスとその要因・条件については明らかではない。研究2の目的は，このような研修機会を経験した体育教師を事例として，信念の問い直しや変容を促す学びのプロセスを明らかにし，その要因や条件を学びの文脈に沿って考察することである。
2　方法—大学における長期研修に参加した体育教師への着目
(1) 事例研究の方法
　ここでは，教育現場を離れ大学において専門的な研究を行う長期研修に参加した体育教師の事例研究を行う。研究1において，大学における研修が体育教

師の視野の拡大や認識の変容,自己認識の明確化に影響を及ぼしたケースが抽出された。また,大学での研修は多くの場合,理論的な内容を含んでおり,さらに,長期に学校教育現場を離れて行われるため非日常的かつ異質で多様な知識や情報に触れる機会となる。なお,本研究における分析結果だけではなく,国立教育政策研究所(2011)が,都道府県・政令指定都市教育委員会から優秀教員として表彰された教師の力量形成に関する調査を実施したところ,長期研修が優秀教員の力量形成に効果的であることが報告されている。また,多くの教員が研修の時間を十分に確保できないと感じ,自己研鑽のための長期研修を希望している現状も報告されている(岩田惠司ほか,1997)。さらに,大学における研修が自らの実践の対象化や自己理解,暗黙の前提への気づきを促すことが指摘されており(日野・重松,2000;田上,2004,2005;秋光,2009),長期研修における経験の内実に着目した詳細な事例研究の意義が認められよう。研究2では,教師の信念に関する問い直しと変容を促す学習および学習環境について検討するため,授業観をはじめとした信念の変容が起こりがたい体育教師の中から,変容が起こり得た特徴的な事例を取り上げる「手段的な事例研究」(ステイク,2006,p.103)を方法として用いる。

なお,体育教師の信念やその問い直しを含めた変容過程については,そのプロセスを検討した研究が少なく(たとえば,木原成一郎,2007;久保ほか,2008;森,2009など),多くは初任者の授業力量形成や省察行為の変化,知識の形成や獲得に主眼が置かれている。また,教師の変容を研究対象とする場合,安藤(2008)が「『成長した教師の姿』が一人ひとり異なったまま語られ,何が成長なのかを一般化できず,教師の成長を促す方法の構築のためには参考にできないという難点がある」(p.150)と指摘するように,変容過程の記述だけでは具体的な示唆を導き出すことが難しい。そこでここでは,これまでの実証研究を踏まえ,体育教師の授業観,研修観,仕事観の3つの信念を中心に,その問い直しと変容のプロセスを検討していく。

(2) 分析視角―「認識変容」と「ジレンマ」への着目

信念の変容は,特定の教師行動や知識の習得といった変化とは次元を異にす

るものであり，「よい授業とは何か」「体育教師とはどうあるべきか」「どのように研鑽を積んでいくべきか」という，前提的な認識の問い直しと変容を指す。ある人の前提的な認識枠組みが変容する過程の解明は，批判的思考に基づいて，自らの自明的態度を批判する「批判的学習モデル」（中原編，2006）に立脚するアプローチであり，特に「ダブルループ学習」（Argyris and Schön, 1974）や「変容的学習」（Mezirow, 1991）と呼ばれる学習論に依拠している。その中でも，成人の認識変容（perspective transformation）を論じた Mezirow（1991）は，準拠枠（frame of reference：感覚印象を濾過する想定と期待の構造）の変容を理論の中心に据えることで，前提的な認識の変容を描き出そうとした。ある人にとっての準拠枠は「何に関心を向けそれにどのような意味付けを行うか，何を優先的に考えるか等を方向付けるような存在」（常葉―布施，2004, p.92）とされ，行動や認識を恒常的に規定する信念としての役割を担っている。したがって，準拠枠が再形成される過程を前提的な認識の変容として捉える枠組みは，信念の変容を具体的に捉える上で有効である。

　一方，信念の問い直しについてはすでに「反省的実践家」の提唱以来，認識が変容する過程で生じる問い直しを概念化した「省察」の重要性が，理論的・実証的に検討されてきた（秋田，1996b；木原，1995；久保ほか，2008；澤本，1998）。ところが，省察（リフレクション）の重要性が重視され，プログラム化が進んだが，概念自体が多義的であることから，その方法や方向性が多様化していることや（秋田，1997），振り返りが技術的水準に終始してしまう点（酒井，1999）が指摘されている。前提的な認識変容も省察を通じて生じるが，その省察水準は「自分の用いている知識の性質や機能，使い方について省察する」（秋田，1996b）ことであり，自明視していた枠組みや自らの仮定に関する新たな理解の形成を志向するものである。本書第3章でも検討したように，省察の理論的・実証的研究では省察の水準が主に3段階[6]で描かれるが，前提的な認識の変容には最も高次の省察である，自らの行為や認識に関する批判を伴う省察（Van Manen, 1977, 1991, Jay and Johnson, 2002）や長い間蓄積されてきた価値観が変わるような省察（朴・杉村，2006）が必要となる。

このような高次の省察は Argyris and Schön（1974）が提唱した，行為による結果の原因に対して閉鎖的な「モデルI」の行動世界から，行為者の前提を吟味し，原因の誤りをみようとする「モデルII」の行動世界への移行を表している[7]。また，成人の変容的学習[8]を理論化した Mezirow（2000）が，行為の前提として存在している「準拠枠」の真実性や妥当性を批判的に問い直す「想定の批判的省察」と呼んだ思考もこれにあたる。このような高次の省察を通じた学習の位相変化が，どのような要因によって起こるのかを明らかにすることで認識変容の要因にアプローチすることが可能になる。特に本章では，長期研修が体育教師の職場にあたる学校現場の境界を超える学習機会である点に着目し，認識変容をもたらす学びを越境経験の視点から検討していく。

　Argyris and Schön（1974）によれば，先のモデルIからモデルIIへの移行は，ある行為によって効果的な結果を生み出せない状況において生じる「移行のジレンマ（transitional dilemma）」によって促される[9]。Mezirow（1981）も，既有の準拠枠では対処することのできないような状況に陥る「混乱的ジレンマ（disorienting dilemma）」を契機として，前提の批判的な問い直しが生起するとしている。Argyris and Schön と Mezirow の理論を関連させて，成人教育における省察的実践論の展開を論じた永井（2002）は，両者の理論に基づく学習の開始において「ジレンマ」が鍵的な契機になると主張している。

　混乱やジレンマを契機とした変容プロセスは，教師の成長や変容を扱った先行研究においても，しばしば確認できる（高井良，1994；安藤，2005；都丸・庄司，2006）。また，省察を深める過程には，教師の内面や教師間で生じる葛藤や困難の体験が存在することも指摘されている（澤本，1994；木原，2004）。故に，体育教師の認識変容においても，ジレンマが重要な契機になると考えられる。認識変容に関する先行研究では「混乱的ジレンマ」を乗り越える困難性が論じられてきたが，そのジレンマ自体，容易に起こり得るものではないことが指摘されている（小池・志々田，2004）。また，Mezirow の理論については，変容を導いた経験に意味をもたらす「文脈」の考察が欠けているという批判がある（赤尾，2002；永井，1991）。教師の変容においても，ジレンマを乗り越えることで

成長が促される積極的意味が論じられてきた反面，その経験がジレンマとなり得た文脈や要因などはほとんど明らかにされていない。

そこで研究2では，長期研修における体育教師の経験から，認識変容とジレンマの生起を描き出し，さらに，その過程で生じた共通経験を分析していくことを具体的な課題とする。

(3) 事例の選定とデータの収集

本研究における事例は，都道府県教育委員会から派遣された現職教員が，国内の高等教育機関等において一定期間の専門的研究を行う長期研修制度（内地留学制度）を利用して研修に参加した，池上教諭（女性，中学校，経験年数25年目，※すべて仮名，経験年数は研修時の年数，以下同様），村上教諭（男性，中学校，経験年数21年目），山中教諭（男性，高等学校，経験年数19年目），辰見教諭（男性，中学校，経験年数19年目），木下教諭（男性，高等学校，経験年数20年目）であり，いずれも面接調査において，長期研修を通じた自らの変容を実感したと答えた教師である。

データの収集については，2014年7月から9月にかけて，事例対象教師の勤務校において面接調査（半構造化インタビュー）を実施した。調査に際しては，教職経験年数や派遣先の研修機関等に関わる属性について尋ねた後，研修への参加経緯，研修プロセス，研修後の状況に沿って聞き取りを進めた。なお，イ

表8-7 事例対象教師の概要

氏　名	池上教諭	村上教諭	山中教諭	辰見教諭	木下教諭
都道府県	X県	X県	Y県	Z県	Z県
性　別	女性	男性	男性	男性	男性
経験年数	31年目	24年目	32年目	25年目	24年目
専門種目	新体操	バレーボール	バレーボール	ハンドボール	ラグビー
出身大学	体育系大学	教員養成系大学	教員養成系大学	教員養成系大学	体育系大学
研修年度	2008（25年目）	2011（21年目）	2000（19年目）	2008（19年目）	2007（20年目）
研修期間	1年間	1年間	1年間	1年間	1年間
研修先	国立大学体育学部				
テーマ	ダンスに関わる授業づくり	パフォーマンス向上を目指した球技の学習過程	高等学校体育授業における持久走の授業実践	サッカーの授業づくり	高等学校体育の授業づくりとカリキュラム

ンタビュー項目については，制度的要因（研修期間，研修テーマ，研修先大学・指導教員，勤務校や教育委員会への報告義務，選考方法など），個人内要因（授業観，研修観，仕事観，研修態度など），学習環境要因（大学教員からの指導内容，研修期間中の他者との関わりなど）の3つの要因を中心としたインタビューガイドを作成し，事前に調査対象者に送付した。実際のヒアリングでは，会話の流れを損なわない程度にインタビューガイドに沿って聞き取りを進めた。語りの内容は許可を得た上でICレコーダーに録音し，トランスクリプトした。さらに可能な限り，冊子化してまとめられた長期研修の報告書およびその他のテキスト資料を収集した。また，都道府県教育委員会のホームページ等に研修報告に関わるデータがアップされている場合もあるので，所在を確認し，収集した。以上のデータをもとにして，長期研修を通じた具体的な経験が，認識変容をもたらした過程とそこで生じた具体的経験およびその経験が生じた文脈を描き出すため，研修への参加に関わるライフストーリーを記述していく。

3 結果—体育教師の認識変容プロセス

(1) 大学での長期研修における活動の概要

長期研修における活動では，基本的に研修生が設定した研究テーマに沿って

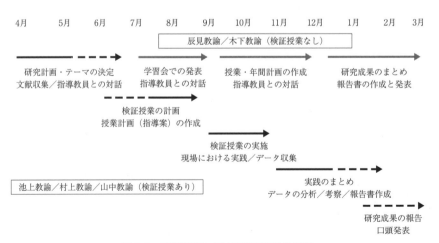

図 8-2 長期研修における研究活動の概要

体育授業の指導計画を立て，実際に計画に基づいた授業を行い（検証授業），その結果を分析・考察して報告書にまとめていく。そのため池上教諭，村上教諭，山中教諭については，1年間の研修のうち前半は授業計画の立案に向けた文献研究や事前調査などを行い，後半以降で検証授業および分析・考察を行った。これに対して，辰見教諭と木下教諭の場合は検証授業を行わず，授業計画や体育授業の年間指導計画あるいは学校における体育活動全般の運営計画の検討とまとめを主とした研修を行った（図8-2参照）。

全ての教師に共通する研修中の活動として，週1回から2回程度行われる指導教員との対話形式の勉強会，大学において開講されている講義の受講や聴講等を行う経験，指導教員の研究室（ゼミ）に所属する学生（主に大学院生）との交流が挙げられる。さらに，教師によっては個別学校が主催する公開授業研究会への参加，学術団体が主催する学会大会や講演への参加も経験した。

(2) 長期研修を通じた認識変容と学びの経験

①池上教諭…自己認識の変容—「便利屋」から「ダンス指導の専門家」へ

池上教諭は，教職経験25年目に長期研修に参加し「ダンス」に関する専門的研究を行った事例である。長期研修前後の大きな変化として，ダンス単元の専門家としての誇りや自信を形成したこと，さらに，実技講習会の講師をはじめとした指導者として「一人でも多くの人がダンスを頑張ってみようと思えるような講習をする」といった責任が芽生えたことを挙げている。ただし，その認識はダンスに限らず，他の領域・種目の授業づくりに対する積極的な取り組みにも影響を与えた。

池上教諭は，研修前に感じていた自らの役割を「便利屋」や「穴が開いたときに埋めるためのパテ」（括弧内は口述データの引用，以下同様）と消極的な意味合いを含めて例えており，「心のどこかで『池上さんといえばこれ』みたいな…自分にしかできないもの，自分だからできるもの」を身につけたいという思いを持っていたと回顧している。ダンス指導の専門家としての自己認識も含め，池上教諭自身は「自分の可能性とか『もっとこうなりたい』とか，長研行く前と後では，今までも前向きな人間だと思うんですけど，より強くなった」

と述べている。たとえば池上教諭は，教職生活を通じて自分の専門種目の運動部活動を担当したことはなく，顧問がいないもしくは足りない部活動を担当することが多かった。池上教諭はこのことに触れ，研修以前は都合よく使われる「便利屋」と自らを認識していたが，現在は「ここで私を必要としているんだ」と積極的に解釈できるようになったと述べる。

■X先生による実技講習会での感動　池上教諭が長期研修に参加することを決めたきっかけは，研修に参加するおよそ3年前，後に池上教諭の指導教員として研修を担当する大学教員（X先生）の実技講習会に参加したことである。池上教諭は教職生活全体を通じて，授業研究のテーマをダンスに焦点化していたわけではないが，X先生が講師を担当した講習会に参加した際，それまでに感じたことのないようなダンスの楽しさと感動を覚えた。池上教諭は当時のことを「気がついたら踊っていた。踊らされるんじゃなくて，自発的に踊っちゃってた。だから，『こうしなさい』って言われて，考えて踊るんじゃなくて，気がついたら自由に踊っていて。だから楽しいし，引き込まれちゃったのかもしれない」と回顧している。この時，それまでの自らの授業実践に対してそれなりに満足していた池上教諭は，自分は生徒に対してこれほどの楽しさを味わわせることができているだろうかと振り返った。それ以降，ダンスの講習会に参加するようになり，最終的にX先生のもとでの長期研修を希望し，参加することになる。

■X先生と池上教諭—師匠と弟子の関係性　池上教諭の長期研修は，X先生と自らの関係を「師匠と弟子」と形容するように，X先生からの教えを乞う形で進んでいった。具体的には，X先生が講習会の講師として会場に移動する合間や一緒に昼食をとっている時，あるいはパソコンのメールのやり取り等を通じて，池上教諭は主体的・積極的にX先生から知識や情報を得ようとした。また池上教諭は，自らのダンスに関する考え方のみならず教師としての生き方に対するX先生の影響が非常に大きいと述べている。X先生は，所属大学での職務や他大学での非常勤講師，講習会など様々な場に出かけることが多く，大変多忙であった。それにもかかわらず，講習会では自ら体を動かして示範をしたり，

自分の趣味にも時間をつくったりする働き方や生き方から，多忙感にとらわれることなく「前向きに生きる」上で，影響を受けたと池上教諭は回顧している。

■ジレンマとしての「現場と理想のギャップ」　池上教諭は研修を通じて印象に残ったこととして，自らが感じたジレンマとそのジレンマに対するX先生の信念に触れた経験を挙げている。当初から池上教諭は，X先生の意向もあり「男女共修」のダンス授業を計画していた。だが心の中では，中学生の男子生徒と女子生徒が互いに「手をつなぐ」ことに抵抗を示すこと，そのため「現場の先生」としては男女共修のダンス授業が無理であるというジレンマを感じていた。だが，池上教諭がそのことをX先生に伝えると「先生が無理と思ったら，生徒はやるわけないじゃん。先生が諦めたら，生徒がそれ以上伸びるわけないでしょ」と諭される。その後，実際に授業を実践した池上教諭は，生徒たちが最初は抵抗を示すものの，一度手をつなぐとその後は円滑に手を取り合う姿を目にすることになった。当初は半信半疑であったし，現場の他教師も「大学の先生が言うことは理想論だ」という言葉も聞いていた池上教諭は，自身も男女共修は無理であると認識していたが，この経験を機に，他の教師に対して「私もそう思っていたんですけど，でも，できるんですよ」と伝えるようになったという。池上教諭は「現場と理想のギャップ」と表現するジレンマから「工夫すればできるのだ」という認識転換を経験したと回顧している。

■自分と向き合うことのできる「二回目」の大学生活と「実践と理論のリンク」
なお池上教諭は，長期研修によって現場を離れる意義について「自分と本当に向き合えた。現場にいると忙しくて，忙しくて年中飛び回って忙しいんだけど，時間があるからすごく自分と向き合える」と述べている。さらに，大学という場に長期間身を置くことについても，20年以上前に経験した学生生活を再度経験したことについて触れ，大学生であったときは「こういうものだって話されても，実際に子どもに教えてないから，そこの経験がないから頭の理解で終わってるわけですよね。でも私たち教員は実際にやって困ったり，悩んだり，疑問に思ったりしたことがある状態で大学に行くと，今までわからなかったことの答えがあるわけです。だから，真剣に聞くし，納得するし，納得するから

さらにわかりたいと思うし，だから，授業の受け方が学生の頃とは違う」と述べる。特に，理論的知識—ダンスの歴史や学校教育における位置づけに関する知識が自らのダンス実践の背景となっていることを知ったことを「実践と理論のリンク」という言葉で表現した。そして長期研修後，研修前は意識していなかった行政研修の内容を見直してみると，そこでは大学の授業で教員が述べていたことが，一貫して伝えられていることに気付いたという。さらに，大学での講義やその他の場面で学生との関わりが生まれたことにも触れ，池上教諭は2回目の大学生活を「青春」と表現している。

■「教員の世界」と慌ただしい教職生活から抜け出す経験　池上教諭は「教員の世界ってすごく狭い世界で，教員の常識は社会の常識ではないっていわれるくらい」といい，その特殊性を指摘している。対して長期研修では，慌ただしい教職生活から解放されることで，その「世界」から抜け出し客観的に学校をみることができたと振り返る。さらに池上教諭は，旧い授業観や感覚から脱する上で，学校以外の大学教員や大学に通う学生，あるいは他の長期研修参加者との触れ合いから大きな影響を与えたという。その触れ合いを生んだ長期研修によって「自分がいつも身を置いているところと違う社会の中に身を置けること」，そこで行った専門的な研究を通じて「もう一度学ぶこと」が認識変容を促す経験になったと捉えている。

　②村上教諭…「見切り発車」の授業から，ねらいと評価を重視する授業観への「アップデート」

　村上教諭は，教職経験19年目に1年間の長期研修に参加し，主に「バレーボール」における生徒のゲームパフォーマンスの向上を目指した授業づくりをテーマに研究を行った。長期研修を通じた大きな認識変容として村上教諭が挙げているのが，特に授業観に関わって，授業の評価と計画を殊更に重視するようになったことである。研修以前の村上教諭は，自らの実践を「見切り発車」と表現する。単元計画などをさほど重視せず，評価の視点も明確ではなかったため「（生徒の）実態があるんだからちょっとずつ変えていけばいいよ」という気持ちで授業に取り組んでいたと回顧している。ところが村上教諭は，研修

を通じた緻密な授業計画と精緻な客観的データの収集・分析を経験したことで，教師のねらいと評価の視点を重視する授業観を形成していった。村上教諭は研修に参加する当初から，長期研修を自分自身を「アップデートできる機会」にしたいと考えていたが，その成果を授業観の転換という形で具体的に得た。

■多くの大学教員との関係性構築—ネットワークの広がり　村上教諭は，上述のような授業観をもつことになる認識変容の過程で，他者との関係性の拡大を経験している。村上教諭の研修経験の大きな特徴は，特定の指導教員のもとに所属しつつ，主に3つの大学に足を運びながら，自分の研修テーマについて研究を進めていった点にある。村上教諭は当初から，研修を担当する指導教員に，他大学の教員のもとにも出向いて話を聞きたいと伝えていた。それを快諾してもらうことができた結果，所属先の異なる10名近い大学教員から研究に対する助言を得つつ，関係性を広げていった。なお村上教諭自身も，選考を経て長期研修に参加する教師に求められていることとして「ぜひ研究成果を県の教育に返すだけではなくて，知見を広めて来る中で『人とのつながり』を作ってきて，何かがあったときにそのつながりで色々な人をつなげるような役割を担っていきたい」と述べており，認識変容と共に他者との関係性を意識的に構築していったことがわかる。なお，村上教諭はこのようにネットワークが広がる中で自らに生じた変化について「自分自身の小ささみたいなことを改めて実感しましたし，『恥ずかしいことできないな』とか（中略）そういうところで『人として一皮むけた』みたいなところはあるかと思います」と述べている。

■教師を目指す後輩との出会い—「初心にかえる」経験　村上教諭の研修先は自身の出身大学でもあった。そのため，村上教諭にとって研修先の学生は自らの「後輩」であると共に，自分が今まさに就いている「教員」という職業を目指す学生であった。実際，村上教諭は研修開始直後の4月に，大学の新1年生を歓迎する行事に参加し，皆の前で「先輩」として紹介された。村上教諭は，このような経験をはじめとした「異世代間交流」が，自分自身の「アップデート」（更新）にとって重要な経験になったと述べている。特に「初心にかえるっていうところですかね。本当に教員になりたくて，本当に必死に勉強している子

ども（学生）がいましたし，そういう意味で言うと，もう（自分が）忘れている部分，フレッシュな気持ちですかね，そういう時代もあったなというところを改めて感じた」というように，学生と接する中で自分自身を顧みる経験を得ていた。

■「ゆとり」のない研修生活　ところで村上教諭は，長期研修を通じて時間的なゆとりをもって研究を進めることができたわけではない事例でもある。県内では強豪であるバレーボール部の顧問をしていた村上教諭は，研修前期（春から夏にかけて）に部活動指導のため，勤務校と研修先その他を往来する生活を送っていた。さらに，3年生が参加する最後の大会が終わる夏以降は，研究テーマに関わる検証授業の準備と実施に追われた。村上教諭自身は「1年間を通じて，他の人たち（他の長期研修参加者）がどう感じているかはわからないですけど，比較的ゆとりのある生活になったというのは僕にとって皆無でした」というように，時間的な余裕のある生活を送っていたとはいえないが「それはそれで充実していた」と回顧している。

■積極的な情報収集とネットワークづくりのきっかけ　村上教諭は，教職生活を通じてバレーボールの指導が授業においても運動部活動においてもライフワークになっていると述べており，積極的にネットワークづくりをしていこうという意識も，バレーボールの指導を通じて培われたものだと述べる。村上教諭自身は学生時代まで陸上競技を専門としており，バレーボール部に所属していたわけではなかった。だが，初めて顧問を任された部活動が，当時県大会で上位に入賞していたバレー部であった。村上教諭によれば，顧問の自分よりも部員である生徒の方がバレーボールについて詳しく，村上教諭のことを半ば見下している状況であったという。そのため，村上教諭が部員の服装の乱れをはじめとした生活態度について注意すると「小ばかにされたりすること」もあった。村上教諭はその時「『あーそうだよな。俺（バレーボールのこと）何も知らないし，この子たちに何もしてあげられてないから。まあ，しょうがないかな』なんて思ったんですけど，いつまでもそれじゃ駄目じゃないですか。こちらもある程度知らなきゃいけないし」と思い立ち，周辺の学校に勤めるバレーボール部の

顧問教師から積極的に指導方法を学んだり，指導書を読み漁ったりする中で，常に新しい情報を得ようとする態度が形成されたと述懐している。そして最終的には，バレーボールの指導に関する研究が教職生活全体を通じた授業研究の核となるテーマにつながったと共に，長期研修において積極的に情報収集やネットワークをつくっていこうとする素地になった。

■ネットワークの変化と異校種間の情報交換による学び　村上教諭が長期研修を通じて構築した関係性は，同じ年度にZ県から長期研修に派遣された他の教師にも及んでいる。たとえば村上教諭は，Z県から様々な大学に派遣された体育科の研究を行う研修生同士で定期的に集まり，進捗状況の報告や「飲み会」といったフォーマル・インフォーマルな交流機会を得ていた。それは，研修に関する互いの悩みや考え方を話し合う場になったことはもとより，村上教諭以外の体育に関する研修に参加した教師がみな小学校の教師であったこともあって，自分が勤める中学校の体育と小学校の体育との接続の在り方を考えさせられる，異校種間の情報交換を行う場になったと述べている。

　以上のように，村上教諭は長期研修を通じて授業観の変容が起ったが，その変容は長期研修への参加を契機としたネットワークの位相変化ともいえる経験の中で生じていることがわかる。また，大学教員，異校種の教員，大学生といった普段接することのできる機会が少ない人々との関わりの中で「自分の小ささ」と学生に対する教師としての誇りを認識した事例といえるだろう。

　③山中教諭…「行き詰まり」から逃れるための長期研修

　山中教諭は，教職経験19年目に長期研修に参加し，「体つくり運動」をテーマとして研究に取り組んだ事例である。また，研修を通じて自分自身が大きく変化したことを実感し，その意義を自ら強く強調している事例である。なお山中教諭は，とりたてて強い教職志望を持って体育教師の職に就いたわけではなく，また，長期研修に参加するまではほとんど授業づくりや教材研究を意識的にしたことがなかった。授業よりも運動部活動指導に割く時間と意識の割合が大きく，かえってそのことが自らの家庭生活に影響を及ぼすほどの大きな負担となり，一時期，教職からの離脱も考えたという。山中教諭は，その当時のこ

とを体育教師としての「行き詰まり」という言葉で表現している。そんな山中教諭にとって長期研修は「行き詰まり」から逃れるためのものであり，研修当初は研究に対する意欲も決して強くなかった。

■教師イメージの変容─「監視」「警察」から「仕掛け人」へ　そんな山中教諭は研修前に抱いていた授業観について「ただ『走れ！』とかサボってる生徒に『何サボってるんだ！』とか『ルールは守れ！』みたいな，そういうイメージだった」と述べており，授業中の教師イメージを「プールの監視」や「警察」と表現している。つまり，学習者に対する一方的な指示に基づく指導を中心とした様子から，学習態度や規律を重視する授業観と解釈できよう。このような授業観に加え，授業づくりや教材研究への消極的な態度の背景となっていた研修観は，山中教諭自身が強調するように研修を通じて大きく変化した。自らの授業観について山中教諭は「難しいんですけど，授業の最後には（全員が）できるようになるんだけで，それまでは失敗してダメというような，それくらい『丁度いい課題』を与えること」で学習が生じる「仕掛け」によって，生徒が授業に没頭するイメージを挙げる。山中教諭はいま，その「仕掛け」を教師が創意工夫しつつ授業中にできない生徒がいたとしても「できない『今』も認められて，『今は成長の段階なんだ』」という見方ができること，さらに，そこに「面白さ」を見出していると述べる。このような授業の見方・考え方は，山中教諭が以前まで有していた，授業中におこる生徒の逸脱行動をその時々において叱る，場面限定的な授業観とは大きく異なる授業観といえるだろう。

■長期研修を通じてみえた「希望」　山中教諭は研修後の大きな変化として，本を買うようになったこと，授業で使えそうな教材や教具を自費で購入するようになったこと，そして授業づくりや教材研究に多くの時間を割くようになった点を挙げている。それまでの山中教諭は，読書はもちろん教材研究をはじめとした授業づくりに対しても全く意欲がなかった。ところが「仕掛けること」の面白さの実感は，授業観の変容のみならず，山中教諭の教師としての生き方や研修観にも大きな影響を及ぼした。山中教諭は，研修に参加する前に勤務していた学校で砲丸投げの授業をしようとした際，生徒が「汚い」といって誰も

砲丸に触れようともせず，授業が成り立たなかったことを回顧して「前は授業にも絶望感みたいな，砲丸に触ってももらえないみたいな。いくらやってもこいつら無駄だみたいな，そういう絶望感だったのが，やり方次第でうまくいくみたいな，そういう『希望』がみえたって感じですかね。そういうのを長期研修の時に学んだっていう。それは大きなことだと思うんですよね，希望みたいな。具体的な方法じゃなくてね。」と述べている。山中教諭はまた，他に長期研修において学んだことを尋ねた際「『理屈を教わり，やってみたらできた』そうした実感が持てました」と述べ，研修に参加して以来，教員の仕事が面白くなってきたと回顧している。つまり，池上教諭が長期研修で得たものは，教職からの離脱も考え，さらに授業に対する効力感が感じられず教材研究をはじめとした研修活動にも低いコミットメントを示していた態度が転換するような学びであった。

■研修内容と研修生活の転機—Y先生の叱咤　山中教諭は長期研修に対する強い意欲を持っていたわけではなく，教職生活の行き詰まりから半ば「休憩」のために参加を希望した。そのため，当初から研修における具体的な研究計画もなく，検証授業は行わずに生徒を対象としたアンケート調査のみを行うことにしていた。ところが，山中教諭は長期研修の初期に出会ったY先生とのやり取りの中で研修内容が一変したことを回顧している。

　当時，Y先生は山中教諭が直接指導を受けている教員と専門分野を同じくする同僚であり，その分野の大家ともいえる人物で，長期研修生は自分の指導教員のほか，Y先生にも助言を受けることが慣例になっていた。そこでY先生は，山中教諭の研究計画書をみるなり「調査して終わりか？」と山中教諭に尋ねる。その時山中教諭は，その後の研究については来年，現場に戻ってやるつもりであると答えるが，その際「『来年って言っても絶対にやらないだろう』って怒られちゃった」と回顧する。そして「じゃあしょうがねえ，やろうかなみたいな。そういう感じで，報告書をみると二部形式になっているんですよ。前半は調査，後半はその検証授業。Y先生は後半が大切だと。調査なんかしたって意味がないみたいな。『調査をもとに何をするかが大切だろう』って強く言われて，

仕方ないなーやるかなって」と述べ，このことが長期研修における転機になったという。なお，この変化は山中教諭を直接指導していた教員も認識しており，「山中先生は，Y先生のところに行って怒られて来てから研究の内容が変わりましたよね」と言われたことを山中教諭は回顧している。

　山中教諭がもともと意欲的に参加したわけではない長期研修において，「希望」とまで語る学びを得るようになった契機にはY先生からの叱咤があった。なお，山中教諭自身も当初，調査の後の研究については「絶対にやらないだろう」という気持ちでいたことを述懐している。山中教諭にとってこの出来事は「やってみるかな」という気持ちで研修活動を続けていく出発点になった。そして，このエピソードが自分自身の長期研修における大きな転機であるとして「やっていくうちに作っていくうちに，どんどんはまっていった」と振り返る。

■大学内での学び―教員や学生との関わり　その後山中教諭は，長期研修を通じてY先生や指導教員をはじめとした大学教員との会話や学習指導に関わる理論的な授業にも積極的に参加した。さらに，そこで得た知識や情報をもとに学校現場を振り返り，学習指導要領などが教育現場に伝わっていく際その「理念」や「意味」が，実践を担う教師に伝わらないことにも目を向けるようになる。このような認識は，理論的な知識に触れたことによって，山中教諭自身はその「理念」や「意味」を理解できたことを表している。また，山中教諭は研修期間中に居室を共にしていた大学院生との交流もあり，ある時には批判を受け，ある時には研究について助言やサポートを得ていた。その関係性は当時の大学院生が大学教員になった現在も続いており，体育授業に関する研究を共に行う機会を得ている。山中教諭は，研修を通じて際立って大きく変容した事例の1つといえるが，その背景となった経験として半ば徒弟的ともいえる指導―被指導関係が強く影響しており，大学内の教員や学生との関係性から得た学びが関わっていると考えられる。

　④辰見教諭…視野の拡大と"社会の声"に対する敏感さ

　辰見教諭は，教職経験19年目に長期研修に参加した事例である。研究テーマはゴール型（サッカー）の授業づくりについてであるが，先の3つの事例と

は異なり検証授業は行っていない。また辰見教諭は，研修の中で特定の単元のみならず，保健体育科の年間指導計画（年間計画）についても検討し，その作成を研修中の主たる課題の1つとした。辰見教諭自身が述べる認識の変容として視野の拡大が挙げられる。たとえば，辰見教諭は研修前後の違いについて述べる中で「授業とかクラスとかで自分が関わる子どもたちをしっかりみようというのが，それだけじゃいけないなっていう。広く（学校や社会）全ての子どもをみる努力をするというか，関わろうとするというか。ちょっと視野が広がったというのはありますね。」と述べていることをはじめ，目の前の子どものみならず，学校全体や社会全体に目を向けることの必要性を実感したことを挙げている。他にも辰見教諭は，それまで学習指導要領改訂の度に改訂の内容や背景を「聞き流していた」が，長期研修を通じて「今，社会に求められていること」を深く考えるような視点が形成され「社会の声に対して敏感でなければいけない」という認識を抱くようになったと述べている。

■年間計画作成過程で生じた深い省察とジレンマ経験　以上のような変化には，辰見教諭が研修に参加した年（平成20年）が中学校学習指導要領改訂の年であったことも関わっている。さらに辰見教諭自身は，体育科の年間指導計画を作成する中で「なぜ『サッカー』を体育で扱うのか」「なぜ，サッカーの授業で手を使ってはいけないのか」という根本的な問いを指導教員から繰り返し突きつけられたことが影響していると述べ，否応なしにその理由や根拠，論拠を自問するような思考様式が形成されたと回顧している。このことは，これまで自らの授業観を意識的に振り返ることがなかった辰見教諭に深い省察の機会を与えたが，一方で，辰見教諭に一種のジレンマをもたらすことにもなった。辰見教諭は，年間計画の作成を行った経験について触れる中で「年間計画考えたって言ったじゃないですか。1，2年生でいろいろな種目を経験して3年生で選択でとか。それはできるけれども，カリキュラム（計画）上はそれでやれるけれども，結局何も身につかないまま終わることのほうが多いんじゃないかなって」と述べ，「カリキュラムを組めるけど，いくらでもそれは。その通りにやってるんだけど，中身がない」というような矛盾を感じたことを回顧し，学習

指導要領に代表される公的な教育課程基準が，子どもの実態に合っていないことを批判的に捉えるようになったという。このことについて辰見教諭は，保健体育科の年間指導計画に位置づけられた１つ１つの単元のねらいや学習成果を問われ，深く考えながら作成した経験によってもたらされた認識であり，それまでは見過ごしていたり，聞き流していた公的なカリキュラムと年間計画の関係性を「自分で一から考えないとわからないこと」であったと振り返っている。

■指導教員との対話―根本的な問いに答えようとする中で生まれる学び直し　辰見教諭の長期研修における中心的な学習の場は，自分の指導教員と二人きりで行う週一回の対話の場（勉強会）であった。勉強会では当初，辰見教諭が関心を持っていることや実践してきたことをプリントにまとめて発表し，それについての指導教員のコメントをもとに議論を行うものであった。だが研修開始当初，辰見教諭は何をテーマとして研究するか自体が全く明確になっておらず，サッカーの授業づくりも研修参加後に決定したテーマであった。

　指導教員との対話について振り返った辰見教諭は，先に示した通り「なぜサッカーなのか」「なぜサッカーを選んだのか」という根本的な問いをはじめ「日頃の学校現場では，何かこうオブラートに包むことも多いし，何か漠然と日常会話をしていることについて突撃してくる」と述べ，今までに経験したことのないコミュニケーションであったことを指摘している。そのことと関連して辰見教諭は，研修前と研修中で大きく変化したことの１つとして，読書の時間と読む本の数が増えたことを挙げ「それまで，10年で１冊くらいしか読まなかった」のが「１週間に２冊，時には分厚い本を読み漁っていた。何か関係があるかな？　というレベルの本をみんな読んだ。」と劇的な変化があったと述べる。それは，自ら考えると共に理論的な知識や情報をも探索しながら，指導教員の「なぜ」に対する論拠や根拠を示そうとした経験でもある。辰見教諭はこの勉強会を中心とした経験が，自らの19年間の実践を問い直し「学び直すことができた」場になったと振り返っている。

■客観的データの収集・分析経験　辰見教諭は研修先の大学で，ある小学校や中学校の児童生徒が，どの程度運動に関わっているかを，学校に通う子どもた

ちに対するアンケート調査によって数量的に把握する授業（実習）にも参加した。このことが，現在の認識や教育実践にも活かされていることに触れ「（研修後の勤務校で）昼休みにもっと遊んでいる子を増やしましょうよって，よく（教員から意見が）出てくるんですよ。だから『先生方，せめて（全生徒数が）300人ちょっとだけど，2割くらい。5, 60人くらい元気よくグランドとか体育館で遊んでいるような学校が良いんじゃないですかね。今日はまだ10％くらいですよ』って言い方したりした」と述べる。このことは，体育的活動のみならず，たとえば遅刻する生徒を減らそうとする取り組みなどにも活かされている。

■長期研修を通じた環境変化—家族と離れ見知らぬ土地で研修を受ける不安と意義

以上のような変化については「（研修中に）言われたからとか，こうしたからとかじゃなくて，そういう環境に置かれたというか，身を置いたからこそ，そのような視点や自分の取り組みをみなくちゃいけないなっていう考えに至った」と辰見教諭が述べるように，ある特定の経験だけではなく，そのような経験が生じる研修環境が大きく影響している。その環境は，辰見教諭の研修内容に直接関わるものだけではなく，生活環境や物理的環境にも関わるものである。たとえば辰見教諭は，家族（妻子）と離れて単身赴任したが，そこで過ごした見知らぬ土地での経験が「第三者的な視点で自分を見る機会」になったことを挙げている。また，家族と物理的に離れたことに触れ「子どもがいたら土曜，日曜も落ち着いて本なんか読めない（中略）1週間で1冊，2冊本を読める環境にはない」ことや「家が近くにあったら気になってしまう」ことを挙げている。さらに「誘惑とかやらざるを得ないことをそぎ落とすことができる」環境に身を置いた点にも意義を見出している。つまり，必ずしも研修の内容だけが認識変容に影響を与えたわけではない。また，辰見教諭は自分の指導教員のもとで学ぶ大学院性との交流にも触れ，自分が彼らに教わる立場になっていたとも回顧しており，現場では生徒にとっての教師であるが，研修中は一貫して学ぶ立場にあった点を回顧している。

　辰見教諭は，時間的にも距離的にも非日常的な環境に身を置く中で，指導教員との対話を中心に普段は見過ごしてしまうことや自明視している事柄を深く

内省し，ジレンマや迷いを感じながら，視野の拡大を獲得していった事例といえるだろう。

⑤木下教諭…授業観の変容―方法論・技術論を超えた探究の視点

木下教諭は，教職経験20年目に長期研修を経験した高等学校教員であり，主にラグビーを中心とした「陣取り型ゲーム」の体育授業への導入について研究を行うと共に，保健体育科の年間指導計画の作成も行った事例である。なお研修経験が，木下教諭自らの教職生活における重要な転機になったとも述べている。木下教諭が述べる研修を通じた大きな変化は，それまで授業のノウハウや一般的な指導技術を重視していた視点が，体育授業をはじめとした学校教育活動の目的やねらいを深く問うような視点へと変化したことである。具体的には「（教師が）『やっておけ』『やっておきなさい』『やりなさい』と言って，放っておいても（生徒が）やる。それが体育のよい授業だと思っていたかもしれない。子どものニーズに応えてる。時には僕が入って『楽しかったね』と。」と表現する理想の授業イメージが「考えさせる。ただやらせない。考えさせて『この時どうする？』『この時はどうする？』というのを常に与えてやる（中略）それをやりだしたら今度は課題を自分たち（生徒たち）で出させてみないといけない。」というように，教師側のねらいに沿って生徒自身が課題を設定していく，組織化された授業のイメージへと変化した。このような変化は「教材の向こうに何があるか。この教材でいったい何を教えたらいいのか。これができるようになることによって何が大切なのか（中略）教育の方法論，指導方法論を超越してるかもしれないね。」と語られるように，授業の方法論を超えたものの見方・考え方に関わる認識の変化であることがわかる。

■指導教員との対話から生まれた変化―コトバに対する誠実さ　　以上のような変化の背景には，長期研修で生じた2つの変化があると木下教諭は述べる。1つは，木下教諭が「一番はやっぱり『言葉を適当に使っちゃいけない』というのが，長期研修をきっかけに意識しだしたね。言葉は適当に使っちゃいけない。」というように，授業そのものや指導方法あるいは評価において使用される用語の意味にこだわるようになったことである。

この変化を生み出すうえで大きな影響を与えた経験については，木下教諭が「師匠と弟子」と表現するような指導教員との関わりが大きかった。研修期間全体を通じて，木下教諭は週に１回，同じ指導教員のもとで長期研修に参加していた小学校教師と共に３名で行う，の学習会に参加していた。その内容は，木下教諭が文献を読んで調べてきたことや自分自身の実践報告，研修テーマに沿う研究の進捗状況を報告し，それらをもとにしてディスカッションを行うものであった。木下教諭は指導教員とのやり取りを回顧しながら「常に自問自答させてもらったね。なんかね，問答法のような。（木下教諭が何か）言えば『ここはどうなんですか？』と返される。こう言えば『そこはどうなんですか？』と。言葉遊びみたいなところも正直あるね。」という。ところが木下教諭は「でも言葉遊びのところを超えて，あまりにも僕が言葉を曖昧に使っていた。うん。『自主性』とか『自発性』とか適当に使うけど（中略）全然違う。意味が違う。そこは適当に使うなと，そういうところは徹底的にやってもらったと思う。言葉をいい加減に使うなと。」と述べるように，指導教員との問答の中で，常に自分が使う用語についての意味を問われたことが，研修を通じた大きな変化に影響していると振り返る。それは「自主性と自発性」をはじめ，学習指導要領の中に書かれている「触れると理解する」あるいは「能力と態度」など，多様な言葉の意味について木下教諭が探究を行うきっかけとなった。

■「激怒された経験」―自らが生きる世界の見直し　木下教諭があげる２つ目の大きな変化は「こういう世界の中で僕は生きているよなって気づいたこと」であり，自分が身を置き，さらには自明視していた教育現場を批判的に眺めるような視点を持つようになったことである。

　木下教諭は，指導教員との対話の中で，特に自らの授業観に関わる印象に残った出来事として「（指導教員に）えらい激怒された」経験を挙げている。木下教諭によると，それは自分の勤務校で行っていた学校行事（体育祭）について対話した時であった。「何でも（教師が生徒に対して）仕組んでやるっていう行事を紹介したんだ。そういう考え方じゃ子どもは育たないと。（中略）先生としてのとっても大事な関わり方というかね，常に課題を，越えられなさそうで

越えることができる微妙なハードルを与えてやるというのが大事なのに，あなた（木下教諭）の学校の体育祭のやり方は全部教員がやってしまう（と言われた）」と木下教諭は述べ，その時に指導教員から考え方が「前に戻った」と言われたと回顧している。木下教諭が述べる「ハードル」とは授業の進め方や具体的な指導方法を超え，学習者に対する教育活動や学習者自身の学び方の前提的な認識に関わるものといえるだろう。木下教諭は，このような経験を中心に「叩かれて，叩かれて，完全に根元から折られて，それは大きいよね。まだまだ全然ひよっこだよ。」という思いを抱くようになっていった。それは，木下教諭自身があげた大きな変化の1つである「こういう世界で自分は生きている」ことに対する気づきを促したともいえる。

■客観的なデータに触れる授業分析経験　　研修の中で木下教諭は，ある小学校と中学校において行われた体育授業について，授業分析を行う実習形式の講義にも参加した。その時に，授業における教師や学習者の行動や発言を記録・分析し客観的なデータを用いて授業を評価する授業分析の手法に触れたことについて「客観的にデータを取れるっていうのは『大学っぽい』なと。うわー，こういうのを研究っていうんだろうなと。仮説を立ててなんて。」というように，ほとんど初めての経験であったことを回顧している。そして，この時に収集・分析したデータについては，研修後も初任者研修の講師をする際に使用しており，長期研修において客観的なデータを収集した経験がその後も活かされていると話す。そして，長期研修で学んだ重要な事柄の1つであることを強調している。

■ジレンマ経験―教育観を話ることのできる関係性と学校現場で語ることの難しさ
木下教諭は，同じ指導教員のもとで長期研修に参加していた教師が小学校教師であったことや，研修中に小学校や中学校の体育授業を参観した経験が，研修に参加する以前にはほとんど経験したことのない，異校種の教師や授業に触れる経験になったと述べている。さらに，その小学校教師をはじめ，研修先の指導教員が受け持つ大学院生や大学生との交流が，自らの教育観を言葉にする機会になったと話す。それは木下教諭が「教育観なんて学校で話をする人いない

よ。(だから) もう (話すことに) 飢えてる。こういう話をするのに。話したいんだけど, 話ができない。(自分の教育観を)『ぽきっ』として (折って) もらうためには隠してたらだめなんだよね。話をすると話しながら自分の頭が整理できるしね。」というように, 学校現場では生まれない教育観を問い直すような場が, 長期研修を通じたいろいろな人々との関わりの中で生まれたことを表現している。一方で木下教諭は, 学校現場では教育に対する考え方について「いろいろあっていいわけであって, 教育とは何か, 体育とは何かという話になったときに, 最低限はあるけど, それは学習指導要領でしかないんだよ。究極, 指導要領に則ってやってもらってたら, それ以上言えないところがあるよね。そんな感じがする。」という学校現場の前提について述べ, 大学で学ぶ者や研究者との違いを感じるとジレンマを吐露した。

■生活環境と生活観の変容—家族と離れて送った「キャンパスライフ」　　木下教諭は, 大学における長期研修の意義について触れる中で「キャンパスライフ」という言葉を用いて他の研修との違いを述べ, 特に「開放感」が異なると述懐している。たとえば, 教員研修センターにおける研修を挙げて, 教員研修センターでは何を学ぶかがある程度決められているが, 大学における長期研修では「どんなものがここにあるんだろう？」という好奇心や広いキャンパスの中で「ここに行ったらこんなものがあった」という思いもよらない発見があることを挙げる。そして,「毎日ワクワクしながら行っていた」といい, そのことによって自ら能動的に学ぶことができたと回顧している。

　ところで, は家族と離れて単身赴任で長期研修に参加したが, 研修を終えて自宅に戻ってから妻に「(家族にとって) よいお父さんになった」と言われた。研修前, 県内の強豪ラグビー部の顧問をしていた木下教諭は, 休日も常に部活動指導に出かけていた。しかし, 長期研修中の休日は, 自由に時間を使える日になる。そこで木下教諭は, 研修先の大学周辺に公園が多数あったこともあり, 休日にはしばしばそこに足を運んでいた。木下教諭はこの時のことを振り返って「やっぱりね, 家族で小さい子どもを連れているのを見るんだよ。自分は今まで土日は部活だったから, 家族で土日過ごすなんかまずないから。こんな生

活もあるのかと。長期研修から帰ったときは，家族でどっか行こうかということからはじまったね。」という。さらにその後，毎日活動をしていたラグビー部の練習時間を短縮し，週1日は必ず休みにするようになった。長期研修の経験は，木下教諭の認識を教員としてのみならず，家族の一員としても変化させたといえる。

　木下教諭は，指導教員との対話を中心として，コトバに対する誠実さや論理的な思考の仕方を学ぶと共に，自らが自明視していた認識を批判的に問い直す経験を得た事例といえよう。その背景には，指導教員との関係性をはじめ，客観的なデータを収集する経験や立場の異なる学生との対話があり，また，そのような経験が生まれる「大学」や遠方での経験といった，研修の場が持つ特殊性が関わっていたといえる。

4　考察―長期研修を通じた体育教師の認識変容・ジレンマ・経験
(1) 長期研修によって生じた認識変容とジレンマの特徴

　5名の教師はいずれも研修を通じて自らの認識が大きく変化したと自覚している（表8-8）。ただし，変容の内実は公式的な研修テーマとしている「体育授業」に関わるものだけではなかった。このことは，長期研修のテーマが授業に関わるものであったからといって，その研修経験は必ずしも授業観だけに影響を与えるものではないことを示唆している。つまり，授業に関わる信念をはじめとした個々の信念（授業観・仕事観・研修観など）の変容は，常にその他の信念の変容と連動する形で生じており，信念体系の全体的な変動の結果として表出するものと考えられる。たとえば，ダンス授業について研修を行った池上教諭は研修前，教職経験を積みながらも「自分にしかできない仕事がない」ことから，自らを「便利屋」や「穴が開いたら埋めるパテ」と消極的な意味合いを含めて回顧していたが，最終的には自らをダンス指導の実践に関わる「専門家」と認識するようになった。その過程では，実践（現実）と理論（理想）のギャップに対する，それまでの認識が変容する経験があった。

　また，木下教諭の認識変容は表面的な「よい授業」の理解が背景となった「放任型」の体育授業観から，教師が生徒の学習活動を仕組み，組織化してい

表8-8 事例教師の認識変容（研修前後の対比）

事 例	研修前	研修後
池上教諭	「便利屋」「穴が開いた時に埋めるためのパテ」 「（他の指導者を見て）心のどこかで自分にも『池上さんと言えばこれ』みたいな、なにかほかの人にはないけど、『これだけは自信を持ってできるぞ』みたいな、そういうものがあったらいいなってのは心のどこかであって…自分にしかできないもの、自分だからできるもの」	「ダンス指導の専門家」 「全然違いますよ。変わりましたよ。まず、ダンスに関しては自信を持ってやるし、『失敗しちゃいけない』っていうと変だけど、『私がやるんだから絶対子どもたちが楽しく踊れなくちゃ』っていうある意味のプライドだったり、プレッシャーだったりも感じながら…」
池上教諭	「実践と理論」「現場と理想」のギャップ 「Y先生（大学の研修担当教員）がダンスの授業のときに『男女共修でやれ』って言うんですよ。それで『男子と女子で手をつないで』って言うじゃないですか。だけど最初現場にいた時に『いやーそれは無理だろうなぁ』って正直思ってたんですよ。」 「よく講習会に行って現場の先生が『大学の先生が言うことは理想論だ』っていいんですけど、私も最初はそう思っていたけど」	実践と理論のリンク 「指導教員のY先生が『（現場の）先生が（理想の実現は）無理と思ったら生徒はやるわけないじゃん。先生が諦めたら、生徒がそれ以上伸びるわけないでしょ』って言ったのがすごい印象的で（中略）現場の先生に『私もそう思っていたんですけど、でも、できるんですよ』って言える自分が今はいます」 「（教員として）現場に出たからこそ、長期研修で大学の授業を受けて、実践と理論のリンク『納得！』っていうことがどれだけあったことか。すごいありましたよ。本当に。」
村上教諭	「見切り発車」の授業 計画や評価はさほど重視せず「（生徒の）実態があるんだからちょっとずつ（実践の中で）変えていけばいいよ」という気持ちで授業に取り組んでいた。	教師のねらいと評価を重視した授業 緻密な授業計画と精緻で客観的なデータ収集・分析を行い「流れ」、特に新しい単元に入る前の計画を重視する
山中教諭	「プールの監視」「警察」 「ただ『走れ！』とか、サボっている生徒に『何サボってるんだ！』とか『ルールは守れ！』みたいな、そういうイメージだった」	「仕掛人」 「難しいんですけど、授業の最後には（全員が）出来るようになるんだけど、それまでは失敗してもダメ、というような、それくらい『丁度いい課題』を与えること（中略）『仕掛けにかかること』がわかった」
辰見教諭	目の前の子どもたちをみる 「授業とかクラスとかで自分が関わる子どもたちをしっかり見よう」	（目の前の子どもたちだけでなく）社会全体をみる 「広く（学校や社会）すべての子どもをみる努力をするというか、関わろうとするというか、ちょっと視野が広がったというのはありますね」「今、社会に求められていること」「社会の声に対して敏感でなければいけない」
木下教諭	授業のノウハウや一般的な指導技術の重視する認識 「（教師が）『やっておけ』『やっておきなさい』『やりなさい』と言って、放っておいても（生徒が）やる。それが体育の良い授業だと思っていたかもしれない。子どものニーズに応えてる。時には僕が入って『楽しかったね』と」	授業の方法論を越えた認識 「考えさせる。ただやらせない。考えさせて『この時どうする？』『この時はどうする？』というのを常に与えてやる（中略）それをやりだしたら今度は課題を自分たち（生徒たち）で出させてみないといけない」 「教材の向こうに何があるか。理念みたいなところを意識しだしたというかね。この教材でいったい何を教えたらいいのか。これが出来るようになることによって何が大切なのか（中略）教育の方法論、指導論を超越してるかもしれないね」

第8章 信念に影響を及ぼす経験と教訓の抽出と検討

くことを重視する授業観へ変化した典型例である。このような変化は，授業における学習活動やノウハウに対する認識の変化を超えて，「教材の向こうに何があるか。この教材でいったい何を教えたらいいのか。これができるようになることによって何が大切なのか（中略）教育の方法論，指導方法論を超越してるかもしれないね。」と語られたように，授業の方法論を超えた，ものの見方・考え方に関わる認識が形成されることによって生じた変容といえる。つまり，「授業」を高次に規定している「教育」についての認識の変容，すなわち教育観の変容が背景となっており，授業実践の「準拠枠」（Mezirow, 1991）の問い直しが起こったと考えられる。「授業」に関わる信念の変容が，上位概念としての「教育」に対する信念─高次（メタ的）の信念の変容と連動して生じたといえよう。

　成人学習論の領域では，認識変容には「劇的な変容」と「緩やかな変容」があるとされている（永井，1989）。前者の変容は，人生の危機ともいえる強烈な経験などを契機として生じる前提的な認識についての省察を通じて，認識が飛躍的に変容することを表し，後者は継続的な振り返りを中心として知識や情報の解釈の仕方が漸次的に変化していくことを表している（メジロー，2012）。これらの視点から事例とした教師の認識変容を考察すると，そのほとんどが漸次的で緩やかな変容過程を辿っており，そのプロセスの中で信念の問い直しがなされていた。つまり，長期研修における認識変容は多くの場合，劇的な変容をもたらすよりも信念の問い直しの連続の中で，緩やかで漸次的な変容として生じる。なお，どちらの変容も人々の前提的な認識を構成する「準拠枠」の変容に対して影響を与える（永井，1989）。特に，緩やかな変容が前提的な認識の変容につながるのは，前提的な省察を通じて，ある信念や知識を解釈する際に働いている意味付与図式（意味スキーム）の変容が積み重なることで起こる（メジロー，2012）。このことは，木下教諭や辰見教諭にみられる研修を通じた指導教員との対話によって生じた，継続的な前提の省察による認識変容を説明するものといえよう。

以上の認識変容とともに，長期研修を通じた経験の中からは特徴的なジレンマが抽出された（表8-9）。表8-9に挙げた各教師のジレンマは，長期研修についての語りに表れた，体育教師本人に強く自覚されたジレンマであるが，これらには共通点が存在することに気づく。すなわち，長期研修に参加した体育教師に自覚されたジレンマはすべて，自らの「現場における実践」や「実践現場」を相対化する形で生じている。

　たとえば池上教諭は，研修指導教員であったX先生が「大学の先生」として目指した授業に対し，「現場の先生」としての不可能性や困難を感じ，いわゆる「理想と現実」「理論と実践」のジレンマを経験した。また，山中教諭と辰見教諭は，主に学習指導要領の吟味を通じて，教育をつかさどっている制度や理念あるいは理論的・社会的背景に対する理解が深まったことにより，かえって学校現場や自らの実践との乖離を感じるジレンマが生じた。木下教諭については，長期研修の中で学校外の人々と教育観について語り合い，その必要性を実感することによって，学校現場の実情や前提との間にジレンマを感じることになった。

　もちろん，これらのジレンマがすべて長期研修を通じて解消されるわけではない。だが，授業観や教育観を問い直し，認識が変容する契機になっていることは確かである。とりわけ，池上教諭の認識変容をあらわす「実践と理論のリンク」や辰見教諭が目の前の子どもだけではなく，社会全体の中で子どもをみようと努力するようになったこと，木下教諭の教育観の変容には，これらのジレンマが大きくかかわっており，上述の認識変容とも対応している。そして，これらのジレンマは，体育教師が学校現場の現実に対して誠実に向き合おうとする姿を象徴してもいる。長期研修によって長期間現場を離れることは，自分が働く職場あるいは学校という機関・制度が抱えざるを得ない矛盾への気づきを生み出す。なおかつ，そのことについて時間をかけて思い悩む機会を提供する。このことは，解決することの非常に困難な矛盾への気づきを喚起し，教職生活を通じて抱え続けることになるジレンマをも生じさせる。だが，このような姿にこそ，本書が主題とした矛盾やジレンマを抱え，何とかやりくりしよう

表8-9 ジレンマの具体例

事 例	ジレンマの典型例
池上教諭	「『現場』の先生」として抱えるジレンマ 池上教諭は研修を通じて印象に残ったこととして，自らが感じたジレンマとそのジレンマに対するX先生の信念に触れた経験を挙げている。当初から池上教諭は，X先生の意向もあり「男女共修」のダンス授業を計画していた。だが心の内では，中学生の男子生徒と女子生徒が互いに「手をつなぐ」ということに抵抗を示すこと，そして「現場の先生」としてはそれが無理であるというジレンマを感じていた。池上教諭がそのことをX先生に伝えると「先生が無理だと思ったら，生徒はやるわけないじゃん。先生が諦めたら，生徒がそれ以上伸びるわけないでしょ」と諭された。
山中教諭	学習指導要領の「理念」や「意味」に対する理解の深まりと現場への浸透の難しさ 山中教諭は，長期研修を通じてY先生や指導教員をはじめとした大学教員との会話や学習指導に関わる理論的な授業にも積極的に参加し，社会的あるいは理論的な背景について理解を深めた。だが，そこで得た知識や情報をもとに学校現場を振り返った時，例えば学習指導要領などが教育現場に伝わっていく時には，その背景となっている「理念」や「意味」が実践を担う教師に伝わらないことにも目を向けるようになる。
辰見教諭	公的な教育課程基準に従うことの空疎さ 辰見教諭は，年間計画の作成を行った経験について触れる中で「年間計画考えたって言ったじゃないですか。一，二年生でいろいろな種目を経験して三年生で選択でとか。それはできるけれども，カリキュラム（計画）上はそれでやれるけれども，結局何も身につかないまま終わることのほうが多いんじゃないかなって」と述べ，「カリキュラムを組めるけど，いくらでもそれは，その通りにやってるんだけど，中身がない」というような矛盾を感じたことを回顧し，学習指導要領に代表される公的な教育課程基準が子どもの実態に合っていないことを批判的に捉えるようになったという。
木下教諭	教育観を語る意義と語れない現場 木下教諭は「教育観なんて学校で話する人いないよ。もう飢えてる。こういう話をするのに。話したいんだけど，話ができない。（自分の教育観を）『ぽきっ』としてもらう（揺らがせてくれる）ためには隠してたらだめなんだよね。話すると話しながら自分の頭が整理できるしね。」というように，学校現場では生まれない教育観を問い直すような場が，長期研修における学校外の人々との関わりの中で生まれたことを表している。一方で木下教諭は，学校現場では教育に対する考え方について「色々あっていいわけであって，教育とは何か，体育とは何かという話になったときに，最低限はあるけど，それは学習指導要領でしかないんだよ。究極，指導要領に則ってやってもらってたら，それ以上言えないところがあるよね。そんな感じがする」という，学校現場の前提について述べ，大学で学ぶ者や研究者との違いを感じるというジレンマを吐露している。

とする教師の姿が映し出されることになる，といえるだろう。

(2) 認識変容をもたらした経験の構造

次に，以上の認識変容やジレンマとともに長期研修を通じて生じていた経験について考察していきたい。長期研修を越境経験として捉え，認識変容とジレンマを経験した事例から，その経験の内実と構造を考察してみると，主に3つの共通経験が存在していることが指摘できる（図8-3）。

①理論的知識や客観的情報に触れる経験

第一に，事例としたすべての教師が経験した，理論的知識や客観的な情報（データ）に触れる経験である（表8-10）。今回事例とした5名の体育教師のうち，

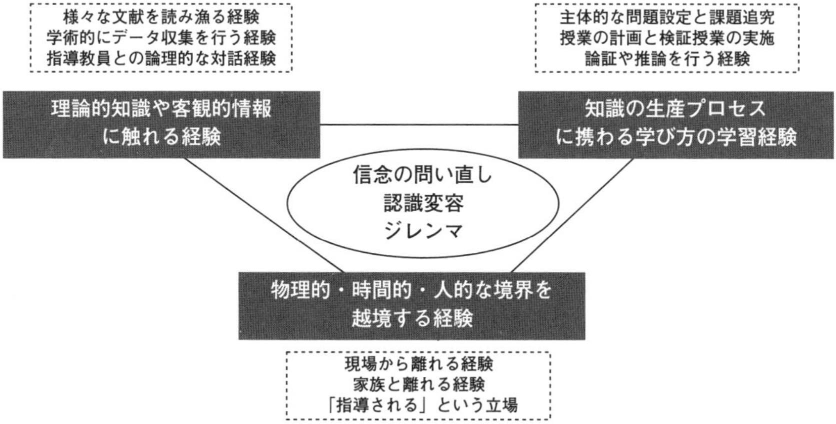

```
┌─────────────────────────┐                    ┌─────────────────────────┐
│ 様々な文献を読み漁る経験     │                    │ 主体的な問題設定と課題追究   │
│ 学術的にデータ収集を行う経験  │                    │ 授業の計画と検証授業の実施   │
│ 指導教員との論理的な対話経験  │                    │ 論証や推論を行う経験        │
└─────────────────────────┘                    └─────────────────────────┘
```

```
  ┌──────────────────────┐              ┌──────────────────────┐
  │ 理論的知識や客観的情報    │              │ 知識の生産プロセス        │
  │ に触れる経験            │              │ に携わる学び方の学習経験    │
  └──────────────────────┘              └──────────────────────┘
                    ╲                    ╱
                     ╲   信念の問い直し   ╱
                      ╲  認識変容       ╱
                       ╲ ジレンマ      ╱
                        ╲            ╱
                    ┌──────────────────────┐
                    │ 物理的・時間的・人的な境界を │
                    │ 越境する経験            │
                    └──────────────────────┘
                              │
                ┌─────────────────────────┐
                │ 現場から離れる経験          │
                │ 家族と離れる経験           │
                │ 「指導される」という立場     │
                └─────────────────────────┘
```

図 8-3　認識変容をもたらした 3 つの経験

表 8-10　理論的知識や客観的情報に触れる経験の具体例

事　例	経験の典型例
池上教諭	**自らの実践の背景になっている理論的知識への気づき** 池上教諭は特に，理論的知識―ダンスの歴史や学校教育における位置づけに関する知識が自らのダンス実践の背景となっていることを知ったことを「実践と理論のリンク」という言葉で表現した。そして，長期研修後，研修前は意識していなかった行政研修の内容を見直してみると，そこでは大学の授業で教員が述べていたことが一貫して伝えられていることに気付いたという。
山中教諭	**大学教員との会話，理論的な講義の受講，読書** 教師は研修後の大きな変化として，本を買うようになったこと，授業で使えそうな教材や教具を自費で購入するようになったこと，そして授業づくりや教材研究に多くの時間を割くようになった点を挙げている。それまでの山中教諭は，読書はもちろん教材研究をはじめとした授業づくりに対しても全く意欲がなかったという。山中教諭は，長期研修を通じてY先生や指導教員をはじめとした大学教員との会話や学習指導に関わる理論的な授業にも積極的に参加した。さらに，そこで得た情報や情報をもとに学校現場をふり返り，学習指導要領などが教育現場に伝わっていく際その「理念」や「意味」が実践を担う教師に伝わらないことにも目を向けるようになる。このような認識は，理論的な知識に触れたことでC自身はその意味を理解したことを表している。
辰見教諭	**読書量の飛躍的増加** 辰見教諭は，研修前と研修中で大きく変化したことの一つとして，読書の時間と読む本の数が増えたことを挙げ「それまで，10年で1冊くらいしか読まなかった」のが「1週間に2冊，時には分厚い本を読み漁っていた」「何か関係があるかな？　というレベルの本をみんな読んだ」と劇的な変化があったと述べる。それは，自ら考えると共に理論的な知識や情報をも探索しながら，指導教員から出される問いに対して論拠や根拠を示そうとした経験でもある。
木下教諭	**客観的データの収集と授業分析の経験** 研修の中で木下教諭はある小学校と中学校において行われた体育授業について，授業分析を行う実習形式の講義にも参加した。その時に，授業における教師や学習者の行動や発言を記録・分析し客観的なデータを用いて授業を評価する授業分析の手法に触れたことをふり返って「客観的にデータを取れるっていうのが『大学っぽい』なと。うわー，こういうのを研究って言うんだろうなと。仮説を立ててなんて」というように，ほとんど初めての経験であったことを回顧している。そしてこの時に収集・分析したデータについては，研修後も初任者研修の講師をする際に使用しており，長期研修において客観的なデータを収集した経験がその後も活かされていると話し，長期研修で学んだ重要な事柄の一つであることを強調している。

特に辰見教諭と木下教諭は研修初期段階で，自らの研究テーマが決定していたわけではなかった。そのため，研修前半は様々な文献を読み，辰見教諭にいたっては読書量の飛躍的な増加を回顧している。そして，この経験が指導教員との対話の土台になった。その他の教師も自らの検証授業を計画するために多くの文献にあたったり，研修先の大学において大学教員の講義を受けたりして，理論的な知識や情報を収集していた。池上教諭については授業における経験が，現場でそれまで受けていた行政研修を異なる観点から見直す契機にもなった。さらに，村上教諭や辰見教諭，木下教諭は，授業分析や生徒対象のアンケート調査[10]によって，客観的な指標に基づく数量的なデータの収集と分析を行ったことが，それまでほとんど経験したことのない経験として語られる。ただし，このような経験は必ずしも教師が自発的に行った経験とはいえず，研究を進めていくためにあるいは指導教員からの指示に基づいて行われたものである。つまり，必要に迫られる中で生じた経験といえるだろう。

②知識の生産プロセスに携わる「学び方の学習」経験

第二に，研修活動の中心となった「検証授業」の計画・実施・分析や指導教員との対話経験が挙げられる（表8-11）。これらの経験は，上述の理論的知識や客観的なデータに触れる経験が，主に知識や情報の獲得経験であったのに対し，新たな知識（知見）や情報を生産する「研究」のプロセスに携わった経験といえるだろう。たとえば山中教諭は，現場で授業がうまくいかない「絶望感」を味わった後，研修に参加することになったが，研修を通じて教職に「希望」を見出すにいたる。その契機となったのは，Y先生から叱られたことでアンケート調査によって情報を取集するだけでなく，検証授業の計画と実施を行うことになったことがきっかけとなり，研究していくなかで授業づくりや教材研究自体の「面白さ」に触れた経験であった。山中教諭の事例では「理屈を教わりやってみたらできた」と語られているが，このことばには信念の1つである「個人的効力感（personal teaching efficacy）」（Woolfork et al, 1990；前原，1994）が形成されたことが表れており，教師の効力感と教育研究意欲との正の相関を示した先行研究の結果と重なる。

表8-11 知識の生産プロセスに携わる学び方の学習経験の具体例

事例	経験の典型例
山中教諭	「理屈を教わり，やってみる」経験
	山中教諭は，研修に参加する前に勤務していた学校で砲丸投げの授業をしようとした際，生徒が「汚い」と言って誰も砲丸に触れようとせず，授業が成り立たなかったことを回顧して「前は授業にも絶望感みたいな，砲丸にも触ってもらえないみたいな。いくらやってもこいつら無駄みたいな，そういう絶望感だったのが，やり方次第でうまくいくみたいな，そういう『希望』が見えたって感じですかね。そういうのを長期研修の時に学んだっていう。それは大きなことだと思うんですよね，希望みたいな。具体的な方法じゃなくてね。」と述べている。山中教諭はまた，他に長期研修において学んだことを尋ねた際「『理屈を教わり，やってみたらできた』そうした実感が持てました」と述べ，研修に参加して以来，教員の仕事が面白くなってきたと回顧している。つまり，山中教諭が長期研修で得たものは，教職からの離脱も考え，さらに授業に対する効力感が感じられず教材研究をはじめとした研修活動にも低いコミットメントを示していた態度が転換するような学びであった。
辰見教諭	理由や根拠を求める論理的な思考経験
	なお辰見教諭の長期研修における中心的な学習の場は自分の指導教員と二人きりで行う週一回の対話の場（学習会）であった。学習会では当初，辰見教諭が関心を持っていることや実践してきたことをプリントにまとめて発表し，それについての指導教員のコメントをもとにして議論を行うものであった。だが研修開始当初，辰見教諭は何を中心にして研究するか自体が全く明確になっていなかったと述懐しており，サッカーの授業づくりも研修後に決定したテーマであった。指導教員との対話についてふり返った辰見教諭は，先に示した通り「なぜサッカーなのか」，「なぜサッカーを選んだのか」という根本的な問いをはじめ「日頃の学校現場では，何かこうオブラートに包むことも多いし，何か漠然と日常会話をしているところに突撃してくる」と述べ，今までに経験したことのないコミュニケーションであったことを指摘している。辰見教諭は体育科の年間指導計画を作成する中で「なぜ『サッカー』を体育で扱うのか」「なぜ，サッカーの授業で手を使ってはいけないのか」という根本的な問いを指導教員から繰り返し突きつけられたことが影響していると述べ，否応なしにその理由や根拠，論拠を自問するような思考様式が形成されたと回顧している。辰見教諭はこの学習会を中心とした経験が，自らの19年間の実践を問い直し「学び直すことができた」場になったと振り返っている。
木下教諭	論理的な対話と「コトバ」にこだわる思考
	研修期間全体を通じて，木下教諭は週に1回，同じ指導教員のもとで長期研修に参加していた小学校教師と共に三名で行う演習形式の学習会に参加していた。その内容は，木下教諭が文献を読んで調べてきたことや自分自身の実践の報告，研修テーマに沿う研究の進捗状況を報告し，それらをもとにしてディスカッションを行うものであった。木下教諭は指導教員とのやり取りを回顧しながら「常に自問自答させてもらったね。なんかね，問答法のような。（木下教諭が何か）言えば『ここはどうなんですか？』と返される。こういえば『そこはどうなんですか？』と。言葉遊びみたいなところも正直あるね」という。「ところがEは「でも言葉遊びのところを超えて，言葉の意味が言葉を曖昧に使っていた。うん。『自主性』とか『自発性』とか適当に使いけど（中略）全然違う。意味が違う。そこは適当に使うなと，そういうところは徹底的にやってもらったと思う。言葉をいい加減に使うなと」と述べるように，指導教員との問答の中で常に自分が使う用語についての意味を問われたことが研修を通じた大きな変化に影響しているとふり返る。それは「自主性と自発性」をはじめ，学習指導要領の中に書かれている「触れると理解する」あるいは「能力と態度」など多様な言葉の意味について木下教諭が探究を行う契機となった。

　また，辰見教諭と木下教諭については「検証」や「実証」という形で研究に関わらなかったものの，コトバへの誠実さや根本的な問いを中心とした指導教員との論理的な対話を通じて「推論」や「論証」を展開する経験を得ている。これらの経験は，日常的な知識あるいは個人的な知識と理論的知識を突き合わせるような経験といえると共に，そういった思考過程自体についての学びであ

ることから，「学び方」を学ぶ経験ともいえるだろう。さらに，このプロセスの中で認識変容の要因となる「ジレンマ」が生まれていることから，信念の問い直しや変容は，研修を通じた知識や情報の獲得ではなく，それらを参照しつつ，自ら知識を生み出すプロセスの中で生じると考えられる。

③物理的・時間的・人的な境界を越境する経験

第三の経験は，研修を通じた人間関係の構築や長時間をかけて探究する経験，あるいは学校現場や自分の家族から物理的に距離を置く経験である（表8-12）。これらの経験は，上述の２つの経験が生起する環境と不可分に生じている経験であることから，認識変容をもたらす文脈的な要因となっている。

たとえば，池上教諭は「現場を離れる」ことが「自分と向き合う時間」をもたらし，"もう一度"大学に通うことの意味が，大学生時代の授業の受け方と現職教員としての授業の受け方の対比の中で語られた。また，教師の長期研修における学びは，大学教員や学生または共に長期研修に参加する他校の教員とのネットワーク形成そのものともいえる。たとえば，村上教諭や木下教諭のように，長期研修中に経験した異校種の教師たちとの関わりが研修を通じた学びの契機になる例もみられる。

なお，ネットワークの形成は時に「徒弟的」ともいえる関係として現れる。たとえば，研修を進める中で研究に対する効力感と「希望」を得た山中教諭は，Ｙ先生から叱咤されたことが契機となって研究に専心するようになった。指導教員との対話で激怒された木下教諭，Ｘ先生を師匠と慕う池上教諭の経験にも同様の特徴がみられる。事例対象とした教師のほとんどは20年以上の教職経験を有している。長期研修への参加は，都道府県教育委員会の選考を経ることからも，一定の資質能力が認められているベテラン教師であることがほとんどである。故に「指導する―指導される」関係や「師匠と弟子」と表現される関係は，極めて非日常的といえるだろう。その関係性は，ヒエラルキカルである一方で，学びの契機として重要な経験となっている。

また，先にも取り上げた辰見教諭の信念変容に大きく関わった指導教員との対話は，読書量の飛躍的な増加と関係していたが，それらは現場だけではなく，

表8-12 物理的・時間的・人的な境界を越境する経験の具体例

事例	経験の典型例
池上教諭	**二回目の大学生活** 池上教諭は，長期研修によって現場を離れる意義について「自分と本当に向き合えた。現場にいると忙しくて，忙しくて年中飛び回って忙しいんだけど，時間があるからすごく自分と向き合える」と述べている。さらに，大学という場に長期間身を置くことについても，20年以上以前に経験した学生生活を再度経験することについて触れ，大学生であったときは「こういうものだって話されても，実際に子どもに教えてないから，そこの経験がないから頭の理解で終わってるわけですよね。でも私たち教員は実際にやって困ったり，悩んだり，疑問に思ったりしたことがある状態で大学に行くと，今までわからなかったことの答えがあるわけです。だから，真剣に聞くし，納得するし，納得するからさらにわかりたいと思うし。だから，授業の受け方が学生の頃とは違う」と述べる。
山中教諭	**学校現場を離れたところで生まれる徒弟的関係** 山中教諭は，長期研修に対する強い意欲を持っていたわけではなく，教職生活の行き詰まりから半ば「休憩」のために参加を希望したと回顧している。そのため，当初から研修における具体的な研究計画もなく，検証授業は行わずに生徒を対象としたアンケート調査のみを行うことにしていた。ところが，山中教諭は長期研修の初期に出会ったY先生とのやり取りの中で研修活動の内容が一変したことを回顧している。Y先生は，山中教諭の研究計画書をみるなり「調査して終わりか？」と山中教諭に尋ねる。その後の研究については現場に戻ってやるつもりであると答えるが，その際「『来年って言っても絶対にやらないだろう』って怒られちゃった」と回顧する。そして「じゃあしょうがねえやろうかなみたいな。そういう感じで，報告書をみると二部形式になっているんですよ。前半は調査，後半はその検証授業。Y先生は後半が大切だと。調査なんかしたって意味がないみたいな。『調査を基に何をするかの方が大切だろう』って強く言われた。仕方ないなーやるかなって」と述べ，このことが長期研修における転機になったと述べる。なお，この変化は山中教諭を直接指導していた教員も認識しており，「C先生は，Y先生のところに行って怒られて来てから研究の内容が変わりましたよね」と言われたことを山中教諭は回顧している。また，山中教諭は研修期間中に居室を共にしていた大学院生との交流もあり，ある時には批判を受け，ある時には研究について助言やサポートを得ていたと回顧している。その関係性は当時の大学院生が大学教員になった現在も続いており，体育授業に関する研究を共に行う機会を得ている。
辰見教諭	**家族と離れ見知らぬ場所で研修を受ける不安と意義** 辰見教諭は自身の変化について「(研修中に)言われたからとか，こうしたからとかじゃなくて，そういう環境に置かされたというか，身を置いたからこそ，そのような視点や自分の取り組みをみなくちゃいけないなっていう考えに至った」と辰見教諭が述べるように，ある特定の経験だけではなく，そのような経験が生じる研修中の環境に大きく影響している。その環境は，長期研修の研修内容に直接関わるものだけではなく，より文脈的なDの生活環境や物理的環境に関わるものである。例えば辰見教諭は，家族(妻子)と離れて単身赴任したが，そこで過ごした見知らぬ土地での経験が「第三者的な視点で自分を見る機会」となったことを挙げている。また，家族と物理的に離れたことに触れ「子どもがいたら土曜，日曜も落ち着いて本なんか読めない(中略)1週間で1冊，2冊本を読める環境にはない」ことや「家が近くにあったら気になってしまう」ことを挙げている。さらに「誘惑とかやらざるを得ないことをそぎ落とすことができる」環境に身を置いた点に意義を見出している。
木下教諭	**教員としての生活環境とは異なる環境への越境** 木下教諭は家族と離れて単身赴任で長期研修に参加したが，研修を終えて自宅に戻ってから妻に「(家族にとって)良いお父さんになった」と言われたという。県では強豪のラグビー部の顧問をしていた木下教諭は休日も常に部活動指導に出かけていた。しかし長期研修では，土日が自由に時間を使える曜日になる。そこで木下教諭は，研修先の大学周辺には公園が多数あったこともあり，休日にはしばしば公園に出かけていた。木下教諭はこの時のことを振り返って「やっぱりね，家族で小さい子どもを連れているのを見るんだよ。自分は今まで土日は部活だったから，家族で土日過ごすなんかまずないから。こんな生活もあるのかと。長期研修から帰ったときは，家族でどっか行こうかということからはじまったね。」という。さらにその後，毎日活動をしていたラグビー部の練習時間を短縮するとともに，週1日は必ず休みにするようになった。

家族から距離を置いたことによっても支えられていた。またこのことは，池上教諭や村上教諭，木下教諭が指摘し，印象的な経験として掲げた「大学」における研修や「大学生活」とも大きく関わっているだろう。第一の経験として掲げた理論的知識に触れる経験は，授業に参加したり，文献や書籍を講読したりする経験であったが，これは，彼／彼女らの研修が膨大な知識や情報が集まる「大学」という場に越境したことによって支えられていた。さらに，すべての教師にとって「2回目の大学生活」であったことも，自らを振り返り，信念を問い直す重要な経験を生じさせたといえるだろう。

(3) 研究2のまとめ

研究2では，大学における長期研修に参加した体育教師を事例として，信念の問い直しや変容のプロセスを認識変容に着目して描き出し，その要因を検討した。得られた知見は以下の通りである。

1) 研究1の分析結果を踏まえて，長期間に理論的で異質な知識や情報に触れることができる経験がいかに信念変容をもたらすか検討するため，大学における長期研修に参加した教師を対象に事例分析を行った結果，研修を通じた認識変容は，ジレンマの遭遇と信念の問い直しによって，信念体系に含まれる授業観・仕事観・研修観とその他の信念が連動する形で生じる，漸次的な信念体系の変動として捉えられることが示された。
2) さらに，認識変容として捉えた信念の変容をもたらした経験について検討した結果，信念変容は「知識の生産プロセスに携わる学び方の学習経験」を核とし「理論的知識や客観的情報に触れる経験」を契機として生じていることと，さらに「物理的・時間的・人的な境界を越境する経験」がそれらの経験を支える文脈として機能していることが示された。

注
1) 前章における分析枠組みの構築において依拠した松尾（2006）も「同じ経験を積んでも，そこから多くのことを学ぶ人もいれば，学ばない人もいる」(p.125)ことから仕事

の信念に着目した。これに対して本章は，経験と学習された内容の多様性に着目して研究を展開するものであり，特に経験と学習に関する後者の事実に焦点化している。
2) なお谷口（2009）は一連の調査結果を整理し，それらの経験を「初期の仕事経験」「上司から学ぶ経験」「人事異動の経験」「プロジェクト型の仕事経験」「管理職になった経験」「立ち上げの経験」「海外勤務経験」「修羅場の経験」に分類している。
3) 第5章で，中学・高等学校の体育教師を対象に配布した質問紙（調査票）には，本章で分析する質問項目が含まれている。
4) ここで記述されている生徒指導は，生徒の問題行動への対処と解釈されるものであり，狭義の生徒指導として捉えるべきものである。
5) もちろん教員の年齢構成は年々変化しており流動的である。ただし，教員年齢構成の改善は短期的になされるものではなく，教育政策・行政上の長期的かつ戦略的対応が求められる点で重要かつ解決の難しい課題といえる。
6) たとえばVan Manen（1977, 1991）による「技術的省察（technical reflection）」「実践的省察（practical reflection）」「批判的省察（critical reflection）」やJay and Johnson（2002）による「描写（description）」「比較（comparative）」「批判（critical）」が挙げられる。実証的研究は少ないが，近年では朴・杉村（2006）が「実践の場での気づき」「比較的短期間の分析・評価による省察」「長い間蓄積された価値観が変わるような省察」の実証を試みている。
7) 前者の行動世界において，実践者は支配変数（実現しようと努力する価値）の充足に向けた制御的な行為戦略を志向する「シングル・ループ学習」に向かい，後者の行動世界においては支配変数自体を相対化し吟味する「ダブル・ループ学習」へと向かう（Argyris and Schön, 1974, pp.68-69）。
8) 変容的学習とは「批判的な振り返りを通じ，ものの見方・感じ方・行為の仕方の習慣的な枠組みである準拠枠（frame of reference）を変えていくような学習」（常葉-布施，2004, p.87）を指す。
9) 行為が効果的な結果を生み出せない場合におこるジレンマには，問題の再設定に向かう「移行のジレンマ」だけではなく，支配変数を十分に満たせなかったことに対する「モデルⅠのジレンマ」がある。ただし，このジレンマはモデルⅠの行動世界を脱するものではなく，行為の修正や技術・知識の習得を志向する「シングルループ学習」へと向かう。
10) 池上教諭，村上教諭，山中教諭は，検証授業の実施と共に，生徒へのアンケート調査や授業中の学習活動について記録する授業分析を行った。なお，辰見教師と木下教師についても検証授業は行っていないものの，大学における講義の一環として，児童生徒に対するアンケート調査や実践現場に赴いて，体育授業中の授業者の行動を記録・分析する経験をしている。

体育教師による信念の問い直しと変容の実相
フェーズⅡのまとめ

第1節 授業観の内実と変容における入職後経験の重要性

　フェーズⅡでは，体育教師の成長と学びに関わる問題状況，すなわち信念を問い直すことの難しさとその要因を踏まえた上で，「体育教師の信念はどのように問い直され，変容するのか？」を検討した。

　第6章では，本研究の分析枠組みに沿って「授業観」の構造に着目して，信念の内実と変容の様相を明らかにし，授業観に対する「入職前経験」と入職後の「成長経験」の影響を検討した。その結果，体育教師の授業観として，体育授業を成立させる条件や可視化されやすい条件の充足として描かれた「規律・態度志向」と「運動量・安全志向」，そして柔軟で広がりがあり，運動技能や能力の異なる学習者の相互作用を学習の中心にすえようとする「協同的学習志向」を抽出した。3つの授業観は，局所的な視点から体育授業の基礎的条件を重視する「規律・態度志向」と「運動量・安全志向」，そして過程的な視点に立って，学習内容をはじめとした内容的条件を重視する「協同的学習志向」に大別して捉えられる。

　さらに，授業観の変容は「規律・態度志向」および「運動量・安全志向」から「協同的学習志向」への変容であることを明らかにした。この変容の道筋は一般教師研究の知見と一定程度重なるものの，授業観の違いは経験年数の違いに関連しているわけではなかった点で，経験年数の違いによる授業イメージの差異を実証した先行研究（秋田，1996）とは大きく異なる結果が示された。つまり体育教師は，経験年数を積み重ねることによって自然に授業観が変容していくわけではなく，信念は入職以前から比較的強固に形成され保持され続けていることが指摘でき，フェーズⅠの結果を支持する知見が示された。

　それぞれの授業観に影響を与えた経験を検討した結果，児童生徒時代の経験

に影響を受けた「規律・態度志向」と入職後の研修経験に影響を受けた「協同的志向」，両者の中間に位置する「運動量・安全志向」という関係がみられた。同時に，規律・態度志向と運動量・安全志向から協同的学習志向への変容は「入職前の経験」と「入職後の経験」が対立的に影響し合う，綱引きのような関係の中で生じることも示唆された。また，フェーズⅠで明らかにした変容しにくい信念の1つとして，入職前の経験によって形成された「規律・態度志向」「運動量・安全志向」の存在を指摘することができるだろう。これらの信念，とりわけ前者の信念は，長期にわたって保持されてきたと見なせることからも，強固に維持されている信念と考えられる。対して「協同的学習志向」が，入職後の多様な研修・学習経験に影響を受けていたことは，体育教師の成長をあらわす信念変容にとって，現職教師としての学びの経験が重要な契機になることを示唆している。

第2節　入職後の経験を成長へと結びつける仕事の信念の構造と機能

ただし，協同的学習志向は入職後の研修・学習経験に影響を受けていたものの，授業観の変容が経験年数と関連していなかったことは，授業観の問い直しと深化は，教職経験に比例する入職後の経験あるいは研修経験の量的な積み重ねによってもたらされるわけではないことを示している。この点はフェーズⅠ（第3章）で示した，研修経験や省察経験を量的に積み重ねても，授業観が問い直されたり変容したりするわけではないという結果と重なる。それらの学びの経験をどのように受け入れ，いかに成長に結びつけるかが重要であると考えられることから，第7章では体育教師の「仕事観」によって「成長経験」の受け入れが促され，「授業観」の変容をもたらす信念と経験の相互影響関係を実証した。

まず，成長経験の受け入れの実態については，ベテランの教師ほど積極的に受容しようとする意識が低いという，先行研究において指摘されてきた一般的傾向（西，1990；高井良，1994；小山ほか，1994；Stroot and Ko，2006）が確認された。この結果は，第3章で示した，経験年数の積み重ねによる研修経験と省

察頻度の減少および研修態度の低調化と重なる。その一方，ベテランの教師ほど多様な経験を積極的に受け入れることで授業観が変容する実態が明らかになった。このことは，学びの経験をいかに受け入れるかの違いが，授業観の問い直しや変容を導く要因になることを表している。

　さらに，仕事観の構造と機能の実証分析によって，「公共的価値の重視」「先導的実践の追究」「生徒重視」「研究志向」が経験の受け入れを促進する一方，「専門職的閉鎖性」と「自律性の行使」がそれを阻害するという信念の機能を明らかにした。特に，体育教師が成長経験を積極的に受け入れていくためには，体育教師の仕事が公共的価値を有していることを信じて，自らの職業が社会を先導することを意識し，常に生徒のことを重視する「開放的な信念」あるいは体育教師としての「誇り」がその要因になっていた。対して，職務の専門性に付随する閉鎖性を中心とした「閉鎖的な信念」が，積極的な経験の受け入れを妨げていた。なお，後者の閉鎖的な信念は，仕事の良し悪しは同じ仕事している者にしかわからないという認識や，仕事に関わる意思決定はすべて自分自身の判断で決めるという認識から成り立っており，フェーズⅠで検討した自己完結的な学習環境と関連していることがうかがえる。さらに，この信念が新たな知識や情報の受け入れを妨げるとすれば，このことは学校体育経営に関する研究で問題視されてきた硬直化やマンネリズム（野崎，1988，1991）を教師の信念レベルで説明するものにもなろう。

　この結果は，教師の信念研究の中で別々に論じられてきた信念の2つの働き，すなわち新たな経験や知識を積極的に受容し改善や刷新へと向かわせる働き（藤木，1999；黒羽，2003：2004）とそれらの経験や知識を排斥し，固執へと向かわせる働き（Ennis，1994；1996；竹下，1996a，1996b，1996c，1997）が仕事に対する信念に含まれていることを表している。と同時に，仕事についての信念がすべて経験から学ぶ力になるとは限らないことが指摘できる。ただし，負の影響を及ぼす信念だからといって，それらの信念を完全に棄却することは難しい。なぜなら「専門職的閉鎖性」や「自律性の行使」は，職務内容の専門性や教職の特性と不可分に結びついているからである。そこで重要なのは，体育教師と

しての誇りを持ちつつも，自らの職務が否応なしに有してしまう閉鎖的な信念を相対化し，自分の信念と向き合う柔軟さやしなやかさと言えるだろう。

第3節　経験と教訓の抽出と事例研究からみた越境学習経験の有効性

　以上の実証研究を踏まえて第7章では，本研究が着目した「研修観」「授業観」「仕事観」の問い直しや変容には，いかなる入職後の経験が影響を及ぼしているかを多角的に探究するため，体育教師が遭遇した多様な「一回り成長した経験」とそこから得た教訓を検討し，その後，詳細な事例記述を行った（第7章）。

　その結果，体育教師が成長した経験として7カテゴリー33概念が生成されたが，その度数分布から傾向を把握したところ，体育教師にとっての飛躍的な成長経験は，必ずしも授業実践場面において生じているわけではなく，校外研修をはじめとした研修活動の中で起こっていることが明らかになった。一般的な教師を対象とした成長契機に関する調査では，「教育実践上の経験」や「優れた教師との出会い」「職務上の役割の変化や転勤」などが主要な契機として挙げられることが多い（小山ほか，1994；山﨑，2002）。ところが本研究の結果では「教育実践経験」よりも「研修活動」の割合が高く，特に校外研修経験の割合が高かった。このことは，体育教師としての成長もしくは一回り成長する飛躍的な成長の場が，非日常的なところにあることをうかがわせる。

　また，経験から学んだ教訓については7カテゴリー24概念が生成され，特に信念の問い直しおよび変容と大きく関わる「認識変容」の教訓として「力量不足と研鑽の必要性」「視野の拡大」「認識の転換」「自己認識の形成や明確化」などが抽出された。また，認識変容のカテゴリーおよびそこに含まれる概念と経験のクロス分析によって，信念の問い直しと関係する認識変容には，長期的かつ理論的内容を含んでおり，異質な知識や情報にふれることのできる「研修活動」が重要であり，特に，実践場面から距離を置いた非日常的な研修活動における「行為についての省察」（三品，2011；油布，2013）の重要性が明らかになった。なお，このことは勤務校における教師同士の省察を中心とした日常的

な学び合いを重要視する授業研究の意義（木原，2004；坂本，2014など）を否定するものではなく，信念の問い直しや認識の変容を目指した時の学びの場が，学校外や非日常的な場に存在することを表している。

そこで，そのような非日常的な研修活動経験によって，信念の問い直しや変容がどのように起るのかを詳細に検討するため，現職体育教師が長期間，学校現場を離れて専門的な研究を行う，大学での長期研修に参加した5名の体育教師を事例として，信念の問い直しと変容のプロセスおよび要因を検討した。その結果，体育教師の信念変容は，本研究で抽出した「授業観」「仕事観」「研修観」をはじめとした信念が，連動的・漸次的に変動していく形で起こっていた。さらに，信念の問い直しを導いた経験を検討したところ，半ば徒弟的ともいえる指導教員との対話や自ら課題設定する検証授業の計画・立案に伴う「知識の生産プロセスに関わる学び方の学習経験」とその経験に付随する形で生じる「理論的知識や客観的情報に触れる経験」が直接的な影響を与えていた。ただし，これらの経験は「大学」という，体育教師として日常的に足を踏み入れることのない場での様々な出会いによる新しいネットワークの形成，あるいは家族や地元，学校現場から物理的に距離を置く越境経験，すなわち「物理的・時間的・人的な境界を越境する経験」によって支えられていることを指摘した。

第4節　体育教師の信念変容を促す越境経験と学習の特徴

以上の成果をフェーズⅠの知見と関連させて考察していきたい。まず，体育教師の授業観の変容の実態が「規律・態度志向」と「運動量・安全志向」から，「協同的学習志向」への変容として描かれたことは，授業を単純なものからより複雑なものとして認識するようになる点で，一般的な先行研究と共通していた（秋田，1996）。ところが，その変容が必ずしも教職経験年数の積み重ねによって説明できなかったことから，前二者の信念が，一般的な教師に比べてより強固に保持される，体育教師に特有の信念であると考えられよう。フェーズⅠでは，信念の硬直化要因の1つとして，学校現場における体育科および体育教師の周辺性と入職前から参加してきたスポーツ環境における経験が影響してい

ることを指摘したが，特に，生徒指導的な役割は「規律・態度志向」と運動部活動をはじめとしたスポーツ環境における経験は「運動量・安全志向」と関連していると考えられる。実際これらの授業観には，体育教師の多くが入職前に経験してきた運動部活動経験や体育授業の経験，または現在の運動部活動指導を通じた経験が影響していたことから，社会文化的かつ無意識に再生産されている信念の一端を表していると考えられるだろう。

　さらに，入職前の経験によって強固に形成された授業観を問い直し，変容させていけるか否かには，入職後に遭遇する成長経験を自らの成長の糧として，積極的に受け入れられるかどうかが関わっていた。だが，その経験の受け入れには，体育教師としての自分自身の職務（仕事）が社会になくてはならない仕事であるという，専門職としての「誇り」を持てているかが重要であった。そのような信念は，自らに対する批判を引き受け，時には自らの信念を否定するような「非信念」への寛容性を要する信念である（善明，1992）。その意味で，「協同的学習志向」の授業観と「開放的信念」としての仕事観は，信念の対象は異なるものの，多様性や複雑性，不確実性を受け入れようとする点で，一定の共通性を有しているとみなせる。

　しかしながら，本研究が問題とした体育教師批判の中で，体育教師が自らの職業に誇りを持つことは容易ではない。なぜなら，批判の要因とされる体育科の周辺性（marginality）は，体育教師に対して，生徒の問題行動に対処する役割やスポーツ指導者としての役割が期待されること（Sparks et al, 1993；O'sullivan, 1989；Shempp et al, 1993）と体育教師自身によるその期待の受容（杉本, 1989；Smyth, 1995）の両面から成り立ち，二重の拘束性を有しているからである。また，そこから派生した体育教師に付与されるイメージ（賀川, 1985；中井ほか, 1996；1997など）は，社会的に共通の否定的な体育教師像（権威主義的性格や知性のなさなど）を描き出している。体育教師が批判の対象とされることが多いことは，体育教師が自らの職務に誇りを持つことを難しくするのではないだろうか。

　一方，第7章で検討した長期研修における経験は，体育教師が自らの信念を

問い直す学習環境について重要な示唆を与えてくれる。殊に長期に現場を離れる「越境経験」は，体育教師や生徒の問題行動への対応を任されることや運動部活動顧問といった立場を大きく越境し，あるいはそれらから解放され，学生や弟子，教職志望者の先輩，時には一人の親として，自らを顧みることを可能にする。そのような文脈の中で生じる「理論的知識に触れる経験」やその生産プロセスに携わる「学び方の学習経験」は能動的な学習を導くと共に，自己効力感と探究心を喚起し，時には自明視していた学校現場の実態を批判的に捉える視座を形成させるからである。

第Ⅲ部

体育教師による信念の問い直しと
変容に有効な学習環境

第10章 信念の問い直しと変容を促す学習環境
―総合考察

第1節 体育教師の信念と経験の相互影響関係

フェーズⅢにあたる本章では，信念と経験の相互影響関係に関する実証研究の知見を整理し，先行研究の知見や体育教師を取り巻く現在の研修・学習環境と対比させ，批判的な考察を加えながら「体育教師の信念の問い直しにはどのような学習環境が有効か？」を検討する。

本研究における実証研究の成果から導き出された，信念と経験の相互影響関係および信念の構造と機能に関する知見を本研究の分析枠組み（第2章：図2-3）に当てはめると，図8-1のように示すことができる。まず本節では，体育教師の信念と経験それぞれについて実証研究の成果を整理していく。

1 信念の構造

本研究では体育教師の信念を検討するために，信念体系を想定して信念対象を明確化し「授業観」「研修観」「仕事観」の構造を明らかにしてきた。体育教師の「授業観」については「規律・態度志向」と「運動量・安全志向」，「協同的学習志向」を抽出し，体育教師の成長が前二者から後一者への変容として描かれることを明らかにした。研修観については「短期的・即効的・受動的・自己完結的」な研修観と「長期的・理論的・能動的・開放的」な研修観が対比的に存在しており，多くの体育教師が短期性や即効性を優先する前者の研修観を抱いていることを明らかにした。そして「仕事観」については，専門的閉鎖性や自律性の行使を志向する「閉鎖的信念」と公共的価値，先導的実践，生徒を重視し，常に研究を志向する専門職の誇りともいえる「開放的信念」から成り立っていることを明らかにした。

2 信念の機能および経験との相互影響関係

信念の構造を踏まえて，経験との関係を検討した結果，体育教師の成長と学

びに関わる信念と経験の相互影響関係が描き出された。

まず,「研修観」が多様な研修への参加や省察経験をはじめとする「研修経験」に影響を及ぼしており,特に,多くの体育教師が志向していなかった「長期的・理論的・能動的・開放的」な研修観が,研修への積極的な参加行動や態度を規定していた。だが,研修経験や省察経験の積み重ねは,必ずしも体育教師の成長をあらわす授業観の変容をもたらすとは言い切れなかった。

また,一般的傾向として体育教師の信念の問い直しや変容は低調であり,研修経験の実態は個人的な情報収集や同じ学校内の体育教師同士の情報交換に終始していることから,校外における研修機会や異質な情報に触れる機会が少なかった。このような体育教師の限定的な学習・研修経験や態度を規定している,即効性を求める「研修観」や信念の問い直しの難しさは,体育教師の信念形成要因である「入職前経験」と,現場において喫緊の問題解決に迫られる職場で

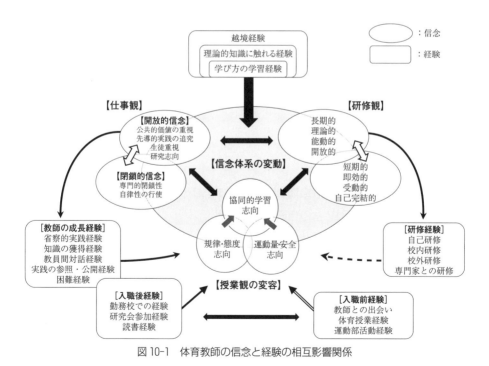

図10-1　体育教師の信念と経験の相互影響関係

の経験が影響していた。故に，学校現場における体育教師の信念の問い直しや変容は困難であることを指摘した。

次に，体育教師の成長を表す「授業観」の変容は，「入職前経験」と「入職後経験」の対比的な影響関係の中で生じており，授業観の変容には，後者の経験すなわち勤務校や研究会での研修経験や読書経験などを，成長の糧にしようと積極的に受け入れていくことが重要であることを明らかにした。さらに，この「入職後経験」を含めた「教師の成長経験」の積極的な受け入れを促すのが，体育教師の誇りともいうべき仕事観である「開放的信念」であることが明らかになった。ただし，この信念と対比される「閉鎖的信念」が，逆に経験の受け入れを阻害し，成長を妨げる信念として機能することも明らかになった。

そして最後に，体育教師の成長を象徴し，授業実践を規定する「授業観」，体育教師の学びや研修経験に影響を及ぼす「研修観」，経験から学ぶ力として機能することで，成長を左右する「仕事観」からなる信念体系を揺り動かし，認識変容をもたらした「一回り成長した経験」を検討し，長期的で理論的な内容を含み，異質な知識や情報に触れることのできる非日常的な経験を抽出した。さらに，大学における長期研修を事例として，体育教師の認識変容プロセスの中に含まれる「学び方の学習経験」「理論的知識に触れる経験」とそれらを支える「越境経験」が，個々の信念に影響を与えることで，信念体系全体の変動をもたらすと共に，信念の問い直しや変容を促していることを明らかにした。

第2節　体育教師の信念の問い直しを促す学びの在り方
　　　　　―越境経験による自己決定型学習

以上の整理を踏まえて，体育教師の信念の問い直しに有効な学びの在り方について考察する。本研究の結果から，体育教師が自らの信念を問い直すために有効な具体的経験として，長期研修における経験を明らかにした。さらに，その内実を考察し，「越境経験」を契機とした「学び方の学習経験」と「理論的知識に触れる経験」が持つ重要性を指摘した。本節では特に，長期研修がどのようにして信念の問い直しを促すかを考察し，とりわけ越境経験がいかに体育

教師の成長にとって重要な学びをもたらすかを明らかにする。

1 「越境経験」の意味と内実

信念を問い直す上で越境経験としての長期研修が有する意義は，学校教育現場ではほとんど形成することのできないネットワークの中で，理論的・客観的知識に触れながら，学び方を学習できる点に見出される。殊に体育教師にとって，信念を硬直化させ，その問い直しを妨げる要因が「体育教師」として働く職場やそこで形成・維持される信念にあることから，越境経験によって異質な環境に身を置くことの有効性は大きい。

ただし越境経験は，単に自分の職場や組織の物理的境界を越えた場に身を置くことを意味するだけではない。たとえば，体育教師はもとより学校現場で働く教師は，しばしば行政研修に参加するため校外に足を運ぶ。しかし，それらの研修は時間的負担による多忙化の助長やトップダウン型研修への抵抗などに起因して，教師による評価の低さが指摘されてきた（上田，1987；山﨑，1987，1988；吉田，2004；田上，2006；河上，2009）。また，多くの体育教師が指導に当たっている運動部活動もまた，正課内の実践や個別学校の境界を超える経験と学習の場を提供すると考えられるが，「規律・態度志向」や「運動量・安全志向」の授業観に影響を与える入職後の経験であったことから，問い直しや変容を導く経験としては，必ずしも十分とはいえない。

これに対して，本研究で明らかにした「越境経験」は物理的な境界のみならず，学校教育現場において構成されている人的ネットワークの境界を超え，教師としての学び方を刷新するような経験が生まれる異質な場へと境界を越えていく点で異なっている。さらに，本研究で事例とした長期研修の最たる特徴ともいえる，長期間"現場"を離れる経験は，生活や職務を規定している「時間の流れ」という点で異なる環境に身を置くことを意味しており，越境経験を構成する重要な要素となっている。

このように，体育教師はいくつかの境界を越えることで，学校教育現場とは全く異なる人々との濃密な相互作用を経験し，新たなネットワークや関係性を形成していく。さらに，その中で普段は触れることのない「理論的な知識」に

触れ,それらが生産されるプロセスに携わる「学び方の学習経験」を通じて,ジレンマを感じながら,自らが前提としていた信念の問い直しを漸次的に進めていく。

なお,「越境経験」をはじめとした「学び方の学習経験」と「理論的知識にふれる経験」は,各々の経験が独立して信念の問い直しを促すわけではなく,相互に関連し合い,独特で有効な学びを体育教師にもたらす。そこで次に,長期研修における経験がいかにして信念の問い直しを促すか,その過程について考察していきたい。

2 「越境経験」の有効性と信念の問い直しを促すプロセス

長期研修の中心的な課題は,現職教員が一定期間教育現場を離れて,専門的な研究を行うことである。そこで,研修に参加した体育教師を指導する大学教員は,まず,研究で追究する問いを自ら立て,その解決に向けた方法を自ら考えるような,研究的思考を体育教師に育むために働きかける。そのことによって実践現場であまり経験することのない,知の生産プロセスや方法知について学ぶ「学び方の学習経験」が生じる。

そして研究を進めていく過程では,大学教員から文献が紹介されたり,客観的なデータが提示されたり,あるいは研究を進めるために体育教師が自ら情報を収集したりする。そのプロセスの中で,体育教師は理論的知識や客観的な情報に触れる経験を積んでいくが,これらの経験にはしばしば,体育教師の実践経験を基にした「日常の理論」(加護野,1988)や「経験的知識」(エンゲストローム,2010)とは異なるか,あるいはそれらを否定するような情報が含まれている。換言すれば,自らの信念を否定するような「非信念(disbelief)」(Rokeach, 1960)に触れる経験が生じる。自らの信念と関係する新たな情報に触れることは,信念の問い直しや再構築の契機となるが(Tillema, 1998),特に,非信念は自らの信念を否定する点で葛藤やジレンマを引き起こしやすい。このジレンマは既述の通り,本研究が着目する「ダブルループ学習」(Argyris and Schön, 1974)や「変容的学習」(Mezirow, 1991)の契機として,高次の学習と深いレベルでの信念の問い直しを生じさせる引き金になる。

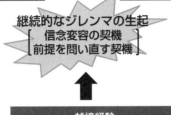

図10-2 越境経験によって信念が問い直されるプロセス

　さらに長期研修に伴う「越境経験」は，学び方の学習と理論的知識や客観的情報に触れる中で生じるジレンマや信念の問い直しを継続的，反復的に生じさせる要因になる。研修講座や一回的な校外研修においても，学び方の学習経験や理論的知識に触れる経験は起こり得ると考えられるが，長期研修における越境経験の大きな特徴の一つは，長期に現場を離れることで，体育教師のジレンマや信念の問い直しを持続的・反復的にもたらす点に見出されよう。それは時に，体育教師と指導教員との徒弟的ともいえる関係性を構築し，体育教師がジレンマや信念の問い直しから逃れることを許さないような環境として機能する。このことは一方で，体育教師に対し精神的な負担や混乱を生じさせることになるが，他方で信念の問い直しや変容を強力に促すジレンマを繰り返し生起させる文脈として機能し，体育教師の学びをより高次の学習へと漸次的に向かわせることになる。

　以上のような，持続的な問い直しの中で生じる深い省察によって体育教師は，「教師とは何か」「教育とは何か」といった本質的で根源的な信念の問い直しを進めていく。このような信念の問い直しこそ，本研究が経験から学ぶ力として明らかにした体育教師の「仕事観」や「研修観」ひいては「授業観」について

の深い内省行為を促す学びとなる。そして，この信念の問い直しが，専門職としての誇り，学校現場では形成することの難しい長期的・理論的・能動的・開放的な研修観，柔軟で広がりのある授業観を再構築することにつながっていくと考えられる。

3 ジレンマを誘発する越境経験の有効性と教師の学びからみた必要性

第9章で触れたように，これまでも教師の認識変容における「混乱」や「ジレンマ」の克服が，重要な契機となることが示唆されてきたが，本研究は長期研修を通じた越境経験が，これらの混乱やジレンマを持続的に生じさせるプロセスを描いてきた。個人の認識変容に関する先行研究では，このようなジレンマを乗り越える意義や困難が明らかにされてきたが，そのジレンマ自体，容易に起こり得るものではない（小池・志々田，2004）。

ただし経営学などの分野では，すでに，自己組織化理論に基づくイノベーション戦略を検討する中で「既成の観念を越えた新たな情報を創りだすために組織成員に「ゆらぎ」＝自由度をあたえること」（今井，1986, p.16）が古くから指摘されている。そして，ゆらぎを増幅させることで組織成員の創造性を誘発し，新たな知を創造するような知識経営論が展開され，「あるテーマに関する関心や問題，熱意などを共有し，その分野の知識や技能を持続的な相互交流を通じて深めていく人々の集団」（ウェンガーほか，2002, p.33）としての実践共同体（communities of practice）を発展させる方策が，経営実践の中で展開されている。たとえば，社内に作られる自発的な小集団活動（QC サークル）やプロジェクト型のチーム活動の展開などをはじめとして，実践共同体を「企業横断型コミュニティ」に展開していくことも目指されていることから，高次の学習を生み出す方策が模索されている。対して，学校教育分野での進展はあまりみられない。

越境経験に焦点化した越境学習に関する研究（荒木，2007；2008；2009）の中でも，たとえば，組織成員である個人が「実践共同体」としての社外の勉強会に自主的に参加することで自らを相対化し，自分自身を問い直す内省が促されることも報告されている。また，業務の裁量性が高い職業ほど，社外の勉強会

や社会人大学院での学びを求めている現状もある（石山，2010）。このことから類推すると，元来，比較的大きな教育的裁量を有している教師は，学校内だけではなく学校外においても，学ぶ機会に積極的に参加し，自らの学びを深めていく専門家として認識されるべきである。このような取り組みは，我が国の教師たちが自主的に参加して実践について語り合い，研鑽を積んできた民間教育研究団体などの活動と重なる。

ただし越境経験については，越境することによって参加する実践共同体そのものの在り方に関する知見は蓄積されているものの，そこで生じている個人の経験や学習それ自体についての検討は，ほとんど行われていない（荒木，2007）。次に，本研究で明らかにした長期研修による越境経験を中心とした経験が，どのような学びとして捉えられるかを考察していく。

4 越境経験によって生じる体育教師の学びとは―自己決定型学習の経験

長期研修経験は，他者からの（特に学校現場における）役割期待から距離を置き，自ら研究課題（テーマ）を設定して研究計画を立て，課題追究的に検証や論証を進めていく長期的過程である。成人学習論に依拠して，教師の意識変容を捉えた田中（2011）によれば，教師の省察を促進し意識変容をもたらすためには「自己決定型学習（self-directed learning）」がその条件となる。クラントン（2004）によれば，自己決定型学習の特色は「学ぶことを学ぶ」「行為や価値観や知識を意図的に変える」「どのように適用するか，何を読むか，何をするかについて選択する」「変化や成長を意識し，それを述べることができる」「進んで話したり，聞いたり，やりとりしたり，協議したりする」「進んで問題を提起したり，問い直したりする」ことが挙げられている（pp.78-79）。長期研修における経験は，これらの特色を相当程度含んだ自己決定型学習と捉えられるだろう。それは，学校教育現場における体育教師の学習とその実態とは相当程度異なるか，対局的な学びとして特徴づけられる。

なお，このような経験を通じた体育教師の学びは，必ずしも生涯を通じて形成してきた信念体系の劇的かつ相転移的な変容を導くわけではない。長期研修において大きな意味を持っていた学習経験は，学んできたこと自体を問い，さ

らに自らの学びの様式を問うような,個人の方法知に関する省察と学習といえる。その学びは,個人レベルの心理的メカニズムを基盤としながらも,文化や状況に固有のコミュニケーションの構造や媒介の配置を通して生成され,維持される「まなびの『型』の定型化あるいは惰性化」(高木,p.121)を一度解体し,ほぐしていくような形で進む。

　このように考えたとき,体育教師による信念の問い直しは,信念体系全体を直接に問い直すのではなく,体育教師が辿ってきた独特の信念形成過程の中で,素朴に信じてきたある事柄―信念と向き合うこと,それらを正当化してきた経験やプロセス自体を振り返り,問い直すことを表しているのかもしれない。また,体育教師の信念変容は,ある信念からある信念に形態が移行することを表すのではなく,ある信念体系に含まれた信念の問い直しが,またある信念の問い直しを導く,絶えざるゆらぎのプロセスであると考えられる。それはまた,教師として長期的にジレンマを抱え続けることを暗に示唆している。

　第9章において事例対象とした体育教師は,越境学習経験によって自信を身につける一方,理論と実践,理想と現実のジレンマが増大していった。このジレンマ経験は,体育教師としての誇りや授業を複雑なものとして捉える授業観,あるいは長期的・理論的な研修を思考する研修観へと変容していく過程そのものともいえる。本書の問題関心に引きつけると,矛盾の適切な調和やジレンマをやり繰りし続けていく,教師の専門性(野平,2008;Lampert,1985)の表れともいえるだろう。つまり,体育教師の信念の問い直しを促す,長期研修を通じた越境経験は,自らの信念が形成されてきたプロセスと要因を問い続ける自己決定型学習の経験であり,そこでの学びは「ゆらぐことのできる力」(尾崎,1999)を形成し,向上させていく契機になると考えられる。それは,本研究の根本的問題といえる,ある価値志向を内包した社会的要請と自らの経験によって形成してきた信念との間で,ジレンマをやり繰りする体育教師の成長・発達にとって重要な学びである。

第3節　体育教師の信念の問い直しに有効な学習環境

　本研究における成果を整理し，体育教師の信念の問い直しに有効な学びの在り方について考察を進めてきた。ここからは，以上の考察を踏まえて，体育教師が信念を問い直すために有効な学習環境について，現在の学習環境に関する批判的考察と実践的な示唆を提示していく。

1　体育教師の一般的な研修環境の限界と大学における研修の有効性

　前節において，体育教師の信念の問い直しを促す学びの在り方として「自己決定型学習」（クラントン，2004）を提示したが，本研究からはそのような学習を生起させる具体的な場としての「大学」と現職教師が「大学に通うこと」の意義が示唆される。教師の研修を校内における研修と校外における研修に分類してその課題を確認すると，前者については，トップダウンの研究主題や校内研究における「検討の仕方」自体が等閑視されること，個々の教師の問題意識を反映させがたく，「型はめ」に陥りやすいこと，そして閉鎖性・保守性が強いことなどが挙げられている（秋田，2006；木原，2010）。また，行政研修をはじめとした校外研修については，主に画一性や強制性が指摘されてきた（上田，1987；山﨑，1987，1988；吉田，2004；田上，2006；河村，2009）。両者の研修が抱える問題点は，教師にとっての学びが他律的・受動的になってしまう点で共通している。

　これに対して，大学における長期研修の学びは，自ら問いを立てることを基点として展開されるため，個人的な問題意識が直接反映される。さらに，その問いの解決によって新たな知を生成する方法をも自ら模索することになるが，理論的知識や情報が結集する「大学」には，定立した問いに対して，多様な視点からアプローチするための資源が豊かに整備されている。また，大学にはそこで研修を行う教師が必要とする知識や情報よりもはるかに膨大なそれが存在するし，大学で学ぶことは，それらの異質で多様な情報へのアクセスが自由にできることを表している。このことは，一方で情報の曖昧性や冗長性を増大させるものの，他方で揺らぎをもたらし信念の問い直しを促す豊かな機会を提供してくれる。その意味で大学における研修は，自ら「学ぶことを学ぶ」場とし

て豊かな可能性を有している。

　なお，ここでいう大学に集まる理論的知識とは，実践と乖離し，極度に抽象化された無味乾燥な知識を表してはいない。エンゲストローム（2010）によれば理論的知識は「特定の解法・答え・定義といった形をとる。理論的知識は，様々な特定の解法・答え・定義に到達しそれを定式化するための一般的な手段として，その姿を現す。理論的知識の中核は，歴史的分析，実験，矛盾の発見，モデル化といった非常にパワフルで知的手続きの中に見出されることになるだろう」（p.111）と述べ，それを創造的に応用することができる動態的な知として捉えている。

　本研究が背景としている「反省的実践家」の提起以降，専門職としての教師の成長は，実践的な知見や知識の発達として捉えられ，同時に，教師の専門的な学習と成長の中心的な場が学校現場（教室）にあることが主張された（佐藤, 1997）。ところが，実践的知識の発達にとって重要な意味を持つ，信念の形成や問い直しは，常に教室の中で起こるわけではないし，むしろ教室を離れたところでしばしば起こる。また，実践的知識をより高次に規定することになる仕事観や教師観といった信念の問い直しは，理論的知識によって喚起される。故に，実践的知識の発達は，必ずしも授業を核とした教室内の実践だけで起こるわけではなく，理論的知識が集まる大学においても十分に起こり得るといえるだろう。

　むしろ，「実践性」や「実践的であること」を過度に強調することは，教師の成長と学びの機会を限定することにもなり兼ねない。このことは，教師の教育実践の文脈依存性を過度に強調することとも共通している。西（1990）は，教師の実践が有する文脈依存性から，教師の教育行為が論理的根拠や一般理論的言説に沿ってなされているわけではないことを論じたが，このような指摘は，教育実践の実態を適確に表現してはいる。一方で，教師の教育行為が論理的根拠に沿ってなされていないことは，その根拠が必要ではないことを意味するわけではない。実践の根拠や論理は，信念を問い直す上で重要な契機となるからである。

2　成長と学びを促す学習環境としての長期研修の意義と課題

　本研究で着目した長期研修は，信念を問い直すことを促す点で有効であると共に，日常的に経験する校内研修や行政研修とは異なる学びを生みだす意義を有している。なお本研究では，体育教師としての成長として，信念の問い直しや変容という日常的にはあまり起こりがたい不連続的な変化を想定した。一方で，教師としての成長には，基本的な教授技術を身につけることや日常的な実践を適宜修正する中で起こる連続的な成長も含まれる。特に，認識変容をもたらす学習論として取り上げた，目的を達成するために行われるシングルループ学習の重要性は，決して否定されるものではない。また，シングルループ学習がないところにダブルループ学習は起こり得ない。

　ただし，ダブルループ学習が生起する環境や状況は，シングルループ学習のそれとは大きく異なる。伊丹・加護野（2003）はダブルループ学習を説明する中で，人々はよほど大きな心理的不均衡に遭遇しない限り既存のパラダイムは変わらないことから，ダブルループ学習のために必要な学習の強度はかなり高く，その学習強度を支えられるようなエネルギー水準は極めて高い必要があるとしている。実際，本研究で描きだした体育教師の認識変容プロセスと信念の問い直しの過程でも，事例とした教師たちは一様に大きな精神的負担を感じていたことも事実である。そこで体育教師たちは，共に研修に参加した他の教師たちと悩みを打ち明け合ったり，研修先の指導教員の下で学ぶ学生からアドバイスを受けたり，時には一人になって深く内省したりすることで，継続的・持続的なジレンマとの対峙と信念の問い直しを行っていた。このような環境は，切迫した問題解決や日常的に生徒と関わらなければならない学校教育現場では保障することが難しく，長期間現場を離れる時間的余裕とその中で築かれる周囲の人々との関係性によってはじめて実現できる。単発的に現場を離れるわけではなく，また，研修先で孤独に研究を進めるわけではない大学における長期研修は，その点でダブルループ学習の生起と支援に有効な学習環境といえるだろう。

　しかし，大学における長期研修は，主に都道府県政令指定都市の教育委員会

による選考を経て，教師が参加することのできる制度である。そのため，希少性や限定性が高く，すべての教師に対してこの機会を保障することは現実的に難しい。なお，全国都道府県教育長協議会第3部会（2012）の調査報告によれば現在の派遣状況は停滞・減少傾向にある。また，長期研修の成果を疑問視する教育委員会もあり，研修成果の把握自体に困窮している実状と長期研修派遣者数の割合における地域格差や校種間格差が存在している（久保，2001）。そのため，長期研修の有効性を，学校教育現場では生み出すことのできない「自己決定型学習」による体育教師の成長と学びへの貢献として検証していく必要がある。また，現行の研修制度の運用については，長期的展望に立ち学校や地域における学校体育活動の推進を担う中核的人材（リーダー）に対してその機会を保障すると共に，研修の成果を学校教育現場に広く還元していく仕組みの構築が必要である。

3 日常的な研修・学習環境の中に越境経験を生み出す方策

すでに指摘した通り，長期研修の機会をすべての教師に保障することは現実的には難しい。ただし，長期に現場を離れる点では必ずしも十分とはいえないものの，物理的な境界や日常的な人間関係の境界を越境し，学び方の学習や理論的知識に触れる経験を保障することは，我が国の教員研修の中核として機能してきた校内研修の改革によっても可能である。ここでは，体育教師の信念の問い直しを促す，具体的かつ実効性のある学習環境の構築に向けて3つの実践的示唆を提示したい。

第一に，中学校・高等学校における「教科横断型研修」の構築である。教科担任制を敷く中学校・高等学校では，教科指導の専門性を有した教科担当教師が，協働して学校教育活動を展開している。そこで，担当教科の異なる教師の協同研修は，部門横断型の小集団活動がゆらぎを増幅しジレンマを生じさせるように，高次の学習を導く契機になると考えられる。またそれは，現在の体育教師を取り巻く学習・研修環境と対比的な環境といえるだろう。とりわけ教科を横断した研修では，その出発点として必ず各々の教師が共通に取り組める研修テーマを設定することが必要であり，各教科の個別性を越えて共通に追究す

べき問いを立てることが大きな課題となる。そのプロセスがまさにテーマを自ら設定する自己決定型学習の契機になる。

　第二に，小学校・中学校・高等学校が協同で行う「異校種縦断型研修」の構築が考えられる。本研究における長期研修に関する事例研究でも，研修に参加した教師にとって異なる校種に勤める教師との関わりや対話が相手の学校の状況を知るだけではなく，自身が勤める学校とは異なる校種との接続について考えさせられる契機となっていた。また，国立教育政策研究所（2011）の調査では，授業研究の実施率が，学校段階が上がるにつれて停滞していることがわかっている。このことからも，異校種縦断型の研修は，特に体育教師の「研修観」を問い直す契機になることが期待される。

　第三に，学校と大学との連携を基盤とした研修である。既に，教職大学院における実践をはじめ，現場の連携協力校との協同的な研修や実習が試みられており，また，現職教員が在職のまま，なおかつ校務を遂行しつつ学ぶことのできる，学校拠点方式などの取り組みが行われている。また，本研究の結果からは，大学という「場」へ教師が主体的にアクセスすることができるような方策を講じる必要性も指摘できるだろう。つまり，研修制度として過度にシステム化するのではなく，教師の自発的な学習の場を保障するために大学という場を開き，大学の情報資源や人的資源としての研究者に，現職教師が自由にアクセスできる仕組みを構築していくことが考えられる。

終章　本研究のまとめ

第1節　本書の要約と新たな知見

　学校体育活動を通じた児童生徒の学習機会の保障と学習成果の実現のために，学校体育は時代的・社会的な変遷に対応していかなければならない。学校における体育的活動を担う体育教師は，自らの生涯を通じて形成してきた信念と学校体育に向けられた時代的・社会的要請との間に生じる矛盾をやり繰りすることが，専門性の1つとして求められる。そのため，体育教師が自らの信念を問い直し，必要に応じて変容していくことが必要である。そこで本研究では，体育教師の信念と経験にみられる相互影響関係の検討を通じて，体育教師の信念の構造と機能を明らかにし，体育教師が自らの信念を問い続けるために有効な学習や研修の在り方を明らかにすることを目指した。そして，主に「授業観」「研修観」「仕事観」の3つの信念と「研修経験」「入職前経験」「入職後経験」「教師の成長経験」「一回り成長した経験」の5つの経験に着目し，3つのフェーズからなる5つの実証研究および考察を行った。

　フェーズⅠでは，1）体育教師の学びと学習環境の実態把握および2）実践において表出する信念の形成過程と維持要因の検討を通じて，体育教師による信念の問い直しの難しさとその要因を検討した。その結果，一般的に体育教師の信念の問い直しや変容は停滞していることが明らかになった。さらに学習経験は，個人的な情報収集や同じ学校内の体育教師同士の情報交換に終始しており，校外における研修機会や異質な情報に触れる機会が少なかった。なお，このような体育教師の低調で限定的な学習経験および環境には，即効性を求める「研修観」が影響していた。さらに，信念の問い直しの難しさは，体育教師の信念形成要因となる「入職前経験」と学校現場において喫緊の問題解決に迫ら

れる中で形成される信念の強化が影響を及ぼしていた。

　フェーズⅡでは，3）信念の内実と変容の様相，4）経験の受け入れと変容に影響を及ぼす信念，5）信念に影響を及ぼす経験と教訓の抽出と検討を通じて，体育教師による信念の問い直しと変容の実相を検討した。その結果，体育教師の成長を表す「授業観」は，「規律・態度志向」「運動量・安全志向」から「協同的学習志向」へ変容すること，さらに授業観の変容は「入職前経験」と「入職後経験」の対比的な影響関係の中で生じており，特に，後者の経験を積極的に受け入れていくことが重要であることが明らかになった。さらに「入職後経験」を含めた「教師の成長経験」の積極的な受け入れを促すのが，体育教師の誇りともいうべき仕事観である「開放的信念」であることを明らかにした。ただし，この信念と対比される「閉鎖的信念」が，経験の受け入れを阻害し，成長を妨げる信念として機能することも明らかになった。

　さらに，「授業観」「研修観」「仕事観」からなる信念体系に影響を及ぼす認識変容をもたらした「一回り成長した経験」に着目し，長期的で理論的な内容を含み，異質な知識や情報に触れることのできる非日常的な経験の重要性を明らかにした。そして，大学における長期研修を事例とした変容プロセスの中に含まれる「学び方の学習経験」「理論的知識に触れる経験」，それらを支える「越境経験」が，信念の問い直しと信念体系全体の変動を促していることを明らかにした。

　フェーズⅢでは，以上の実証研究の成果を総合的に考察し，体育教師の信念の問い直しにとって有効な学習環境について考察した。その結果，体育教師の信念の問い直しには，実践現場では生起しがたい，越境経験を契機とした自己決定型学習が重要であることを示した。そして，その学びをもたらす学習環境として，大学における長期研修の有効性を論じた。最後に長期研修の課題についても考察し，日常的な場における信念の問い直しを促すような具体的方策として「教科横断型研修」「異校種縦断型研修」「大学との連携による研修」の構

築を提案した。

 以上の結果から導き出された新たな知見は以下の5つである。

1) 体育教師の信念と経験の相互影響関係が実証的に明らかにされた。このことから，いかに良質な経験を体系化した研修プログラムであっても，その成否が体育教師の信念に左右されることが示唆される。また信念体系には，体育教師の成長と学びを促進する「経験から学ぶ力」として機能する「誇り」や「開放的信念」と共に，成長や学びを阻害する「閉鎖的信念」が混在していることが明らかになった。

2) 体育教師の成長と学びにとって重要な経験を，入職前後の経験を含めて検討した結果，入職前の経験と入職後の経験が体育教師の成長を表す授業観の変容に相反する影響力を持っており，特に，入職後の経験を積極的に受け入れることが重要であることを明らかにした。なお経験の積極的な受容は，上に挙げた「開放的信念」によって促されることが示された。

3) 体育教師の成長と学びを促す学習環境を考察するにあたり，学校内外を含めた経験を多角的に検討した結果，「授業観」「研修観」「仕事観」を含めた信念の問い直しを促す高次の学びは，越境経験を契機としたジレンマが継続的・持続的に引き起こされる自己決定型学習に見いだされた。なお，そのような学習は学校現場において生起させることが難しく，学校外における経験によって生じることが明らかになった。

4) 体育教師の学びと成長において，信念の変容が重要な意味を持つものの，そのプロセスは自らの信念とその形成過程を問い直す中で，信念体系が漸次的に変動する過程であることが明らかになった。また，その過程では学習のための大きなエネルギーや強い心理的負担が生じることか

ら，学習を保障するための時間的余裕や支援的な人間関係などの条件整備が必要であることが示唆された。

5) 体育教師が信念を問い直す学習環境の構築においては，それが体育教師の成長における不連続的な変化として表れることと日常的な場や学習では起こりがたいことを踏まえた上で，自己決定型学習を促す「大学における研修」の有効性が示唆された。

第2節　今後の研究課題と展望

最後に，今後の研究課題について触れておきたい。

第一に，体育教師の信念を「信念体系」として明らかにすることである。本研究における信念概念の規定で示した通り，信念は複数の信念からなる信念体系として保持されている。しかし，本研究では体育教師の信念体系を仮定しつつも，その中に含まれる「研修観」「授業観」「仕事観」に着目して実証研究を展開した。これらの信念は本研究の問題関心に沿って，体育教師の成長にとって重要と考えられると共に，実践行為や意思決定に比較的強い影響を及ぼすと推論される信念を抽出している。ところが，体育教師の信念体系の全体を捉えたことにはなっておらず，体育教師の成長にとって意味のある信念を見落としている可能性は否定できない。体育教師の現実的な職務は多岐にわたっており，とりわけ運動部活動や体育的行事，担当することが多い生徒指導その他の対象についても，信念を保有している。また，体育授業や生徒指導または運動部活動に対する態度は，体育教師によって異なると考えられるため，信念体系においても中心に位置づく信念には個人差があるといえよう。さらに，他教科を担当する教師との比較研究も必要であり，また，本研究では中学校・高等学校の体育教師をまとめて分析してきたが，学校種ごとの比較研究も必要である。これらを踏まえて，信念体系の全体と個別性を捉える研究が求められるだろう。

第二に，個別事例を対象とした詳細な研究の展開である。本研究では，体育教師の信念にアプローチするために多角的な分析方法を用いたものの，個性記

述的に体育教師の実態を描き出すには十分ではなかった。教師の信念研究の意義が，教師の実践行為にみられる個別性や文脈性を描き出そうとして蓄積されてきた点を踏まえると，本研究における詳細な概念規定と実証研究の成果を踏まえた事例研究の展開は，事例の典型性や特異性を，より鮮明に浮き彫りにすることを可能にする。特に，運動部活動指導に没頭する教師や生徒指導に対して積極的な体育教師，あるいは授業に意欲的に取り組む体育教師の差異を信念に着目して検討することにより，個別事例の記述と説明を超えて，体育教師の問題状況を生み出している構造的な要因に迫ることができると考える。

　第三に，体育教師の信念の問い直しや変容に関する介入的研究の必要性である。本研究の知見からは，体育教師が有する既存のネットワークや日常的な立場を越境することの重要性とそこで展開される自己決定型学習の意義が明らかにされた。しかし，これらの知見は信念を問い直し変容させたと自覚している体育教師を対象にして明らかにした知見であり，そのプロセスは回顧的に語られたものである。たとえば本研究で示した学習環境が，信念の問い直しに有効であったとしても，同じような経験をした体育教師が，同じように信念を変容させるとは考えられない。その差異と共通性から，信念の問い直しを促すより有効な方策や課題がみえてくると考えられる。

　最後に，本研究の根本的な問題意識は，学校体育における児童生徒の学習機会の保障と成果の実現にある。体育教師の成長あるいは信念の問い直しは，常にその条件整備として捉えるのが適切である。したがって，信念の問い直しや変容は，いかなる学校教育の成果を実現するのかは重要な検証課題であろう。本研究の結果からすれば，越境経験と自己決定型学習を経験した体育教師が学校現場に戻り，いかなる実践を展開していくのか，換言すれば元の場所に戻ったとき，そこではどのようなことを経験し，どのような学習成果の実現をなしうるのか／しないのかを丹念に検討していくことが考えられる。それはまた，学習機会が限定的にならざるを得ない研修の成果を多くの教師に広め，すべての子どもたちに学習成果を保障する糸口にもなる。

文 献

阿部悟郎（2011）体育と体育教師：負の遺産からの脱却．大橋道雄編，体育哲学言論：体育・スポーツの理解に向けて．不昧堂，pp.41-48.

Abelson, R. P. (1979) Differences between belief system and knowledge system. *Cognitive science*, 3：355-366.

Abelson, R. P. (1986) Beliefs are like a possession. *Journal for the theory and social behavior*, 16(3)：223-250.

安彦忠彦（1983）教育課程の経営．岡津守彦編，教育課程事典〈総論編〉，小学館，pp.370-371.

Agne, K. J. (1994) Relationships between teacher belief system and teacher effectiveness. *The journal of research and development in education*, 27(3)：141-152.

赤尾勝己（2002）成人学習者の認識変容のメカニズム—欧米の成人教育理論の成果を手がかりに—．関西大学教育科学セミナリー，33：1-12.

秋光恵子・松本剛・藤原忠雄・新井肇（2009）教師の自己理解と成長における大学院教育の役割．兵庫教育大学研究紀要，35：39-46.

秋田喜代美（1992）教師の知識と思考に関する研究動向，東京大学教育学部紀要，pp.221-232.

秋田喜代美（1996a）教える経験に伴う授業イメージの変容—比喩生成課題による検討—．教育心理学研究，44：176-186.

秋田喜代美（1996b）教師教育における「省察」概念の展開：反省的実践家を育てる教師教育をめぐって．教育学年報5：451-467.

秋田喜代美（1997）熟練教師に学ぶ，発達を支える要因．児童心理 51(8)：117-125.

秋田喜代美（1999）教師が発達する筋道—文化に埋め込まれた発達の物語—．藤岡・澤本編，「授業で成長する教師」，ぎょうせい，pp.27-39.

秋田喜代美（2000）教師の信念．日本教育工学会編，教育工学事典．実教出版．pp.194-197.

秋田喜代美（2006a）教師の信念体系．森敏昭・秋田喜代美編，教育心理学キーワード，有斐閣，pp.156-157.

秋田喜代美（2006b）教師の力量形成：協働的な知識構築と同僚性形成の場としての授業研究，基礎学力研究開発センター編，日本の教育と基礎学力：危機の構図と改革への展望，明石書店，pp.191-208.

秋田喜代美（2009）教師教育から教師の学習過程研究への転回：ミクロ教育実践研究への変貌．矢野智司ほか編，変貌する教育学．世織書房，pp.45-75.

安藤史江（2001）組織学習と組織の地図．白桃書房．

安藤知子（2000）「教師の成長」概念の再検討．学校経営研究 22：99-121.

安藤知子（2005）教師の葛藤対処様式に関する研究．多賀出版．

安藤知子（2008）教師の葛藤と発達．小島ほか編，教師の条件第3版，学文社，pp.139-160.

安藤知子（2011）〈仕事〉としての教職へのまなざし：今日的状況と課題．日本教育経営学会紀要 53：218-227.

Apple, M. W.：門倉正美ほか訳（1986）学校幻想とカリキュラム．日本エディタースクール出版部．

荒木淳子（2007）企業で働く個人の「キャリアの確立」を促す学習環境に関する研究—実践共同体への参加に着目して—．日本教育工学会論文誌 31(1)：15-27.

荒木淳子（2009）企業で働く個人のキャリアの確立を促す実践共同体のあり方に関する質的研究．日

本教育工学会論文誌 33(2):131-142.
荒木淳子(2008)職場を越境する社会人学習のための理論的基盤の検討:ワークプレイスラーニング研究の類型化と再考.経営行動科学 21(2):119-128.
荒木淳子・中原淳・坂本篤郎(2011)仕事に対する態度と職場環境が個人のキャリア確立に与える効果―職場の支援的環境と仕事内容の明示化―.日本教育工学論文誌 34(4):319-329.
荒木寿友(2007)同僚とともに育つ中学校教師,グループ・ディダクティカ編,学びのための教師論, pp.83-109.
Argyris, C. and Schön, D. (1974) *Theory in practice: Increasing professional effectiveness.* Jossey-Bass, San Francisco.
Argyris, C. and Schön, D. (1978) Organizational Learning: *A Theory of Action Perspective*, Addison-Wesley.
Armour, K. (2006) Physical education teachers as career-long learners : A compelling research agenda. *Physical education and sports pedagogy*, 11:203-207.
Arnold, P. J. (1979) *Meaning in movement, sport and physical education.* Heinemann.
浅田匡(1996a)教師の信念と教授行動との関連性に関する基礎的研究.藤岡完治(研究代表),授業における教師の知識の機能に関する実証的研究(平成5・6年度科学研究費補助金(一般研究 B)研究成果報告書).
浅田匡(1996b)授業における教師の信念の機能に関する研究.日本教育工学会大会講演論文集 12:125-126.
浅田匡(1998)教師の自己理解.浅田匡ほか編,成長する教師:教師学への誘い.金子書房, pp.244-255.
朝倉雅史・清水紀宏(2011)体育科教員への入職過程と運動部活動を通じた経験:体育科教員のライフヒストリーに着目して.いばらき健康・スポーツ科学, 28:1-17.
朝倉雅史・清水紀宏(2013)保健体育科教員のキャリアと授業観の関連.日本体育学会大会予稿集 64:227-228.
Ashton, P. (1985) Motivation and the teacher's sense of efficacy, Ames, C & Ames, R, *Research motivation in education*: *The classroom milieu*, 2, Academic Press, pp.141-174.
Bechtel, P. A. and O'sullivan, M. (2006) Effective professional development: What we now know. *Journal of teaching in physical education*, 25:363-378.
Bechtel, P. A. and O'sullivan, M. (2007) Enhancers and inhibitors of teacher change among secondary physical educators. *Journal of teaching in physical education*, 26:221-235.
Berliner, D. (1988) *The development of expertise in pedagogy.* AAC TE : Washington, D. C.
Brophy, J. E., and Good, T. L. (1970) Teachers' communication of differential expectations for children's classroom performance : Some behavioral data. *Journal of Educational Psychology*, 61(5):365-374.
ブロフィー・グッド:浜名外喜男・蘭千壽・天根哲治訳(1974)教師と生徒の人間関係―新しい教育指導の原点.北大路書房.
Brousseau, B. A., Book, C., & Byers, J. L. (1988) Teacher Beliefs and the Cultures of Teaching. *Journal of Teacher Education*, 39(6):33-39.
Bullough, R. V. (1993) Case records as personal teaching texts for study in preservice teacher education. *Teaching and Teacher Education*, 9(4):385-396.
Bullough, R. V. and Baughman, K. (1997) *"First -Year Teacher" Eight years later*: *An inquiry into teacher development.* Teacher college press : New York.
Bunting, C. E. (1984) Dimensionality of teacher education beliefs : An exploratory study. *Journal of*

Experimental education, 52 : 195-198.
Bunting, C. E. (1985) Belief typing and teaching research. *Contemporary Education*, 57(1) : 44-47.
Calderhead, J. (1992) The role of reflection in learning to teach. In Valli, L. (ed.) *Reflective Teacher Education : Cases and Critiques*, State University of New York Press, pp.139-146.
Calderhead, J. (1996) Teachers : Beliefs and knowledge. In Berliner, D. C. and Calfee, R. C. (Eds.) *Handbook of educational psychology*. Macmillan Library Reference : New York, pp.709-725.
Chao, G. T. (1988) The socialization process : Building newcomer commitment. In London, M. and Mone, E. M. (eds.) *Career growth and human resource strategies : The role of the human resource professional in employee development*. Quorum Books.
千々布敏弥(2000)研修経営論.日本教育経営学会編,教育経営研究の理論と軌跡,玉川大学出版部,pp.107-118.
千々布敏弥(2005)日本の教師再生戦略 第5章.教育出版,pp.100-121.
竺沙知章・秋光恵子・森山潤・渥美茂明・井澤信三・渡邊隆信・佐藤哲也(2008)教員の研修ニーズと大学の役割.兵庫教育大学研究紀要,33:17-30.
Clandinin, D. J. (1985) Personal practical knowledge and the modes of knowing : Relevance for teaching and learning. In Eisner, E. (Ed.) *Learning and teaching the ways of knowing*. The University of Chicago Press : Chicago. pp.174-198.
Clandinin, D. J. (1986) *Classroom practice : Teacher images in action*. Falmer Press, pp.9-19.
Clandinin, D. J., C. (1988) *Teacher as curriculum planners : Narratives of experience*. Teacher College Press : New York.
Clark, C. M. and Peterson, P. (1986) Teacher's thought process. In Wittrock, M. (ed.) *Handbook of Research on teaching* (3rd ed.). Macmillan, pp.255-296.
Clark, C. M. (1988) Asking the Right Questions About Teacher Preparation : Contributions of Research on Teacher Thinking. *Educational Researcher*, 17 (2) : 5-12.
Clarke, D. and Hollingsworth, H. (2002) Elaborating a model of teacher professional growth. *Teaching and Teacher Education*, 18 : 947-967.
Connelly, F. M., & Clandinin, D. J. (1985). Personal practical knowledge and the modes of knowing : Relevance for teaching and learning. In E. Eisner (Ed.) *Learning and teaching the ways of knowing*. Chicago : University of Chicago Press, pp.174-198.
Connelly, F. M., & Clandinin, D. J. (1988). *Teachers as curriculum planners : Narratives of experience*. New York : Teachers College Press.
クラントン,P.:入江直子・三輪建二訳(2004)大人の学びを創る:専門職の省察的実践をめざして.鳳書房.
クラントン,P.:入江直子・豊田千代子・三輪建二訳(2006)おとなの学びを拓く:自己決定と意識変容をめざして.鳳書房.
クレスウェル,J. W.:操華子・森岡崇訳(2007)研究デザイン―質的・量的・そしてミックス法.日本看護協会出版会.
クレスウェル,J. W.・プラノクラーク,V. L.:大谷順子訳(2010)人間科学のための混合研究法:質的・量的アプローチをつなぐ研究デザイン.北大路書房.
Crossan, M. M., Lane, H. W. and White, R. E. (1999) An organizational learning framework : From intuition to institution. *Academy of management review*, 24(3) : 522-537.
Curtner-Smith, M. (2001) The occupational socialization of a first year physical education teacher with a teaching orientation. Sport, *Education and Society*, 6(1) : 81-105.
ダーリング=ハモンド・バラッツ=スノーデン:秋田喜代美・藤田慶子訳(2005=2009)よい教師を

すべての教室へ：専門職としての教師に必須の知識とその習得．新曜社．
Deglau, D. and O'sullivan, M. (2006) The effects of a long-term professional development program on the beliefs and practices of experienced teachers. *Journal of teaching in physical education*, 25：379-396.
デューイ：松野安男訳（1975）民主主義と教育（上）．岩波書店．
Dewey, J. (1933) How We Think. *A restatement of the relation of reflective thinking to the educative process*, Boston：D. C. Heath and Company.
Duncan, R. and Weiss, A. (1979) "Organizational learning：implications for organizational design"In Staw, E. M. (ed.), *Research in Organizational Behavior*, vol.1, JAI Press, pp.75-123.
Elbaz, F. (1981) The teacher's "practical knowledge"：Report of a case study. *Curriculum inquiry*, 11(1)：43-71.
Elbaz, F. (1983) *Teacher thinking：a study of practical knowledge*. Croom Helm.
エンゲストローム，Y．：松下佳代・三輪建二訳（2010）変革を生む研修のデザイン．鳳書房．
Ennis, C. D. (1992a) Curriculum theory as practiced：Case studies of operationalized value orientations. *Journal of teaching in physical education*, 11：358-375.
Ennis, C. D. (1992b) The influence of value orientations in curriculum decision making. *QUEST*, 44：317-329.
Ennis, C. D. (1994) Knowledge and beliefs underlying curricular expertise. *QUEST*, 46：164-175.
Ennis, C. D., Cothran, D. J. and Loftus, S. J. (1997) The influence of teacher's educational beliefs on the knowledge organization. *Journal of research and development in education*, 30(2)：73-86.
Ennis, C. D. and Hooper, L. M. (1988) Development of an instrument for assessing educational value orientations. *Journal of curriculum studies*, 20(3)：277-280.
Ennis, C. D., Mueller, L. K., & Zhu, W. (1991) Description of Knowledge Structures within a Concept-Based Curriculum Framework. *Research Quarterly for Exercise and Sport*, 62(3), 309-318.
Fang, Z. (1996) A review of research on teacher beliefs and practices. *Educational Research*, 38 (1)：47-65.
フェスティンジャー：末永俊郎訳（1957＝1965）認知的不協和の理論：社会心理学序説．誠信書房．
Fiol, C. and Lyles, M. A. (1985) Organizational learning. *Academy of Management Review*, 10(4)：803-813.
Fishbein, M. and Ajzen, I. (1975) Belief, Attitude, *Intention and Behavior：An Introduction to Theory and Research*. Addison-Wesley：Boston.
藤木和巳（1994）教師の信念体系に関する研究．鳴門教育大学修士論文．
藤木和巳（1999）熟達する教師を支える信念の成長―教師の信念体系モデルの構築―．木村捨雄編，授業開発の研究―子どもの認識構造に根ざした新しい授業開発と実践―，筑波出版会．
藤木和巳（2000）実践的な教師教育研究の動向と教師の信念体系．教育実践学研究，2(1)：59-68.
藤木和巳・木村捨雄（1997）教師の信念の変容過程に関する研究．年会論文集，日本科学教育学会，21：305-306.
藤木和巳・木村捨雄（1998）教師の実践的なビリーフとその変容過程に関する研究（1）．日本科学教育学会研究会研究報告，13(1)：29-31.
藤木和巳・木村捨雄（1999）教師の実践的な信念とその変容過程に関する研究（3）．年会論文集，日本科学教育学会，23：373-374.
藤木和巳・木村捨雄（2000）教師の信念とその変容過程に関する研究（5）．日本科学教育学会研究会研究報告，15(2)：17-22.
藤岡完治（1998）仲間と共に成長する：新しい校内研究の創造，浅田ほか編，成長する教師，金子書

房,pp.227-242.
藤田英樹(2000)誇り動機づけ理論.組織科学,33(4):59-75.
藤田雅文・松村泰行(2004)小学校体育主任の管理行動の構造と有効性に関する研究.体育・スポーツ経営学研究,16(1):59-69.
藤田由美子・田中陽子・横山裕・長友真美(2006)児童虐待に対する教師の意識に関する調査研究(2)―教師の職業的社会化に関する予備的分析―.九州保健福祉大学研究紀要,7:29-38.
藤田裕子(2010)授業イメージの変容に見る熟練教師の成長:自律的な学習を目指した日本語授業に取り組んだ大学教師の事例研究.日本教育工学会論文誌34(1):67-76.
藤原顕・遠藤瑛子・松崎正治(2006)国語科教師の実践的知識へのライフヒストリー・アプローチ:遠藤瑛子実践の事例研究,渓水社.
藤原顕・萩原伸(2012)受験体制の中で自分の教育観にこだわる.グループ・ディダクティカ編,教師になること,教師であり続けること:困難の中の希望.勁草書房,pp.159-181.
藤原顕示(2007)現代教師論の論点―学校教師の自律的な力量形成を中心に.グループ・ディダクティカ編,学びのための教師論.勁草書房,pp.1-25.
藤澤伸介(2004)「反省的実践家」としての教師の学習指導力の形成過程.風間書房.
深見俊崇(2006)教師・教員志望学生の実践イメージに関する研究動向と課題.大阪市立大学大学院文学研究科紀要人文研究,57:78-95.
深見俊崇(2007)ある初任教師の実践イメージの変容:1年間の事例研究を基に.日本教育工学会論文誌,30(4):283-201.
深沢宏・対馬清造(1982)体育教師の職業的社会化に関する実証的研究.秋田大学教育学部教育研究所報,19:32-41.
Fuller, F. (1969) Concerns of teachers : A developmental conceptualization. *American educational research journal*, 6 : 207-226.
船越勝・中畑博文(2008)生活指導教師としての成長過程:中畑博文のライフヒストリー研究.和歌山大学教育学部紀要 教育科学,58:7-28.
古川久敬(1991)構造こわしと集団・個人の学習.組織科学,25(1):10-21.
二村敏子(1982)組織行動論の成立・特質・展開.二村編,現代経営学5 組織の中の人間行動,有斐閣,pp.1-19.
現代教職研究会編(1989)教師教育の連続性に関する研究.多賀出版.
グッドソン:藤井泰・山田浩之訳(2001)教師のライフヒストリー:「実践」から「生活」の研究へ.晃洋書房.
グッドソン・サイクス:高井良健一・山田浩之訳(2006)ライフヒストリーの教育学:実践から方法論まで.昭和堂.
Graber, K. (1995) The influence of teacher education programs on the beliefs of student teachers : General pedagogical knowledge, pedagogical content knowledge, and theacher education course work. *Journal of teaching in physical education*, 14 : 157-178.
グレイザー・ストラウス:後藤隆・水野節夫・大出春江訳(1967=1996)データ対話型理論の発見:調査からいかに理論をうみだすか.新曜社.
Green, T. (1971) *The activities of teaching*. McGraw-Hill : New York. pp.41-63.
Griffey, D. C., & Housner, L. D. (1991) Differences between Experienced and Inexperienced Teachers' Planning Decisions, Interactions, Student Engagement, and Instructional Climate. *Research Quarterly for Exercise and Sport*, 62(2) : 196-204.
Grimmett, P. P. (1988) The nature of reflection and Schön's conception in perspective, In Geimmett, P. P. and Erickson, G. L. (Eds.), *Reflection in teacher education*, New York : Teachers

Colledge Press, pp.5-16.
Guskey, T. R. (1986) Staff development and the process of teacher change. *Educational Researcher*, 15(5): 5-12.
Guskey, T. R. (2002) Professional development and teacher change. *Teacher and Teaching : theory andpractice* 8(3): 381-391.
Ha, A. S. and Xu, B. (2002) Comparison of physical education teacher's value orientation in Hong Kong and Shanghai. *International sports studies*, 24(1): 77-87.
Hall, D. T. (2002) *Careers In and Out of Organizations*. Sage Publications, p.12.
Hall, R. H. (1968) Professionalization and bureaucratization. *American sociological review*, 33(1): 92-104.
范怡琳（2012）組織学習と組織変革の関係について，経営論集，63(2): 117-140.
羽野ゆつ子・堀江伸（2002）教員養成系学生における授業実習経験による「教材」メタファの変容．教育心理学研究50(4): 393-402.
Hargreaves, A. (1994) *Changing Teachers, Changing Times : teachers' work and culture in the postmodern age*. Cassell.
波多野義郎・中村精男（1981）「運動嫌い」の生成機序に関する事例研究．体育学研究26(3): 177-187.
Hedberg, B. (1981) How Organizations Learn and Unlearn, In Nystrom, P. & Starbuck, W. H. (eds.) *Handbook of Organizational Design* (Vol.1), Oxford University Press, pp.3-27.
姫野完治（2002）協同学習を基盤とした教師教育の課題と展望：教師の成長に関する研究動向から．大阪大学教育学年報, 7: 47-60.
姫野完治（2013）学び続ける教師の養成：成長観の変容とライフヒストリー．大阪大学出版会．
日野圭子・重松敬（2000）大学院現職研修プログラムを通しての教師の授業実践力の変容に関する考察：数学教育専攻者の一事例から．奈良教育大学紀要, 49(1): 41-53.
平井貴美代（2008）教師の職務．小島ほか編，教師の条件（第3版）．学文社, pp.105-122.
平田謙次（2002）誇り感情を媒介としたワークモチベーション因果モデル．ソーシャルモチベーション研究, 1: 31-41.
平山るみ・楠見孝（2004）批判的思考態度が結論導出プロセスに及ぼす影響：証拠評価と結論生成仮題を用いての検討．教育心理学研究, 52: 186-198.
本間政雄・佐藤学・友添秀則・中村敏雄・清水諭（2008）子ども・学校・教育を考える．友添ほか編，現代スポーツ評論, 18: 16-31.
兵頭寛・河野昭（1992）体育嫌いを生起させる要因の研究：体育授業における教師行動について．愛媛大学教育学部紀要．第I部, 教育科学, 38(2): 163-174.
ICSSPE：学校体育基本問題検討委員会訳（2002）世界学校体育サミット―優れた教科「体育」の創造を目指して．杏林書院．
五十嵐誓（2011）社会科教師の職能発達に関する研究：反省的授業研究法の開発．学事出版．
池田延行（2007）教育課程行政の変遷と課題．日本体育学会第58回大会 体育経営管理専門分科会企画シンポジウム報告，公教育の変容と学校体育システム：すべての子どものための学校体育を創る．pp.9-14.
池田延行（2010）書評：志水宏吉（2005）学力を育てる．岩波書店．スポーツ教育学研究30(1): 43-47.
今津孝次郎（1979）教師の職業的社会(1)．三重大学教育学部研究紀要, 30(4): 17-24.
今津孝次郎（1985）教師の職業的社会化―教職の社会学―．柴野昌山編，教育社会学を学ぶ人のために．世界思想社, p.169.
今津孝次郎（1987）キャリアの概念．名古屋大學教育學部紀要 教育学科 (34): 151-169.

今津孝次郎(1996)変動社会の教師教育.名古屋大学出版会.
今井賢一(1986)イノベーションと企業の戦略・組織.今井編,イノベーションと組織,東洋経済新報社,pp.3-32.
稲垣忠彦・寺崎昌男・松平信久(1988):教師のライフコース.東京大学出版会.
井上一男(1969)体育(体操)教師像について.体育学研究4(1):257.
石田勢津子・伊藤篤・梶田正巳(1986)小・中学校教師の指導行動の分析―算数・数学における教師の「個人レベルの指導論」―.教育心理学研究,34:pp.230-238.
石山恒貴(2010)組織内専門人材の専門領域コミットメントと越境的能力開発の役割.イノベーション・マネジメント8:17-35.
伊丹敬之・加護野忠男(2003)ゼミナール経営学入門第3版,日本経済新聞社.
伊藤敬・山崎準二(1986)教職の予期的社会化に関する調査研究Ⅰ.静岡大学教育学部研究報告 人文社会科学編,37:117-127.
伊藤三洋・石倉忠夫・杉江修治(1999)高校生の体育授業への態度:生涯学習につなぐ指導の基礎的検討.教育医学44(4):618-628.
岩田惠示・中馬悟朗・渡辺勝敏・勝野和広(1997)現職教育に対する教師の意識に関する調査研究,岐阜大学カリキュラム開発センター研究報告17:42-52.
Jay, K. J. and Johnson, K. L. (2002) Capturing complexity: a typology of reflective practice for teacher education. *Teaching and Teacher Education*, 18:73-85.
Jewett, A. E. and Bain, L. L. (1985) *The curriculum process in physical education*. Wm. C. Brown: Dubuque.
Kagan, D. (1991) Narrative Semiotics and Teachers' Beliefs Regarding the Relevance of Formal Learning Theory to Classroom Practice: a US study. *Journal of Education for Teaching*, 17(3): 245-262.
Kagan, D. (1992) Implications of research on teacher belief. *Educational psychologist*, 27(1): 65-90.
賀川昌明(1985)体育教師像に関する研究:同僚の体育教師に対するイメージについて.徳島大学教養部紀要(保健体育),18:1-19.
賀川昌明(2002)小学校高学年児童の体育授業に対する好意度を決定する要因分析.鳴門教育大学学校教育実践センター紀要17:159-165.
加護野忠雄(1988)組織認識論.千倉書房.
梶田正巳(1986)授業を支える学習指導論PLATT.金子書房.
梶田正巳・後藤宗理・吉田直子(1984)幼児教育専攻学生の「個人レベルの指導論」の研究.名古屋大学教育学部紀要(教育心理学科),31:95-112.
梶田正巳・石田勢津子・伊藤篤(1985)個人レベルの指導論(Personal Teaching Theory)―算数・数学における教師の指導行動の解析―.名古屋大学教育学部紀要(教育心理学科),32:121-172.
梶田正巳・石田勢津子・宇田光(1984)個人レベルの学習論・指導論(Personal Learning and Teaching Theory)の探求―提案と適用研究―.名古屋大学教育学部紀要(教育心理学科),31:pp.51-93.
嘉数健悟・岩田昌太郎(2013)教員養成段階における体育授業観の変容に関する研究:教育実習の前後に着目して.体育科教育学研究29(1):35-47.
金井壽宏(2002)仕事で「一皮むける」.光文社.
金井壽広(1998)リーダーとマネージャー:リーダーシップの持論(素朴理論)と規範の探求.国民経済雑誌177(4):65-78.
金井壽宏・尾形真実哉・片岡登・元山年弘・浦野充洋・森永雄太(2007)リーダーシップの持(自)論アプローチ:その理論的バックグランドと公表データからの持(自)論解読の試み.神戸大学経

営学研究科 Discussion paper.
金井壽宏・古野庸一（2001）「一皮むける経験」とリーダーシップ開発．一橋ビジネスレビュー49(1)：48-67.
金田裕子（2010）学校における「協働」を捉える：授業研究を核とした教師たちの協働．人間関係研究，9：43-57.
金子真理子（2005）教師はカリキュラムの編成主体たりうるか：相対的自律性の低下と〈再〉主体化の可能性．家計経済研究，67：30-39.
金子真理子（2006）教育改革と教師の関係を問い直す：教師対象調査をもとに．東京学芸大学教員養成カリキュラム開発研究センター編，師教育改革のゆくえ：現状・課題・提言．創風社，pp.29-48.
金子真理子（2010）教職という仕事の社会的特質：「教職のメリトクラシー化」をめぐる教師の攻防に着目して．教育社会学研究 86：75-96.
金崎良三（1998）社会人のスポーツ・コミットメントの形成に及ぼす学校体育の影響．平成8年度・平成9年度科学研究費補助金（基盤研究C）研究成果報告書，佐賀大学文化教育学部人間環境課程，1-78.
カン・シンボク（2003）教師の省察研究とそれが体育教師教育に与える示唆．スポーツ教育学研究，23：77-88.
苅谷剛彦（2004）「教育改革下の教員たち：その勤務実態と意識」を概観する．総合教育技術 59(3)：60-63.
片岡登（2010）リーダーシップの意味構成：解釈主義アプローチによる実践理論の探究．白桃書房．
加戸守行・下村哲夫，1989，初任者研修指導者必携，第一法規．
川口俊明（2011）教育学における混合研究法の可能性．教育学研究，78(4)：386-397.
河上婦志子（2010）教師の学習ニーズの諸相．神奈川大学心理・教育研究論集，29：75-87.
川村光（2003a）教師における予期的社会化の役割：どのような教師が教師文化を担うのか．日本教師教育学会年報，12：80-90.
川村光（2003b）教師の中堅期の危機に関する研究：ある教師のライフヒストリーに着目して．大阪大学教育学年報，8：179-189.
河村茂雄（2000）教師特有のビリーフが児童に与える影響．風間書房．
河村茂雄・田上不二夫（1998）教師の指導行動・態度の変容への試み (1) 教師特有のビリーフと指導行動・態度との関係．カウンセリング研究，31(2)：126-132.
河村茂雄・國分康孝（1996a）小学校における教師特有のビリーフについての調査研究．カウンセリング研究，29(1)：44-54.
河村茂雄・國分康孝（1996b）教師に見られる管理意識と児童の学級適応感との関係についての調査研究．カウンセリング研究，29(1)：pp.55-59.
川田政弘（1984）教師の資質能力の構造的研究 (1)：高等学校教師の場合．日本教育経営学会紀要，26：37-51.
喜田昌樹・金井壽宏・深澤晶久（2013）個人属性とリーダーシップ持論の関係：実践家の抱く持論のテキストマイニング．國民經濟雑誌，208(6)：1-32.
木原成一郎（2011）専門職としての教師の成長過程と支援体制．日本体育科教育学会編，体育科教育学の現在．創文企画，pp.193-207.
木原成一郎・岩田昌太郎・松田泰定（2005）第2次世界大戦後の日本において保健体育教師に求められてきた専門的力量．学校教育実践研究，11：51-62.
木原成一郎・村上彰彦（2013）体育授業の影木両形成に関する一考察：小学校教諭Aのライフヒストリーにおける体育授業観を中心に．学校教育実践学研究，19：247-258.
木原俊行（1995）「反省」と「共同」による授業改善方法の開発．日本教育工学雑誌 13(3)：165-174.

木原俊行（1998）自分の授業を伝える―対話と成長．浅田匡ほか編，成長する教師．金子書房，p.204.
木原俊行（2004）授業研究と教師の成長．日本文教出版．
木原俊行（2010）教師の職能成長と校内研修．北上ほか編，学校改善と校内研修の設計，学文社，pp.46-63.
菊幸一（2005）社会変化と今後の体育：これからの体育を考える．友添・岡出編　教養としての体育原理．大修館，pp.92-98.
菊幸一（2011）体育カリキュラムの社会的構成をめぐる諸相：その政治的性格を問う．日本体育科教育学会編，体育科教育学の現在．pp.41-56.
木下康仁（1999）グラウンデッド・セオリー・アプローチ：質的実証研究の再生．弘文堂．
木下康仁（2003）グラウンデッド・セオリー・アプローチの実践：質的研究への誘い．弘文堂．
木下康仁（2007）ライブ講義 M-GTA：実践的質的研究法　修正版グラウンデッド・セオリー・アプローチのすべて．弘文堂．
Kirk, D., Macdonald, D. and O'sullivan, M. (2006) *The Handbook of Physical Education*. Sage Publications.
岸本幸次郎・久高喜行（1986）教師の力量形成．ぎょうせい．
岸本幸次郎ほか（1980）教師の職能成長モデル構築に関する研究（1）：研究の動向と課題を中心に．教育学研究紀要，26：214-221.
岸野麻衣・無藤隆（2006）教師としての専門性の向上における転機：生活科の導入に関わった教師による体験の意味づけ．発達心理学研究，17(3)：207-218.
北神正行（2006）教職の歴史．小島弘道ほか編，教師の条件　第2版．学文社，pp.30-31.
北澤毅（2008）質的調査の思考法．北澤・古賀編，質的調査法を学ぶ人のために，世界思想社，pp.19-36.
Knight, P. (2002) A systemic approach to professional development: learning as practice. *Teaching and Teacher Education*, 18(3): 229-241.
ノールズ，M.：堀薫夫・三輪建二訳（2008）成人教育の現代的実践：ペダゴジーからアンドラゴジーへ．鳳書房．
小林篤（1978）体育の授業研究．大修館．
小池源吾・志々田まなみ（2004）成人の学習と意識変容．広島大学大学院教育学研究科紀要第三部 53：11-19.
小泉綾（1997）保健体育科教師の人間関係と職務観に関する研究．東海大学体育学部紀要体育学部，17：93-101.
国立教育政策研究所（2011）教員の質の向上に関する調査研究報告書．
国立教育政策研究所（2014）教員環境の国際比較：OECD国際教員指導環境調査（TALIS）2013年調査結果報告書．明石書店．
Kolb, A. Y. and Kolb, D. A. (2009) Experiential learning theory：A dynamic holistic approach to management learning, education and development. In Armstrong, S. J. and Fukami, C. V. (eds) The Sage handbook of management learning, education and development, *SAGE*, pp.42-68.
Kolb, D. A. (1984) *Experiential learning*：*Experience as the source of learning and development*. Prentice-Hall：New Jersey.
コルトハーヘン，F.：武田信子訳（2010）教師教育学：実践と理論をつなぐリアリスティック・アプローチ．学文社．
Korthagen, F. and Vasalos, A. (2005) Level in reflection：core reflection as a means to enhance professional growth. *Teachers and Teaching*：*theory and practice*, 11(1)：47-71.

厚東芳樹・長田則子・梅野圭史（2010）アメリカの Teaching Expertise 研究にみる教師の実践的力量に関する文献的検討．教育実践学論集，11：1-13．

厚東芳樹・梅野圭史・林修（2005）小学校体育授業に対する教師の反省的思考に関する研究—高学年担任教師の学習成果（態度得点）の相違に着目して．スポーツ教育学研究，25(2)：87-99．

小山悦司（1985）教師のプロフェッショナル・グロースに関する研究：教授的力量の形成過程を中心にして．岡山理科大学紀要 B 人文・社会科学，20：43-65．

小山悦司・河野昌晴・赤木恒雄・加藤研治・別惣淳二（1994）教師の自己教育力に関する調査研究：自己教育力の構造的把握と経年的推移．岡山理科大学紀要 B 人文・社会科学，30：151-162．

小山悦司・河野昌晴・村島義彦・曽我雅比児（1985）教師の力量形成に関する一考察．岡山理科大学紀要 B，21：109-123．

小山悦司・河野昌晴・村島義彦・曽我雅比児・妹尾純子（1990）教師の自己教育力に関する調査研究：成長の契機についての自己形成史的分析．岡山理科大学紀要 B 人文・社会科学 25：117-137．

小山悦司・河野昌靖・赤木恒雄他（1994a）教師の自己教育力に関する調査研究：第4次調査結果の分析を中心にして．岡山理科大学紀要 B 人文・社会科学，29：296-320．

小山悦司・河野昌靖・赤木恒雄他（1994b）教師の自己教育力に関する調査研究：自己教育力の構造的把握と経年的推移．岡山理科大学紀要 B 人文・社会科学，30：152-161．

小山悦司・河野昌靖・村島義彦・曽我雅比児・妹尾順子（1990）教師の自己教育力に関する調査研究：成長の契機についての自己形成史的分析．岡山理科大学紀要 B 人文・社会科学，25：117-137．

小山悦司・河野昌靖・村島義彦他（1992）教師の自己教育力に関する調査研究：第3次調査結果の分析を中心にして．岡山理科大学紀要 B 人文・社会科学，27，pp.227-245．

久保研二・木原成一郎（2013）教師教育におけるリフレクション概念の検討：体育科教育の研究を中心に．広島大学大学院教育学研究科紀要第一部，62：89-98．

久保研二・木原成一郎・大後戸一樹（2008）小学校体育授業における「省察」の変容についての一考察．体育学研究，53：159-171．

久保富三夫（2001）戦後日本教員研修制度の成立と展開．神戸大学博士学位論文．

久保富三夫（2008）免許更新制と現職研修改革．日本教師教育学会編，日本の教師教育改革．学事出版，pp.196-212．

久冨善之（2003）教師の学校把握状況と教職アイデンティティ．久冨編，教員文化の日本的特性．多賀出版，pp.67-108．

久冨善之（2008）「改革」時代における教師の専門性とアイデンティティ：それらが置かれている今日的文脈と，民主的文脈への模索．久冨編，教師の専門性アイデンティティ．勁草書房，pp.15-29．

Kulinna, P. H., Silverman, S. and Keating, X. D. (2000) Relationship between teacher's belief systems and action toward teaching physical activity and fitness. *Journal of teaching in physical education*, 19：206-221．

紅林伸幸・川村光（2000）大学生の教職志望と教師化に関する調査研究（1）—学校体験と教育に対する意識．滋賀大学教育学部紀要教育科学，49：23-38．

黒羽正見（1999a）授業行為に表出する「教師の信念」に関する事例的研究—ある小学校の挿話的語りに着目して．日本教科教育学会誌，21（4）：27-34．

黒羽正見（1999b）教育行為に表出する教師の信念に関する事例的考察—公立S小学校対象のエスノグラフィーを通して．日本教師教育学会年報，8：89-97．

黒羽正見（1999c）教育課程経営の継続的更新に関する事例研究—公立S小学校の協働性の解明を中心にして．学校教育研究，日本学校教育学会，14：77-89．

黒羽正見（2001）教育課程開発における教師集団の『同僚性』に関する事例研究—教師の価値・信念に着目して．学校経営研究，26：46-59．

黒羽正見（2002a）教育課程経営の継続的更新の一事例とその質的分析：教師の信念に着目したリーダーシップを中心として．富山大学教育学部研究論集，5：pp.1-8.

黒羽正見（2002b）教育課程経営の継続的更新の促進要因に関する事例研究：教師の信念形成を促す歴史的特質に焦点を当てて．富山大学教育実践総合センター紀要，3：pp.33-47.

黒羽正見（2003a）総合的な学習の教育課程開発の一事例とその質的分析―教師集団の協働性に焦点を当てて―．富山大学教育学部研究論集，6：1-11.

黒羽正見（2003b）教育課程経営の継続的更新における教師の信念の形成要因に関する事例研究：エスノグラフィーに基づくライフヒストリー分析を中心に．富山大学教育学部紀要，57：141-160.

黒羽正見（2004）教育課程開発の促進条件に関する事例研究：教師集団の価値・規範の伝承性に着目して．富山大学教育学部紀要，58：15-26.

黒羽正見（2005）学校教育における「教師の信念」研究の意義に関する事例研究：ある小学校教師の教育行為に焦点を当てて．富山大学教育学部研究論集，8：15-22.

楠見孝（1999）中間管理職のスキル，知識とその学習．日本労働雑誌 474：39-49.

Lampert, M. (1985) How do teachers manage to teach? Perspective on problems in practice. *Harvard Educational Review* 55(2)：178-194.

Lawson, H. A. (1986) Occupational socialization and the design of teacher education programs. *Journal of teaching in physical education,* 5：107-116.

Lawson, H. A. (1983a) Toward a model of teacher socialization in physical education：The subjective warrant, recruitment, and teacher education. *Journal of Teaching in physical education,* 2(3)：3-16.

Lawson, H. A. (1983b) Toward a model of teacher socialization in physical education：Entry into schools, teacher's role orientations, and longevity in teaching. *Journal of Teaching in Physical Education* 3(1)：3-15.

レナード・スワップ：池村千秋訳（2005）「経験知」を伝える技術：ディープスマートの本質．ランダムハウス講談社．

Lepper, M., Ross, L. and Lau, R. R. (1986) Persistence of inaccurate beliefs about the self：Perseverance effects in the classroom. *Journal of Personality and Social Psychology,* 50：482-491.

Lord, C. G., Ross, L. and Lepper, M. R. (1979) Biased assimilation and attitude polarizatin：The effect of prior theories on subsequently considered evidence. *Journal of Personality and Social Psychology,* 37：2098-2109.

Lortie, D. (1975) *Schoolteacher：A sociological study.* University of Chicago press：Chicago.

前原武子（1994）教師の効力感と教師モラール，教師ストレス．琉球大学教育学部紀要 第一部・第二部，44：333-342.

前原武子ほか（1991）教師用自己有効性測定尺度の検討．沖縄心理学研究，14：31-34.

Markovits, H. and Nantel, G. (1989) *The belief-bias effect on the production and evaluation of logical conclusion.* Memory and Cognition, 17：11-17.

松田惺・鈴木眞雄（1997）教師の自己効力感に関する基礎的研究．愛知教育大学研究報告 教育科学，46：57-65.

松田惺・鈴木眞雄（1999）中堅教員の自己効力感の構造と形成要因に関する基礎的調査研究．愛知教育大学研究報告 教育科学，48：65-71.

松田恵示（2010）免許更新制と現職教員の力量．日本体育学会第60回大会体育科教育学専門分科会企画シンポジウム，体育を教える教師に今，求められる力量とは．（報告）・体育科教育学研究，26(2)：60-66.

松田恵示・原祐一・宮坂雄吾・酒本絵梨子（2010）中学校保健体育科教員の職能意識から見た講習・

研修設計の指針に関する研究．体育・スポーツ政策研究, 19 (1): 35-47.
松尾睦 (2006) 経験からの学習―プロフェッショナルの成長プロセス．同文舘出版，pp.35-37.
松尾睦 (2009) 学習する病院組織；患者志向の構造化とリーダーシップ．同文舘出版．
松尾睦 (2010) 教師の熟達化と経験学習．日本語教育, 144: 26-37.
松尾睦 (2011) 職場が生きる人が育つ経験学習入門．ダイヤモンド社．
松尾睦 (2012) 営業職．金井・楠見編，実践知．有斐閣，pp.108-120.
松尾睦・松本雄一 (2014) 特集「現場における学習」に寄せて．組織科学, 49 (2): 2-5.
松浦真宏・三浦麻子 (2009) 人文・社会科学のためのテキストマイニング．誠信書房．
松崎正治 (2006) 初任期国語教師の力量形成の過程．進学校の学校文化相対化を契機として，グループ・ディダクティカ編，学びのための教師論，pp.57-82.
McCall, M. W., Lombardo, M. M. and Morrison, A. M. (1988) *The Lessons of Experience*. The Free Press.
マッコール＝金井壽宏監訳 (1998=2002) ハイフライヤー．プレジデント社．
メリアム，S. D.：堀薫夫・久保真人・成島美弥訳 (2004) 質的調査法入門―教育における調査法とケース・スタディ―，ミネルヴァ書房．
Mezirow, J. (1981): critical theory of adult learning and education. *Adult Education*, 32(1): 3-24.
Mezirow, J. (1991): *Transformative dimensions of adult learning*. Jossey-bass, San Francisco.
Mezirow, J. (2000): Learning to think an adult: Core concepts of transformation theory. In Mezirow. J and Associates (Eds) *Learning as transformation*. Jossey-bass, San Francisco.
メジロー，J.＝金澤睦・三輪建二訳 (2012) おとなの学びと変容：変容的学習とは何か．鳳書房．
那須川哲哉 (2006) テキストマイニングを使う技術／作る技術．東京電機大学出版局．
南本長穂 (1986) 学校管理職のみた「若い教師」の資質に関する一考察．日本教育経営学会紀要, 28: 79-94.
三上和巳・木村捨雄 (1993) 教師の信念体系に関する研究―教師の熟達化における教授内容信念と効力感―．日本科学教育学会，年会論文集, 89-90.
耳塚寛明・油布佐和子・酒井朗 (1988) 教師への社会学的アプローチ―研究動向と課題―．教育社会学研究, 43: 84-120.
南本長穂 (1995) 児童・生徒への対処にみる教師の行動 (1) 教師の職業的社会化へのパースペクティブ．愛媛大学教育学部紀要第Ⅰ部 教育科学, 41 (2): 1-19.
南本長穂・渡部佳世 (1996) 女性教師の教頭職就任と教職意識：女性教師の職業的社会化．愛媛大学教育学部紀要第Ⅰ部 教育科学, 43 (3): 1-24.
三島知剛 (2008) 教育実習生の実習前後の授業観察力の変容―授業・教師・子どもイメージの関連による検討―．教育心理学研究 56: 341-352.
三品陽平 (2011) 省察的実践論における「行為の中の省察」と「行為についての省察」の関連性，日本デューイ学会紀要 (52): 117-126.
宮下清 (2001) 組織内プロフェッショナル：新しい組織と人材のマネジメント．同友館．
Moon, J. A. (2004) *A Handbook of reflective and experiential learning: Theory and practice*. Routledge Falmer: London.
Morgan, J. P. and Hansen, V. (2008) The relationship between PE biographies and PE teaching practices of classroom teachers. *Sport, Education and Society*, 13 (4): 373-391.
森川貞夫 (1989)「なぜ体育教師は暴力／体罰教師になるのか」という声に対して．体育の科学, 39 (9): 704-707.
守島基博 (2004) 人材マネジメント入門．日本経済新聞社．
森孝子 (1984) 教師の能力資質の成分構造と関連要因のモデル化．日本教育学会，教育学研究, 51

(4):399-407.
森勇示(2009)体育授業における教師の実践的知識の形成過程―教師との対話事例を手がかりに―.愛知教育大学教育実践総合センター紀要12:207-212.
村井潤・木原成一郎・松田泰定ほか(2011)小学校教師が現職研修に求める機能に関する事例研究:体育科の校外研修の参加者に対するインタビューを手がかりに.広島大学大学院教育学研究科紀要 第一部,60:73-80.
村中知子(1993)行為.森岡清美ほか編 新社会学辞典.有斐閣,p.408.
武藤孝典・松谷かおる(1991)教職への職業的社会化に関する研究:教育学部学生と現職教員の調査.信州大学教育学部紀要,73:97-116.
永井健夫(1989)認識変容としての成人の学習:J. Mezirowの学習論の検討.東京大学教育学部紀要29:331-339.
永井健夫(1991)認識変容としての成人の学習(II)―学習経験の社会的広がりの可能性―.東京大学教育学部紀要,31:291-300.
永井健夫(2002)「省察的実践論」の検討(II)―「ジレンマ」との出会い―.山梨学院大学一般教育部論集,24:51-75.
中込四郎(1995)運動嫌い.学校体育授業事典.大修館.
中原淳(2010)職場学習論:仕事の学びを科学する.東京大学出版会.
中原淳(2012a)経営学習論:人材育成を科学する.東京大学出版会.
中原淳(2012b)学習環境としての「職場」:経営研究と学習研究の交差する場所.日本労働研究雑誌,618:35-45.
中原淳(2013)経験学習の理論的系譜と研究動向.日本労働研究雑誌,639:4-14.
中原淳・荒木淳子(2006)ワークプレイスラーニング研究序説:企業人材育成を対象とした教育工学研究のための理論レビュー.教育システム情報学会誌,23(2):88-103.
中井隆司(1997)体育教師論.竹田ほか編,体育科教育学の探求.大修館,pp.381-396.
中井隆司(2011)教師の知識と信念に関する研究の成果と課題.日本体育科教育学会編 体育科教育学の現在.創文企画,pp.208-222.
中井隆司・髙橋健夫(1996)体育教師のイメージに関する研究:特に,大学生の中学・高校時代の体育教師に対する回顧的分析を通して.スポーツ教育学研究16(2):125-135.
中村香(2012)学習する組織とは何か:ピーターセンゲの学習論,鳳書房.
中村敏雄(1969)問われている体育実践の思想性.体育科教育,12.
中村敏雄(1971)学校体育は何を教える教科であるか―高校の体育指導を考える.体育科教育,19(8):53-56.
浪越一喜・藤井和彦・谷藤千香・井崎美代(2003)運動部活動経験が大学生のスポーツ生活に与える影響.千葉大学教育学部研究紀要,51:129-136.
中留武昭(1984)校内研修を創る―日本の校内研修経営の総合的研究,エイデル研究所.
Nesper, J. (1987) The role of belief in the practice of teaching. Journal of curriculum studies, 19 (4):317-328.
日本体育学会体育経営管理専門分科会(2009)体育教師の成長とその支援体制:体育における教師教育の経営を考える.体育経営管理論集1:81-104.
日本体育科教育学会(2010)シンポジウム報告 体育を教える教師に今,求められる力量とは.体育科教育学研究,26(2):49.
西田公昭(1988)所信の形成と変化の機制についての研究(1)―認知的矛盾の解決に及ぼす現実性の効果―.実験社会心理学研究,28(1):65.
西田公昭(1990)ビリーフの形成と変化の規制についての研究(2)―大阪に対するステレオタイプ

の維持・変化の検討―. 関西大学経済・政治研究所「研究双書」71, 大阪文化・大阪人の研究(2), pp.31-58.
西田公昭 (1995) ビリーフの形成と変化の機制についての研究 (4) カルト・マインド・コントロールにみるビリーフ・システムの強化・維持の分析. 社会心理学研究, 11(1)18-29.
西田公昭 (1998) 信じる心の科学―マインド・コントロールとビリーフ・システムの社会心理学. サイエンス社.
西垣完彦 (1976) 現代体育教師の生活と意識：生活体系の分析を中心として. 体育社会学研究会編, 体育社会学研究, 5, 道和書院, pp.6-36.
西垣完彦 (1984) 高等学校運動部顧問教師の部活動指導意識タイプ別にみた生活と意識の特性―部活動指導意識と関連する要因の分析から―. 愛知県立大学芸術大学紀要, 14：17-34.
西垣完彦・寺沢猛・中島豊雄 (1970) 体育教師についての社会学的研究：高校生の体育教師イメージについて. 体育学研究, 15：40.
西口利文・梶田正巳 (1996) 自分の授業を知る. 浅田ほか編, 成長する教師―教師学への誘い, 金子書房, pp.134-146.
西穣司 (1979) 教師の職能に関する実証的研究のための予備的考察 (Ⅰ)：問題の所在と本研究の基本的視座. 藤村学園東京女子体育大学紀要, 14：221-231.
西穣司 (1981) 教師の職能に関する実証的研究のための予備的考察 (Ⅱ)：教師の職能を構成する諸要因の関連構造論. 藤村学園東京女子体育大学紀要, 16：135-147.
西穣司 (1982) 戦後における研修行政の特質. 牧昌見編, 教員研修の総合的研究. ぎょうせい, pp.185-222.
西穣司 (1983) 教師の職能に関する実証的研究のための予備的考察 (Ⅲ)：教師の職能変容過程論. 藤村学園東京女子体育大学紀要, 18：64-73.
西穣司 (1990) 教師の教育行為におけるルーティン化とその生成メカニズム―教師が依拠している知識に焦点を当てて. 日本学校教育学会編, 学校教育研究, 5―学校教育再考―. 東信堂, pp.72-84.
西穣司 (2002) 教師の力量形成と研修体制. 日本教師教育学会編, 教師教育学Ⅲ 教師として生きる, 学文社, pp.217-230.
西谷勢至子 (2007) 組織学習に関する学説研究：既存研究の問題点と新たな方向性. 三田商学研究, 50(6)：325-345.
野平慎二 (2008) 学校教育の公共性と教職の専門性：対話による基礎づけの試み. 教育学研究75(4)：2-13.
野崎武司 (1988) 教科体育経営のマンネリズムについて―組織文化の視点から. 香川大学教育学部研究報告 第1部, pp.1-12.
野崎武司 (1990) 学校体育経営におけるタスク環境の位置づけ. 体育・スポーツ経営学研究7(1)：23-33.
野崎武司 (1992) 学校の組織変動の可能性―運動会の企画をてがかりに. 香川大学教育学部研究報告 第1部, pp.119-130.
野崎武司・清水紀宏・八代勉 (1991) 学校体育における組織活性化と組織構造―運動会の企画を題材に. 香川大学教育学部研究報告 第1部, pp.1-15.
沼上幹 (2000) 行為の経営学. 白桃書房, p.29.
O'Connor, A. and Macdonald, D. (2002) Up close and personal on physical education teacher's identity：Is conflict an issue? Sport, *Education and Society*, 7(1)：37-54.
OECD (2010=2012) OECD教員白書―効果的な教育実践と学習環境をつくる〈第1回OECD国際教員指導環境調査 (TALIS) 報告書〉, 明石書店.
O'sullivan, M. (1989) Failing gym is like failing lunch or recess：Two beginning teachers' struggle

for legitimacy. *Journal of Teaching in Physical Education,* 14(2): 198-214.

小島弘道 (1980) 若い教師の力量傾向と特性：力量の「自己診断」の分析をとおして．日本教育経営学会紀要, 22：1-13.

小島弘道 (2002) 教師の専門性と力量．小島ほか編，教師の条件．p.185.

小島弘道 (2006) 教師の専門性と力量．小島ほか編，教師の条件，第2版，p.185.

小塩真司 (2004) SPSSとAmosによる心理・調査データ解析．東京図書.

岡出美則 (2011) 体育のカリキュラムモデルとカリキュラム評価．日本体育科教育学会編，体育科教育学の現在．大修館, pp.57-71.

岡澤祥訓・髙橋健夫 (1994) よい体育授業の構造，髙橋編，体育の授業を創る．大修館書店, pp.9-24.

奥林康司 (2003) 入門人的資源管理．中央経済社.

Olive, C. (2010) Belief structure and inservice high school mathematics teacher growth. In Gilah C Leder et al. (Eds) Beliefs: *A Hidden Variable in Mathematics Education?* Kluwer Academic Publishers. Norwell, pp.177-193.

大森賢二 (1989) モチベーション論の展開．土屋守章・二村敏子編，現代経営学4　現代経営学説の系譜，有斐閣, pp.145-179.

太田拓紀 (2010) 教職における予期的社会化要因としての「親＝教師」の分析—親が教師であることの教職選択に及ぼす影響とその家族関係の特質—．教師教育学会年報, 19：68-78.

太田拓紀 (2012) 教職における予期的社会化過程としての学校経験．教育社会学研究, 90：169-190.

尾崎新 (1999)「ゆらぐ」ことのできる力：ゆらぎと社会福祉実践．誠信書房.

Pagnano, K. and Langley, D. J. (2001) Teacher perspectives on the role of exercise as a management tool in physical education. *Journal of Teaching in Physical Education,* 21(1): 57-74.

Pajares, F. M. (1992) Teacher's beliefs and educational research: Cleaning up a messy construct. *Review of educational research,* 62(3): 307-332.

朴信永・杉村伸一郎 (2006) 子育てにおける親の省察モデルの検討．広島大学大学院教育学研究科紀要　第三部　教育人間科学関連領域 55：373-381.

Peterson, P. L. & Clark, C. L., (1978) Teacher's reports of their cognitive processes during teaching. *American Educational Research Journal,* 15：555-565.

Randi, J. and Zeichner, K. M. (2004) New visions of teacher professional development. *Yearbook of the National Society for the Study of Education.* 103(1): 180-227.

Revegno, I. (2003) Teacher's knowledge construction. In Silverman, S. and Ennis, C. (Eds.) *Student learning in physical education*: *Applying research to enhance instruction* 2nd ed. Human Kinetics: Champaign, pp.295-310.

Richardson, V., Anders, P., Tidwell, D., and Lloyd, C. (1991) The Relationship Between Teachers' Beliefs and Practices in Reading Comprehension Instruction. *American Educational Research Journal,* 28(3): 559-586.

Richardson, V. (1996) The role of attitudes and beliefs in learning to teach. In Sikula, J., Buttery, T. and Guyton. E. (Eds.) *Handbook of research on teacher education.* Macmillan Library Reference: New York, pp.102-119.

Rodgers, C. (2002) Defining reflection: Another look at John Dewey and reflective thinking. *Teachers College Record,* 104(4): 842-866.

Rokeach, M. (1960) *The open and closed mind.* Basic Books: Oxford.

Rokeach, M. (1968) *Beliefs, Attitudes and Values*: *A theory of organization and change.* Jossy-Bass: San francisco.

Rokeach, M. (1973) *The Nature of Human Values*. Free Press.

Rosenthal, R. & Jacobson, L. F. (1968) *Pygmalion in the classroom : Teacher expectations and intellectual development*. Holt, Reinheart and Windton.

佐伯年詩雄 (1976=2006) 新しい体育科教育の理念と方向性を求めて．佐伯年詩雄編，これからの体育を学ぶ人のために．世界思想社，pp.239-255.

酒井俊典・八重樫文・久松慎一・山内祐平 (2006) 教師のメディア・リテラシー学習を支援するオンライン学習プログラムの開発．日本教育工学会論文誌 30(2)：113-123.

酒井朗 (1999) 教師の成長をはぐくむ学校文化—日米間の比較をもとに—．藤岡・澤本編，授業で成長する教師．ぎょうせい．

榊原禎宏 (2012) 評価される教師．山﨑準二ほか，考える教師：省察，創造，実践する教師．学文社，pp.80-97.

坂本篤史 (2007) 現職教師は授業経験からいかに学ぶか．教育心理学研究，55(4)：584-596.

坂本篤史 (2014) 協働的な省察場面を通した教師の学習過程：小学校における授業研究事後協議会の検討．風間書房．

坂本篤史・秋田喜代美 (2008) 授業研究協議会での教師の学習：小学校教師の思考過程の分析．秋田・ルイス編，授業の研究　教師の学習：レッスンスタディへの誘い，明石書店，pp.98-113.

坂本拓弥 (2012) 体育教師論の批判的検討：体育教師の身体論に向けて．体育・スポーツ哲学研究，34(1)：23-36.

坂本拓弥 (2013) 「体育教師らしさ」を担う身体文化の形成過程：体育教師の身体論序説．体育学研究，58(2)：pp.505-521.

佐古秀一 (2006) 学校組織の個業化が教育活動に及ぼす影響とその変革方略に関する実証研究—個業化，協働化，統制下の比較を通して—．鳴門教育大学研究紀要 21：41-54.

佐々木万丈 (1998) 体育の授業における中学生用心理的ストレスレベル測定尺度の開発．スポーツ心理学研究 24：17-26.

佐々木万丈 (1999) 体育学習における能力的不適応経験時のコーピングと心理的ストレス反応の関係：中学生の場合．体育学研究，44：445-456.

佐藤郁哉 (2002) フィールドワークの技法—問いを育てる，仮説をきたえる．新曜社，p.285.

佐藤郁哉 (2006) フィールドワーク増訂版—書を持って街へ出よう．新曜社，p.116.

佐藤学 (1989) 初任教師の成長を語るもの教師としての第一歩．ぎょうせい．

佐藤学 (1990) 現職教育の様式を見直す．柴田義松・杉山明男・水越敏行・吉本均編著，教育実践の研究．図書文化社．

佐藤学 (1993) 教師の省察と見識—教職専門性の基礎．日本教師教育学会年報，2：20-35.

佐藤学 (1994) 教師文化の構造．稲垣・久冨編，日本の教師文化，東京大学出版会，pp.41-21.

佐藤学 (1996a) 教育方法学．岩波書店．

佐藤学 (1996b) 実践的探究としての教育学—技術的合理性に対する批判の系譜（特集：今，教育学に問われていること）．教育学研究，63(3)，278-285.

佐藤学 (1997) 教師というアポリア．世織書房．

佐藤学・秋田喜代美・岩川直樹・吉村敏之 (1992) 教師の実践的思考様式に関する研究 (2)：思考過程の質的検討を中心に．東京大学教育学部紀要 31：183-200.

佐藤学・岩川直樹・秋田喜代美 (1991) 教師の実践的思考様式に関する研究 (1)：熟練教師と初任教師のモニタリングの比較を中心に．東京大学教育学部紀要 30：177-198.

沢田和明 (2001) 体育教師論—体育教師はどのように作られ，利用されるか—．杉本厚夫編，体育教育を学ぶ人のために，世界思想社，pp.204-219.

澤本和子 (1994) 教師の成長・発達と授業研究．日本教育工学会研究報告集，94(3)：77-84.

澤本和子（1996）子どもと共に成長する教師．浅田匡・生田孝至・藤岡完治編著，成長する教師．pp.256-270.

澤本和子（1998）中堅・ベテラン教員を対象とする教師の成長研究—4つの授業リフレクション研究事例の考察—．教育実践学研究，4：61-70.

Schempp, P. G., Sparks, A. C. and Templin, T. J. (1993) Micropolitics of teacher induction. *America Educational Research Journal*, 30(3): 447-472.

Schön, D. (1983) The Reflective Practitioner: How Professionals Think In Action. Basic books.

ショーン，D. A.：佐藤学・秋田喜代美訳（1983＝2001）専門家の知恵：反省的実践家は行為しながら考える．ゆみる出版．

ショーン，D. A.：柳沢昌一・三輪建二訳（2007）省察的実践とは何か：プロフェッショナルの行為と思考．鳳書房，p.17.

Schwab, J. J. (1969) The Practical: A Language for Curriculum. *The School Review* 78(1): 1-23.

Schwab, J. J. (1971) The Practical: Arts of Eclectic. The School Review 79(4): 493-542.

Schwartz, S. H. and Bilsky, W. (1987) Toward a universal psychological structure of human values. *Journal of Personality and Social Psychology*, 53(3): 550-562.

関本昌秀（1979）キャリア・ディベロップメントと中高年層．組織科学 13(2)：23-25.

Shavelson, R. J., & Stern, P. (1981) Research on Teachers' Pedagogical Thoughts, Judgments, Decisions, and Behavior. *Review of Educational Research*, 51(4): 455-498.

渋倉崇行・小泉昌幸・伊藤巨志（1998）体育授業経験が体育授業・スポーツ実施の愛高度に及ぼす影響：楽しさ体験緒視点から．新潟工科大学紀要 3：149-157.

島田希（2009）教師の学習と成長に関する研究の動向と課題：教師の知識研究の観点から．教育実践研究，10：11-20.

志水宏吉（2005）学力を育てる．岩波書店．

清水紀宏（1986）組織活性化を規定する組織風土要因の分析：学校体育経営組織をめぐって．体育経営学研究，3(1)：23-31.

清水紀宏（1989a）学校体育の環境と技術に関する研究．金沢大学教育学部紀要教育科学編，38：111-124.

清水紀宏（1989b）体育管理者の管理行動と職務特性の交互作用効果．体育・スポーツ経営学研究，6：9-20.

清水紀宏（1990a）学校体育の経営改善と組織文化に関する研究．金沢大学教育学部紀要（教育科学編），39：177-186.

清水紀宏（1990b）体育経営体における管理行動に関する研究．体育学研究，35：41-52.

清水紀宏（1992）体育・スポーツ経営学における基本問題の検討—体育・スポーツ経営研究の系譜的研究批判—．金沢大学教育学部紀要 41：255-263.

清水紀宏（1994）「スポーツ経営」概念の経営学的考察．体育学研究 39(3)：199.

清水紀宏（1995）体育経営学における経営資源研究の課題．金沢大学教育学部（教育科学編），44：113-123.

清水紀宏（2001）外生的変革に対する学校体育経営組織の対応過程：2つの公立小学校の事例研究．体育学研究，46：163-178.

清水紀宏（2005）スポーツ経営における組織間差異の解明に向けて—体育・スポーツ経営学の研究方法—．体育経営管理専門分科会会報 41：7.

清水紀宏（2007）体育・スポーツ経営学の方法論的課題：自己批判から再構築へ．体育・スポーツ経営学研究 21：3-14.

清水紀宏・山川岩之助・八代勉（1986a）学校体育経営における革新性に関する研究．筑波大学体育

科学系紀要，9：31-41.
品田龍吉（2008）体育経営者としの保健体育教師を育てる．体育・スポーツ経営学研究，22：9-17.
Shulman, L. S. (1986) Those Who Understand：Knowledge Growth in Teaching. *Educational Researcher*, 15(2)：4-14.
Shulman, L. S. (1987) Knowledge and Teaching. *Harvard Educational Review*, 57(1)：1-23.
Siedentop, D. and O'Sullivan, M. (1992) Preface. *Quest*, 44：285-286.
シーデントップ，D.：高橋健夫訳（1972＝1981）楽しい体育の創造．大修館．
Silverman, D. (2001) *Interpreting Qualitative Data：Methods for Analyzing Talk, Text and Interaction* (2nd ed.), Sage publications：Thousand Oaks.
Smyth, D. (1995) First-year physical education teachers' perceptions of their workplace. *Journal of Teaching in Physical Education*, 14(2)：198-214.
Snizek, W. E. (1972) Hall's professionalism：An empirical reassessment. *American sociological review*, 37(1)：109-114.
Sparks, A. C., Templin, T. J. and Schempp, P. G. (1993) Exploring dimensions of marginality：Reflecting on the life histories of physical education teachers. *Journal of teaching in physical education*, 12(4)：386-398.
Spreitzer, G. M., McCall, M. W., and Mahoney, J. D. (1997) Early identification of international executive potential. *Journal of applied psychology*, 82(1)：6-29.
ステイク，R. E.（2006）事例研究．デンジン，M. K.・リンカン，Y. S.編，平山満義訳，質的研究ハンドブック2巻，北大路書房，p.103.
Steffy, B. E., Wolf, M. P. Pasch, S. H. and Enz, B. J.＝三村隆男訳（2000＝2013）教師というキャリア：成長続ける教師の六局面から考える．雇用問題研究会．
Stroot, S. A., Faucett, N. and Schwager, S. (1993) In the beginning：The induction of physical educators. *Journal of teaching in physical education*, 12：375-385.
Stroot, S. A. and Ko, B. (2006) Induction of beginning physical educators into the school setting'. In：Kirk, D. M. and O'sullivan, M. (Eds.) *Handbook of Physical Education*. Sage：Thousand Oaks. p.429.
杉原央樹（2010）教師の「専門性」論における「省察（reflection）」概念の批判的考察：理論的起源としてのデューイの「反省的思考」理論の再検討．教育学研究年報，29：21-37.
杉本厚夫（1989）体育教師の社会学的アンビバランス：社会的役割に対する認知的不一致．京都体育学研究，4：1-11.
須甲理生・岡出美則（2009）中学校体育教師の授業に関する信念の変容過程：信念変容の転機に着目して．日本スポーツ教育学会第29回大会発表資料．
須甲理生・四方田健二（2013）体育教師が有する教師観に関する一考察：運動部活動指導者としての教師観から授業者としての教師観へ．日本女子体育大学紀要，32：41-50.
鈴木秀人（1995）「教育技術法則化運動」に見られる体育授業づくりについての検討：過去の体育授業論との関係性に関する検討を中心に．体育学研究，40：221-233.
鈴木瓦（2003）協働性を育む小学校の校内研修経営事例：総合学習研究会の取り組みから．日本教育経営学会紀要，45：108-118.
鈴木眞雄（1998）中堅教員の自己効力感の形成要因に関する基礎的研究：項目レベルの検討．愛知教育大学教育実践総合センター紀要，1：17-21.
鈴木直樹（2007）小学校体育の授業改善の取り組みの現状とその方法の実態に関する報告：よりよい体育授業を目指して．埼玉大学紀要教育学部，56(1)：233-244.
鈴木聡（2010）小学校教師の成長における体育科授業研究の機能に関する研究：体育科授業研究会に

参加する小学校教師の意識調査をてがかりとして．体育科教育学研究，26(2)：1-16．
立木正（1997）体育嫌いを生み出す原因に関する研究―東京学芸大学学生の意識から―．東京学芸大学紀要第5部門，49：pp.191-196．
舘野泰一（2012）職場を越境するビジネスパーソンに関する研究．中原編，職場学習の探究：企業人の成長を考える実証研究．生産性出版，pp.281-312．
高田典衛（1979）実践による体育授業研究．大修館．
高橋健夫（1981）スポーツと教育．学校体育，34⒀：133-139．
高橋健夫・鈴ヶ江淳一・江原武一（1986）生徒の態度評価による体育授業診断法の試み．奈良教育大学紀要35⑴163-181．
高橋健夫・岡沢祥訓（1989）体育のALT観察法の有効性に関する検討：小学校の体育授業分析を通して．体育学研究34⑴：31-43．
高橋健夫（1992）体育授業研究の方法に関する論議．スポーツ教育学研究特別号：19-31．
高橋健夫・長谷川悦示・刈谷三郎（1994）体育授業の「形成的評価法」作成の試み：子どもの授業評価の構造に着目して．体育学研究39：29-37．
高橋健夫（1997）体育科の目的・目標論．竹田ほか編，体育科教育学の探求：体育授業づくりの基礎理論．大修館，pp.18-40．
高橋健夫（2010）よい体育授業の条件．高橋ほか編　新版体育科教育学入門．大修館書店，pp.48-53．
高島稔（2000）体育授業の構成要素．宇土ほか編　新訂体育科教育法講義．大修館書店，pp.10-17．
高井良健一（1994）教職生活における中年期の危機．東京大学教育学部紀要，34：323-331．
高井良健一（1995）欧米における教師のライフヒストリー研究の諸系譜と動向．日本教師教育学会年報4：92-109．
高木光太郎（1995）教室にいること，教室を語ること：私の物語と教室の物語．佐藤学編，教室という場所．国土社，pp.87-119．
高倉翔（1979）教師教育の動向．真野宮雄・市川正午編，教育学講座18巻，教師・親・子ども，学習研究者，pp.163-185．
高村賢一・厚東芳樹・梅野圭史・林修・上原禎弘（2006）教師の反省的視点への介入が授業実践に及ぼす影響に関する事例検討：小学校体育授業を対象として．体育科教育学研究，22(2)：23-43．
高岡敦史・清水紀宏（2006）学校体育経営における対話場リーダーの発話と知の共有に関する事例研究．体育・スポーツ経営学研究，20⑴：31-44．
高岡敦史（2011）教科体育組織におけるコミュニケーションの方略と機制．筑波大学博士論文．
武隈晃（1991）学校体育経営における組織行動に関する研究．体育・スポーツ経営学研究8⑴：1-10．
武隈晃（1992）学校体育経営における組織行動特性に関する実証研究．体育・スポーツ経営学研究，9⑴：29-41．
武隈晃（1994a）学校体育経営における組織変化の一般モデル．鹿児島大学教育学部紀要　人文社会科学編，45：33-43．
武隈晃（1994b）体育経営組織における管理者行動の規定要因および有効性について．体育学研究，36：361-374．
武隈晃（1995）スポーツ組織研究の動向と展望：組織的研究を中心に．鹿児島大学教育学部紀要　人文・社会科学編，46：65-75．
武隈晃・三井島智子・岡田猛・小松恵理子（1988）体育組織における管理者行動論の展開．鹿児島大学教育学部紀要　人文社会科学編40：67-77．
武隈晃・八代勉・柳沢和雄・中西純司（1992）体育組織における管理者行動の規定要因について．鹿児島大学教育学部紀要　人文社会科学編，44：63-77．

竹之下休蔵（1972）プレイ・スポーツ・体育論．大修館．
竹之下休蔵・宇土正彦（1982）小学校体育の学習と指導：新しい授業の手引き，光文書院．
竹下由紀子（1991）教師の心理：最近の研究動向．教育心理学年報，31：132-145．
竹下由紀子（1996a）授業研究過程での教師の信念の変容．新潟大学教育学部紀要 37(2)：259-270．
竹下由紀子（1996b）教師の信念に合致しない「授業研究」の結果に対する対応過程の追跡研究（1），新潟大学教育学部紀要，人文・社会科学編，38(1)：41-45．
竹下由紀子（1997）教師の信念に合致しない「授業研究」の結果に対する対応過程の追跡研究（2），新潟大学教育学部紀要，人文・社会科学編，38(2)：245-248．
Talbot, M.（2002）体育の事実．ICSSPE 編集，日本体育学会学校体育問題検討特別委員会監訳，世界学校体育サミット—優れた教科「体育」の創造をめざして，pp.51-72．
田中里佳（2011）成人学習論の視点を用いた教師の意識変容に関する研究：小中連携・一貫教育事業に参加した教師たちの事例分析．日本教師教育学会年報 20：99-109．
谷富夫（1996）ライフ・ヒストリーを学ぶ人のために．世界思想社．
谷内篤博（2002）企業内教育の現状と今後の展望．文京学院大学経営論集，12(1)：61-76．
谷口智彦（2006）マネージャーのキャリアと学習：コンテクスト・アプローチによる仕事経験分析．白桃書房．
谷口智彦（2009）「見どころのある部下」支援法．プレジデント社．
谷口勇一（2003）大分県内高等学校運動部活動顧問教師の指導意識に関する研究．大分大学福祉科学部研究紀要，25(2)：305-317．
丹藤進（2000）教師効力感についての探索的研究：教職への満足感，教育信念，PM リーダーシップ行動との関連，クロスロード：弘前大学教育学部研究紀要，3：pp.15-17．
田上哲（2004）大学における現職教員研修システム開発のための基礎的考察：教師の資質，使命感と力量伸長の契機の問題．九州教育学会研究紀要，32：189-195．
田上哲（2005）大学が取り組む現職教員研修の条件・課題に関する考察．教科教育学研究，23：173-186．
田上哲（2006）大学における現職教員研修システム開発のための基礎的考察 2：教員の研修観と職能成長のタイプの問題．香川大学教育実践総合研究，12：59-67．
田上哲（2007）大学が取り組む現職教員研修に関する研究：香川大学研修講座の研修参加教員へのアンケート調査より．香川大学教育実践総合研究，15：19-32．
田尾雅夫（1980）看護婦におけるプロフェッショナリズムの態度構造．病院管理，17(4)：43-50．
田尾雅夫（1983）プロフェッショナリズムにおける態度構造の比較分析．京都府立大学学術報告「人文」，35：159-172．
Tillema, H. H.（1998）Stability and Change in Student Teachers' Beliefs about Teaching. *Teachers and Teaching*：theory and practice 4(2)：217-228．
戸田山和久（2002）知識の哲学．産業図書，p.193．
常葉—布施美穂（2004）変容的学習：J・メジローの理論をめぐって，赤尾勝己編，生涯学習理論を学ぶ人のために，世界思想社，pp.87-114．
徳永敏文・山下立次（2000）中学校運動部活動に関する調査—運動部活動顧問教師における体育教師とその他との比較研究—．岡山大学教育学部研究集録，115：87-99．
都丸けい子・庄司一子（2006）生徒との人間関係における中学校教師の悩みと変容に関する研究．教育心理学研究 53：467-478．
友添秀則（2009）体育の人間形成論．大修館書店．
友添秀則（2010）体育の目標と内容．高橋健夫ほか編，新版体育科教育学入門．大修館，pp.30-38．
友添秀則（2011）体育カリキュラムの社会的構成をめぐる諸相：その政治的性格を問う．岡出実則ほ

か編,体育科教育学の現在.創文企画,pp.41-56.
Tsangaridou, N and O'Sullivan, M. (1994) Using pedagogical reflective strategies to enhance reflection among preservice physical education teachers. *Journal of Teaching in Physical Education*, 14 (1):13-33.
Tsangaridou, N. (2006) Teacher's beliefs. In: Kirk, D. M. and O'sullivan, M. (Eds.) *Handbook of Physical Education*. Sage: Thousand Oaks, pp.486-501.
Tsangaridou, N. (2008) Trainee primary teachers' beliefs and practices about physical education during student teaching. *Physical education and sport pedagogy*, 13(2):131-152.
Tsangaridou, N. and O'Sullivan, M. (1997) The role of reflection in shaping physical education teacher's educational value and practice. *Journal of teaching in physical education*, 17:2-25.
露口健司 (2004) 校長のリーダーシップが教師の職務態度に及ぼす影響プロセス：教師の個人的価値観に着目したモデルの検証.日本教育経営学会紀要,46:93-105.
上野山達哉 (2007)「組織らしさ」のテキストマイニング.商学論集,75(4):3-15.
内田利広・岩本脩平 (2010) 不登校児童・生徒との関わりが教職への職業的社会化に与える影響―学生と現役教師へのインタビューから―.京都教育大学紀要,116:81-97.
宇土正彦・髙島稔・永島惇正・髙橋健夫 (2000) 新訂体育教育法講義.大修館書店.
上田学ほか (1987) 教員採用・研修の実態と問題点：制度・内容・意識に関する実態調査に基づく検討.日本教育行政学会年報,13:159-184.
植村典昭・上杉正幸 (1986) 大学生に見るスポーツ及び体育の好き,嫌い感情とその理由に関する一調査研究.香川大学教育学部研究報告,1(67):pp.1-19.
梅野圭史・木原成一郎・日野克博・米村耕平・海野勇三 (2010) 教師として育つ：体育授業の実践的指導力を育むには.明和出版,pp.116-121.
Van Manen, M. (1991) Reflectivity and the pedagogical moment; The normativity of pedagogical thinking and acting. *Journal of Curriculum studies* 23(6):507-536.
Van Manen, M. (1977) Linking Ways of Knowing with Ways of Being Practical. *Curriculum Inquiry* 6(3):205-228.
Wang, C. L. and Ha, A. S. (2008) The teacher development in physical education: A review of the literature. *Asian social science*, 4(12):3-18.
Weick, K. E. (1976) Educational organization as loosely coupled system. *Administrative Science Quarterly* 21:1-19.
ウェンガー E・マクダーモット R・スナイダー WM =櫻井祐子訳 (2002) コミュニティ・オブ・プラクティス：ナレッジ社会の新たな知識形態の実践.翔泳社.
Willg. C. (2001) *Introduction Qualitative Research in Psychology*, Open University Press: Buckingham.(上淵他訳 (2003),心理学のための質的研究法入門―創造的な探求に向けて―,培風館.)
ジーンウルフ・秋田喜代美 (2008) レッスンスタディの国際動向と授業研究への問い：日本・アメリカ・香港におけるレッスンスタディの比較研究,秋田喜代美・キャサリンルイス編,授業の研究教師の学習：レッスンスタディへの誘い,明石書店,pp.24-42.
Woolfolk, A. & Hoy, W. (1990) Prospective teachers' Snese of efficacy and Beliefs about control. *Journal of Educational Psychology*, 82:81-91.
山西哲也 (2006) 教材研究に対する教員意識：体育科教員へのインタビュー調査から.中国四国教育学会,教育学研究紀要,52(2):633-638.
山下立次・德永敏文 (2000) 中学校運動部活動に関する調査：中学校運動部顧問の没頭度別による分析.就実女子大学教養課程研究年報,17:55-88.
山﨑準二 (2002) 教師のライフコース研究.創風社.

山﨑準二（2012a）教師のライフコースと発達・力量形成の姿．山﨑ほか，考える教師：省察，創造，実践する教師．学文社，pp.98-117.
山﨑準二（2012b）教師の専門的力量と発達サポートの構築．山﨑ほか，考える教師：省察，創造，実践する教師，学文社，pp.153-172.
山﨑準二（2012c）教師教育改革の現状と展望：「教師のライフコース研究」が提起する〈7つの罪源〉と「オルタナティブな道」．教育学研究，79(2)：40-51.
山﨑清男（1987）教員研修の現状と問題点（Ⅰ）：研修実態と評価・内容・形態に関する教師の意識調査を中心にして．大分大学教育学部紀要，9(2)：143-155.
山﨑清男（1988）教員研修の現状と問題点（Ⅱ）：研修制度をめぐる諸問題に関する教師の意識調査を中心にして．大分大学教育学部紀要，10(1)：177-186.
山住勝広・氏原良子（1999）新任教師の語りと成長：ライフヒストリー・インタビューによる教師の専門性発達研究（1）．大阪教育大学教育研究所報，34：23-38.
柳沢和雄（1989）日本における体育・スポーツ経営学研究の動向．体育・スポーツ経営学研究，6：52-54.
柳澤さおり（2010）セルフマネジメントによる学習．古川久敬編，人的資源マネジメント：意識化による組織能力の向上，白桃書房，pp.103-128.
イン，R. K.：近藤公彦訳（1996）ケーススタディの方法，千倉書房，1996.
横山貴春（2014）体育準備室における新任教師の組織社会化に関する研究．筑波大学修士論文.
横山剛士・清水紀宏（2005）教育イノベーションの継続的採用を促す組織的要因の検討―学校と地域の連携による合同運動会の定着過程に関する事例研究―．日本教育経営学会紀要，47：145-160.
吉田和子（2004）教育現場の実態と行政研修の課題．岐阜大学教育学部研究報告，教育実践研究，6.
吉崎静夫（1988a）授業における教師の意思決定モデルの開発．日本教育工学雑誌，12(2)：51-59.
吉崎静夫（1988b）授業研究と教師教育（1）：教師の知識研究を媒介として．日本教育方法学会紀要，13：11-17.
吉崎静夫（1991）教師の意思決定と授業研究．ぎょうせい.
吉崎静夫（1997）デザイナーとしての教師，アクターとしての教師．ぎょうせい.
吉崎静夫（1998）一人立ちへの道筋．浅田匡ほか編，成長する教師：教師学への誘い．金子書房，pp.162-173.
油布佐和子（2009）教師という仕事，広田照幸監修，リーディングス日本の教育と社会 15，日本図書センター，p.324.
油布佐和子（2013）教師教育改革の課題：「実践的指導力」養成の予想される帰結と大学の役割．教育学研究 80(4)：478-490.
全国都道府県教育長協議会（2012）平成 23 年度研究報告 No.3，教員の資質能力の向上に向けた教育委員会と大学との連携・協働の手法について
善明宣夫（1992）開いた心と閉ざされた心：ロキーチの理論を中心に―．大阪商業大学論集，94：91-106.

あとがき

　本書は，2015年3月に筑波大学から博士（体育科学）の学位を授与された論文「体育教師の成長と学びに関する研究―信念と経験の相互影響関係に着目して―」を加筆・修正したものである。この研究は，盲目的に運動やスポーツに没頭し，その後，当然のように体育教師になることを思い描いた筆者自身への自己批判と「体育教師はどのようにして体育教師になるのか」という素朴な問いを出発点にしている。学部卒業時，それまで運動やスポーツに没頭し，時には依存しながら歩んできた自分の人生に疑問を持ち，立ち止まるための余裕を求めて大学院に進学した筆者が出会ったのは，体育やスポーツそして教育に対する深い理解と批判的思考を磨き続けようとする人々だった。その中で，自分が没頭してきた運動やスポーツ，そして自分が目指す教師あるいは体育教師を批判的に捉えようとする体験は，まさに苦痛を伴う「ジレンマ」であったように感じる。実際に「体育教師」について研究しようと先行研究や社会的な描かれ方に触れてみると，他教科の「〇〇教師」に比べて明らかに多くの研究論文や批判的見解が蓄積されていた。情熱はあるが知性に欠ける，体罰や暴力の象徴，体育教師の社会的地位の低さを示した研究や論考など，それらを目にするたび，耳にするたび複雑な心境に追いやられたことを覚えている。時には，安易な批判に加担してしまったこともあるかもしれないことを今も反省している。

　しかし，筆者が門を叩いた体育・スポーツ経営学は体育学諸分野の中でも，現実に起こっている問題や批判を単に記述して終わるのではなく，改善の方策と実践的なインプリケーションを提示しようとすることに学問的アイデンティティの基礎を置いていた。この学問を基礎とする学びや議論，研究活動を通じて「体育教師はどのようにして体育教師になるのか」という筆者の問いは「どのように体育教師は成長するのか」へと移行し，そして「どのようにしたら体育教師の成長を支えることができるのか」といった本書を貫く基本的問題関心へと形を変えた。ただし，改善の方策や実践的なインプリケーションは，切り

売りされる処方箋的知識とは全く異なる。現実の代替案を提示するには，問題となる現象や対象への深い理解と絶えざる批判が欠かせない。本書で体育教師による「信念の問い直しや変容」に着目したのもまた，よい教師とはどのような教師なのか，教師が成長するとはいかなることを表しているのかを体育学のみならず教育学の知見も広く検討しながら，特に，学校現場で真摯に子どもたちや社会と向き合おうとする誠実な先生方と出会い，その姿を見る中で導き出されたものである。

　教師は，本当に様々な形でゆらぎや矛盾に直面している。その矛盾は教師が教師として生きようとする意志を脅かそうとするものでもあり，ある信念に固執しようとするのは，ある意味で合理的な適応規制であることを否定することはできない。たとえば教師は，教育改革を実現する重要な職業であると思ったら急に自分自身が（教師）教育改革の対象にされ，必ずしも一致しない自分の教育観と社会の教育観に引き裂かれそうになり，生徒に可能性や夢を語らせて励ましつつ，可能性を多分に左右する評点と成績を付けなければならない。けれども，そのような状況の中で心から思い悩み，その矛盾を何とかしようとする体育教師やその他の教師の姿に直面することがあった。一方的に流れに身を任せるのではなく，流れに頑なに抗うのでもなく「たゆたえども沈まず」と背中で語っているかのように，しなやかな信念を持って揺らぎ続けることのできる教師の姿が，本書の主題を着想する芽となっている。

　この研究を進めるにあたり，着想に至るずっと前からご指導いただいた筑波大学の清水紀宏先生には，本当に多くのことを学ばせていただいた。研究指導のみならず折に触れて私に成長の機会を与えていただいた学恩と長期にわたって辛抱強く見守っていただいたやさしさに心から感謝したい。

　学位論文の審査を引き受けていただいた筑波大学の中込四郎先生，菊幸一先生，浜田博文先生には，貴重な時間を割いていただき丁寧で適確なご指導を頂戴した。個別指導にうかがった際に，論文の内容だけではなく筆者が研究者として歩んでいく上で極めて重要な助言をいただけたことは，これから先も筆者の研究に生かされていくと確信している。

筑波大学体育・スポーツ経営学研究室の柳沢和雄先生には，大学院入学後から変わらぬご指導とあたたかい支援をいただいた。指導教員の別を問わない研究室で，演習や実習，勉強会，時には大学の外に出て議論したことは間違いなく私の信念を形づくってくれている。また，清水先生と柳沢先生の恩師に当たる八代勉先生にも，お会いする度に研究の進捗状況を気にかけていただき，常にあたたかく励ましていただいたことに感謝したい。さらに，体育・スポーツ経営学研究室の同期生・先輩・後輩諸氏にも多大なるご支援を頂戴した。先輩後輩の別を問わず語り合うことができたことが本書の中に生きている。研究室内外において筆者がいつも迷惑をかけていたことをお詫びすると共に，その支えに心からの謝意を表したい。

　浜田先生と同じく学校経営学をご専門とされる佐藤博志先生，そして両先生の下で勉学と研究に励む学校経営学研究室の方々に，毎週行われる知的興奮に満ちた研究会に加えていただき，私の視野は格段に拡がった。研究会のみならず大学の外に繰り出して続けられた熱く刺激的な議論にも快く迎え入れていただき，非常に大切な時間と新たなつながりを与えてくれた。

　本書は，多忙の中で面倒な質問紙調査にご回答いただいた先生方，直接たくさんの話を聴かせていただいた先生方，長期間それも朝から晩まで調査のために行動を共にさせていただいた先生方の協力なくして，到底，完成に漕ぎつけることはなかった。紙幅に限りがあり，ここにお名前を記すことはできないが，研究にご協力いただいた全ての先生方に心から感謝している。また，父と母には大学院で学ぶことを許してもらい多大な支援を得た。その寛大さに只々感謝するばかりである。

　なお本書は，平成28年度日本学術振興会科学研究費補助金・研究成果公開促進費（学術図書）の交付を受けて公刊されるものである。関係者の皆様に心より感謝したい。また，刊行を引き受けてくださった学文社の二村和樹様には本当にお世話になった。ここに記して深く感謝したい。

2015年10月　　　　　　　　　　　　　　　　　　　　　　　朝倉　雅史

索　引

Macroreflaction（巨視的省察）　67, 140
Microreflection（微視的省察）　67, 140
PCK（Pedagogical Content Knowledge）　38, 75
PLATT（Personal Learning and Teaching Theory：個人レベルの学習・指導論）　42, 76

[あ行]

アカウンタビリティ（説明責任）　8
洗い流す効果　52
暗黙知　176
暗黙の前提　142
暗黙の理論（implicit theories）　39
アンラーニング　94, 101
異校種縦断型研修　325
移行のジレンマ　272, 303
意識改革　110
意識変革　7, 8, 111
一般化可能性のジレンマ　150
イノベーション　11, 27
意味（暗黙知）の共有　11, 176
意味付与図式　294
イメージ　37, 40, 187
　　──の操作可能性　209
イラショナル・ビリーフ　85
運動部活動　51, 182, 189, 315
運動部活動指導　181
運動量・安全志向　198, 200, 204, 304, 305, 312
エスノグラフィー　147, 149
越境学習　96, 101, 318
越境学習論　97
越境経験　99, 296, 308, 310, 314-317
越境経験アプローチ　98, 101

[か行]

概念　243, 244
開放的（な）信念　236-238, 306, 312, 314
開放的信念型　226, 230
開放的態度　132
学習　16, 102

　　──の勢い　205
　　──の対象　102
　　──をもたらす経験　100
学習過程　16
学習観　95
学習強度　323
学習空間　99
学習経験　16, 319
学習支援者　222, 223
学習指導要領　6
革新　11
過剰適応の罠　101
価値観　30, 91, 186
価値志向　76
　　──の評価尺度（value orientation inventory：VOI）　43-44
価値性　87
価値への置換性　46, 148
学校体育　2
学校体育活動　3, 11
学校体育経営　11, 26
葛藤　6
　　──やジレンマ　316
カテゴリー　243, 244
カリキュラム　7
感情的要素　83
管理者行動論　30
管理志向　199
管理者　222, 223
管理者型　225
管理者行動　30
危機　57
企業横断型コミュニティ　318
技術的合理性　38
技術的・実践的省察　126
記述的・実存的信念　84
技術の熟達者　4, 39
基礎的条件　204
機能的連結性　86, 155
機能的連結モデル　87

索引　357

規範的・忠告的信念　84
キャリアサイクル　59
キャリアサイクルモデル　59
教育改革　13
教育学的推論と活動のモデル　38
教育課程基準　6
教育観　6
教育裁量　6
教育内容の変遷　7
教員環境の国際比較調査（TALIS）　181
教員間対話経験　229, 232
教員研修　13, 68, 70, 74
強化　15
教科横断型研修　324
教訓（lesson）　241, 242
　　——のカテゴリー　250
強固な信念　47, 236
教師イメージ　216-218, 222, 225, 233, 234, 237
教師観　103, 252, 254, 255, 322
教師教育　53, 76
教師効力感　44
教師像　15
教師の意思決定過程　36, 39
教師の学習（Teacher learning）　64, 74, 98
教師の学習過程　68
教師の学習研究　66
教師のキャリア　59
教師の協働　70
教師の研修経験　103, 105
教師の研修ニーズ　71
教師の効力感　44, 298
教師の自己教育力　54
教師の自己形成史的研究　53
教師の自己理解　71
教師の資質や能力　53
教師の指導行動　35
教師の授業イメージ　206
教師の生涯発達モデル　61
教師の省察　117
教師の職業的社会化　50
教師の職業的社会化研究　50
教師の職務　11
教師の信念（Teacher belief）　5, 41, 45, 46, 73, 81
教師の信念と行動　73

教師の成長　61
教師の成長・発達　74
教師の成長契機　220
教師の成長経験　103, 105, 314
教師の専門性　6, 7, 320
教師の知識　37, 40
教師の中堅（年）期の危機　57
教師の発達　56, 59, 60, 61
教師の発達過程　57
教師の変容　62
教師のライフコース研究　56
教師のライフヒストリー　57
教師のライフヒストリー研究　57
教師の力量　53-54
教師の力量形成の契機　55
教師の理論と信念　39
教師モラール　44
教職経験年数　232
教職専門性　6
教職の専門的自立性　6
行政研修　13, 70
協同的な学習志向　198, 200, 204, 304, 305, 312
協力者　222, 223
規律・態度志向　198, 200, 204, 304, 305, 312
クライエント重視　224
グランデッド・セオリー・アプローチ　243
経営資源　31
経験　155, 241
　　——から学習する能力　215
　　——からの学習　97, 215, 238
　　——からの学び　97
　　——から学ぶ力　15, 49, 73, 99, 102, 109, 317
　　——の意味づけ　62
　　——の受け入れ　216
　　——のカテゴリー　245
経験学習　96, 98
経験学習モデル　96-97
経験重視アプローチ　241
経験知　213
経験的知識　316
経験と学習　96-98
経験（イベント）と教訓（レッスン）　241, 242
経験年数グループ　123, 146, 199, 221, 227, 230, 239
継続的社会化　50

形態素　189
形態素解析　191
劇的な変容　294
結果の不確定性　182
研究志向　224
研究方法　18
研究方法論　18
現実性　87
研修観　14, 72, 74, 103, 105, 121, 143, 179, 312, 314
研修環境　145
研修機会の重層性　119, 120
研修機会への参加頻度　119, 128, 129
研修行政　70
研修経験　204, 208, 305
研修態度　306
現職研修　72
コア・リフレクション　67
行為についての省察　256, 269, 307
行為の中の省察　65, 66, 256
行為の中の知　65
校外研修　69, 119
公共的価値の重視　222, 223, 232, 306
高次の学習　94, 316
構成主義的指導観　206
硬直化　15, 181, 306
行動科学的アプローチ　36, 37
行動世界　303
行動的要素　83, 169
校内研修　13, 69, 119
個業型組織　174
個人的価値観　31
個人的現実性　88, 89
個人的効力感　44
個人的信念　176
個人の学習　94, 95
孤立　52
混合研究法　18, 19
困難経験　229, 232
コンフリクト　174
混乱　318
混乱的ジレンマ　272

　さ行

再生産　9, 101
支援者型　225
時間的展望　86, 87, 169, 170
事業課程　11
思考様式　40
自己決定型学習（self-directed learning）　319-321, 324
自己研修　119
自己実現　224, 306
自己実現型　226
自己組織化理論　318
仕事観　103, 105, 218, 305, 312, 314, 322
仕事経験　241
仕事についての「信念」　99
仕事の信念　107, 216, 217-219, 222, 225, 232, 234, 236-238
自然言語処理　190, 191
自然な一般化　151
実践共同体　318
実践性　322
実践的知識（practical knowledge）　4, 37, 188, 322
実践の参照・公開経験　229, 232
実践の知　38
実践の知恵　38, 40, 41
実践の認識論　38
質的研究法　52
指導行動　43
社会的現実性　88, 89
集団的信念　176
周辺性（marginality）　52, 181, 309
主観的認識　35
授業イメージ　187, 188
授業観　103, 105, 304, 305, 312, 314
　──の変容　116, 123, 125, 139, 140, 206, 216, 304
授業観クラスター　198
授業研究　69, 308
授業構造　192
授業像　15
　──の変容　239
授業の雰囲気　205
授業力量の形成　58
授業ルーチン　207
手段的な事例研究　270
準拠枠　271, 272, 294

省察（リフレクション）　4, 16, 65, 66, 74, 271
　　──の実態　126
　　──の水準　118, 119
省察的実践経験　228, 232
省察頻度　305
小集団活動　318
情報探索的態度　132
職業的社会化　77
職能成長研究　53, 54
職場学習　96
職場学習論　97
職場経験　99
職場経験アプローチ　98, 99
職務における自己実現　223
自律性の行使　224, 225, 232, 306
事例研究　149, 150
　　──の定義　150
ジレンマ　272, 295, 296, 318, 320
　　──をやり繰りしていく教師　7
持論　242
シングル・ループ学習　303, 323
信仰　88, 90
人材育成システム　95
人材マネジメント論　113
人的資源　31
人的資源管理　34
人的資源管理論（Human Resource Management）　33
人的ネットワーク　315
信念　14, 40, 99, 155, 216
　　──が持つ4つの性質　148
　　──の維持　48
　　──の確信度　87
　　──の数　92
　　──の価値　85
　　──の機能　46, 236
　　──の「機能性」　85
　　──の共有　174
　　──の形成　93
　　──の形成・変容　63
　　──の構造　233
　　──の構造と機能　215, 312
　　──の硬直性　181
　　──の「再構築」　93
　　──の重要度（確信度）　86

　　──の「属性」　85
　　──の対象　49, 102, 103, 217
　　──の対象と領域　45
　　──の強さ　85, 92
　　──の定義　83
　　──の問い直し　1, 12, 102, 110, 111, 241, 269, 316, 322
　　──の働き　48
　　──の変容　63, 93, 271
　　──の要素と種類　83
信念共有のジレンマ　176, 180
信念形成過程　182, 320
信念体系　45, 49, 86, 105, 319
信念体系モデル（ビリーフシステムモデル）　86, 88, 89, 155
信念と経験の相互影響関係　16, 98, 105, 108, 312, 313
信念と経験の相互作用　15
信念と行動　43
信念変容　64, 116, 123
ステレオタイプ　88
スポーツ経験　189
スポーツサービス　3, 11
スポーツ組織研究　26
成人学習論　102, 294
成人の認識変容　271
成人の変容的学習　272
成長　60
　　──の落とし穴　235
　　──の契機　54, 62
　　──の停滞　13, 15
成長経験　305
　　──の受容　216, 219, 220, 228, 230, 231, 232, 234, 235, 237
生徒管理能力　71
生徒管理力　207
生徒重視　224, 232, 306
生徒重視型　226
説明的デザイン　20
先導的実践の追求　224, 232, 306
「選択的変容型」の発達観　61
前提的な認識　271
前提の省察　126
専門家との研修　119-120
専門職の態度構造　219

専門職の要件　233
専門的社会化　52
専門的閉鎖性　224, 225, 232, 306
想定の批判的省察　272
挿話的語り（エピソード）　149
挿話的構造（episodic structure）　148
挿話的性質　46, 148
疎結合構造　174
組織学習　94, 95
組織学習論　94, 101
組織過程　26, 30
組織構造　26
組織行動　28
組織行動論　34
組織的社会化　52
組織における個人の学習　95
組織の学習　94
組織風土　27
組織風土論　26
組織文化　27
組織文化論　26
組織変動や組織変革　28
組織論的研究　26

[た行]

体育科の「周辺性（marginality）」　9
体育教師　3, 23, 35
　――の研修　71
　――の研修観　133, 145
　――の研修機会　128
　――の研修態度　121, 131
　――の資質能力　8
　――の授業観　186
　――の省察　117, 125
　――の職業的社会化　51
　――の職務態度　8
　――の信念　63, 105
　――の信念クラスター　225
　――の信念変容　139, 144
　――の成長　216
　――の専門性　12
　――の中心的信念　169
　――の特殊性　51
　――の学び　317, 319
体育教師教育　14, 51

体育教師像　8-9, 309
体育教師批判　11, 110, 309
体育経営学　26
体育・スポーツ経営学　23
体育事業　27, 29
体育授業　10
　――の基礎的条件　205
　――の内容条件　205
体育授業観　33, 63, 176
　――の変容　220
体育的活動　3
体育の価値　2, 252, 254, 255
体育の信念　12
体育の便益（benefit）　2
大学　321
　――における研修　269, 329
　――における現職研修　112
　――における長期研修　111, 112, 314, 321
対象価値性　88, 89
態度　91, 92
脱文脈性　101
ダブルループ学習　94, 101, 271, 303, 316, 323
探求的態度　132
知識　88, 90, 113
　――の獲得経験　228, 232
知識観　6
知識共有のジレンマ　176
知識経営論　318
知識システム　37, 39, 75
中心的信念（central beliefs）　89, 157, 159, 165
長期研修　112, 269, 308, 316, 323
長期研修制度　273
直接伝達主義的指導観　206
強い信念　90, 147, 155
停滞　237
出来事（event）　242
テキストマイニング　188, 189, 191, 213
転機　54, 103, 220
独善型　226
徒弟的　300, 308

[な行]

内的基準　174
内容的条件　204
内容分析　189

日常の理論　33, 213, 316
入職後（の）経験　208, 210, 305, 314
入職前（の）経験　104, 105, 210, 305, 314
認識的要素　83, 169
認識変容　98, 252, 254, 255, 292, 294, 314
認知科学的アプローチ　37
認知的不協和　13
能動的惰性　101

は行

発達　60
反省　4, 66
反省的思考（reflective thinking）　65, 97
反省的実践家　4, 38, 62, 65, 73, 98, 100, 322
被教育体験期　64, 109, 155, 189
ピグマリオン効果　36
非合理的な信念（イラショナル・ビリーフ）　43
ビジョン　28, 30
非信念　316
一回り成長した経験　104, 105, 109, 307, 314
非日常性　101
批判的学習モデル　271
飛躍的な成長をもたらした経験　100
評価的信念　84
表記ゆれ　191
開いた心と閉ざされた心　236
ビリーフ　87
非連続的な変化　140
フィールドワーク　32, 147, 157
不確実性（uncertainty）　3, 4
負の遺産　9, 11, 12
プラグマティズム（実用主義）　18, 19
プロフェッショナリズム　219
文化適応　52
文化的無自覚性　101
分析ワークシート　243, 244
文脈依存性　322
閉鎖的（な）信念　236-238, 306, 312, 314
閉鎖的信念型　227, 230
偏見　88
変容的学習　271, 316
保健体育科教員　3
誇り　236, 238, 306

ま行

学び方の学習経験　298, 310, 314, 316
学び続ける教員像　111
学ぶことを学ぶ　321
マンネリズム　27, 306
矛盾　6, 7
メタ知識（metacognitive knowledge）　215, 218
メタ認知的能力　141
メタファー　218
目的的サンプリング　152

や行

役割葛藤　52
役割期待　181, 319
誘導者　222, 223
ゆらぎ　318, 320
ゆらぐことのできる力　320
緩やかな変容　294
よい授業　188
よい授業イメージ　194
よい体育授業　204
　　──の「基礎的条件」　204
予期的社会化　50, 51, 181

ら行

ライフサイクル　59
ライフヒストリー　149
ライフヒストリーアプローチ　57
ライフヒストリー分析　149
ライフヒストリー法　58
リアリティ・ショック　52
リーダーシップ　30
理想像の変容　220, 227, 235
リフレクション　66
理論的（な）知識　37, 188, 315, 322
　　──に触れる経験　310, 314, 316
理論と実践　320
レッスンスタディ（Lesson Studies）　69
連結価値性　88, 89

わ行

わざとらしい同僚性　70

[著者紹介]

朝倉　雅史（あさくら　まさし）

早稲田大学グローバルエデュケーションセンター助教, 博士（体育科学）

■略歴
1984 年　東京都生まれ
2007 年　北海道教育大学教育学部岩見沢校卒業
2009 年　筑波大学大学院体育研究科修了
2014 年　筑波大学大学院人間総合科学研究科単位取得退学

■所属学会
日本体育学会, 日本体育・スポーツ経営学会, 日本スポーツ教育学会, 日本教育経営学会, 日本教師教育学会

■主な著作
末松裕基・林寛平編著『未来をつかむ学級経営―学級のリアル・ロマン・キボウ』（共著）学文社, 2016 年
小島弘道編著『全訂版　学校教育の基礎知識』（共著）協同出版, 2015 年
「体育教師の信念が経験と成長に及ぼす影響：「教師イメージ」と「仕事の信念」の構造と機能」『体育学研究』59 (1), 2014 年
「体育授業に対する教師の認識変容過程：小学校教師の長期研修を事例として」『筑波大学体育科学系紀要』35 (1), 2012 年

体育教師の学びと成長
―信念と経験の相互影響関係に関する実証研究―

2016 年 9 月 30 日　第 1 版第 1 刷発行

著　者　朝倉　雅史

発行者　田中　千津子　〒153-0064　東京都目黒区下目黒 3-6-1
　　　　　　　　　　　　電話　03 (3715) 1501 (代)
　　　　　　　　　　　　FAX　03 (3715) 2012
発行所　株式会社 学文社
　　　　　　　　　　　　http://www.gakubunsha.com

Ⓒ Masashi ASAKURA 2016　　　　　　印刷所　新灯印刷

乱丁・落丁の場合は本社でお取替えします。
定価は売上カード, カバーに表示。

ISBN978-4-7620-2671-3